OpenGIS essentials

Web Portrayal Services

OpenGIS essentials
Die Geo-Standards von OGC und ISO im Überblick

Herausgegeben von:
Christine Andrae / Jens Fitzke / Alexander Zipf

Web Portrayal Services

OpenGIS Web Map Service, Styled Layer Descriptor, Symbology Encoding und ISO 19117 Portrayal vorgestellt und erläutert

Autoren:
Christine Andrae / Christian Graul / Martin Over / Alexander Zipf

Wichmann

Bibliografische Information der Deutschen Nationalbibliothek
Die Deutsche Nationalbibliothek verzeichnet diese Publikation in der Deutschen Nationalbibliografie; detaillierte bibliografische Daten sind im Internet über **http://dnb.d-nb.de** abrufbar.

ISBN 978-3-87907-502-7

Bismarckstr. 33, 10625 Berlin
www.vde-verlag.de
www.wichmann-verlag.de

Druck & Bindung: H. Heenemann GmbH & Co. KG, Berlin
Printed in Germany

Vorwort zur Buchreihe OpenGIS essentials

Was will diese Buchreihe erreichen? Für wen ist sie gedacht? Was werden Sie hier finden?

Von OpenGIS* hat mittlerweile jeder gehört, der mit GIS zu tun hat. Inzwischen gibt es zahlreiche Implementierungen von OpenGIS Web Map Services und Web Feature Services und auch die Simple-Feature-Spezifikationen werden zunehmend bekannter. Was aber verbirgt sich im Detail dahinter? Was muss eine Software leisten, wenn sie den Anspruch erhebt, OpenGIS-konform zu sein? Welche Informationen werden über diese OpenGIS-Schnittstellen transportiert? Welche Parameter sind obligatorisch, welche optional? Können Softwareanwendungen mit verschiedenen Schnittstellen-Versionen problemlos zusammenarbeiten? In der Reihe *OpenGIS essentials* wollen wir solche Fragen beantworten.

OpenGIS-Spezifikationen sind das für den Anwender oder Entwickler benutzbare Ergebnis des Standardisierungsprozesses, der sich OpenGIS nennt und unter der Führung des Open Geospatial Consortiums (OGC) abläuft. Basis ist ein gemeinsames theoretisches Konzept. Am Anfang der Standardisierung stehen deshalb die Entwicklung gemeinsamer Modelle und die Verständigung über die Prozesse der Geoinformationsverarbeitung.

Übergeordnetes Ziel von OpenGIS ist die Gewinnung von Information aus raumbezogenen Daten mit Methoden der allgemeinen Informationstechnologie. Voraussetzung dafür ist das reibungslose Zusammenspiel verschiedenster Geodaten verarbeitender sowie allgemeiner Softwarekomponenten. Interoperabilität ist die Fähigkeit von Softwarekomponenten, sich untereinander so zu verständigen, dass ein unterstützendes Eingreifen des Anwenders nicht notwendig ist. Software ist interoperabel, wenn sie standardisierte Datenmodelle und Standard-Schnittstellen unterstützt. Solche zu definieren, ist Aufgabe des OpenGIS-Prozesses.

Raumbezogene Informationen können ganz unterschiedlicher Natur sein. Hinter der Information über die nächstgelegene Autowerkstatt stehen ebenso Geodaten wie hinter der Auskunft, ob ein Hausdach für Photovoltaik geeignet ist oder um wie viel Uhr der Flusspegel vor der Haustür seinen Höchststand erreicht haben wird. Viele Nutzer von Geoinformation sind sich gar nicht bewusst, dass es sich dabei um eine raumbezogene Information handelt. Auch wenn sie keine Karte sehen, bekommen sie doch eine Information, die auf der Verarbeitung von Geodaten bzw. Geoinformationsressourcen beruht.

Eine ganze Reihe von OpenGIS-Schnittstellen kann direkt oder indirekt, sichtbar oder im Hintergrund an der Bereitstellung solcher Information mitwirken. Der Standardisierungs-

---

* Mit OpenGIS® wird hier der gesamte Standardisierungsprozess für Geodaten verarbeitende Software unter dem Dach des Open Geospatial Consortiums® (OGC) bezeichnet. OpenGIS®, Open Geospatial Consortium, Inc.® und OGC® sind geschützte Markenzeichen.

prozess von OpenGIS beschränkt sich deshalb nicht auf die Generierung von Kartenbildern oder die Übergabe von Geodaten an GIS-Anwender, sondern wird in Zukunft in vielfältiger Weise hinter den Kulissen wirksam werden.

Die ganze Breite des OpenGIS-Projekts ist auch unter GIS-Administratoren wenig bekannt. Wie auch? Nur ein kleiner Teil ist bisher in Anwendungssoftware realisiert worden. Viele Spezifikationen sind noch in Arbeit und unterliegen ständigen Veränderungen. Aus den eingereichten Vorschlägen schaffen es einige bis zur Spezifikation; viele erreichen jedoch lediglich den Status eines sogenannten *Discussion Papers*. Wer nicht selbst Mitglied im OGC ist oder die OGC News aufmerksam verfolgt, verliert schnell den Überblick. Diesen möchten wir Ihnen mit dieser Buchreihe bieten.

Die Bücher dieser Reihe verstehen sich allerdings nicht als „Kochbücher". Sie werden also keine „How to"-Rezepte darin finden und auch keine Softwareempfehlungen.

Die Bände geben in loser Folge einen Überblick über den Stand des OpenGIS-Prozesses. Die Reihe wird nach Themenfeldern gegliedert und bietet Ihnen

- einen Überblick über vorhandene Spezifikationen zu einem Themenfeld,
- die Inhalte aus den entsprechenden OGC-Dokumenten als Extrakt,
- Erläuterungen in verständlichem Deutsch,
- komplexe Zusammenhänge anschaulich illustriert und
- einen Anreiz zum Nachschlagen und Stöbern.

Abbildung 1 gibt einen Überblick über die geplanten weiteren Themenfelder.

Für wen also ist diese Buchreihe gedacht? Sie richtet sich an,

- ☑ GIS-Administratoren in Unternehmen und öffentlicher Verwaltung, die OGC-konforme Komponenten verwenden möchten,
- ☑ Entscheider, die OGC-Konformität kennenlernen und besser verstehen wollen,
- ☑ Studierende der Geoinformatik und benachbarter Disziplinen, die den kompakten Überblick über ein Thema benötigen,
- ☑ OpenGIS-Interessierte, die die englischsprachigen Spezifikationen nicht gerne im Original lesen, sowie an
- ☑ Softwareentwickler, die einen schnellen ersten Überblick über die jeweilige Thematik gewinnen möchten.

Wenn Sie Softwareentwickler sind und OGC-konforme Software entwickeln wollen, dann müssen Sie sicherlich zusätzlich in die Originalspezifikationen schauen. In dem Fall kann Ihnen diese Reihe nur den Einstieg erleichtern. Sie verschafft Ihnen aber in verständlicher

Sprache eine Übersicht über die Anforderungen und gibt eventuell zusätzliche Hintergrundinformationen sowie weiterführende Verweise.

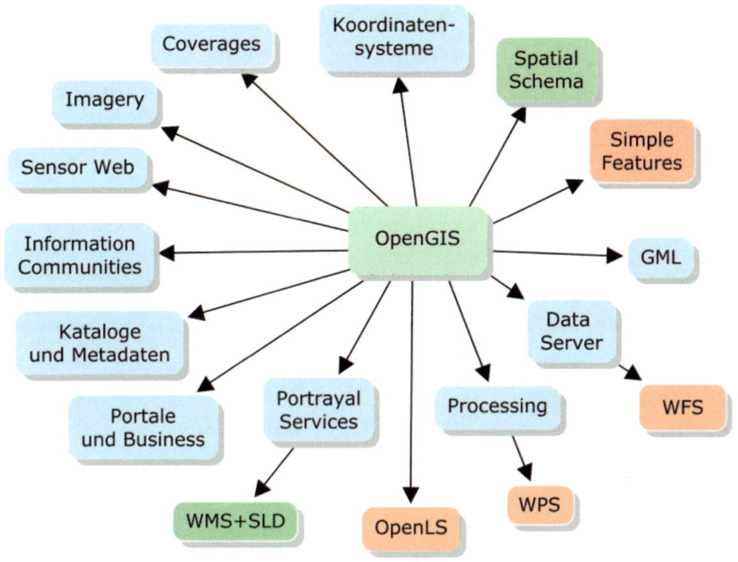

Abbildung 1: Überblick über die veröffentlichten oder in Arbeit befindlichen (orange), geplanten (gelb) und für die Zukunft vorgesehenen Themen der Reihe OpenGIS essentials

Noch nicht für alle Themen haben wir bereits Autoren gefunden. Haben Sie Interesse? Wir freuen uns über jeden, der sich engagieren möchte. Ebenso nehmen wir Ergänzungen und Berichtigungen gerne entgegen. Auch die beste Qualitätssicherung übersieht etwas.

Die Herausgeber

Mein Name ist Brian O'Gis.

Ich werde Sie durch dieses Buch begleiten und hier und da auf wichtige Punkte hinweisen.

Ergänzungen, weiterführende Links und ein Diskussionsforum zu diesem Buch finden Sie in der Website zur Reihe:

http://www.opengis-essentials.de

Vorwort zu diesem Buch

Dieses Buch dreht sich um die OpenGIS- und ISO-Normen rund um das *Web Mapping*. Darunter verstehen wir die Bereitstellung von Rauminformation in Form von Karten über Internet-Technologie. Es geht um die standardisierte Kommunikation zwischen einer Client- und einer Serverkomponente zur Anforderung zweidimensionaler Kartenebenen. Normen für dreidimensionale Sichten werden hier ebenfalls kurz vorgestellt, sind jedoch nicht der eigentliche Gegenstand des Buches (Abb.2).

Die OpenGIS *Web-Map-Service*-Norm (WMS) standardisiert die Anforderung einer Karte von einem über Internet-Technologie erreichbaren Server. Sie ist inzwischen zu einer allgemein bekannten und bereits vielfach eingesetzten Technologie geworden. Ihre Möglichkeiten werden jedoch noch längst nicht ausgeschöpft.

Ein „einfacher" WMS liefert vordefinierte Karten. Die können Sie verwenden oder es lassen. Gestaltungsmöglichkeiten haben Sie nicht. Mit der *Styled-Layer-Descriptor*-Variante dieser Norm (SLD-WMS) dagegen können Sie einem *Web Map Server* mitteilen, wie dieser Ihre Karte gestalten soll. Die Spezifikation ist eng verbunden mit der *Symbology-Encoding*-Norm (SE), in der die Codierung von Signaturen in XML geregelt wird. Nicht nur die Kartenausgabe, sondern auch deren inhaltliche Gestaltung wird interoperabel und mit Web-Technologie nutzbar. Ein weiterer Bereich an GIS-Funktionalität kann damit über Web-Anwendungen standardisiert bereitgestellt werden.

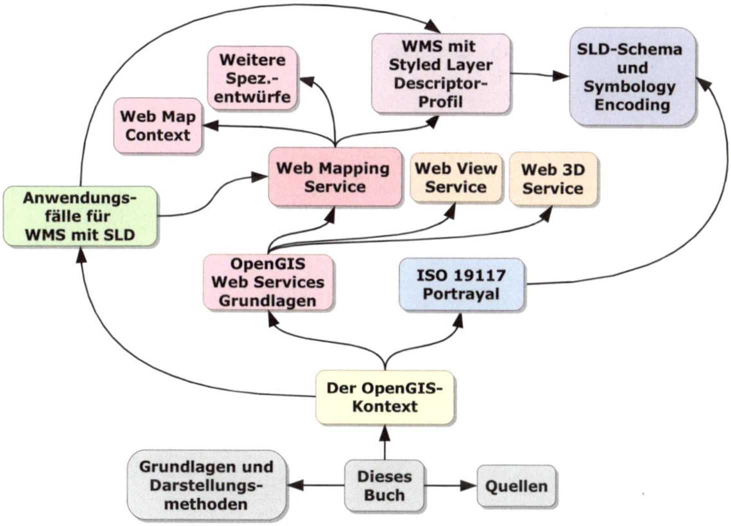

Abbildung 2: Die Themen dieses Buches

Das große Potenzial der SLD-WMS-Norm und des *Symbology Encodings* liegt in der Offenheit dieser Standards. Weniges ist zwingend, vieles ist erlaubt. Weil sie so vieles ermöglichen, sind die beiden Normen aber auch recht kompliziert und unübersichtlich. Sie finden in diesem Buch eine vollständige Wiedergabe der Inhalte, jedoch in gut lesbarer Form und mit zahlreichen Abbildungen und Beispielen erläutert. Ein spezielles Kapitel stellt Ihnen in einem praxisnahen Szenario einige Anwendungsvarianten vor.

Um diese Normen herum gruppieren sich einige andere, die wir hier ergänzend vorstellen (Abb. 2): Das theoretische Konzept für die Darstellung von Rauminformation findet sich in der ISO-Norm 19117 – *Portrayal*. Alle OpenGIS Webservices haben gemeinsame Grundlagen. Kartenausschnitte können als *Web-Map-Context*-Dokument gespeichert und weitergereicht werden. Ergänzend werfen wir einen Blick auf 3D-Webdienste, die allerdings noch in der Diskussion sind.

Wann also brauchen Sie dieses Buch?

- ☑ Sind Sie Entscheider, dann hilft Ihnen dieses Buch, die Möglichkeiten dieser Technologie einzuschätzen und Einsatzmöglichkeiten in Ihrer Umgebung zu finden.
- ☑ Administratoren oder Entwickler können in diesem Buch die Inhalte der jeweiligen Normen nachschlagen, ohne die englischsprachigen Originalversionen zu bemühen.
- ☑ Sind Sie Student, dann wird Ihnen dieses Buch die Inhalte dieser Normen vollständig vermitteln und anschaulich erklären.

Unser Dank gilt Markus Müller für die erste Fassung des Kapitels XPlanung sowie Susanne Heuser, Oliver Roick und Yann Kersaint für kritische Durchsicht, Anregungen und Verbesserungsvorschläge.

Kamen, Bonn, Heidelberg, im Dezember 2010

Christine Andrae
Christian Graul
Martin Over
Alexander Zipf

GetCapabilities?
GetMap?
Bitte lesen Sie die
Service-Metadaten
und formulieren Sie
eine korrekte
Anfrage!

Inhaltsverzeichnis

Abkürzungsverzeichnis

Allgemeine Abkürzungen

AAA	AFIS-ALKIS-ATKIS
BLOB	Binary Large Objects
CSS	Cascading Style Sheets
DTD	Document Type Definition
HTML	Hyper Text Markup Language
HTTP	Hyper Text Transfer Protocol
ISO	International Standard Organisation
KML	Keyhole Markup Language
MBR	Minimum Bounding Rectangle
PDF	Portable Document Format
SGML	Standard Generalized Markup Language
SRS	Spatial Reference System
SVG	Scalable Vector Graphics
UML	Unified Modeling Language
URI	Uniform Resource Identifier
URL	Uniform Resource Locator
URN	Uniform Resource Name
VRML	Virtual Reality Modeling Language
W3C	World Wide Web Consortium
XHTML	Extensible HTML
XML	Extensible Markup Language
XSD	XML Schema Definition
XSL	Extensible Stylesheet Language
X3D	Extensible 3D

Abkürzungen für OpenGIS-Komponenten

CPS	Coverage Portrayal Service
CSW	Catalog Service Web
Filter	Filter Encoding Schema
FPS	Feature Portrayal Service
GML	Geographic Markup Language
OWS	OpenGIS Web Services Common
SE	Symbology Encoding

SLD	Styled Layer Descriptor
W3DS	Web 3D Service
WCS	Web Coverage Server
WCTS	Web Coordinate Transformation Service
WFS	Web Feature Server
WMC	Web Map Context
WMS	Web Map Server
WMTS	Web Map Tile Server
WPVS	Web Perspective View Service
WTS	Web Terrain Server
WVS	Web View Service

1 Grundlagen und Darstellungsmethoden

1.1 Bestandteile des Textes

Verschiedene Textauszeichnungen und Formate werden in diesem Buch benutzt, um Wichtiges hervorzuheben oder Ergänzungsinformation vom Haupttext zu differenzieren:

Fett gesetzte Hervorhebungen im Text dienen der Navigation. Sie betonen Begriffe, Klassennamen oder Eigenschaftsnamen jeweils an Stellen, an denen sie erklärt oder in einen Gesamtzusammenhang eingeordnet werden.

Kursiv gesetzt sind englischsprachige Fachbegriffe wie z. B. *Feature*, *Boundary* und *Property* sowie alle UML-Klassennamen und XML-Element- und Attributnamen.

In kleinerer Schrift und enger gesetzt ist vertiefende oder ergänzende Information zum vorhergehenden Absatz, die für das Gesamtverständnis nicht notwendig ist und deshalb vom Leser auch übersprungen werden kann. Manchmal handelt es sich dabei auch um sehr spezielle Ergänzungen aus dem zugrunde liegenden Standard.

Textkästen
Textkästen und grau unterlegte Abschnitte markieren Exkurse aus dem Textfluss. Sie enthalten eigenständige, vom Textfluss unabhängige Erklärungen oder Zusatzinformationen.

Die Namen von *HTTP-Request*-Parametern wie SERVICE oder BBOX werden in diesem Buch groß geschrieben, damit sie im Text auffallen und schnell gefunden werden. In der Anwendung spielt ihre Groß- oder Kleinschreibung jedoch keine Rolle. Anders ist das bei den Parameterwerten; bei denen kommt es in der Regel auf die korrekte Schreibweise an.

Links und Literatur

Am Ende einiger Kapitel wurde eine Reihe interessanter Hyperlinks mit einer kurzen Inhaltsangabe zusammengestellt. **Die Linkliste hat keinen Anspruch auf Vollständigkeit**. Schon beim Durchblättern erkennen Sie eine Linkliste daran, dass Brian hier im Eiltempo irgendwohin läuft.

Auf weiterführende Literatur verweist der lesende Brian O'Gis. **Auch die Literaturlisten erheben keinen Anspruch auf Vollständigkeit**.

Der zufrieden verdauende Brian am Ende eines Kapitels fasst die wichtigsten Punkte noch einmal zusammen.

Alle anderen Brian-Varianten heben etwas hervor oder bringen Kommentare an und haben keine Systematik. Brian O'Gis stammt aus *www.clipart.com* und ist geschütztes Eigentum der Firma Jupiterimages.

Verweise auf das **Quellenverzeichnis** am Ende des Buches sind in eckige Klammern [] gefasst. **Übersichtstabellen** im Anhang dienen dem schnellen Nachschlagen der im Text ausführlich erläuterten Parameter und Schemabestandteile.

1.2 XML-Grundlagen

1.2.1 Was ist XML?

Die meisten Schnittstellenspezifikationen des OGC basieren auf XML. Daher soll hier ein kurzer Überblick über XML gegeben werden. XML kann für jede Art von Datenbeschreibung, -speicherung und -austausch genutzt werden. In einem kleinen Beispiel wird demonstriert, wie XML dazu eingesetzt werden kann, um beispielsweise Punktgeometrien explizite Visualisierungsvorschriften (Farbzuordnungen, Ausgabegrößen etc.) zuzuweisen.

Was also ist XML? Im eigentlichen Wortsinn ist XML zuallererst eine sogenannte Auszeichnungssprache. Das ist eine Sprache, die sowohl Inhalt (Text, Daten) enthält, als auch Elemente (Auszeichnungen), welche diesen Inhalt strukturieren. Ursprünglich wurden Auszeichnungssprachen in der Verlagsbranche genutzt, um Textabschnitte hervorzuheben. Die wohl bekannteste Auszeichnungssprache ist jene für die „Auszeichnung" von Webseiten: HTML. Bei XML werden Auszeichnungen durch Strukturelemente vorgenommen und können – anders als bei HTML – beliebige Eigenschaften zuweisen. Beispielsweise kann ein Strukturelement einer Zeichenfolge die Eigenschaft „Überschrift" zuweisen. XML transportiert also nicht nur Inhalte, sondern zugleich den Namen der „Schublade", in die dieser Inhalt gehört. Damit ist XML ungeheuer flexibel. Beliebige Inhalte können via XML verschlüsselt werden.

Die Abkürzung XML steht für „Extensible Markup Language", was so viel wie „erweiterbare Auszeichnungssprache" bedeutet. Die Strukturelemente können vom Nutzer fast beliebig festgelegt werden. XML kann so für vielseitige Zwecke eingesetzt werden und ist dafür fast unbegrenzt ausbaufähig.

Man spricht bei Sprachen, die zur Erzeugung anderer Sprachen eingesetzt werden, auch von Metasprachen. Sprachen, die auf XML basieren, sind z. B. XHTML, Scalable Vector Graphics (SVG) oder die Geography Markup Language (GML). Als Metasprache ist XML keine Programmiersprache, da ihr dazu die Elemente der Programmsteuerung fehlen. XML wird nicht programmiert, sondern strukturiert zusammengebaut. XML-Dokumente können sowohl von Mensch als auch Maschine gelesen und interpretiert werden. Aus diesem Grund ist XML so erfolgreich und wird heute in vielen Anwendungen für die Speicherung und Übergabe beliebiger Inhalte eingesetzt.

Ein XML-Dokument ist eine hierarchisch organisierte Struktur. Deren Grundeinheit ist ein Element. Jedes Element ist eine „Schublade", die Inhalt aufnehmen kann. In XML ist die Wahl der Elementnamen prinzipiell frei. HTML wurde für einen konkreten Anwendungsfall entwickelt, deswegen sind die verwendbaren Elementnamen schon vorgegeben. XML ist also im Gegensatz zu HTML nicht auf bestimmte Inhalte begrenzt. XML ist beliebig verschachtelbar und XML-Dokumente sind beliebig erweiterbar. Weil eine maschinenlesbare

Sprache aber auf gewissen Regeln basieren muss, an die sich ein Algorithmus halten kann, gibt es Dokumente, welche die Gültigkeit von XML-Dateien definieren. Das sind die XML-Schemadateien (*.xsd) oder früher die sogenannten „Document Type Definitions" (DTD). Mit ihnen wird die innere Struktur eines spezifischen XML-Dokuments festgelegt.

XML wurde vom *World Wide Web Consortium* (W3C) entwickelt [W3C XML]. Die erste XML-Spezifikation wurde 1998 herausgegeben; aktuell ist die fünfte Ausgabe von 2008. Seither hat das Format seinen Siegeszug in vielen Bereichen der IT-Welt eingehalten und ist inzwischen zu einem industriellen Standard avanciert. Wegen seiner hierarchischen Struktur können auch Datenmodelle und Inhalte aus Datenbanken (auch relationalen Datenbanken) als XML-Dateien transportiert werden.

Eine Trennung von Dateninhalt und Formatierung ist in XML möglich und angestrebt. Beispielsweise wird durch die Auszeichnung einer Zeichenfolge als „title" zwar kenntlich gemacht, dass es sich um einen Titel handelt, nicht aber wie dieser darzustellen ist. Informationen über die Darstellung der Daten können z. B. in XSL Dateien abgelegt werden (XSL steht für *„Extensible Stylesheet Language"*). Durch die Trennung von Dateninhalt und Ausgabeformat ist es möglich, für ein XML-Dokument verschiedene XSL-Dateien zu verwenden und so die Daten für beliebige Medien aufzubereiten (Druck, PDF, Browser, ...).

Mit XML können beliebige Inhalte in strukturierter Form transportiert und übergeben werden. Denn jeder übergebene Wert trägt die Information mit sich, in welche „Schublade" er gehört. Alle Informationen werden in eine hierarchische Struktur eingebettet.

Der Nachteil dieser Art der Informationsübergabe ist ihre Länge: XML-Dokumente sind schnell sehr umfangreich.

1.2.2 Aufbau von XML-Dokumenten

Die Strukturelemente in XML werden auch **Knoten** (engl. *nodes*) genannt, weil der Aufbau einer XML-Datei der einer Baumstruktur ist. Jedes Strukturelement bildet darin eine neue Verzweigung, einen neuen Astknoten. Verschiedene Arten von Knoten transportieren unterschiedliche Arten von Information. Man unterscheidet insgesamt sieben Knotentypen, die jedoch nicht alle in einem Dokument vorkommen müssen. Einen Überblick gibt Tabelle 1 auf Seite 22. Die im Folgenden näher erläuterten Knotentypen decken die Anwendungsfälle dieses Buches ab. Weiterführende Informationen entnehmen Sie bitte der Literaturliste am Ende des Kapitel 1.

- **Wurzelknoten:**
  Die Wurzel eines XML-Dokuments. Sie umschließt alle weiteren Elemente in dem Dokument.

- **Namensraumknoten**:
  Namensräume werden benutzt, um auf bestehende XML-Sprachen zuzugreifen. Da es sehr viele XML Sprachen gibt, muss den Elementen ein eindeutiger Schlüssel - der Namensraum - in Form einer URI zugeordnet werden. Namensraumangaben können sowohl Elemente als auch Attribute sein. Im Beispiel 1 verbindet eine Namensraum-Deklaration das Präfix „xlink" mit dem Namensraum „http://www.w3.org/1999/ xlink" (Code-Zeile 6 im XML-Beispiel 1). Über dieses Präfix kann nun ein Element wie z. B. <role> an den Namensraum „http://www.w3.org/1999/xlink" gebunden werden. Damit ist das Element <xlink:role> dann eindeutig definiert.

- **Verarbeitungsanweisungsknoten**:
  Sie enthalten Verarbeitungsanweisungen, beispielsweise für die Einbeziehung extern vorgehaltener Layoutinformationen. In vielen Fällen ist das nicht notwendig, weil die XML-Datei nicht direkt auf einem Bildschirm ausgegeben werden soll. Aber es gibt Situationen, in denen die Zuordnung von Layoutanweisungen von Vorteil ist. Sie haben folgendes Format <?....?>. Im Beispiel in Tabelle 1 wird die XML-Datei mit einem Stylesheet verknüpft. In diesem Stylesheet wird definiert, wie die XML-Daten formatiert werden sollen.

- Auch wenn die erste Code-Zeile des XML-Beispiels 1 genau dieses Format hat, ist dies keine Verarbeitungsanweisung, sondern die XML-Deklaration, welche weiter unten erklärt wird. Diese gehört nicht zu den eigentlichen Daten der XML-Datei.

- **Elementknoten**:
  Ein Element besteht aus einem Anfangs-*Tag* (<...>) und seinem zugehörigen End-*Tag* (</...>).

- **Attributknoten**:
  Die zusätzliche Information innerhalb des *Tags* besteht aus dem Attributnamen links des Gleichheitszeichens und dem Attributwert rechts des Gleichheitszeichens.

- **Textknoten**:
  Ein Textknoten ist der Zeicheninhalt, der zwischen den *Tags eines Elementknotens* steht (z. B. ein Text).

- **Kommentarknoten**:
  Sie enthalten Kommentare, die nicht vom XML-Prozessor verarbeitet werden, und haben das Format<!-- ... -->.

Tabelle 1: XML-Knotentypen

Der jeweilige Knotentyp ist rot markiert und falls vorhanden sind Verweise zum XML-Beispiel 1 beigefügt.

Knotentyp	Beispiel	Code-Zeile(n)
Wurzelknoten	<StyledLayerDescriptor...> ... </StyledLayerDescriptor>	2 – 30
Namensraumknoten	xmlns:xlink="http://www.w3.org/1999/xlink"	6
Verarbeitungs-anweisungsknoten	<?xml-stylesheet type = "text/css" href="styles.css"?>	–
Elementknoten	<Title>Simple Point Symbolizer</Title>	16
Attributknoten	<SvgParameter name = "fill">#ff0000</SvgParameter>	23
Textknoten	<Title>Simple Point Symbolizer</Title>	16
Kommentarknoten	<!-- Kommentar -->	10

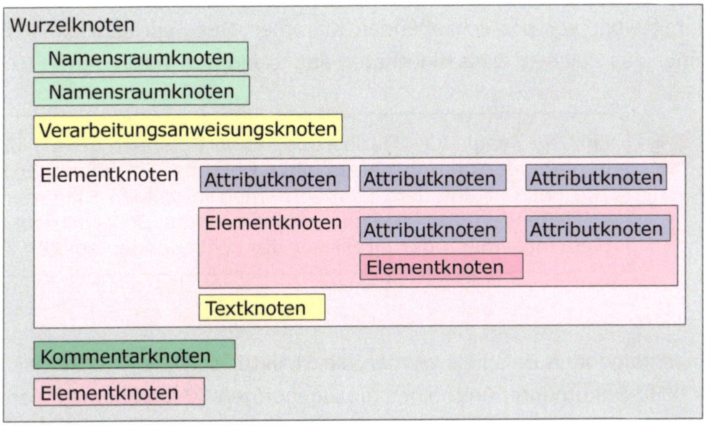

Abbildung 3: Knotentypen und ihre Verschachtelung in XML-Dokumenten. Mit Ausnahme des Wurzelknotens können alle Knotentypen mehrfach vorkommen. Ein Elementknoten hat allerdings immer nur maximal einen Textknoten.

Für die Benennung von Beziehungen der einzelnen Strukturelemente zueinander benutzt man Begriffe aus dem Familienleben. So heißt der Knoten, der sich in der Hierarchie direkt über dem aktuell betrachteten Knoten befindet (also der eine Knoten, von dem der aktuelle Knoten abhängt), **Elternknoten**. Entsprechend heißen alle Knoten, die sich hierarchisch unter dem aktuellen Knoten befinden, **Kindknoten**. Alle Knoten, die sich auf derselben Hierarchiestufe mit dem aktuellen befinden, nennt man **Geschwisterknoten**. Somit können wir uns nun verbal in alle Richtungen innerhalb des XML-Baumes bewegen.

Ein Knoten mit eingeschachtelten Kindern hat die generelle Struktur:

```
<Knoten>
  <Kindknoten1/>
  <Kindknoten2>
  ...
  </Kindknoten2>
  ...
</Knoten>
```

Der aktuelle Knoten besteht also aus einem öffnenden und einem schließenden *Tag*. Ein *Tag* besteht hier aus dem Elementnamen in spitzen Klammern. Im schließenden Tag wird dem Elementnamen ein Schrägstrich - *Slash* - vorangestellt. Ein Knoten umschließt seine Kindknoten.

Enthält ein Knoten keine Kindelemente, so hat er dagegen das vereinfachte Format:

```
<Knoten/>
```

Der aktuelle Knoten besteht dann nur aus einem einzigen *Tag*, aber der Schrägstrich steht jetzt unmittelbar vor der schließenden Klammer. Der Schrägstrich ist für den XML-Prozessor immer das Zeichen, dass ein Knoten abgeschlossen wird.

> Ein *Tag* (engl. für „Markierung, Etikett", sprich „Täg") bildet den Beginn oder den Abschluss eines Knotens. Ein öffnender Element-*Tag* besteht aus dem Elementnamen in spitzen Klammern. Einen schließenden *Tag* erkennt man an einem Schrägstrich vor dem Elementnamen oder direkt vor der schließenden spitzen Klammer.

Anhand des nachfolgenden Beispiels werden die Struktur sowie einige der wichtigsten Elemente eines XML-Dokuments und eines dazugehörigen XML-Schemas verdeutlicht. Es handelt sich dabei um einen Ausschnitt aus einem *Styled-Layer-Descriptor*-Dokument, welches Visualisierungsvorschriften (Farbzuordnungen, Ausgabegrößen etc.) für Punkt-Geometrien beinhaltet. Aus Gründen der Übersichtlichkeit wurde kein vollständiges SLD-Beispiel herangezogen, dafür verweisen wir auf Kapitel 9 dieses Buches. Es geht hier nur darum, die grundsätzliche Funktionsweise eines XML-Dokuments und eines dazugehörigen Schemas zu verdeutlichen.

Im Folgenden wird bei längeren XML-Codeabschnitten eine Syntaxhervorhebung vorgenommen, um die Lesbarkeit des Codes zu verbessern. Grundsätzlich sorgt eine Syntaxhervorhebung dafür, dass Wörter und Zeichenkombinationen im Code abhängig von ihrer Bedeutung in unterschiedlichen Farben, Schriftarten und -stilen dargestellt werden. Allerdings hat sich noch kein allgemeingültiger Standard für eine XML-Syntaxhervorhebung durchgesetzt. Im folgenden XML-Beispiel 1 werden Elementnamen blau, Attributnamen türkisgrün, Attributwerte und Elementinhalte in Rot dargestellt. Kommentare und wichtige Schlüsselwörter (version, encoding) erscheinen in Grün.

XML-Beispiel 1: Ausschnitt aus einem Styled-Layer-Descriptor-XML-Dokument

```
<?xml version="1.0" encoding="UTF-8"?>
<StyledLayerDescriptor version="1.1.0"
  xmlns="http://www.opengis.net/sld"
  xmlns:se="http://www.opengis.net/se"
  xmlns:ogc="http://www.opengis.net/ogc"
  xmlns:xlink="http://www.w3.org/1999/xlink"
  xmlns:xsi="http://www.w3.org/2001/XMLSchema-instance"
  xsi:schemaLocation="http://www.opengis.net/sld
  http://schemas.opengis.net/sld/1.1.0/StyledLayerDescriptor.xsd">
  <!-- Element aus dem SLD Namensraum -->
<NamedLayer>
...
          <!-- Element aus dem SE Namensraum -->
          <se:PointSymbolizer uom="http://www.opengis.net/sld/units/metre">
```

```
                <se:Name>MyPointSymbolizer</se:Name>
                <se:Description>
                    <se:Title>Simple Point Symbolizer</se:Title>
                    <se:Abstract>Einfacher Point Symbolizer</se:Abstract>
                </se:Description>
                <se:Graphic>
                    <se:Mark>
                        <se:WellKnownName>star</se:WellKnownName>
                        <se:Fill>
                            <se:SvgParameter name="fill">#ff0000</se:SvgParameter>
                        </se:Fill>
                    </se:Mark>
                    <se:Size>8.0</se:Size>
                </se:Graphic>
            </se:PointSymbolizer>
...
    </NamedLayer>
</StyledLayerDescriptor>
```

Die verwendbaren Grundelemente eines XML-Dokuments werden in der XML-Spezifikation des W3C-Konsortiums definiert ([W3C XML]). Auch davon gibt es verschiedene Versionen. Jedes XML-Dokument sollte daher in der XML-Deklaration (auch Prolog genannt), in der ersten Zeile erst einmal bekannt machen, auf welche XML-Version es sich bezieht und in welchem Zeichensatz es codiert ist.

In unserem Beispiel bezieht sich das XML-Dokument auf den XML-Standard in Version 1.0 und den Zeichencode der ISO für den westeuropäischen Zeichensatz Latin-1.

```
<?xml version="1.0" encoding="ISO-8859-1"?>
```

Der **Wurzelknoten** in unserem Beispiel ist ein *StyledLayerDescriptor*-Element.

```
<StyledLayerDescriptor ...>
...
</StyledLayerDescriptor>
```

Es erfolgen zunächst Definitionen verschiedener Namensräume in je einem Namensraumknoten. Dieser hat keine spitzen Klammern, sondern wird mit dem Wort xmlns eingeleitet.

```
    xmlns="http://www.opengis.net/sld"
    xmlns:se="http://www.opengis.net/se"
    xmlns:ogc="http://www.opengis.net/ogc"
    xmlns:xlink="http://www.w3c.org/1999/xlink"
    xmlns:xsi="http://www.w3.org/2001/XMLSchema-instance"
```

Die Namensraumknoten verweisen auf externe XML-Schema-Definitionen, die eingebunden werden sollen. Der Namensraum *„http://www.opengis.net/sld“* bekommt kein Präfix zugewiesen. Dieser ist der „Default“ (Standard) Namensraum. Alle Elemente, die nicht explizit durch ein Präfix *(xmlns:Präfix)* an einen anderen Namensraum gebunden sind, werden automatisch an diesen Namensraum gebunden.

XML-Dokumente werden auch als XML-Schema-Instanzen (xsi) bezeichnet, da es sich um die konkrete Ausprägung eines XML-Schemas handelt. Das *schemaLocation*-Attribut ist im XML-Schemainstanz-Namensraum *http://www.w3.org/2001/XMLSchema-instance* definiert.

```
xmlns:xsi="http://www.w3.org/2001/XMLSchema-instance"
xsi:schemaLocation="http://www.opengis.net/sld
http://schemas.opengis.net/sld/1.1.0/StyledLayerDescriptor.xsd">
```

Dadurch ist eine Referenzierung auf ein Schemadokument mit dem Suffix *.xsd möglich, in dem die Soll-Struktur für diesen Dokumenttyp festgelegt ist. Das Suffix *.xsd steht für *„XML Schema Definition"*. Ein Schemadokument legt die innere Struktur zugehöriger XML-Dokumente fest. Für spezifische Dokumentinhalte gibt es spezifische Schemata. Zahllose XML-Schema-Definitionen sind inzwischen in den verschiedensten OpenGIS- und ISO-Standards vorgegeben. Das XSD-Schema definiert u. a. die Hierarchie, die Elementnamen und Elementattribute, die in einem passenden XML-Dokument verwendet werden dürfen.

Die *schemaLocation* enthält zwei durch ein Leerzeichen getrennte Teile. Zunächst wird der im XSD-Schema definierte Zielnamensraum angegeben (*http://www.opengis.net/sld*) und danach die Datei des XSD-Schemas, in diesem Fall eine URL (*http://schemas.opengis.net/sld/1.1.0/StyledLayerDescriptor.xsd*). Es ist allerdings nicht notwendig, dass sich die Schema-Datei auch tatsächlich unter der URL des Namensraums befindet. Der offizielle Namensraum für OpenGIS XSD-Schemata ist: *http://www.opengis.net*. Die Schemata selbst liegen im *Repository* (Verzeichnis) *http://schemas.opengis.net*. Die Softwarekomponenten, welche dann die Validierung der XML-Dateien vornehmen, müssen eine entsprechende interne Funktionalität zur Unterstützung des Namensraums vorweisen.

Es folgen ein Kommentar und das Element *NamedLayer*. Letzteres ist im *StyledLayer-Descriptor*-XML-Schema definiert.

```
<!-- Element aus dem SLD Namensraum -->
<NamedLayer>
```

NamedLayer sind vordefinierte Kartenebenen eines *Open Web Service* (OWS). Sie werden in den Service-Metadaten des Dienstes bekannt gemacht. Für ein konformes SLD-Dokument folgen weitere Elemente, die im *StyledLayerDescriptor*-Schema definiert sind und hier ausgelassen wurden (siehe Kapitel 9).

In unserem Beispiel geht es weiter mit einem Kommentar und dem Element *PointSymbolizer* aus der *Symbology-Encoding*-Spezifikation.

```
<!--Element aus dem SE Namensraum -->
<se:PointSymbolizer uom="http://www.opengis.net/sld/units/metre">
```

Das Präfix *se* bindet das Element *PointSymbolizer* eindeutig an den Namensraum *http://www.opengis.net/se.* Das Attribut *uom* legt die Maßeinheiten als Meterangaben fest.

Nun folgen weitere **Elementknoten**: Der *PointSymbolizer* hat einen Namen (Element *Name*) und eine Beschreibung (Element *Description*). Letztere besteht aus einem *Title*- und einem *Abstract*-Element.

```
<se:Name>MyPointSymbolizer</se:Name>
<se:Description>
  <se:Title>Simple Point Symbolizer</se:Title>
  <se:Abstract>Einfacher Point Symbolizer</se:Abstract>
</se:Description>
```

In unserem Beispiel folgen nun weitere **Elementknoten**: Der *PointSymbolizer* hat einen Namen (Element *Name*) und eine Beschreibung (Element *Description*). Letztere besteht aus einem *Title*- und einem *Abstract*-Element.

```
<Name>MyPointSymbolizer</Name>
<Description>
  <Title>Example Pointsymbolizer</Title>
  <Abstract>Simple point symbolizer.</Abstract>
</Description>
```

Erst nach all diesen Vorbemerkungen folgt der eigentliche Inhalt. Es handelt sich hier um ein Grafik-Element, das aus einem Marker vom Typ „star“ besteht. Seine Füllfarbe ist „#ff0000“; das ist die hexadezimale Codierung für die Grundfarbe Rot.

```
<se:Graphic>
  <se:Mark>
    <se:WellKnownName>star</se:WellKnownName>
    <se:Fill>
      <se:SvgParameter name="fill">#ff0000</se:SvgParameter>
    </se:Fill>
  </se:Mark>
  <se:Size>8.0</se:Size>
</se:Graphic>
```

Dementsprechend werden die Punktkoordinaten als rote Sterne mit einer Größe (Element Size) von acht Metern dargestellt.

XML-Dokumente sind als hierarische Baumstruktur organisiert. Jedes Astende und jede Verzweigung nennt man einen Knoten (*node*). Es gibt verschiedene Arten von Knoten mit bestimmten Regeln dafür.

Die meisten Knoten werden von einem öffnenden *Tag* eingeleitet und mit einem schließenden *Tag* beendet.

Die Hauptmasse des Baums besteht aus Elementknoten mit Attributen und weiteren Kindelementen.

1.2.3 XSD-Schemata

Eine Komponente, die XML-Dokumente einliest, ist ein XML-Parser. Beim Parsen eines XML-Dokuments wird in der Regel seine Gültigkeit überprüft. Ein Dokument ist gültig, wenn es in seiner inneren Struktur dem XSD-Schema entspricht, das es in seinen Kopfzeilen referenziert. Es darf nur Elemente und Attribute enthalten, die im Schema explizit definiert werden oder deren Definition im Schema durch externe Referenzen eingebunden ist. Im Schema wird auch festgelegt, ob und wie viele Kindknoten oder Attribute ein Element hat.

Die Wiederverwendung von Schema-Bausteinen spielt gerade in OpenGIS-Schemata eine große Rolle. Damit der Parser weiß, wo er eine Elementdefinition findet, wird im XML-Schema jedem Element ein Namensraum (engl. namespace) zugewiesen. Das ist ein Kürzel, das dem Elementnamen vorangestellt wird und sich auf ein externes Dokument bezieht. Letzteres muss für den Parser zugänglich sein. OpenGIS-Schemata beziehen sich meist auf diverse andere Schemata, die in den Webseiten des OGC verfügbar sind. Für jedes Element im Schema weiß daher der Parser über das vorangestellte Namespace-Kürzel, aus welchem Baustein es stammt. Nur auf diese Weise „bekannte" *Tags* dürfen in einem XML-Dokument verwendet werden.

Das entsprechende Schema für unser XML-Beispiel 1 ist das *StyledLayerDescriptor*-Schema. Dieses referenziert wiederum das OGC *Symbology-Encoding*-Schema *Symbolizer.xsd,* welches die eigentlichen Zeichenvorschriften enthält. Da hier zur Veranschaulichung der Funktionsweise in erster Linie die eigentlichen Zeichenvorschriften interessieren, wird hier nur ein Ausschnitt aus dem XSD-Schema für *Symbolizer* präsentiert. Dieses wird im Anschluss daran erklärt.

XML-Beispiel 2: Ausschnitt aus dem XSD-Schema für PointSymbolizer

```
<?xml version="1.0" encoding="UTF-8" ?>
<xsd:schema  targetNamespace="http://www.opengis.net/se"
  xmlns:se="http://www.opengis.net/se"
  xmlns:gml="http://www.opengis.net/gml"
  xmlns:ogc="http://www.opengis.net/ogc"
  xmlns:xsd="http://www.w3.org/2001/XMLSchema"
  elementFormDefault="qualified" version=1.1.1>
  <xsd:include schemaLocation="common.xsd" />
  <xsd:import namespace="http://www.opengis.net/ogc"
    schemaLocation="http://schemas.opengis.net/filter/1.1.0/filter.xsd" />
  <xsd:import namespace="http://www.opengis.net/gml"
    schemaLocation="http://schemas.opengis.net/gml/3.1.1/base/units.xsd" />
...
  <xsd:element name="PointSymbolizer" type="se:PointSymbolizerType"
    substitutionGroup="se:Symbolizer"/>
    <xsd:annotation>
      <xsd:documentation>
        A "PointSymbolizer" specifies the rendering of a "graphic Symbolizer" at a point.
      </xsd:documentation>
    </xsd:annotation>
  </xsd:element>
    <xsd:complexType name="PointSymbolizerType">
      <xsd:complexContent>
        <xsd:extension base="se:SymbolizerType">
```

```
          <xsd:sequence>
            <xsd:element ref="se:Geometry" minOccurs="0"/>
            <xsd:element ref="se:Graphic" minOccurs="0"/>
          </xsd:sequence>
        </xsd:extension>
      </xsd:complexContent>
    </xsd:complexType>
...
</xsd:schema>
```

Ein XSD-Schemadefinition beginnt zunächst wie jede XML-Datei mit einem Prolog.

```
<?xml version="1.0" encoding="UTF-8" ?>
```

Der Wurzelknoten eines XML-Schemas ist immer <schema>. Die Attribute des Wurzelknotens legen dabei die Eigenschaften fest, die für das gesamte Dokument gelten.

```
<xsd:schema targetNamespace="http://www.opengis.net/se"
  xmlns:se="http://www.opengis.net/se"
  xmlns:gml="http://www.opengis.net/gml"
  xmlns:ogc="http://www.opengis.net/ogc"
  xmlns:xsd="http://www.w3.org/2001/XMLSchema"
  elementFormDefault="qualified" version=1.1.1>
```

Der Namensraum muss für ein XSD-Schema immer wie oben definiert werden, wobei das Präfix *xsd* auch anders gewählt werden kann. Es wird also spezifiziert, dass die Elemente und Datentypen aus dem *http://www.w3.org/2001/XMLSchema*-Namensraum das Präfix *xsd* bekommen sollen.

Der Wert des Attributs *elementFormDefault* ist hier auf *„qualified"* gesetzt. Dadurch müssen alle Elemente durch ein Präfix qualifiziert werden. Das bedeutet, dass jedem Element das Kürzel des Namesraums vorangestellt werden muss, aus dem es stammt, (Beisp.: *xsd:sequence*). So wird sichergestellt, dass die Elemente auch immer an den richtigen Namensraum gebunden werden. Bei der Deklaration der Namensräume für die im Schema verwendeten Elemente wird also immer ein entsprechendes Präfix vergeben (hier *xsd*, *se*, *ogc* und *gml*).

Die Definition des Zielnamensraums (*targetNamespace*) legt fest, zu welchem Namensraum die Elemente und Attribute gehören, die in dem XML-Schema definiert werden. Der Zielnamensraum muss mit dem Namensraum der Schema-Referenz des zu validierenden XML-Dokuments übereinstimmen (hier ist der Zielnamensraum: *http://opengis.net/se*). Der Namensraum *xmlns:se="http://www.opengis.net/se"* wird zusätzlich deklariert, um den Zielnamensraum an das Präfix *se* zu binden.

Die Versionsnummer (*version=1.1.1*) der XML-Schema-Definition wird ebenfalls angegeben.

Es können zwei Arten von Namensräumen für ein XML-Schema deklariert werden:

1. Namensräume, aus denen die im Schema verwendeten Elemente stammen.
2. Der Zielnamensraum (*targetNamespace*), der festlegt, zu welchem Namensraum die im Schema definierten Elemente gehören.

Es folgt die Einbindung weiterer Schemata:

```
<xsd:include schemaLocation="common.xsd" />
<xsd:import namespace="http://www.opengis.net/ogc"
  schemaLocation="http://schemas.opengis.net/filter/1.1.0/filter.xsd" />
<xsd:import namespace="http://www.opengis.net/gml"
  schemaLocation="http://schemas.opengis.net/gml/3.1.1/base/units.xsd" />
```

Das XML-Schema erlaubt die Wiederverwendung bereits vorhandener, externer Schemata. Durch einen *Import* können Schema-Bestandteile aus unterschiedlichen Namensräumen eingebunden werden. Hier wird z. B. das Schema *filter.xsd* importiert und im Namensraum *http://www.opengis.net/ogc* verfügbar gemacht. Damit ein Import stattfinden kann, muss zunächst der entsprechende Namensraum definiert werden.

Mittels der Anweisung *Include* lassen sich innerhalb eines Namensraums mehrere Schemata zusammenführen. Wenn ein Schemata größer wird, wird der Inhalt zur einfacheren Handhabung oft auf mehrere Schemata verteilt. Im Schema-Verzeichnis des OGC befinden sich unter der URL *http://schemas.opengis.net/se* die Schemata *common.xsd*, *featureStyle.xsd* und *symbolizer.xsd*. Unser *Symbolizer*-Schema hat den gleichen Zielnamensraum wie das *Common*-Schema; entsprechend braucht kein Namensraum mehr angegeben werden; die Referenzierung erfolgt allein durch Angabe der *schemaLocation*.

Durch eine XML-Schema-*Import*-Anweisung können externe Schemata aus anderen Namensräumen als dem Zielnamensraum eingebunden werden.

Mittels einer XML-Schema-*Include*-Anweisung lassen sich Schemata mit identischen Zielnamensräumen zusammenfügen, die auf mehrere Dateien verteilt sind.

Erst dann kann es losgehen mit den eigentlichen Inhalten. In unserem Beispiel ist das ein Ausschnitt aus dem *Symbolizer*-Schema. Darin werden u. a. Punkt-Grafiken als *PointSymbolizer*-Elemente definiert. Ein *PointSymbolizer* ist danach eine komplexe Struktur. Sie ist eine Spezialisierung (*extension*) des allgemeineren Elementtyps „*SymbolizerType*" aus dem Namensraum *„se"* (*SymbologyEncoding*). Der *PointSymbolizer* ist eine geordnete Folge *(sequence)* aus einer *SymbologyEncoding*-Geometrie und einer *SymbologyEncoding*-Grafik. Beide Sub-Elemente sind allerdings optional und können auch fehlen (*minOccurs="0"*) (siehe Kapitel 9.6).

```
<xsd:element name="PointSymbolizer" type="se:PointSymbolizerType"
  substitutionGroup="se:Symbolizer"/>
  <xsd:annotation>
    <xsd:documentation>
      A "PointSymbolizer" specifies the rendering of a "graphic Symbolizer" at a point.
    </xsd:documentation>
  </xsd:annotation>
</xsd:element>
  <xsd:complexType name="PointSymbolizerType">
    <xsd:complexContent>
      <xsd:extension base="se:SymbolizerType">
        <xsd:sequence>
          <xsd:element ref="se:Geometry" minOccurs="0"/>
          <xsd:element ref="se:Graphic" minOccurs="0"/>
        </xsd:sequence>
      </xsd:extension>
    </xsd:complexContent>
  </xsd:complexType>
```

Im *Symbolizer*-XML-Schema-Dokument werden noch zahlreiche weitere Elemente wie z. B. *Mark* und *Size* definiert, auf die hier nicht eingegangen werden soll. Diese werden ausführlich in Kapitel 9.6 behandelt.

XML-Schemata sind selbst gültige XML-Dateien, die auch von einem simplen XML-Parser gelesen werden können. Wie wir gesehen haben, können mit ihnen auch sogenannte komplexe Datentypen definiert werden (das sind Datentypen, die selbst aus diversen anderen Datentypen zusammengesetzt sind). Namensräume können berücksichtigt, Vererbungsmechanismen eingebaut und unterschiedlichste Datentypen bis hin zu binären, unstrukturierten BLOB-Daten verwendet werden (BLOB = *Binary Large Objects*).

Die Vorläufer der XSD-Schemata waren sogenannte Document Type Definitions (DTD). Dies sind keine XML-Dateien. Sie sind in der Sprache SGML geschrieben und können mit einem einfachen XML-Parser nicht gelesen werden. Ihre Syntax ist jedoch nicht ausdrucksstark genug, um komplexere Aufgaben übernehmen zu können. Sie sind deshalb auch aus der Mode gekommen und werden in OpenGIS-Spezifikationen nicht mehr verwendet.

Ein XML-Dokument wird beim Einlesen durch einen XML-Parser gegen ein XML-Schema validiert. Es ist nur gültig, wenn alle darin vorkommenden Elemente und Attribute in dem Validierungsschema definiert oder durch Einbeziehung externer Schema-Dokumente referenziert werden.

1.2.4 Symbolik der XML-Baumdiagramme

XML-Baumdiagramme geben XML-Schemata bzw. Schemaausschnitte bildlich wieder und schaffen einen verständlicheren Überblick über die einzelnen Elemente und Attribute sowie deren Beziehungen zueinander. In diesem Buch werden solche Baumdiagramme als Ergänzung zum Text ebenfalls verwendet. Abbildung 4 zeigt ein beispielhaftes XML-Baumdiagramm, anhand dessen im Folgenden die Lesart erläutert wird.

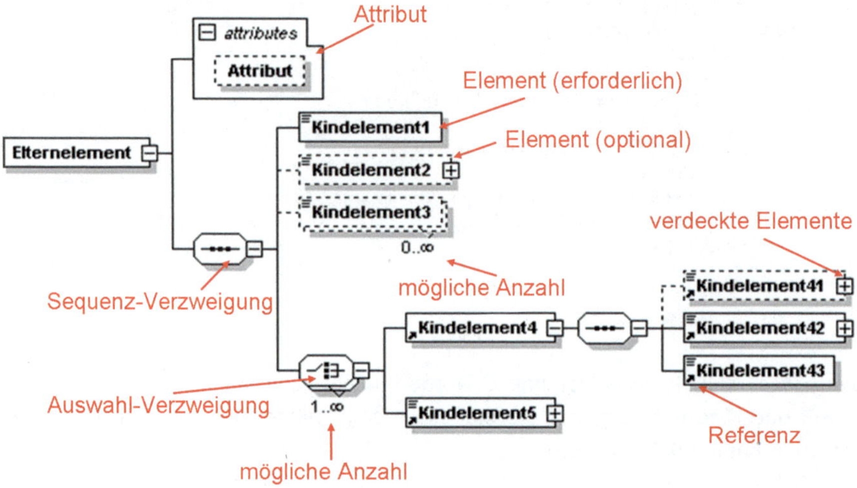

Abbildung 4: XML-Baumdiagramme stellen die Struktur eines XML-Schemas grafisch dar.

- Jedes Kästchen stellt ein Element dar; ausgenommen sind nur die unter *„attributes"* geführten Attribute.
- Nach rechts anschließende Elemente sind immer Kindelemente der Elemente, von denen sie sich abzweigen.
- Normale Umrandungen kennzeichnen erforderliche Elemente oder Attribute, gestrichelte dagegen optionale.
- Ein „+" auf der rechten Seite von Elementkästchen deutet an, dass dieses Element weitere Kindelemente hat, die allerdings zur Vereinfachung ausgeblendet wurden.
- Kleine Pfeile in der linken unteren Kästchenecke markieren Referenzelemente. Diese Elemente wurden entweder zu Beginn eines Schemas definiert und werden hier wieder verwendet, oder aber sie sind in einer externen Schemadatei definiert.
- Es gibt zwei Arten von Verzweigungen: Sequenzen und Auswahlen.
  - → Unter einer Sequenz versteht man eine Reihe von Kindelementen, die in der vorgegebenen Reihenfolge (von oben nach unten) angegeben werden müssen. Optionale Elemente müssen dabei nicht vorkommen, aber wenn sie benutzt werden, dann ebenfalls an der angegebenen Stelle der Sequenz.

→ Bei einer Auswahl muss eines der Kindelemente gewählt werden, es können nicht alle Kindelemente gleichzeitig gewählt werden.

- Sind Elemente oder Verzweigungen als Stapel dargestellt, dann können sie mehrfach angegeben werden. Die Angaben in der Form 0..∞ unter dem Stapel zeigen an, wie oft ein Element bzw. eine Verzweigung vorkommen kann.

Aus Platzgründen können in diesem Buch die Schemata in den Baumdiagrammen nicht immer bis ins letzte Detail „ausgeklappt" werden; insbesondere wiederkehrende Datentypen wie z. B. der Datentyp *OnlineResource* bleiben der Übersicht zuliebe „zugeklappt".

Mit XML lassen sich beliebige Daten beschreiben, speichern und austauschen.

XML-Dateien können sowohl von Mensch als auch Maschine gelesen und interpretiert werden.

Die korrekte Struktur einer XML-Datei wird durch ein XML-Schema überprüft.

1.3 UML-Grundlagen

1.3.1 Was ist UML?

Die grundlegenden Modelle der OpenGIS-Welt ebenso wie die konzeptionellen ISO-Normen für den Bereich der Geoinformatik folgen dem Denkansatz der objektorientierten Modellierung. Eng mit der objektorientierten Sichtweise verbunden ist die Dokumentation des konzeptionellen Modells mit der Notationsmethode UML (*Unified Modeling Language*).

Die *Unified Modeling Language* (UML) ist eine Sprache für die Modellierung von Systemen. Ein System ist eine Gesamtheit von Elementen, die zusammen eine aufgaben-, sinn- oder zweckgebundene Einheit bilden. Software ist z. B. ein solches System. Die Elemente und Beziehungen zwischen den Elementen können durch die Modellierungssprache UML in Wort und Bild beschrieben werden. Zur Darstellung werden verschiedene Arten von Diagrammen genutzt: Strukturdiagramme stellen die logische Architektur eines Systems dar. Statische **Klassendiagramme** sind solche Strukturdiagramme; sie werden in OpenGIS-Normen sehr viel verwendet und kommen auch in diesem Buch an einigen Stellen vor. Verhaltensdiagramme beschreiben die Aktivitäten und Veränderungen der einzelnen Elemente zur Laufzeit. Zu ihnen gehören die **Sequenzdiagramme**. Sie bilden die Interaktionen zwischen Systemkomponenten entlang einer Zeitachse ab. Wir verwenden sie in Kapitel 10.

1.3.2 UML-Klassendiagramme und ihre Bestandteile

Statische *Klassendiagramme* beschreiben Objektklassen mit ihren Attributen und Methoden sowie ihre Beziehungen und Beziehungsrollen in einer grafischen Form. Ein Beispiel ist in Abbildung 5 auf Seite 35 dargestellt.

Farben in den Klassendiagrammen in diesem Buch stammen nicht aus den Originaldokumenten und haben keine inhaltliche Bedeutung, werden aber hier zur Strukturierung zugunsten von mehr Übersichtlichkeit eingesetzt.

Die Grundeinheit der objektorientierten Modellierung ist ein **Objekt**. Ein Objekt ist ein Programm- oder Datenelement. Es kann Dateninhalte (z. B. Koordinaten) und Zustände in Attributen verwalten. Seine Funktionalität oder Dateninhalte stellt das Objekt nach außen durch Methoden bereit, die von anderen Objekten aufgerufen werden können. Ein Objekt kann Beziehungen zu anderen Objekten haben und nimmt dann in diesen Beziehungen eine bestimmte Rolle ein. Attribute, Methoden und Rollen werden auch *Properties* eines Objekts oder seiner Klasse genannt. Ein Objekt gehört immer einer (Objekt-)Klasse an.

Eine **Klasse** ist eine Beschreibung einer Menge von Objekten mit gleicher Bedeutung und gemeinsamen Attributen, Methoden und Beziehungen. Eine Klasse wird instanzierbar genannt, wenn individuelle Instanzen, also Objekte dieser Klasse, erzeugt werden können. Von einer abstrakten Klasse dürfen dagegen keine Instanzen gebildet werden; sie wird nur über ihre Unterklassen in Objekten realisiert. Abstrakte Klassen dienen dazu, die Gemeinsamkeiten verschiedener instanzierbarer Unterklassen zusammenzufassen. Unterklassen sind spezielle Varianten einer Klasse. Sie erben alle Attribute, Methoden und Rollen ihrer Oberklasse. Die Beziehung zwischen Ober- und Unterklasse nennt man „Spezialisierung". In umgekehrter Richtung betrachtet heißt sie „Generalisierung".

Eine **Instanz**, synonym mit dem Begriff Objekt, ist dagegen ein individuelles Exemplar vom Typ einer Klasse mit deren Attributen, Methoden und Rollen. Die Attribute der Instanz/des Objekts haben einen individuellen Wert und in Beziehungen hat das Objekt individuelle Beziehungspartner. Ein Objekt hat in der Regel eine eindeutige Identität.

Attribute sind sozusagen kleine Datenschubladen am Objekt. Darin können Fachinformationen, aber auch Objektzustände verwaltet werden. Zur Attributdefinition gehört der Datentyp, den die Werte in dieser Schublade annehmen können. In der Regel werden Objektattribute über Methoden geändert. Eine **Methode** ist eine Operation eines Objekts, die das Objekt nach außen unter einem Namen bereitstellt. Eine Methode wird mit ihrem Namen aufgerufen; ggf. müssen Parameter übergeben werden.

Die möglichen **Beziehungen** (Assoziationen) zwischen verschiedenen Klassen werden im Objektmodell definiert. Wie viele Beziehungspartner ein Objekt in einer Rolle oder wie viele Wertobjekte ein Attribut mindestens haben muss und maximal haben kann, das wird durch die **Multiplizität** der Eigenschaft angegeben. Angaben zu Multiplizitäten lauten z. B. „0..1" oder „0..n". Beziehungen können ungerichtet oder gerichtet sein. **Gerichtete Assoziationen** können nur in einer Richtung „navigiert", das heißt ausgewertet werden: Objekte der einen Klasse „kennen" dann ihre Beziehungspartner, aber nicht umgekehrt.

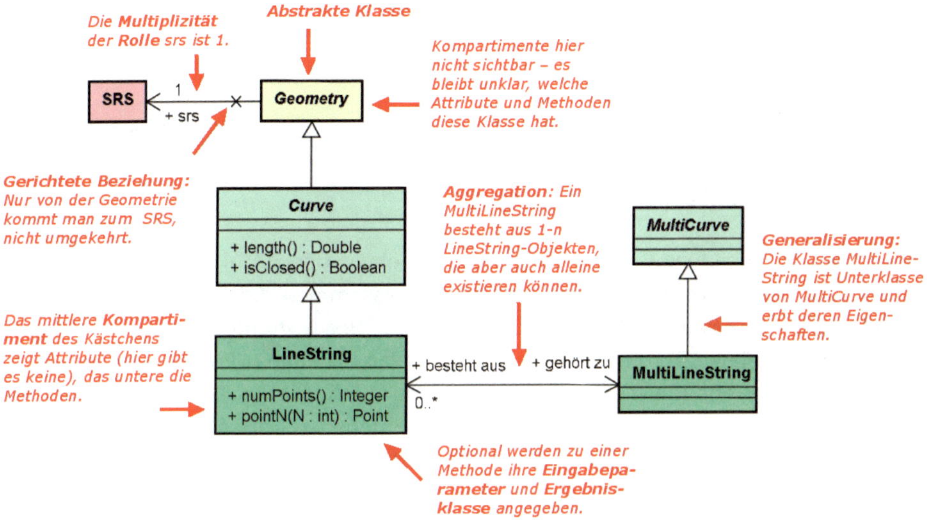

Abbildung 5: Beispiel für ein UML-Klassendiagramm mit den wichtigsten Elementen

Notationsregeln für Klassendiagramme in UML

Klassen werden als Kästchen dargestellt, das den Klassennamen trägt. Bei abstrakten Klassen wird der Klassenname kursiv gesetzt. Klassennamen beginnen immer mit einem Großbuchstaben.

Attribute und **Methoden** können bei Bedarf in eigenen Kompartimenten des Kästchens aufgelistet werden. Optional können bei Attributen der Datentyp und bei Methoden eventuelle Eingabeparameter und der Datentyp bzw. die Objektklasse des Rückgabewerts angegeben werden.

Die Namen von Attributen, Methoden oder Rollen (i. e. *Property*-Namen) beginnen mit einem kleinen Buchstaben. Methodennamen werden meist durch ein nachgestelltes Klammerpaar von Attributen unterschieden. Ein „+" vor Attribut-, Methoden- oder Rollennamen bedeutet, dass diese Eigenschaft nach außen hin für andere Objekte sichtbar („*public*") und verwendbar ist.

Beziehungen werden im Klassendiagramm mit einer durchgezogenen Linie dargestellt; bei gerichteten Assoziationen zeigt ein Pfeil die mögliche Navigationsrichtung an. Die Multiplizität wird beispielsweise in der Form 0, 0..1 oder 1..* angegeben, wobei * für eine unbegrenzte Anzahl steht.

Beziehungsnamen beginnen mit Großbuchstaben und werden im Klassendiagramm etwa mittig über oder unter die Beziehungslinie gesetzt. Die Rollen einer Beziehung werden in Kleinbuchstaben an die Enden der Beziehungslinie gesetzt.

Aggregationsbeziehungen werden im Klassendiagramm durch ungefüllte Rauten am Beziehungsende, **Kompositionen** durch schwarz ausgefüllte Rauten dargestellt.

Eine **Aggregation** ist eine Zusammensetzung eines Objekts aus Objekten einer anderen Klasse. Aggregationen können noch weiter differenziert werden: Eine Aggregation im engeren Sinne setzt sich aus Objekten zusammen, die unabhängig von der Aggregation existieren können. Dagegen besteht eine **Komposition** aus Teilobjekten, die ohne die Komposition keine eigene Existenz haben.

1.3.3 UML-Sequenzdiagramme

Sequenzdiagramme bilden die Interaktionen zwischen Systemkomponenten entlang einer Zeitachse ab. Sogenannte „Lebenslinien" repräsentieren den jeweiligen Zustand, in dem sich eine Komponente befindet (Abb. 6).

Im Beispiel in Abbildung 6 stellt der Nutzer in einer OpenGIS-konformen Mapviewer-Komponente eine Karte nach seinen Bedürfnissen zusammen. Dafür definiert er in einem Formular das Erscheinungsbild (Strichstärke, Farbe, Beschriftung etc.) der von ihm gewünschten Kartenlayer. In diesem – hier verkürzt dargestellten – Prozess erfolgt zunächst eine rekursive Anfrage nur innerhalb der Mapviewer-Komponente. Damit erstellt der Mapviewer aus den vom Nutzer über das Formular übergebenen Darstellungsanweisungen ein *StyledLayerDescriptor*-Dokument (SLD) im XML Format.

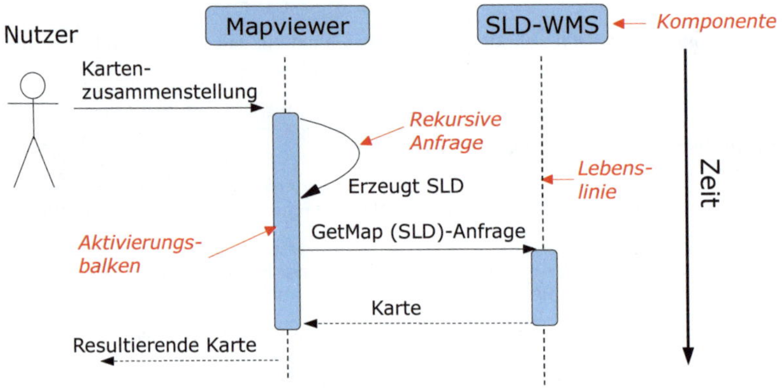

Abbildung 6: UML-Sequenz-Diagramm einer Interaktion zwischen Clientkomponente und SLD_WMS

Die Mapviewer-Komponente übernimmt dann die Rolle eines WMS-Clients und sendet eine *GetMap*-Anfrage inklusive SLD-Dokument an einen SLD-WMS, der daraufhin aktiv wird. Dessen Lebenslinie wird jetzt durch einen Aktivierungsbalken dargestellt. Der SLD-WMS sendet die gerenderte Karte an den anfragenden Mapviewer zurück. Die Interaktion zwischen WMS-Client und SLD-WMS ist daraufhin beendet, der Mapserver ist wieder inaktiv und seine Lebenslinie wird entsprechend wieder als gestrichelte Linie dargestellt. Anschließend wird die Karte durch den Mapviewer an den Benutzerbildschirm übergeben.

Damit endet in diesem kleinen Prozess die Kommunikation zwischen Nutzer und Mapviewer und die Mapviewer-Komponente wird ebenfalls inaktiv.

Bei einer Client-Server-Kommunikation erwartet die anfragende Clientkomponente eine zeitnahe Antwort des Servers. Der Client-Prozess blockiert so lange, bis eine Antwort eingetroffen ist. Kommt keine Antwort innerhalb eines spezifischen Zeitabschnitts, wird dies als Fehler gewertet (*Timeout*). Dieses Verhalten nennt man eine **synchrone Kommunikation.** Die synchrone Anfrage wird im Sequenzdiagramm durch einen durchgehenden Pfeil mit gefüllter Pfeilspitze dargestellt, die Antwort durch einen gestrichelten Pfeil mit offener Pfeilspitze.

In diesem Buch werden UML-Sequenzdiagramme im fiktiven Anwendungsbeispiel des Kapitels 10 verwendet, um das Zusammenspiel von OpenGIS-Komponenten zu verdeutlichen. Sie illustrieren ausschließlich synchrone Kommunikationen ohne weitere Spezialfälle. UML Sequenzdiagramme bieten aber noch vielfältige andere Möglichkeiten, um die Interaktion zwischen Elementen darzustellen, die hier nicht weiter behandelt werden.

UML ist eine mit der objektorientierten Modellierung eng verbundene Notationsform für Datenstrukturen oder Programmstrukturen. Sie wird in OpenGIS-Normen vielfach für die Dokumentation konzeptioneller Modelle eingesetzt.

UML-Klassendiagramme bilden Objekte mit ihren Attributen, Methoden und Beziehungen ab; Objekte sind die Grundbausteine der objektorientierten Modellierung.

UML-Sequenzdiagramme visualisieren die Interaktionen zwischen verschiedenen Komponenten eines Systems in einer zeitlichen Abfolge.

Literatur zu XML und UML:

Umfassende Informationen zur ***Extensible Markup Language* (XML)** geben

- Einführung in XML ([RAY 04])
- XML: Einstieg für Anspruchsvolle ([SEBEST 10])
- Einstieg in XML ([VONH 09])
- Service-orientierte Architekturen mit Web-Services ([MELZ 08])

Für Programmierer befasst sich das Buch von Schwichtenberg mit der Schnittstelle zu den Inhalten eines XML-Dokuments, dem Document Object Model (DOM) ([SCHW 01]).

Als Nachschlagewerke sind folgende Bücher geeignet:

- XML in a Nutshell ([HAR_MEA 05])
- Die XML Bibel ([HAROLD 02])

Ausführliche Darstellungen zur ***Unified Modeling Language* (UML)** finden sich beispielsweise in den Werken:

- UML 2 glasklar ([JE_RU_05])
- Die UML 2.0 Kurzreferenz für die Praxis (kurz, bündig, ballastfrei) ([OESTER 04])
- UML 2.0 – Das umfassende Handbuch ([KECH 06])
- Mehrere Bücher zu UML, vom Lehrbuch bis zur schnellen Übersicht, hat Heide Balzert geschrieben:
  Lehrbuch der Objektmodellierung: Analyse und Entwurf mit der UML 2 ([BALZ_04])
  UML 2 in 5 Tagen: Der schnelle Einstieg in die Objektorientierung ([BALZ_08])

Links zu XML und UML:

Homepage des World Wide Web Konsortiums zur Extensible Markup Language (XML):
http://www.w3.org/XML/

Homepage der Object Management Group (OMG) zu UML:
http://www.uml.org/

Übersetzungen der Originalstandards in Deutsch gibt es auf der Homepage
http://www.edition-w3c.de/standards/

Lehrmaterialien zum Kurs „Software Engineering for Web Services" des Labors für Informationstechnologie der Hochschule Ostwestfalen-Lippe:
http://www.hs-owl.de/fb5/labor/it/ >> Veranstaltungen >> Software Engineering for Web Services

Vorlesung: XML: Modelle und Programmierung von Prof. Waldmann an der Hochschule für Technik, Wirtschaft und Kultur Leipzig:
http://www.imn.htwk-leipzig.de/~waldmann/ >> Lehre >> vorherige Semester >> WS 2005/06

Vorlesung „Einführung in XML" von Prof. Lutz Wegner an der Universität Kassel:
http://www.db.informatik.uni-kassel.de >> Lehre >> Wintersemester 2009/10 >> Einführung in XML

XML-Vorlesung der Fachhochschule Augsburg von Barbara Zengler:
http://www.barbara-zengler.de >> XML-Vorlesung

Vorlesungen des Fachbereichs Netzbasierte Informationssysteme der FU Berlin:
http://www.ag-nbi.de >> Lehre

Lehrmaterialien der Fakultät Medien der Bauhaus-Universität Weimar:
http://www.uni-weimar.de/cms/medien/webis/home.html `>> Teaching >> Client/Server Technologies >> Web-Technologie`

Understanding XML Schema.
Technischer Artikel von Microsoft in der MSDN-Online-Bibliothek von Microsoft:
http://msdn.microsoft.com/en-us/library/aa468557.aspx

Die Wikipedia zu XML und XML-Schema:
http://de.wikipedia.org/wiki/Extensible_Markup_Language
http://de.wikipedia.org/wiki/XML_Schema

Reich an Beispielen zu Webservices und ihrer Technologie ist die Homepage XML ME:
http://www.xmlme.com

Eine ausführliche Online-Quelle zu den verschiedensten Internet-Technologien ist die Homepage w3schools:
http://www.w3schools.com

Darin gibt es zum Beispiel ein XML-Tutorial
http://www.w3schools.com/xml

... und ein Schema-Tutorial:
http://www.w3schools.com/schema

... und Beispiele für alles:
http://www.w3schools.com/xml/xml_examples.asp
http://www.w3schools.com/schema/schema_example.asp

... und eine XML-Schema-Referenz:
http://www.w3schools.com/schema/schema_elements_ref.asp

UML ist eine mit der objektorientierten Modellierung eng verbundene Notationsform für Datenstrukturen oder Programmstrukturen. Sie wird ebenfalls in OpenGIS-Normen vielfach eingesetzt; in der Regel für die Dokumentation konzeptioneller Modelle.

UML-Klassendiagramme bilden Objekte mit ihren Attributen, Methoden und Beziehungen ab; Objekte sind die Grundbausteine der objektorientierten Modellierung.

UML-Sequenzdiagramme visualisieren die Interaktionen zwischen verschiedenen Komponenten eines Systems in einer zeitlichen Abfolge.

XML und UML stellen wichtige Grundlagen für das Verständnis von ISO- und OpenGIS-Normen dar.

UML wird in ISO- und OpenGIS-Normen vor allem für die Dokumentation grundlegender konzeptioneller Modelle eingesetzt.

XML ist aus der heutigen Technologie nicht mehr wegzudenken und wird auch von OpenGIS-Komponenten für die strukturierte Speicherung und den Transport verschiedenster Inhalte eingesetzt.

2 Der OpenGIS-Kontext

2.1 OpenGIS, OGC und ISO

Ohne Standards und Normen könnten Sie sich nicht darauf verlassen, dass der Stecker Ihres Elektrogeräts auch in die Steckdose passt. Was die DIN-Norm für den Schukostecker ist, sind OpenGIS- und ISO-19000-Standards für Ihre „Geo"-Software. Sie ermöglichen das Zusammenspiel von Softwarekomponenten über standardisierte Schnittstellen.

Interoperabilität ist die Fähigkeit von Softwarekomponenten zu einer selbstständigen Zusammenarbeit über Software-, System- und Institutionsgrenzen hinweg. Softwarekomponenten sind interoperabel, wenn sie ohne Mitwirkung des Nutzers miteinander kommunizieren können. Sie tun dies über standardisierte Schnittstellen und genormte Übergabeformate. **Schnittstellen** wiederum sind Vereinbarungen über den Informationsaustausch zwischen Softwarekomponenten.

Die Interoperabilität von „Geo"-Softwarekomponenten ist das Ziel von **OpenGIS**. Unter diesem Markennamen kümmert sich das **Open Geospatial Consortium** (OGC) um die Erarbeitung derartiger Standards für die Geo-Softwarewelt. Damit verbunden ist auch die Integration „geospezifischer" Software in allgemeine IT-Technologien.

Das Open Geospatial Consortium (OGC)

Das OGC wurde 1994 gegründet, als nach einigen Jahren der Arbeit mit Geoinformationssystemen vor allem in amerikanischen Fachbehörden der Bedarf immer stärker wurde, die vorhandenen Geodaten auch mit unterschiedlicher GIS-Software nutzen zu können. Die Antwort auf diesen Bedarf bestand in der Erarbeitung standardisierter Schnittstellen-Definitionen. Aus einer Projektgruppe entstand schließlich das OGC. Seine acht Gründungsmitglieder kamen aus Universitäten, diversen öffentlichen Institutionen und der Herstellerindustrie. Heute hat das OGC über 300 Mitglieder. Der Begriff „OpenGIS" steht auch für die Offenheit des Standardisierungsprozesses. Das OGC steht jeder interessierten Körperschaft offen. Die Arbeit an den Normen ist ein offener Diskussionsprozess. Allerdings haben nur zahlende Mitglieder ein Stimmrecht.

In den ersten Jahren der OpenGIS-Arbeit wurde vor allem an den theoretischen Grundlagen und dem konzeptionellen Gedankengebäude gearbeitet. Richtig Fahrt nahm das OpenGIS-Projekt auf, als es sich den Webtechnologien und der Überwindung der Netzwerkgrenzen zuwandte. Nach dem Erfolg des ersten „Web Mapping Testbeds" im Jahr 1999, das nach kurzer Entwicklungszeit zum ersten Entwurf der Web-Map-Server-Spezifikation führte, übernahm das OCG für die weitere Standardentwicklung die Arbeitsweise der prototypischen Entwicklung in Testbeds und Projekten. Im Rahmen dieses prototypisch arbeitenden „Interoperability Programs" entstanden seither eine Fülle von Diskussionspapieren, Standardentwürfen und verabschiedeten Spezifikationen.

Erfolgreiche Kommunikation benötigt ein gemeinsames Sprachverständnis. Am Anfang einer Schnittstellendefinition steht deshalb ein konzeptionelles Modell. Diese grundlegenden Konzepte der OpenGIS-Welt werden in den Themenbänden (*Topics*) 1 bis 18 der **OpenGIS Abstract Specification** beschrieben. Auf dieser Ebene sind die Architekturen und Modelle sprach- und systemunabhängig. Die *Abstract Specification* bildet das theoretische Fundament der OpenGIS-Welt (Abb. 7).

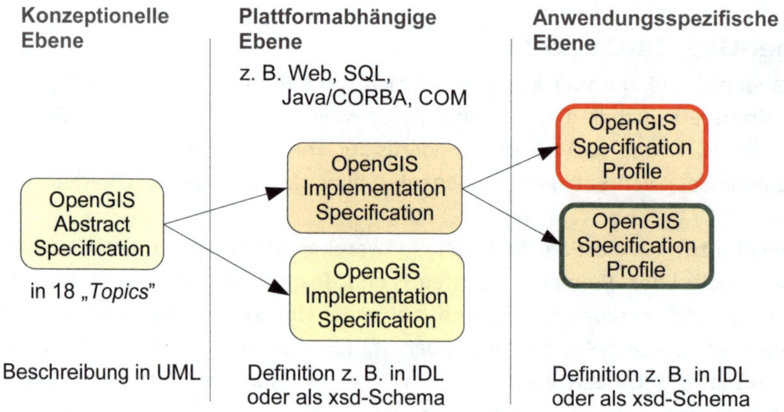

Abbildung 7: Die *OpenGIS Abstract Specification* bildet die theoretische konzeptionelle Grundlage für plattformabhängige Implementierungs-Spezifikationen und anwendungsspezifische Profile.

Darauf aufbauende Konkretisierungen werden in Form der ***OpenGIS Implementation*** **Specifications** zu praktisch umsetzbaren Normen (Abb. 7). Diese werden in der Regel für bestimmte Sprachen oder Kommunikationssysteme wie Microsoft COM, CORBA/Java, SQL-Datenbanken oder das Web definiert. ***Schnittstellenstandards*** sollten dabei so konkret sein, dass Softwarekomponenten sich auf dieser Basis zweifelsfrei verständigen können und Hersteller die Norm in ihren Produkten implementieren können. Anfrage und Antwort müssen im Ablauf geregelt werden und sich einer definierten Syntax bedienen. Für den Transport umfangreicherer Information wie z. B. für den Transport von Geodaten müssen evtl. auch noch strukturierte **Codierungen** definiert werden. Die OpenGIS-Welt verwendet in der Regel XML-Strukturen für die Codierung von Information. Die meisten OpenGIS-Implementierungsstandards definieren entweder Schnittstellen oder Codierungen.

OpenGIS *„Specification Profiles"* schließlich sind weitere Spezialisierungen der Schnittstellen oder Codierungen für bestimmte Anwendungsbereiche (Abb. 7).

Was ein „Profil" ist, das definiert ISO 19106 „Geographic Information – Profiles". Profile sind Spezialisierungen existierender Normen für bestimmte Anwendungsbereiche oder Softwarewelten. Sie können die Ausgangsnorm einschränken, aber auch Erweiterungen enthalten.

Inzwischen gibt es schon eine ganze Reihe implementierungsreifer OpenGIS-Standards. Ein Problem stellen allerdings die häufigen Nachbesserungen und Versionswechsel dar. Die Menge der Dokumente ist auch schon sehr unübersichtlich geworden. Abbildung 8 zeigt deshalb aus der Fülle der OpenGIS-Spezifikationen nur noch die im direkten inhaltlichen Umfeld der *Web-Map-Server*-Normen.

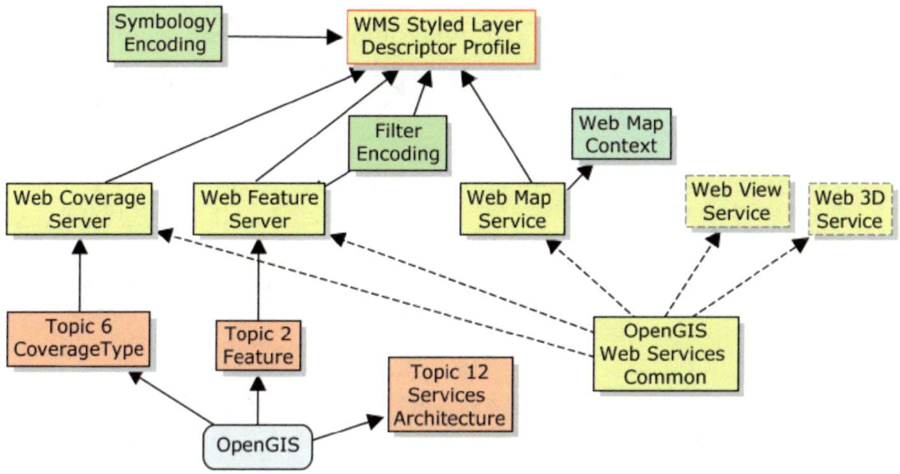

Abbildung 8: OpenGIS-Standards rund um das Web Mapping. Stand Februar 2010: Die Themen der *OpenGIS Abstract Specification* (orange) bilden die konzeptionelle Grundlage für Implementierungsnormen für Schnittstellen (gelb) oder die Codierung von Transporthalten (grün). Profile (roter Rand) sind weitere Spezialisierungen. Gestrichelt umrandet sind noch nicht verabschiedete Entwürfe.

Auf der weltweiten zwischenstaatlichen Ebene kümmert sich die ***International Organisation for Standardisation*** (ISO) um die Erarbeitung international verbindlicher Normen. Für den Bereich Geodatenverarbeitung ist in der ISO das *Technical Committee 211* (***ISO/TC 211***) zuständig. Die vom TC 211 erarbeiteten Normen für den Bereich Geoinformation haben Nummern im Bereich zwischen 19000 und 19999. Inzwischen ist die Familie dieser 19000er-ISO-Standards schon recht umfangreich.

Schon seit 1998 arbeitet das OGC eng mit dem TC 211 der ISO zusammen. Meist sind die OpenGIS-Spezifikationen dem ISO-Prozess etwas voraus. Das TC 211 bringt deshalb gerne Dokumente des OGC in den ISO-Prozess ein. Bereits eine Reihe von OGC-Standards haben den ISO-Normierungsprozess erfolgreich durchlaufen. Von den Normen dieses Buches wurden bereits die *Web-Feature-Server*-Spezifikation und — als notwendige Ergänzung dazu — die *Filter-Encoding*-Norm vom OpenGIS- zum ISO-Standard weiterqualifiziert. Auch die *Web-Map-Server*-Spezifikation wurde in der Version 1.3.0 zur gültigen ISO-Norm. Einen Überblick über ISO-Normen rund um das *Web Mapping* gibt Abbildung 9.

Es gibt auch den umgekehrten Weg; so adoptierte das OGC die ISO-Norm 19119 - Services - als *Topic 2* seiner *Abstract Specification*. Noch ohne Entsprechung in den OpenGIS-Standards ist die ISO-Norm 19117 *Geographic Information - Portrayal.* Deren theoretische Grundgedanken sind allerdings in der OpenGIS *Symbology-Encoding*-Norm und dem *Styled-Layer-Descriptor*-Profil für den WMS umgesetzt.

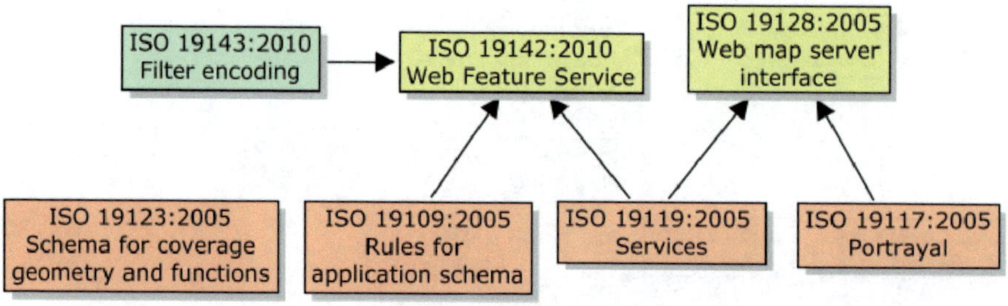

Abbildung 9: ISO-Standards im Umfeld der *Web-Mapping*-Normen (Stand Februar 2010)

Links zu OpenGIS und ISO

Homepage des Open Geospatial Consortiums:
http://www.opengeospatial.org

Homepage, Standard-Katalog und Erläuterungen zum Standardisierungsprozess von ISO:
http://www.iso.org
http://www.iso.org/iso/iso_catalogue
http://www.iso.org/iso/standards_development.htm

Homepage, Selbstdarstellung und Arbeitsprogramm des ISO /TC211
http://www.isotc211.org

Geostandards-Wiki von Geonovum:
http://geostandards.geonovum.nl

Webstore der amerikanischen Standardisierungsorganisation ANSI:
http://webstore.ansi.org

In Deutschland vertreibt der Beuth-Verlag die ISO-, EN- und DIN-Standards:
http://www.beuth.de

Inhaltsverzeichnis der deutschen Wikipedia zu ISO-Normen:
http://de.wikipedia.org/wiki/Kategorie:ISO-Norm

Arbeitskreis „Standardisierung und Qualitätssicherung" der Deutschen Gesellschaft für Photogrammetrie und Fernerkundung:
http://www.dgpf.de/neu/dgpf/standardisierung.htm

Das Cite-Portal des Open Geospatial Consortiums informiert über Konformitätstests:
http://cite.opengeospatial.org/

Literatur zu OpenGIS und ISO

Einen Überblick über die ISO-Standards für Geoinformationsverarbeitung (Stand 2004) gibt das Buch von W. Kresse und K. Fadaie ([KR_FAD 04]).

Ein Aufsatz von Günter Pichler und Martin Klopfer beschreibt die Standardisierungsprozesse von ISO und OGC in [PI_KL 05].

Das ISO TC211 hat im Juni 2009 einen *Standards Guide* über die Normen der 19000er-Reihe herausgegeben. Es ist eine sehr gute Kurzübersicht. Allerdings sind nur die bereits verabschiedeten ISO-Normen enthalten. Der *Standards Guide* ist online verfügbar unter: *http://www.isotc211.org* >> ISO/TC211 Standards Guide

Einen Überblick über die Ziele, Prinzipien und Inhalte der OpenGIS-Standardisierung gibt auch das *OGC Reference Model* ([ORM 2.0]). Die aktuelle Version ist verfügbar unter *http://www.opengeospatial.org/standards/orm*

Einige *White Papers* des OGC beschäftigen sich mit dem Standardisierungsprozess und den verschiedenen Institutionen. Die meisten sind jedoch schon älteren Datums:

- Interoperability & Open Architectures: An Analysis of Existing Standardisation Processes and Procedures ([KLOPF 05])
- The Importance of Going „Open" ([MCKEE 03])
- OGC's Role in the Spatial Standards World ([MCKEE 01])

Diese und weitere *White Papers* des OGC sind über den Press Room der OGC-Homepage zugänglich: *http://www.opengeospatial.org/pressroom/papers*

Die *OpenGIS Abstract Specification* gibt Prinzipien und softwareunabhängige Konzepte vor.

Für bestimmte Softwarewelten – wie beispielsweise die Webtechnologie – wird die *Abstract Specification* in Implementierungsstandards umgesetzt. Ein Profil ist eine Spezialisierung eines Implementierungsstandards für bestimmte Fälle.

OpenGIS und ISO arbeiten eng zusammen; viele OpenGIS-Standards wurden bereits zur ISO-Norm.

2.2 Portrayal Services im OpenGIS Services Framework

Das ***OpenGIS Services Framework*** ist eine Betrachtungsweise für OpenGIS-Infrastrukturen. Hintergrund für diese Sichtweise ist der Trend der allgemeinen IT zu serviceorientierten Architekturen. Das *OpenGIS Services Framework* zerlegt die Geoverarbeitung in Teilprozesse und definiert spezifische Aufgabenpakete als Dienste in einer serviceorientierten Architektur. Ein Service ist eine Softwarekomponente, die darin eine bestimmte Aufgabe übernimmt und ihre Funktionalität über vereinbarte Schnittstellen zur Verfügung stellt.

Eine diensteorientierte Architektur ist wie ein vielstimmiges Orchester. Jeder Dienst hat darin seine spezifische Aufgabe. Die Musik sind die Anwendungen, die durch ihr Zusammenspiel entstehen. Im Orchester gibt es Dienste, die eine Benutzeroberfläche versorgen oder einen Benutzeraufruf benötigen. Andere Dienste sind an einem Prozess nur indirekt beteiligt, werden durch Dienste aufgerufen und wirken im Hintergrund mit, ohne dass der Benutzer das je merkt. Dienste können in einfachen Ketten hintereinander geschachtelt werden, über die ein Ergebnis durchgereicht wird. In anderen Architekturen übernimmt ein eigener Dienst als Dirigent die Steuerung des ganzen Prozesses, ruft verschiedene andere Dienste auf und verarbeitet die Ergebnisse. Die Verkettung und Verschachtelung von Diensten wird *Service Chaining* genannt. Mehr zum Thema *Service Chaining* enthält Kapitel 6.9.

Services im OpenGIS-Jargon sind keineswegs nur Webdienste. Services können auch Betriebssystemdienste oder andere, in eine Architektur irgendwie eingebundene Komponenten sein. Beispielsweise stellen Datenbanken ihre Inhalte über Datenbank-Dienste zur Verfügung. OpenGIS-Webservices sind nur diejenigen OpenGIS-Dienste, die sich der Webtechnologie und des HTTP-Protokolls bedienen. Längst haben diese auch schon ihren Eingang in lokale Architekturen gefunden.

Die *OpenGIS Abstract Specification Topic 12* (zugleich ISO 19119) ([TOPIC 12]) beschreibt die allgemeinen Prinzipien einer OpenGIS-Service-Architektur. Servicetypen werden zunächst rein inhaltlich beschrieben und definiert. Ein *Mapping Service* beispielsweise soll einen Kartenausschnitt als Bild oder Grafik ausgeben. Erst anschließend erfolgt auf dieser konzeptionellen Basis die Normung plattformspezifischer Schnittstellen. Für das *Mapping* gibt es bislang nur für die Plattform HTTP eine Spezifikation, den *Web Mapping Service*. Ist eine Norm erst einmal verabschiedet, wird sie in verschiedenen kommerziellen oder OpenSource-Produkten umgesetzt (Abb. 10).

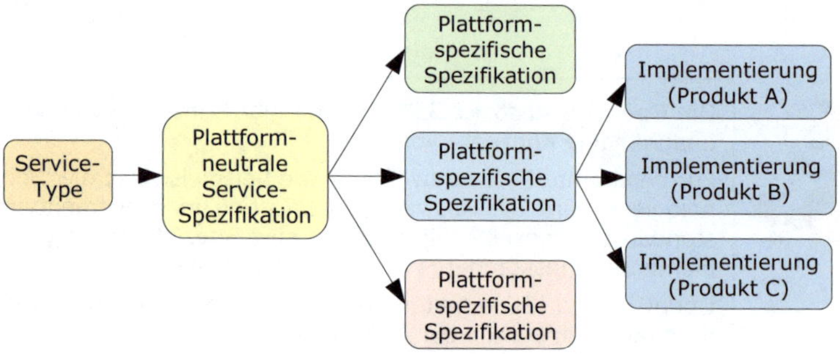

Abbildung 10: Nach dem allgemeinen Konzept der OpenGIS *Services Architecture* wird ein Servicetyp zunächst plattformunabhängig beschrieben und inhaltlich definiert. Es folgen plattformspezifische Schnittstellen-Spezifikationen, die schließlich in Produktimplementierungen münden.

Die *OpenGIS-Services-Architecture*-Spezifikation bringt außerdem Ordnung in die Vielfalt der Geo-Dienste, indem sie die für die Geodaten-Verarbeitung notwendigen Funktionalitäten benennt und sie in eine Gliederung, die *Service Taxonomy*, einordnet:

Data Services stellen Daten aus Haltungssystemen an Anwendungen bereit, **Processing Services** dienen der analytischen Verarbeitung und **Portrayal Services** der Präsentation von Rauminformation. **Registry Services** machen die verfügbaren Dienste bekannt und zugänglich (Abb. 11). Je nach Betrachtungstiefe gibt es weitere Spezialisierungen dieser Dienstfamilien.

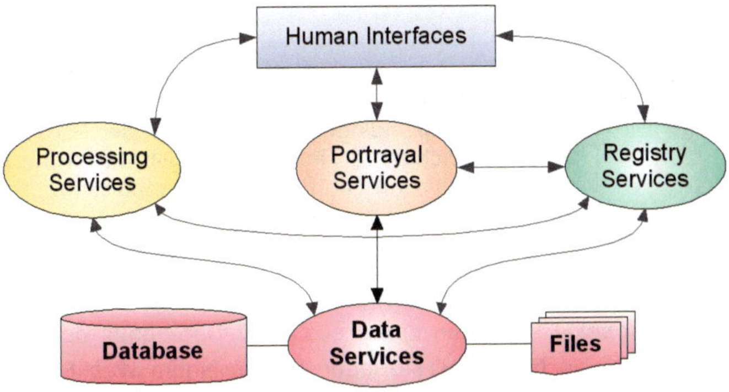

Abbildung 11: In einer OpenGIS Dienste-Architektur (*OpenGIS Services Framework*) dienen *Portrayal Services* der Visualisierung von Geodaten, die sie über *Data Services* aus Datenquellen beziehen.

In der Terminologie von OpenGIS und ISO ist ein Service eine Softwarekomponente, die eine bestimmte Aufgabe übernimmt.

Dienste können auf einer Maschine lokal vorhanden oder über Netzwerke verfügbar sein. Das Betriebssystem stellt bereits viele Dienste bereit. Aber auch viele andere Komponenten – wie z. B. Datenbanken – bieten ihre Funktionalität als Dienst nach außen an.

Portrayal Services (Darstellungsdienste) stellen also Präsentationen von Rauminformation – z. B. in Form von Karten – für den Nutzer bereit. Der theoretische Unterbau der OpenGIS-Normen, die *OpenGIS Abstract Specification*, enthält keinen eigenen Themenband zum Thema Visualisierung. Aber der ***ISO-Standard 19117:2005 Geographic Information – Portrayal*** beschreibt das grundlegende Konzept. Das Wichtigste daran ist die Trennung der Darstellung von den eigentlichen Geoobjekten. Bei einer Karte handelt es sich um eine grafisch aufbereitete Darstellung von Geodaten, nicht um die Geodaten selbst. Geoobjekte haben Geometrien, und diese sind „nackte" Koordinatenfolgen in einem Koordinatensystem. Sie haben keine Farbe, keine Strichstärke, kein Symbol und keinen Linientyp. Erst die Kombination der Geometrien mit einer Zeichenvorschrift gibt ihnen für die Datenausgabe diese Eigenschaften.

Warum ist das wichtig? Durch die Trennung von Geometrien und Zeichenvorschriften sind diese beliebig wiederverwendbar. Es können für eine Geometrie unterschiedliche Zeichenvorschriften erstellt werden und eine Zeichenvorschrift kann für unterschiedliche Datensätze verwendet werden. Das war nicht immer so, und auch heute noch ist es in der CAD-Welt weitverbreitete Praxis, Geoobjekte unterschiedlicher Bedeutung nur über ihre Farbe und ihren Linientyp zu unterscheiden. Überall dort, wo es bisher nur auf das gedruckte Ergebnis ankam, werden *Feature Types* und Darstellung häufig nicht sauber getrennt. GIS-Anwendungen haben deshalb oft ein Problem mit dem korrekten Import von CAD-Dateien. Auch im Dateiformat KML erhalten die Objekte ihre Symbolik nicht regelbasiert, sondern tragen sie individuell mit sich.

ISO 19117 Geographic Information – Portrayal beschreibt die grundlegende Konzeption der Portrayal-Dienste. Wichtigster Punkt darin ist die Trennung der Visualisierung von der Geo-Datenhaltung.

Die zugrunde liegenden Rohdaten können aus unterschiedlichen Quellen stammen: Ein *Portrayal Service* kann seine Rohdaten direkt aus einer Datenbank oder aus Dateien beziehen. Er kann sie aber auch über HTTP-Requests aus einem *Web Feature Server* oder einen *Web Coverage Server* erhalten. In einer OpenGIS-standardisierten Architektur bezieht er seine Daten jedenfalls über standardisierte Schnittstellen (Abb. 12).

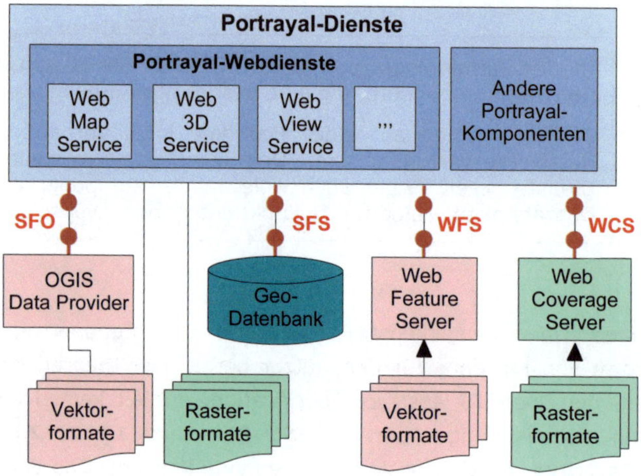

Abbildung 12: Portrayal-Dienste visualisieren Geodaten aus verschiedenen Datenquellen. Sie können diese über standardisierte OpenGIS-Schnittstellen (rot) beziehen.

Die Prozesskette vom Abruf der Daten bis zur Bereitstellung einer digitalen Karte an den Benutzer beschreibt das *OGC Portrayal Model*. Der Kartenerstellungsprozess wird hierbei in Stufen unterteilt. Jede Stufe ist eine Aufgabenstellung, die von einer Softwarekomponente oder einem Modul erledigt wird (Abb. 13).

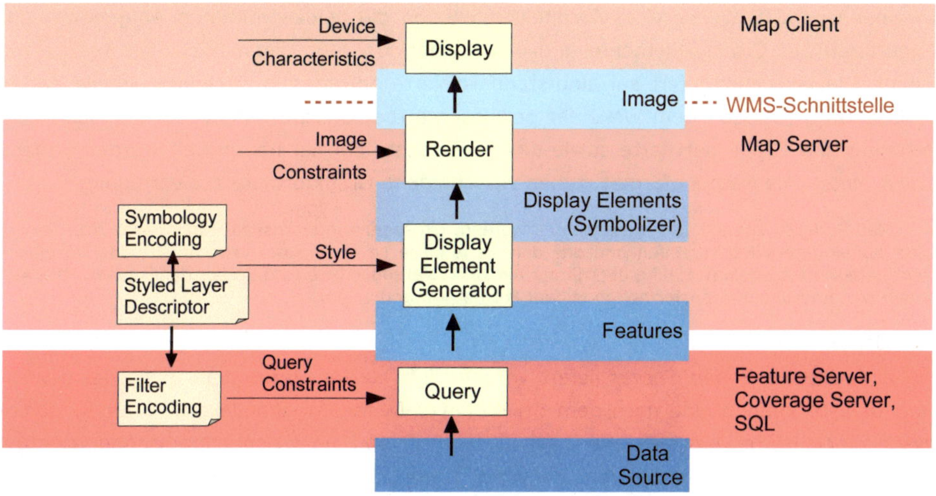

Abbildung 13: Das *OpenGIS Portrayal Model* beschreibt die Prozesskette von der Datenhaltung bis zur Präsentation gegenüber dem Benutzer. Nach [ORM 2.0], ergänzt um Komponenten-Namen und Normen.

Am Anfang des Prozesses werden die gewünschten Geoobjekte (*Features*) aus Datenquellen geholt. Datenquellen können Datenbanken oder Dateien oder Datendienste sein. Je nach Datenquelle kommen dabei für Vektordaten die *Simple Features for SQL*-Schnittstelle oder eine *Web-Feature-Server*-Schnittstelle für die Übergabe infrage. Rasterdaten - auch z. B. Luft- und Satellitenbilder - können von *Coverage-Servern* bezogen werden. Die Datenmengen können in der Abfrage (***Query***) anhand thematischer oder räumlicher Selektionskriterien *(Query Constraints*) eingeschränkt werden. Benutzerdefinierte Layer aus einer als *Styled Layer Descriptor* übermittelten Darstellungsvorschrift schränken das Angebot einer Datenquelle in der Regel auf *Feature Types* oder bestimmte *Feature*-Mengen ein. Die Kriterien müssen dafür in standardisierter Form an den Datenlieferanten übermittelt werden. Im Fall des *Web Feature Service* als Datenquelle kommt dafür die *OGC-Filter-Encoding*-Spezifikation zum Einsatz.

Sind die Geoobjekte als Rohdaten selektiert, werden sogenannte *Style*-Definitionen auf sie angewandt, um sogenannte „***Display*-Elemente**“ zu erstellen. Diese „Stil-Definitionen“ beinhalten Regeln für die grafische Darstellung der Geobjekte, also Angaben zu Füllfarben, Umrandungsfarben, Liniendicken, Punktsymbolen etc. Die *Symbolog-Encoding*-Norm (SE) definiert ein Schema für die Codierung solcher Zeichenvorschriften als XML-Struktur. Damit können Darstellungsregeln softwareunabhängig abgelegt und zwischen verschiedenen Komponenten ausgetauscht werden. Der dritte Schritt im Portrayal-Prozess ist das ***Rendering***. So nennt man die Generierung eines Rasterbilds aus den gestalteten Geoobjekten. Je nach den Eigenschaften des Endgeräts (*Device Characteristics*) wird die Bilddatei passend konfektioniert und an das Endgerät ausgeliefert.

In einer OpenGIS-Webservices-Architektur werden die beiden mittleren Aufgaben - das Generieren der *Display*-Elemente und das Rendering - von einem *Web Map Service* geleistet. Dieser Dienst liefert auf eine standardisierte Anfrage hin zweidimensionale Karten zurück. Dafür müssen dem WMS der gewünschte thematische Inhalt, die räumliche Ausdehnung und Größe der Karte sowie das gewünschte Format übermittelt werden (*Image Constraints*). Als Ausgabeformat stehen verschiedene Grafikformate zur Verfügung.

Web Map Services können auch geschachtelt werden. Ein sogenannter kaskadierender *Web Map Service* kann auf andere WMS zugreifen und das dort verfügbare Layer-Angebot unverändert oder in eigene Layer integriert ausgeben. Häufig übernimmt ein kaskadierender *Web Map Server* dabei zusätzliche Aufgaben wie Koordinatentransformationen oder Formatumwandlungen.

Ein einfacher *Web Map Server* liefert vorgefertigte Karten. Besonders qualifizierte *Web-Map*-Dienste können eine nach dem *Styled-Layer-Descriptor*-Standard und der *Symbology-Encoding*-Norm verschlüsselte Zeichenvorschrift von einer Benutzeranwendung entgegennehmen, die Karte in der vom Benutzer gewünschten Darstellungsart generieren und sie an die Benutzeranwendung wieder zurückgeben. Die dafür notwendige erweiterte Kommunikation zwischen Anwendung und *Web Map Server* standardisiert das *Styled-Layer-Descriptor*-Profil zur *Web-Map-Server*-Norm. Ein so qualifizierter *Web Map Server* wird als SLD-WMS bezeichnet (Abb. 14, Seite 51).

Das SLD-Profil ist ungeheuer vielfältig in seinen Möglichkeiten. Macht ein SLD-WMS die Zugänge zu seinen Datendiensten bekannt, dann kann eine Clientkomponente ihre eigenen Klassifizierungen vornehmen, Signaturen dafür definieren und vom WMS eine entsprechende Darstellung anfordern. Symbole und Darstellungsregeln (Styles) können auch aus externen, bekannten oder über Katalogsysteme aufzufindenden Bibliotheken bezogen werden. Der WMS wird dann zur webbasierten Zeichenmaschine.

In den meisten Fällen führt ein *Web Map Server* auch den *Rendering*-Prozess durch und liefert eine pixelbasierte Bilddatei aus. Als Übergabeformate kommen dafür gängige Bildformate wie JPEG, PNG oder GIF infrage. Er kann aber auch - wenn er das anbietet und es angefordert wurde - auf das *Rendering* verzichten und ein vektorielles Grafikformat ausliefern. In dem Fall muss die Benutzeranwendung in der Lage sein, das Format auszuwerten und für die Darstellung auf dem Bildschirm in eine Pixelgrafik umzuwandeln.

Am Schluss der Prozesskette steht das ***Display***. Damit ist die Ausgabe auf einem Bildschirm, in eine Datei oder auf einen Drucker gemeint. In der Regel gibt es auf der Benutzerseite eine Desktop- oder Webanwendung, die erst die Anfrage als HTTP-Request zusammenbaut und dann das gelieferte Bild entgegennimmt und darstellt.

Nicht selten haben Benutzer das Bedürfnis, eine einmal zusammengestellte Kartenansicht zu speichern. Sei es, um den Ausschnitt schnell wiederzufinden, ihn irgendwo einzubauen oder die Definition an jemanden anderes weiterzugeben. Für dieses Bedürfnis hat das OGC die ***Web-Map-Context***-Spezifikation entwickelt ([WMCD 1.1]). Damit können benutzerdefinierte Ansichten in Client-Applikationen konfiguriert und gespeichert werden.

Die Parameter einer WMS-Anfrage wie die Liste der Kartenlayer, der Ausschnitt, Fenstergröße, Koordinatensystem und anderes werden in standardisierter Form als XML-Dokument abgelegt und können so mit anderen Komponenten oder Benutzern ausgetauscht werden. Weil die Speicherung in einer genormten Struktur erfolgt, kann eine andere Anwendung einen solchen *Web Map Context* einlesen und den Ausschnitt korrekt anzeigen.

Ein *Web Map Server* liefert zweidimensionale Karten. Zu den *Portrayal-Services* gehören jedoch auch Dienste, die perspektivische Ansichten oder interaktive dreidimensionale Szenen ausliefern (Abb 14). Die Spezifkationen für diese Dienste sind noch im Stadium des Entwurfs und noch nicht endgültig verabschiedet. Es ist jedoch damit zu rechnen, dass diese Art der Präsentation in den kommenden Jahren immer mehr gefragt sein wird.

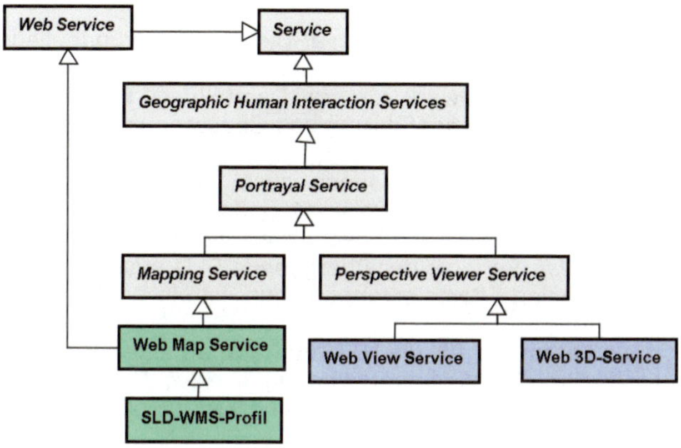

Abbildung 14: Einordnung der Web-Mapping- und 3D-Dienste in Dienste-Kategorien. Die Begriffe für die abstrakten, grauen Serviceklassen stammen aus verschiedenen *OpenGIS*-Dokumenten; es gibt keine eindeutig vorgegebene Dienste-Hierarchie.

Ein **Web View Service** (WVS) liefert auf eine HTTP-Anfrage eine statische perspektivische Sicht als quasi-dreidimensionale Karte. Ausgabeformate sind auch hier gängige Bildformate wie JPEG oder PNG. Der Benutzer kann in seiner Anforderung die Perspektive definieren, aus welcher der Nutzer das 3D-Modell betrachtet. Auf dem WVS-Server wird ein dreidimensionales Modell erzeugt. Im einfachsten Fall wird ein Luftbild oder eine Karte über ein Höhenmodell drapiert. Weitere Geoobjekte wie z. B. Gebäude können integriert werden. Der Server generiert dann eine Sicht aus der vom Benutzer geforderten Perspektive auf dieses Modell und gibt das Ergebnis als quasi-dreidimensionale Karte aus.

Dagegen liefert ein **Web 3D Service** (W3DS) auf eine Anfrage hin eine 3D-Kartenszene als Szenengraph in einem gängigen 3D-Format wie z. B. VRML oder X3D. Die 3D-Szene kann vom Nutzer dann interaktiv in einem entsprechenden 3D-Viewer frei erkundet werden.

In einer serviceorientierten Architektur ist ein Service eine Softwarekomponente, die eine bestimmte Aufgabe übernimmt und ihre Funktionalität über vereinbarte Schnittstellen zur Verfügung stellt.

Portrayal Services stellen Funktionalität für die Präsentation von Geodaten zur Verfügung. *Mapping Services* produzieren zweidimensionale Kartenlayer und geben sie aus. Ein *Web Mapping Service* ist ein Mapping Service, der mit der anfragenden Komponente über das HTTP-Protokoll kommuniziert.

Das den OpenGIS-*Portrayal*-Diensten zugrunde liegende Konzept wird in ISO 19117 beschrieben. Das Modell trennt die Geodaten von dem Regelwerk für ihre Darstellung. Eine Karte entsteht erst aus der Zusammenführung von Geodaten mit Zeichenvorschriften.

Zeichenvorschriften können nach der OpenGIS-*Symbology-Encoding*-Norm in standardisierten XML-Strukturen abgelegt werden. Diese werden auch *Styled Layer Descriptoren* (SLD) genannt. Ein *Web Map Service*, der übergebene SLD auswerten und eine benutzerdefinierte Karte erzeugen kann, ist ein WMS mit SLD-Profil.

Die Parameter für die HTTP-Anfrage an einen *Web Map Server* können für die Wiederverwendung in *Web-Map-Context*-Dokumenten abgelegt werden; auch diese sind XML-Strukturen.

Verschiedene Normenentwürfe für 3D-Services sind im OpenGIS-Projekt in der Diskussion und noch nicht verabschiedet.

3 Themen und Quellen dieses Buches

Dieses Kapitel gibt Ihnen einen Überblick über die Inhalte und Kapitel dieses Buches und die dafür verwendeten Dokumente. Eine grafische Sicht der funktionalen Zusammenhänge gibt Abbildung 15 auf Seite 55.

Das verwendete Grundprinzip der räumlichen Visualisierung – die Trennung der Darstellungsweise von den Geodaten selbst – ist in der ISO-Norm **ISO 19117:2005 Geographic Information – Portrayal** ([ISO 19117]) verankert. In der *OpenGIS Abstract Specification* gibt es vorerst noch keine Entsprechung für dieses konzeptionelle Modell. Sein Grundprinzip wird jedoch in den Implementierungsnormen umgesetzt. Die ISO-Norm wird in **Kapitel 5** vorgestellt.

Alle OpenGIS Web Services müssen bestimmte gemeinsame Anforderungen erfüllen. Beispielsweise die, dass sie Auskunft über sich selbst und ihre verfügbaren Operationen geben können. Diese grundlegenden Anforderungen werden in der Norm **OpenGIS Web Services Common** (OWS) vorgegeben ([OWS 1.1]). Es handelt sich dabei um einen Meta-Standard, dessen Vorgaben von später entstandenen oder weiterentwickelten Webservice-Spezifikationen umgesetzt werden müssen. Die wichtigsten Übereinkünfte aus diesem Metastandard werden im **Kapitel 6** vorgestellt.

OpenGIS-Normen für die Codierung von Transportinhalten als XML-Struktur können in verschiedenen Dienst-Schnittstellen verwendet werden. Dies gilt zum Beispiel für die **OpenGIS-Filter Encoding Norm** ([FILTER 11]). Sie definiert ein XML-Schema für die Codierung von räumlichen Filtern oder Attributfiltern auf einen Datenbestand. Das Schema wird sowohl in Anfragen an Web Feature Server als in *Styled-Layer-Descriptor*-Anfragen an *SLD-Web-Map-Server* verwendet. Der Standard ist als **ISO 19143:2010 Geographic information – Filter encoding** seit kurzem gültige ISO-Norm. In **Kapitel 6.8** wird die *Filter-Encoding*-Norm in Kürze, jedoch vollständig referiert. Der Leser wird anhand der Beispiele in der Lage sein, entsprechende Filter zu formulieren.

Ein *Web Map Service* (WMS) ist eine Variante eines *Portrayal*-Dienstes. Er liefert auf die Anfrage einer Client-Komponente hin eine Karte (*Map*), also eine visuelle Repräsentation von Geodaten. Die **OpenGIS-WMS-Spezifikation** in der Version 1.3.0 ([WMS 1.3]) ist identisch mit der ISO-Norm **ISO 19128:2005 Geographic Information – Web Map Service**. Sie wird in diesem Buch in **Kapitel 7** vollständig referiert. Auf die Unterschiede zur Vorgängerversion 1.1.1 wird explizit hingewiesen.

Die dafür verwendeten Quelldaten bezieht der *Map Server* entweder direkt aus Dateien oder Datenbanken oder über andere Dienste wie einem *Web Feature Service* (Vektordaten) oder einem *Web Coverage Service* (Rasterdaten). Auch der OpenGIS *Web Feature Service* ist als ISO 19142:2010 erst seit kurzer Zeit vollgültige ISO-Norm. Für den *Web Coverage Server* gibt es noch keine Entsprechung im ISO-Programm. Beide werden Gegenstand eines eigenen Bandes dieser Reihe sein.

Bei einem „einfachen" WMS kann die Clientkomponente die Darstellung thematischer Layer nur durch die Auswahl einer Signatur aus einer Reihe vordefinierter Signaturen (*Styles*) beeinflussen. Mit dem **Styled-Layer-Descriptor-Profil** zum *Web Map Server* (SLD) gibt es jedoch eine Erweiterung des *Web-Map-Server*-Standards, mit der die Erstellung eigener Darstellungsvorschriften durch den Benutzer ermöglicht wird ([SLD 1.1]). Der Benutzer kann dem WMS damit eine Karte nach seinen Vorstellungen abverlangen. Die Darstellungsregeln selbst werden dazu nach der **OpenGIS-Symbology-Encoding**-Norm (SE) als XML-Struktur codiert ([SE 1.1]). Ein WMS, der die SLD-Spezifikation unterstützt, wird als **SLD-WMS** bezeichnet. Die beiden genannten OpenGIS-Standards sind noch nicht in der ISO-Normierung. Sie werden in der aktuell gültigen Version 1.1.0 in den **Kapiteln 8 und 9** vollständig referiert; dabei werden die Unterschiede zur Vorgängerversion ebenfalls genannt.

Die Speicherung von WMS-Anfrageparametern für die Wiederverwendung in XML-Strukturen standardisiert die **OpenGIS-Web-Map-Context**-Spezifikation ([WMCD 1.1]). Mit einem *Web-Map-Context*-Dokument können benutzerdefinierte Ansichten in Anwendungen konfiguriert und gespeichert werden. Zu der Implementierungsspezifikation aus dem Jahr 2005 gibt es noch ein Corrigendum-Dokument ([WMCD 1.1C]). Die Spezifikation wird in diesem Buch in **Kapitel 11** ausführlich referiert. **Kapitel 10** enthält zwei ausführliche Anwendungsbeispiele für die zuvor referierten Normen.

Ein *Web Map Server* liefert zweidimensionale Karten. Zunehmend sind jedoch auch dreidimensionale Ansichten gefragt. Dafür gibt es zurzeit zwei Spezifikationen im Status des *OpenGIS Discussion Papers:* Der Normenentwurf für einen **Web View Service** ([WVS 0.3]) liefert quasi-dreidimensionale Kartenansichten zurück, die jedoch statisch sind. Der Benutzer – respektive die Client-Komponente – muss die Perspektive definieren und bekommt ein Bild zurück. Anders der Standardentwurf für einen **Web 3D Server** ([W3DS 0.4]): Hier gibt der Server anstelle eines Bildes eine dreidimensionale Szene in Form einer VRML-Datei zurück. Das ist eine umfangreichere Datenlieferung. Wenn die Clientkomponente damit umgehen kann, kann der Benutzer sich dann in dieser 3D-Szene interaktiv bewegen. Weil beide Normenentwürfe noch nicht gültige Spezifikationen sind, werden sie in **Kapitel 12** auch nur kurz vorgestellt.

Ein Einblick in **aktuelle Diskussionsfelder** rund um das Thema *Portrayal* gibt das **Kapitel 13**. Es enthält kurze Inhaltsangaben zu noch nicht verabschiedeten Normenentwürfen und Diskussionspapieren des OGC.

Es folgen eine Zusammenstellung der verwendeten **Quellen** und ein **Glossar**. Der **Anhang** enthält tabellarische Übersichten über Schnittstellen-Parameter und XML-Schemata.

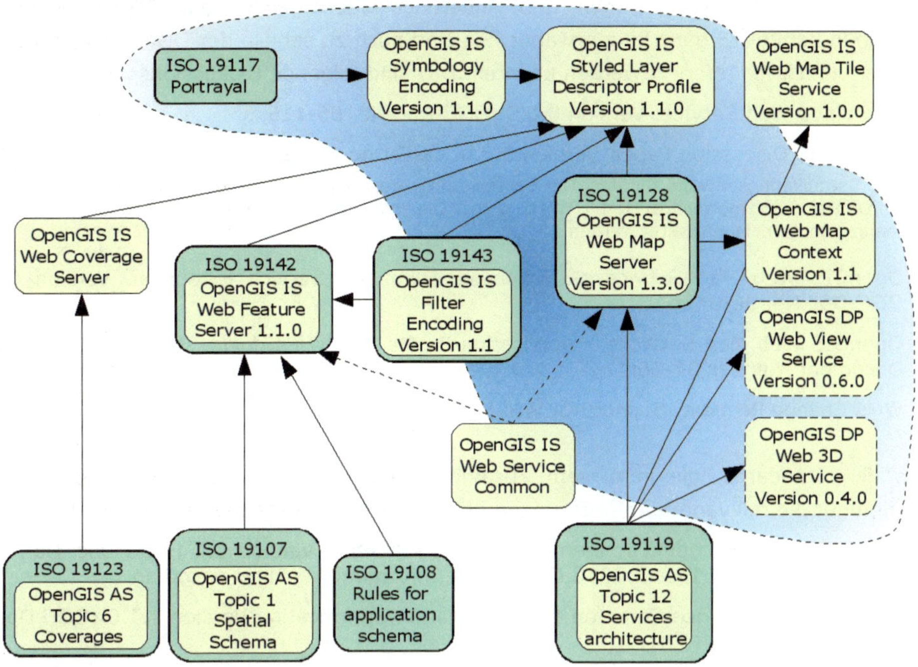

Abbildung 15: OpenGIS-Spezifikationen (gelb) und ISO-Standards (grün) rund um das Thema dieses Buches (Stand Dezember 2010). Noch nicht bis zur Spezifikationsreife gelangte *OpenGIS Discussion Papers* sind gestrichelt umrandet. Blau unterlegt ist der von diesem Buch abgedeckte Bereich.

Kurz beleuchtet wird das konzeptionelle Modell der ISO für die Präsentation von Geodaten:

- ISO 19117:2005 – Geographic Information – Portrayal

Vollständig referiert werden in diesem Buch folgende Normen:

- OpenGIS Implementation Specification Web Map Server Version 1.3.0 (OGC-Doc No. 06-042), identisch mit ISO 19128:2005: Geographic information – Web Map Server
- OpenGIS Web Map Context Implementation Specification Version 1.1.0 (OGC-Doc. No 05-005) mit Corrigendum 1 zur Version 1.1.0 (OGC-Doc. No. 08-050)
- OpenGIS Styled Layer Descriptor Profile of the Web Map Service Implementation Specification Version 1.1.0 (OGC-Doc. No. 05-078r4)
- OpenGIS Symbology Encoding Implementation Specification Version 1.1 (OGC-Doc. No. 05-077r4)

Noch in der Diskussion befindliche Entwürfe für 3D-Server werden kurz vorgestellt:

- OpenGIS Web 3D Service Discussion Paper Version 0.4.0 (OGC-Doc. No. 09-104r1)
- OpenGIS Web View Service Version 0.6.0 (OGC-Doc-No. 09-166r1)

Einige weitere Spezialisierungen und Änderungsvorschläge für das 2D-Web-Mapping werden in Kapitel 13 ganz kurz erwähnt. Sie sind noch zu sehr in der Diskussion, als dass sie hier verlässlich referiert werden könnten. Das sind folgende Diskussionspapiere:

- Geo Video Web Service. Version 0.0.9. OGC-Doc-No. 05-115
- Tiled WMS Discussion Paper. Version 0.3.0. OGC-Doc-No. 07-057r2

  Der Spezifikationsentwurf für den Tile Server wurde kurz vor der Drucklegung dieses Buches zur Implementierungsnorm avanciert ([WMTS 1.0]). Die jetzt verabschiedete Norm konnte leider nicht mehr gründlich eingearbeitet werden.

- OpenGIS Web Map Services - Proposed Animation Service Extension. Version 0.9. OGC-Doc-No. 06-045rl
- OpenGIS Web Map Services - Application Profile for *EO Products*. Version 0.3.3. OGC-Document Number 07-06r1
- WMS Change Request: Support for WSDL & SOAP. Version 0.1.0. OGC-Doc-No. 04-050r1

Aus den Standards, die in diesem Zusammenhang nur hilfsweise eine Rolle spielen, werden nur die relevanten Anforderungen referiert. Dabei handelt es sich um die Normen:

- OpenGIS Filter Encoding Implementation Specification Version 1.1 (OGC Doc.-No. 04-095), zugleich ISO 19143:2010 Geographic Information - Filter encoding
- OpenGIS Web Service Common Implementation Specification Version 1.1.0 (OGC Doc.-No. 06-121r3)

Sozusagen im Hintergrund wirken als Datenquellen für einen WMS und als Grundlage für die Definition von Karten-Layer noch der *Web-Feature-Server*-Standard und die *Web-Coverage-Service*-Norm mit. Sie werden in diesem Buch nicht referiert. Zu diesen Themen sind eigene Bände dieser Reihe in Vorbereitung.

Der konzeptionelle Hintergrund findet in diesem Buch gelegentlich Erwähnung. Die Werke werden jedoch hier nicht ausführlich referiert. Zu nennen sind hier insbesondere die folgenden Standards:

- ISO 19109:2005 Geographic information - Rules for application schema.
- OpenGIS Abstract Specification Topic 12: The OpenGIS Services architecture (OGC-Doc-No. 02-112), zugleich ISO 19119:2005 Geographic Information - Services.

Das theoretische Portrayal-Modell in ISO 19117 wird in diesem Buch in Kürze dargestellt. Vollständig referiert werden dagegen die WMS-Norm in der Version 1.3.0 sowie das WMS-SLD-Profil und die SE-Norm in der Version 1.1.0. Auf Differenzen zu Vorgängerversionen wird jeweils hingewiesen. Vollständig referiert wird auch die Version 1.1.0 der WMC-Norm.

Ergänzt wird dies um das notwendige Hintergrundwissen aus der Filter-Encoding-Norm und der OWS-Common-Spezifikation.

Aktuell in der Diskussion befindliche Normen für die 3D-Visualisierung werden nur kurz vorgestellt. Gestreift werden weitere aktuelle Diskussionspapiere des OGC rund um das Portrayal.

4 Historie und Versionen

Die Standards des OGC unterliegen einem fortlaufenden Erweiterungs- und Anpassungsprozess. Mit Erscheinen einer neuen Version eines Standards wird die vorherige ungültig (*Deprecated Implementation Specification*). Nicht selten geht jedoch die Versionsentwicklung so schnell, dass die Softwarehersteller mit der Anpassung ihrer Komponenten gar nicht hinterher kommen. Viele in der Praxis gängige Anwendungen basieren deshalb noch auf eigentlich schon veralteten Versionen eines Standards.

Dies ist auch bei der WMS- und SLD-Spezifikation der Fall: Die derzeit „gültigen" Versionen sind zum Zeitpunkt der Drucklegung in den gängigen Anwendungen noch nicht umgesetzt. Während es zahlreiche Implementierungen der „veralteten" WMS-Version 1.1.1 gibt, hatte jedoch die – heute ebenfalls veraltete – erste Version der *Styled-Layer-Descriptoren* (Tab. 2) noch keine weite Verbreitung in Produkten gefunden. Dieses Buch stellt deshalb zwar die neuesten Versionen vor, geht aber auch explizit auf die Veränderungen gegenüber den Vorgängerversionen ein.

Tabelle 2: Übersicht über relevante WMS- und SLD-Spezifikationen

Spezifikation	Titel	Jahr	ISO	konform mit	Status
WMS 1.1.1	Web Map Service Implementation Specification	2002	–	WMC 1.1.0 SLD 1.0.0	veraltet, aber gängig
WMS 1.3.0	OpenGIS® Web Map Server Implementation Specification	2006	19128: 2005	SLD 1.1.0 SE 1.1.0	aktuell
SLD 1.0.0	Styled Layer Descriptor Implementation Specification	2002	–	WMS bis 1.1.1	veraltet
SLD 1.1.0	Styled Layer Descriptor Profile of the Web Map Implementation Spec.	2007	–	WMS 1.3.0	aktuell
SE 1.1.0	Symbology Encoding Implementation Specification	2006	–	SLD 1.1.0, WMS 1.3.0	aktuell
WMC 1.1.0	Web Map Context Implementation Specification	2005	–	WMS bis 1.1.1	aktuell
WMC 1.1.0c	Corrigendum zu WMC 1.1.0	2008	–		aktuell

Als ***Web Map Server*** wird zum Zeitpunkt der Redaktion (Dezember 2010) meist die WMS-Version 1.1.1 verwendet. Version 1.3.0 wurde im Rahmen der Qualifikation zum ISO-Standard entwickelt. In absehbarer Zeit wird diese auch in der Praxis die ältere Version 1.1.1 ersetzen. Der Versionswechsel bringt eine kleine Anzahl erweiterter Möglichkeiten mit sich. Die meisten davon sind optional, allerdings nicht alle.

- Die Service-Metadaten können jetzt auch in anderen Formaten als XML angeboten und angefordert werden (optionaler Parameter FORMAT im *GetCapabilities*-Request).

- Die Anzahl der Layernamen in einer GetMap-Anfrage kann durch den Dienstanbieter begrenzt werden (Attribut *LayerLimit* in den Service-Metadaten).
- Höhe und Breite der zu liefernden Karte kann der Diensteanbieter jetzt beschränken (Layer-Attribute *MaxWidth* und *MaxHeight* in den Service-Metadaten).
- Die Service-Metadaten enthalten jetzt zusätzliche Informationen über Abfragbarkeit und Transparenz eines Layers und über vorhandene Sublayer (Layerattribute *queryable*, *opaque* und *noSubsets* in den Service-Metadaten).
- Zeitangaben für Zeiträume vor unserer Zeitrechnung verwenden nun ein Minuszeichen und Nullen anstelle der vorher verwendeten Abkürzungen B, K, M und G.
- Bei der Anforderung von *Feature*-Sachdaten über die *GetFeature*-Operation ist künftig die Angabe des Rückgabeformats zwingend erforderlich. Das war vorher optional.
- Formatangaben werden als standardisierte MIME-Type-Bezeichnungen übermittelt; OGC-spezifische Bezeichnungen sind nicht mehr gültig.
- Die *LatLon-Bounding-Box* in den Service-Metadaten wurde in *Ex_GeographicBounding-Box* umbenannt.
- Der Anfrageparameter SRS heißt von nun an CRS.

Die ***Styled-Layer-Descriptor***-Spezifikation ist momentan ebenfalls in zwei Versionen relevant. Für einen SLD-WMS auf Basis der WMS-Version 1.1.1 sollte weiterhin die inzwischen veraltete SLD-Version 1.0.0 verwendet werden. Die Folgeversion SLD 1.1.0 bezieht sich auf die WMS-Version 1.3.0 (Abb. 16).

Bei der Entwicklung von SLD 1.1.0 wurde eine Reihe von Änderungen und Erweiterungen der Vorversion vorgenommen. Die grundlegenden Konzepte sind dabei zwar gleich geblieben; jedoch wurde die Codierung der eigentlichen Zeichenvorschriften als *Symbology-Encoding*-Norm (SE) von der Service-Schnittstelle getrennt. Damit kann das darin definierte XML-Schema künftig auch außerhalb des WMS-Umfelds eingesetzt werden, beispielsweise für die Verwaltung von Zeichenvorschriften in einer Desktop-GIS-Applikation. Der verbliebene Teil der SLD-Norm wurde von einer eigenständigen Spezifikation zu einem Profil – also einer Spezialisierung – der WMS-Schnittstelle herabgestuft und erweitert sie um zusätzliche Operationen und Anfrageparameter. SLD 1.1.0 bildet nun also ein Profil der WMS-Spezifikation mit der Versionsnummer 1.3.0. (Abb.16).

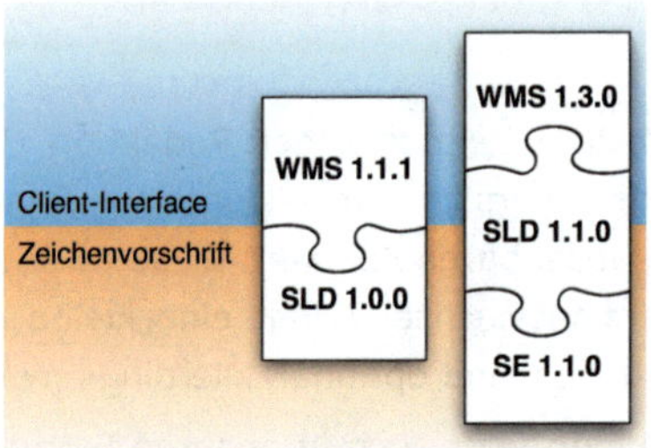

Abbildung 16: Versions-Abhängigkeiten zwischen WMS-, SLD- und SE-Norm

Ein Wort zu den Versions-Abhängigkeiten

Was bedeuten diese Versions-Abhängigkeiten? Kann ein SLD der Version 1.1.0 auch an einen SLD-WMS der WMS-Version 1.1.1 gesandt werden? Kann ein WMC-Dokument der Version 1.1.0 auch einen Kartenlayer aus WMS 1.3.0 abspeichern?

Radio Eriwan antwortet: Es kommt darauf an. In diesem Fall auf die Implementierung der jeweiligen Software. Eigentlich zielen die OpenGIS-Standards auf eine unabhängige Versionierung und eine voneinander unabhängige Verwendung der Normen. Leider ist die Syntax darin aber doch nicht immer vollständig unabhängig von anderen Normen. Es hängt also von der „Intelligenz" der jeweiligen Komponente ab, ob sie mit Normenkombinationen klarkommt, die eigentlich nicht vorgesehen sind. Verboten ist es nicht. Erfolg ist nicht garantiert.

In der Praxis ist es gar nicht einmal so unüblich, dass die Syntax einer Spezifikation mit der einer anderen kombiniert wird, um eine höhere Funktionsvielfalt zu erreichen. Hier, in der tatsächlichen Machbarkeit einer solchen Vermengung, zeigen sich einmal mehr die Vorteile der Standardisierung.

Die Ausgliederung des ***Symbology-Encoding***-Schemas ist die wichtigste Änderung der SLD-Spezifikation. Es gibt aber auch weitere inhaltliche Neuerungen:

- Bei der *DescribeLayer*-Operation ist künftig in den Parametern VERSION und SLD_VERSION die Angabe der gewünschten WMS- und SLD-Version möglich.
- Bei der *GetLegendGraphic*-Operation ist künftig in den Parametern SERVICE und SLD_VERSION die Angabe der gewünschten Service-Art und SLD-Version möglich.
- Im *GetLegendGraphic*-Request kann künftig bei Layern mit mehreren *Feature Types* oder *Coverages* in den Parametern NAMESPACE und COVERAGE der gewünschte *Feature Type* oder das gewünschte *Coverage* angegeben werden.
- Auch von indirekt eingebundenen externen WMS kann nun über die Parameter REMOTE_OWS_URL und REMOTE_OWS_TYPE eine Legende angefordert werden.
- Die früheren Operationen *GetStyles* und *PutStyles* für die Verwaltung von Stilen sind entfallen; das geschieht künftig über spezielle Katalogdienste.

Auch im XML-Schema eines *Styled Layer Descriptors* gibt es einzelne Neuerungen gegenüber dem alten SLD-Schema:

- Das *UserLayer*-Element wurde um die Subelemente *LayerCoverageConstraints* und *CoverageStyle* ergänzt; es können jetzt also auch Rasterdatenquellen als *UserLayer* definiert werden.
- Der Verweis auf eine externe SLD-Datei ist nun auch in einer *POST*-Anfrage möglich (*UseSLDLibrary*).

Schließlich stehen für die aktuelle *Symbology-Encoding*-Spezifikation eine Reihe neuer Möglichkeiten zur Definition von Zeichenvorschriften zur Verfügung:

- Änderung der Farbgebung externer Grafiken (*ColorReplacement*),
- Versatz von Punkt-, Linien- und Polygonsymbolen (*Displacement* und *PerpendicularOffset*),

- Definition des Ankerpunkts von Punktsymbolen (*AnchorPoint),*
- Anpassung des Startpunkts und der Zwischenräume zwischen Grafiksymbolen bei *GraphicStroke* (*InitialGap* und *Gap*),
- Vergrößerung/Verkleinerung von Polygonen (*PerpendicularOffset*),
- Wiederholung einer Beschriftung entlang einer Linie (*IsRepeated*, *InitialGap* und *Gap*),
- Ausrichtung einer Beschriftung entlang einer Linie (*IsAligned*),
- Vereinfachung einer Liniengeometrie zu besseren Beschriftung (*GeneralizeLine*),
- Möglichkeit des Einbaus von *Symbology-Encoding*-Funktionen.

Weiterhin wurde im *Symbology-Encoding*-Schema das bisherige *CssParameter*-Element in *SVGParameter* umbenannt. Kombinationen von *Title* und *Abstract* werden nun immer in einem *Description*-Element zusammengefasst. Mit diesen beiden Änderungen und mit Anpassung der Namensräume dürfte sich jedoch ein SLD-1.0.0-Dokument leicht in ein SLD-1.1.0-Dokument überführen lassen.

Die derzeit gültige *Web-Map-Context*-Spezifikation in der Version 1.1.0 ist schon längere Zeit „im Einsatz" und bezieht sich noch auf die WMS-Normen bis zur Version 1.1.1. Ein Korrigendum zur ursprünglichen Fassung korrigiert fehlerhafte Namensräume im Schema und Multiplizitäten im Layer-Type. Eine für die WMS-Version 1.3.0 passende Version steht noch aus. Für die Speicherung von Anfragen an WMS-1.3.0-Dienste muss eine WMC-Komponente eigenständig intelligente Anpassungen vornehmen, wenn sie die Namensänderungen in Request-Parametern und Service-Metadaten richtig verarbeiten will.

Die noch 2009 gängige WMS-Version 1.1.1 wurde im Zuge der Qualifizierung zur ISO-Norm zur Version 1.3.0 entwickelt. Neben formalen Anpassungen der Dokumentstruktur enthält sie eine Reihe kleinerer Verändungen.

Die SLD-Implementierungsspezifikation 1.0.0 war verwendbar mit WMS 1.1.1, gilt aber bereits als veraltet. Die neue Version SLD 1.1.0 ist jetzt ein Profil der WMS-Norm 1.3.0 und enthält nur noch die notwendigen Erweiterungen der Schnittstelle für die Anforderung von Kartenbildern in benutzerspezifischer Darstellung.

Aus SLD 1.0.0 ausgegliedert wurde das XML-Schema für die Codierung von Zeichenvorschriften. Daraus wurde die *Symbology-Encoding*-Norm in der Version 1.1.0. Das Schema ist verwendbar mit SLD 1.1.0 und WMS 1.3.0, kann aber auch für andere Zwecke eingesetzt werden.

Die aktuell gültige Fassung der WMC-Norm bezieht sich noch auf WMS-Dienste bis zur Version 1.1.1.

5 ISO 19117 – Portrayal

Die ISO-Norm 19117 – Portrayal ([ISO 19117]) liefert den konzeptionellen Unterbau für den Prozess der Visualisierung von Geodaten. Der Begriff *Portrayal* meint den Vorgang der Präsentation von Information an den menschlichen Nutzer. Die ISO-Norm ist sehr abstrakt gehalten und erfordert eine gewisse Übung im Lesen solcher rein theoretischer, von der konkreten Anwendung noch weit entfernter und stark abstrahierter Modelle. Das konzeptionelle Modell ist als UML-Klassendiagramm dokumentiert und die Erläuterung dazu ist sehr praxisfern. Inhaltsangaben dazu gibt es auch in der ISO-Normen-Übersicht von Kresse und Fadaie ([KR_FAD 04]) und im Standards-Guide des ISO TC211 ([ISO GUIDE]).

Unter dem Begriff ***Portrayal*** versteht die ISO-Norm den Vorgang der Präsentation von Information an den menschlichen Nutzer.

Die ISO-Norm ist nicht über die OpenGIS-Homepage zugänglich und auch nirgendwo im Internet kostenlos verfügbar. Einige öffentliche Bibliotheken stellen ISO-Normen jedoch zur Einsichtnahme zur Verfügung.

ISO 19117 baut inhaltlich auf die ISO-Norm 19109 – Rules for application schema auf. Darin wird der Begriff des *Feature Types* definiert und mit Regeln ausgestattet. Ein individuelles Geoobjekt ist ein *Feature*. Jedes Feature gehört einer Objektklasse, einem *Feature Type,* an. Darin werden die Namen und Datentypen der Attribute und die möglichen Beziehungen der Objektklasse zu anderen Objektklassen definiert. Einen etwas ausführlicheren Blick auf diese Norm enthält der Band „Spatial Schema" dieser Reihe ([SPSCHEMA]).

Wenn Sie beim ersten Lesen dieses Kapitels manches nicht verstehen, so ist das völlig normal und liegt nicht an Ihnen, sondern an der Norm.

Lesen Sie das Kapitel noch einmal, wenn Sie sich durch das *Symbology-Encoding*-Kapitel (Kap.9) gearbeitet haben. Dann wird vielleicht einiges klarer.

Arbeitet man sich in das Klassenmodell hinein, so kristallisieren sich einige Axiome des Modells heraus:

- Geodaten werden grundsätzlich von ihrer Symbolisierung getrennt. Ein *Feature Type* ist nicht über seine Farbe oder Strichstärke oder ein Symbol definiert, sondern unabhängig davon.
- Ein Geodatenbestand kann deshalb mit verschiedenen Symbolisierungen kombiniert werden. Aus einem Geodatenbestand können beliebig viele unterschiedliche Kartendarstellungen generiert werden.
- Symbolisierung wird auf *Feature Types* oder *Feature*-Objekte angewandt, um eine Visualisierung zu generieren.

- Die Darstellung basiert auf Regeln, nicht auf individuellen Ausgestaltungen. Regeln beziehen sich auf *Feature*-Objekte oder *Feature Types* und verbinden sie mit Symbolen.
- Die Menge aller Regeln bildet einen referenzierbaren Regel-Katalog.
- Symbole können in externen Bibliotheken abgelegt werden.

Die Trennung der Geodaten von ihrer Darstellung ist keineswegs eine Selbstverständlichkeit, sondern eines der Merkmale, das GI-Systeme von CAD- und Grafikanwendungen und GIS-Datenformate von Grafikformaten unterscheidet.

Das wichtigste an ISO 19117 ist die Trennung der Geodaten von der Art ihrer Präsentation und die Zuordnung von Präsentationsvorschriften zu Geodaten anhand von Regeln.

Die Klassen des UML-Modells sind in drei Pakete (Packages) gebündelt (Abb. 17): Das Paket *PortrayalCatalogue* enthält Klassen für die Regelbildung und Zuordnung und die Bündelung des Regelwerks in einem Katalog. Das Paket *PortrayalSpecification* beschreibt Klassen für die eigentliche Symbolisierung. Zwischen den Klassen aus diesen beiden Paketen gibt es wechselseitige Beziehungen; deshalb sind die beiden Pakete voneinander abhängig. Das Paket *PortrayalService* ist dagegen von den anderen Paketen vollständig unabhängig; es skizziert die Operation einer *Portrayal*-Komponente in einer OpenGIS-Dienstearchitektur. Bezüge gibt es zu den konzeptionellen Modellen für *Features* (ISO 19109) und für Metadaten (ISO 19115).

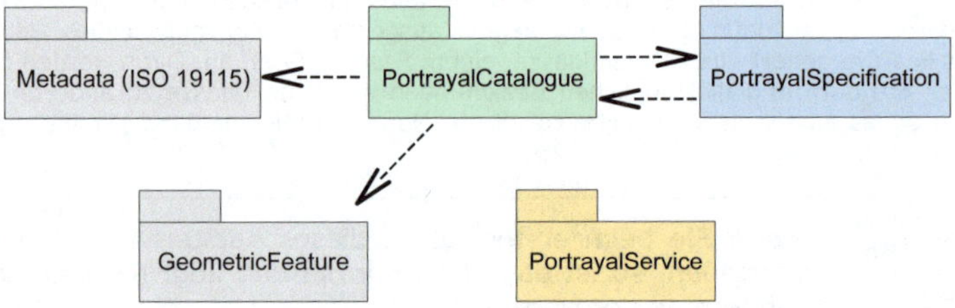

Abbildung 17: Überblick über die Pakete des *Portrayal*-UML-Modells. Die Pakete *PortrayalCatalogue* und *PortrayalSpecification* sind gegenseitig voneinander abhängig. Bezüge gibt es auch zu den konzeptionellen Modellen für *Features* und für Metadaten.

Das war der grobe Überblick. Nun gehen wir mehr ins Detail des Konzepts, schauen uns die Klassendiagramme an und versuchen, mit den Begriffen etwas anzufangen. Der Begriff *Portrayal* ist in der ISO-Norm sehr weit gefasst und geht über die reine Kartendarstellung hinaus. Deshalb ist die Norm auch so abstrakt. Das *Web Mapping* mit *Styled Layer Descriptoren* ist eine - aber eben auch nur eine - Umsetzung dieses Grundkonzepts. Wir verwenden hier das *Web Mapping* mit SLD und das *Symbology-Encoding*-Schema, um die blanke Theorie etwas mit Realität zu füllen. Betrachten wir zunächst das Übersichtsdiagramm, wie es auch im *ISO Standards Guide* enthalten ist (Abb. 18):

Ein *FeaturePortrayal*-Objekt wendet Regeln auf *Feature*-Objekte an. Eine Regel (*PortrayalRule)* besteht aus einer Bedingung und einer Aktion für den Fall, dass die Bedingung erfüllt ist. Für die Formulierung der Bedingung kann sie extern definierte Funktionen heranziehen (Klasse *ExternalFunction*). Den *Feature*-Objekten, die die Bedingung erfüllen, ordnet die *PortrayalRule* eine oder mehrere Darstellungsvorschriften der Klasse *PortrayalSpecification* zu.

Die Trennung der Geodaten von ihrer Symbolisierung ist im Web Mapping mit SLD schon im *GetMap*-Request in der Separierung von *Layers*- und *Styles*-Parameter grundsätzlich angelegt und findet sich in der Definition von *UserLayern* und *UserStyles* innerhalb eines *Styled Layer Descriptors* wieder.

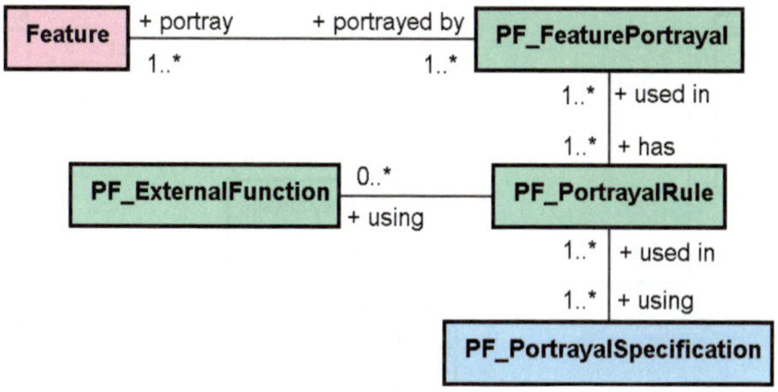

Abbildung 18: Stark vereinfachtes UML-Klassendiagramm des Portrayal-Modells, wie es auch im *ISO Standards Guide* enthalten ist (nach [ISO 19117])

Aber schauen wir uns das Modell noch einmal in den Abbildungen 19 und 20 genauer an. Als Ausgangspunkt nehmen wir aus Abbildung 19 die Klasse *FeaturePortrayal*. Sie ist **eine** mögliche Darstellungsart für ausgewählte *Feature*-Instanzen oder ein bis mehrere *Feature Types*. Beispielweise die Darstellung des *Feature Types* „Straße" für den Maßstabsbereich 1:20 000 bis 1:50 000 im Stadtplan. Ein *Feature*-Objekt oder ein *Feature Type* kann auch in mehreren verschiedenen *FeaturePortrayals* verwendet werden. Andere Anwendungen neben dem Stadtplan oder andere Maßstäbe benötigen vielleicht andere Darstellungen derselben Straßen-*Features* aus derselben Datenquelle.

Im *Symbology-Encoding*-Schema wird die Klasse *FeaturePortrayal* zum Beispiel durch das Element *FeatureTypeStyle* umgesetzt. Es enthält mehrere Regeln und weist diese einem *Feature Type* aus der Datenquelle zu.

Mehrere dieser Darstellungsarten können in einem *PortrayalCatalogue* zusammengefasst werden. Beispielsweise würde der Katalog für den Stadtplan alle Darstellungsvorschriften für alle beteiligten *Feature Types* in allen Maßstabsebenen enthalten. Bei mehreren *Feature-Type*-Darstellungen in einem Katalog muss für eine ordentliche Karte auch eine Darstellungsreihenfolge für die verschiedenen *Feature Types* festgelegt werden; sie ist deshalb eine Eigenschaft der *FeaturePortrayal*-Objekte.

Der *PortrayalCatalog* wird im SLD-Schema durch den *UserStyle* repräsentiert; aber auch eine komplette SLD-Datei kann als Umsetzung eines *PortrayalCatalogs* verstanden werden.

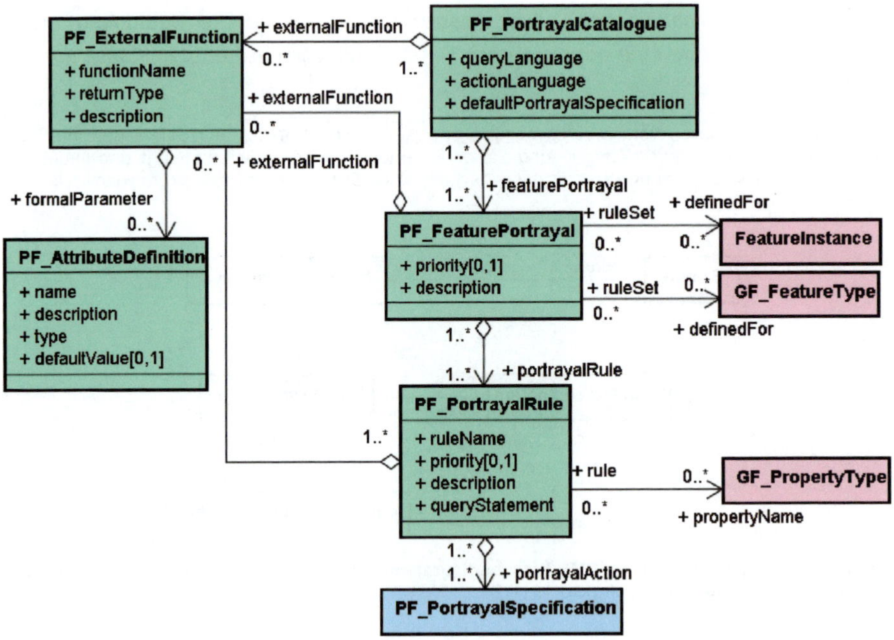

Abbildung 19: Das UML-Klassendiagramm für das Paket PortrayalCatalogue (nach [ISO 19117])

Eine *FeaturePortrayal*-Darstellungsart bündelt eine bis mehrere Regeln (*PortrayalRules*), die auf die beteiligten *Feature*-Instanzen oder *Feature Types* angewendet werden sollen. Beispielsweise sollen im Stadtplan Hauptstraßen anders dargestellt werden als Nebenstraßen. Eine Regel beschränkt deshalb eine Signatur auf diejenigen Objekte, welche die in ihrem *queryStatement* definierten Bedingungen erfüllen. Beispielsweise könnte in unserem Stadtplan eine Bedingung lauten „Straßenklasse=Hauptstraße". Vielleicht lautet sie auch „Straßenbreite>10" oder „Anz_Fahrspuren>2" oder „Verkehrsbedeutung=hoch". Alle Objekte, die die Bedingung erfüllen, bekommen jedenfalls dieselbe Signatur zugewiesen.

Dabei bezieht sich die Bedingung meist auf den Wert eines oder mehrerer *Feature*-Attribute. Das ist in Abbildung 19 mit der Beziehung zum *GF_PropertyType* gemeint. Bei der Formulierung der Bedingung können auch externe Funktionen einbezogen werden. Vielleicht wollen wir ja die reale Straßenbreite erst durch zehn teilen und anschließend runden, um Größenklassen zu erhalten. Die Bedingung könnte also auch lauten „Round(Breite/10,0)>1". Das ist mit der Beziehung zur Klasse *ExternalFunction* gemeint.

Im *Symbology-Encoding*-Schema ist es das *Rule*-Element, das die Bedingungen formuliert und die Signatur zuweist.

Die Signatur, die eine *PortrayalRule* zuweist, ist als Klasse *PortrayalSpecification* im *PortrayalSpecification*-Paket modelliert (Abb. 20). Sie soll *citation*-Information haben, also Metainformation nach dem ISO-19115-Standard enthalten. Eine Signatur besteht aus einem bis mehreren *PortrayalOperation*-Objekten. Darunter ist zum Beispiel ein einzelnes Linien-, Punkt- oder Flächensymbol zu verstehen, also vielleicht eine durchgezogene rote Linie oder ein Windmühlen-Symbol oder ein Flächenfüllmuster. Eine Signatur kann aus mehreren Symbolen zusammengesetzt sein. Beispielsweise möchten wir vielleicht, dass die Hauptstraße im Stadtplan mit einer Kontur, einer Füllung und einer Mittelachse gezeichnet wird.

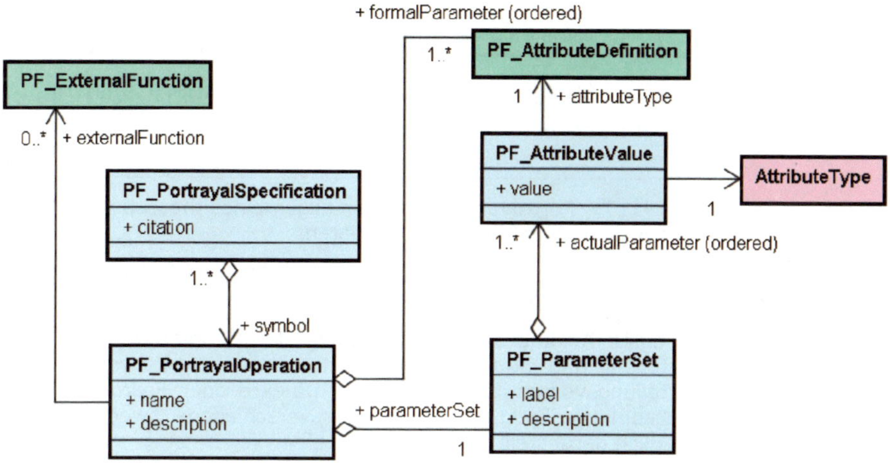

Abbildung 20: UML-Klassendiagramm für das Paket *PortrayalSpecification* (nach [ISO 19117])

Ein einzelnes *PortrayalOperation*-Symbol soll einen Namen und eine Beschreibung bekommen. Sein Aussehen wird durch seinen *ParameterSet* bestimmt. Dies ist eine Liste von Attributwerten (der Klasse *AttributeValue*). Jeder Attributwert bezieht sich auf eine *AttributeDefiniton,* die bestimmt, was der Wert eigentlich sein soll. Anders gesagt: Das *PortrayalOperation*-Symbol umfasst eine Reihe von Parametern mit Parameterwerten. Beispielsweise soll unsere Hauptstraßen-Füllung die Farbe Gelb bekommen; dafür bekommt das Symbol das Parameter-Wertepaar „color=yellow" zugewiesen. Jeder Attributwert kann Werte eines bestimmten Datentyps (*AttributeType*) annehmen. Damit ist gemeint, dass er vielleicht ein Zeichenfolge, ein Fließkommawert oder ein Code aus einer Codeliste ist. Der Parameter „Color" wird in unserem Beispiel nicht mit einer Zahl, sondern mit einer Zeichenfolge gefüllt.

Im *Symbology-Encoding*-Schema wird die *PortrayalOperation* durch verschiedene *Symbolizer*-Elemente repräsentiert. Es gibt verschiedene Arten von *Symbolizern* für Punkt-, Linien- und Flächensymbole, für Rasterpixel und für Texte. Die Symbolizer verwenden gängige Styling-Parameter aus anderen Normen für die Zuweisung von Farben, Strichstärken, Füllfarben etc.

Als letztes definiert ISO 19117 einen *Portrayal-Service*. Dessen einzige Operation heißt *portrayFeature*. Sie benötigt für ihren Aufruf ein oder mehrere *Feature*-Instanzen und ein bis mehrere *Portrayal*-Kataloge.

Wir können den WMS mit SLD als eine mögliche Realisierung dieses allgemeinen Konzepts betrachten. Dabei ist die *portrayFeature*-Operation zum *getMap*-Request geworden; die *Feature*-Instanzen stammen aus dem *Layers*-Parameter oder dem *UserLayer* des SLD und der *Portrayal*-Katalog ist die *UserStyle*-Komponente des SLD.

Abbildung 21: UML-Klassendiagramm für das Paket *PortrayalService* (nach [ISO 19117])

ISO 19117 - Portrayal - enthält ein allgemeines theoretisches Konzept für die Präsentation von Geodaten.

Der Begriff *Portrayal* meint die Präsentation von (Geo-)Daten an den menschlichen Benutzer.

Wichtigste Axiome sind die Trennung der Geometrien von ihrer Darstellung und die Benutzung von Regeln für die Zuordnung von Darstellungsvorschriften an *Feature*-Objekte oder *Feature Types.* Ein Geometrieobjekt kann dabei für verschiedene Zwecke unterschiedlich dargestellt werden.

Das Regelwerk wird in einem *Portrayal*-Katalog gebündelt.

6 Grundlagen der OpenGIS-Webservices

6.1 Die Familie der OpenGIS-Webservices

Ein Dienst oder *Service* ist – wie bereits gesagt – eine Softwarekomponente, die ihre Funktionalität für die Nutzung durch andere Komponenten zur Verfügung stellt. In einer serviceorientierten Architektur wird gemeinsam nutzbare Funktionalität über solche Dienste verfügbar gemacht.

Ein OpenGIS-Service hat in irgendeiner Form mit räumlicher Information zu tun. Seine Funktionalität stellt er über Schnittstellen zur Verfügung. OpenGIS-Spezifikationen normieren solche Schnittstellen. Die Normung ermöglicht Komponenten verschiedener Herkunft die Kommunikation untereinander.

Nicht alle OpenGIS-Services sind jedoch Webservices. Der Begriff *Service* ist zunächst einmal völlig unabhängig von der Technologie, in der er implementiert wird und über die er zugänglich ist. Webservices sind diejenigen Dienste, die für die Kommunikation mit anderen Komponenten Web-Technologien wie das HTTP-Protokoll benutzen. Allgemeine Normen für Webservices werden durch das W3C-Konsortium erarbeitet; es handelt sich dabei ebenfalls um ein Industriekonsortium ähnlich dem OGC. Eine der wichtigsten Normungen des W3C ist die Spezifikation der Sprache XML, mit der beliebige Inhalte für den Transport zwischen Webdienst und nutzender Anwendung codiert werden können.

OpenGIS-Webservices sind daher Dienste auf der Basis von OpenGIS-Standards, die über HTTP kommunizieren (Abb. 22). Sie verwenden alle das HTTP-Protokoll.

OpenGIS-Webservices sind Software-Dienste, die sich des HTTP-Protokolls bedienen und auf Spezfikationen des OGC beruhen, weil sie irgendwie mit räumlicher Information zu tun haben.

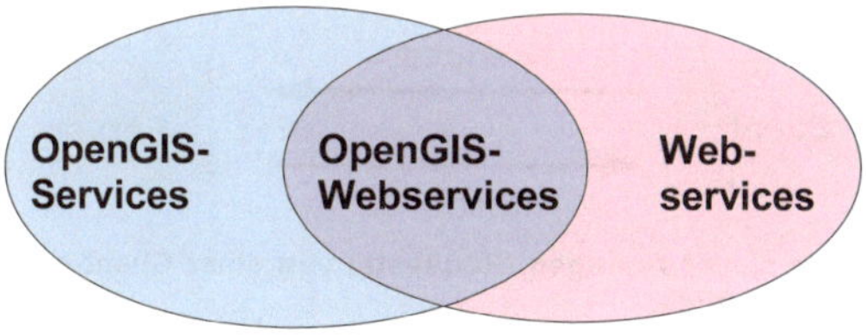

Abbildung 22: OpenGIS-Webservices sind OpenGIS-Dienste auf Basis allgemeiner Webservice-Technologie.

Mit der Veröffentlichung der *Web-Map-Service*-Spezifikation (WMS) bekam die Standardisierungarbeit des OGC starken Auftrieb in der Geoinformationsbranche, brachte der WMS-Standard doch einen schnellen praktischen Nutzen mit sich.

OpenGIS-Webservices haben einige allgemeine Eigenschaften und Regeln, an die sich auch die OpenGIS-Dienste halten: Ein Webservice stellt seine Funktionalität nach außen über das HTTP-Protokoll zur Verfügung. Um sie zu nutzen, muss eine anfragende Komponente eine HTTP-Anfrage (*Request*) an ihn senden. Diese enthält meistens verschiedene Parameter, mit denen die Anfrage näher spezifiziert wird. Der Webserver sendet eine HTTP-Antwort (*Response*) zurück. Diese kann eine Datei enthalten, z. B. ein (Karten-)Bild, ein Video oder eine xml-Datei. Art und Inhalt der Antwort sind nicht davon abhängig, welche Komponente den Server angefragt hat, sondern ausschließlich von den Inhalten der an ihn gesendeten Anfrage.

Die Rollen, die die anfragende Komponente und die antwortende Komponente in diesem „Frage-Antwort-Spiel" einnehmen, nennen wir „Client" und „Server" (Abb. 23). Client und Server sind Bezeichnungen für ein Verhalten, nicht für Softwarekomponenten selbst. Eine Komponente kann sich gegenüber einer Komponente als Client und gegenüber einer anderen Komponente als Server verhalten.

Wichtig ist, dass der Webservice immer nach festen Regeln arbeitet. Er weiß nichts über die ihn anfragenden Komponenten; sie sind ihm auch völlig egal. Er sendet die Antwort wie vorgesehen an die anfragende IP-Adresse. Die OpenGIS-Webservice-Schnittstellen gehen in der Regel von einer Beziehung ohne Session aus. Das nennt man dann einen „*stateless*" Service im Gegensatz zum „*stateful*" Service, der den Aufbau einer Session benötigt. Bei einem *stateless* Service muss der Client immer alle Informationen neu senden, die der Service für seine Aufgabe benötigt. Der Server „merkt" sich nichts.

Deshalb enthält beispielsweise eine *GetFeatureInfo*-Abfrage alle Parameter des *GetMap*-Requests, die benötigt werden, um die lokalen Bildschirmkoordinaten des Mausklicks richtig zu referenzieren.

Bei zugangsgeschützten Diensten erhält die authentifizierte und autorisierte Clientkomponente meist eine Session-ID, die sie in den folgenden Anfragen auch immer mitsendet.

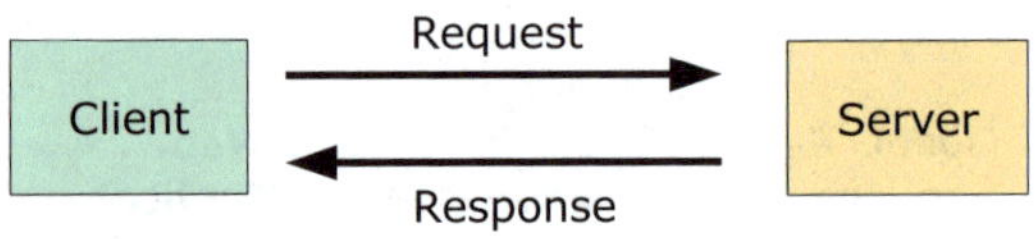

Abbildung 23: Ein Webservice nimmt Anfragen (Requests) von einer Client-Komponente an und gibt die vereinbarte Antwort (Response) zurück.

Inzwischen gibt es eine ganze Reihe von OpenGIS-Webservice-Spezifikationen (Abb. 24). Der in diesem Buch vorgestellte *Web Map Service* liefert auf die Anfrage nach einem Kartenausschnitt ein gestaltetes Kartenbild zurück. Vektorielle Geodaten ohne Gestaltungseigenschaften liefert der *Web Feature Service* (WFS). Ein spezieller *Web Feature Service* ist der *Geocoder*-Service. Dagegen liefert ein *Web Coverage Service* Rasterdaten aus. Koordinatentransformationen können von einem *Web Coordinate Transformation Service* (WCTS) durchgeführt werden. *Web Registry Services* verwalten Zugangsinfomationen zu anderen Services. Die *Web-Processing-Service*-Schnittstelle stellt einen allgemeinen standardisierten Zugang zu spezifischen Datenverarbeitungen bereit. Weitere Normen wurden beispielsweise für ortsbezogene Dienste (*Location Based Services*, LBS) und für den Bereich der automatischen Gewinnung von Sensordaten (*Sensor Web*) erarbeitet.

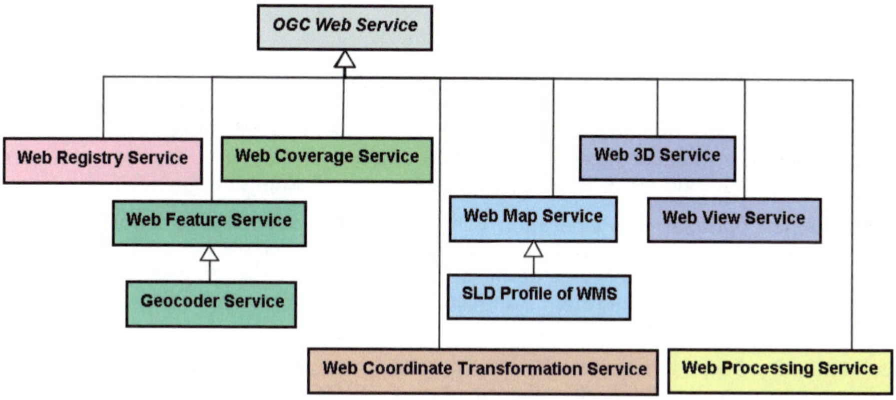

Abbildung 24: Einige Dienste aus der Familie der OpenGIS-Webservices als UML-Klassendiagramm.

Alle diese OpenGIS-Webservices haben gemeinsame Eigenschaften. Ihnen ist dieses Kapitel gewidmet.

6.2 Gemeinsamkeiten der OpenGIS-Webservices

Für alle OpenGIS-Webservices gelten eine Reihe gemeinsamer Regeln. Das gemeinsame Regelwerk wurde im Nachgang zu den ersten Webservice-Standards erarbeitet und ist in einer eigenen OpenGIS-Spezifikation dokumentiert. Diese Norm mit dem Namen *„OpenGIS Web Services Common"*, kurz *„OWS Common"* [OWS 1.1] ist ein Metastandard: Sie definiert nicht direkt Schnittstellen oder Services, sondern sie macht Vorgaben, an die sich alle Servicespezifikationen halten müssen. Sie ist die gemeinsame Basis für künftige OpenGIS-Normen und auch für alle künftigen Versionen existierender OpenGIS-Normen. Die WMS-Norm wurde mit der Version 1.3.0 an diesen Standard weitgehend angepasst.

Inhaltlich hat sich diese gemeinsame Basis auf den WMS-Standard allerdings nur in kleinen Details ausgewirkt. Das liegt daran, dass die *OWS-Common*-Norm im Wesentlichen Regeln zusammenfasst, die sich bereits vorher „gewohnheitsmäßig" etabliert hatten.

Was sind nun aber die Gemeinsamkeiten aller OpenGIS-Webservices (OWS)?

- In der Regel sind OpenGIS-Webservices „**stateless**": Sie liefern auf eine Anfrage hin eine Antwort an den Absender der Anfrage, halten aber keine Verbindung zu ihm offen. Verhandlungen zwischen Server- und Clientkomponente geschehen ebenfalls ohne stabile Verbindung, sondern als Folge solcher Anfrage-Antwort-Paare. Eine solche Verhandlung ist z. B. das Wechselspiel zwischen Server und Client zur Abklärung der verwendbaren Versionsnummer einer Schnittstelle.
- Alle OWS machen ihre Funktionalität über eine **HTTP**-Schnittstelle zugänglich. Anfragen und Antworten werden über das HTTP-Protokoll transportiert. Für die Übergabe von Parametern mit einer Anfrage kommt die HTTP-Get-Methode infrage. Darin werden Anfrageparameter an die aufgerufene HTTP-Adresse angehängt. Für die Versendung umfangreicherer Inhalte kann eine Servicespezifikation auch die HTTP-Post-Methode erlauben; dann sendet die Clientkomponente ein kleines XML-Datenpaket an die Serveradresse. Mehr dazu enthält das Kapitel 6.3.
- Alle OWS stellen die Operation ***GetCapabilities*** bereit. Damit kann ein Client die Eigenschaften und das funktionale Angebot des jeweiligen Dienstes abfragen. Der Server antwortet mit der Übersendung eines ***Service-Metadata***-Dokuments, in welchem er sein Angebot beschreibt. Standardmäßig ist das ein XML-Dokument. Große Teile der Struktur sind vorgegeben. Details dazu enthält Kapitel 6.6.
- OWS können optional eine Operation vom Typ ***GetResourceByID*** definieren. Sie soll den Zugriff auf externe Metainformationen erlauben; beispielsweise können in einem Web-Coordinate-Transfer-Service damit die Parameter einer Koordinatentransformation abgefragt werden. Die Operation kann auch anders heißen. Der WMS-Standard sieht diese Operation allerdings nicht vor.
- Bei anderen Operationen des jeweiligen OWS muss das aufrufende HTTP-Request immer und verpflichtend die **Parameter SERVICE**, **REQUEST** und **VERSION** enthalten.
- Als **Antwort** auf ein HTTP-Request geben alle OWS entweder die in der jeweiligen Norm vereinbarte Antwort oder eine fallspezifische Fehlermeldung (*Exception*) zurück. Ein Server darf nicht einfach nichts tun oder unvorhergesehene Antworten senden. Nur in den Versionsverhandlungen zwischen Client und Server darf der Server andere Antworten senden. Mehr dazu enthält das Kapitel 6.4.
- Antworten des Servers bestehen aus der Übersendung einer Datei. Diese hat ein bekanntes Dateiformat, einen **Standard-MIME-Type.** Beispielsweise kommen für die Übersendung von Kartenbildern durch einen WMS verschiedene Bild- und Grafikformate infrage. Mehr dazu in Kapitel 6.7.
- **XML** ist das Standardformat für Fehlermeldungen und Service-Metadaten. Sie werden also in der Regel im MIME-Type text/xml übersandt. Der Server kann auch andere Formate dafür anbieten und der Client kann sie anfordern, aber der Server muss zwingend eine XML-Variante seiner Metadaten und der Fehlermeldungen im Angebot haben.

Die folgenden Unterkapitel gehen näher auf einige dieser Aspekte ein.

6.3 Die HTTP-Anfrage und URL-Verschlüsselung

Zur Kommunikation zwischen Clientkomponente und OpenGIS-Service sieht das OGC das HTTP-Protokoll vor. HTTP unterstützt die zwei Abfrage-Methoden ***GET*** und ***POST***. In den Spezifikationen der OpenGIS-Dienste wird explizit angegeben, ob jeweils beide Methoden unterstützt werden müssen oder nur eine davon. Im Fall des Web Map Service ist die *POST*-Methode optional. Im SLD-WMS-Profil ist dafür ein Schema definiert.

Im **HTTP-GET**-Verfahren wird eine Anfrage übergeben, indem der Netzwerkadresse des Webdienstes spezifische Parameter angehängt werden. Jede Anfrage besteht also aus einem URL-Präfix für den Zugang zu dem Server und einer Liste von Parametern. Durch ein „?" wird das Präfix von den Parametern der Abfrage getrennt.

Einem Parameter wird in der Anfrage üblicherweise ein Wert zugewiesen. Eine solche Zuordnung hat die Form „name=wert". Das nennt man auch ein *Keyword-Value-Pair* (KVP). Die verschiedenen Parameter werden in der Anfrage durch das Zeichen „&" voneinander getrennt. Die URL für die Anforderung der Service-Metadaten für einen WMS lautet dann beispielsweise so:

```
http://123.45.765.345/wms?
SERVICE=WMS&REQUEST=GetCapabilities&Version=1.3.0
```

Allgemein lautet die Struktur einer OpenGIS-Webservice-Anfrage mit der *GET*-Methode also folgendermaßen:

```
http://host[:port]/pfad[?{name[=wert]&}]
```

wobei in dieser Syntax die eckigen Klammern einen optionalen Bestandteil einfassen und die geschweiften Klammern einen Bestandteil, der mehrfach vorkommen kann.

Für die Parameter-Wertepaare gelten noch ein paar weitere Regeln:

- Das letzte „&" am Ende einer Anfrage kann weggelassen werden.
- Es gibt erforderliche Parameter, die in einer Anfrage zwingend enthalten (engl. *mandatory*) sein müssen.
- Es gibt auch optionale Parameter. Diese können fehlen.
- Die jeweilige Servicespezifikation definiert zu jeder Operation, welche Parameter erforderlich oder optional sind.
- Erforderliche Parameter für alle Operationen aller OpenGIS-Services sind die Parameter SERVICE, REQUEST und VERSION.
- Die Reihenfolge der Parameter in einem Request spielt keine Rolle.
- Die Parameternamen sind case-insensitive. Groß- oder Kleinschreibung spielt also keine Rolle.

- Für die Schreibweise der Parameterwerte wird der UpperCamelCase empfohlen. Darin beginnt jedes Wort und jeder Wortbestandteil mit einem Großbuchstaben. Ein Beispiel ist der Wert „GetCapabilities". Jede OWS-Spezifikation definiert jedoch die Schreibweise ihrer Parameterwerte selbst.
- Parameterwerte können auch leer sein. Dann folgt hinter dem Gleichheitszeichen einfach nichts. Üblicherweise sind Standardeinstellungen auf dem Server für solche Fälle hinterlegt.
- Parameterwerte können Einzelwerte oder Listen sein. Wenn es Listen sind, dann sind sie kommagetrennt und dürfen keine zusätzlichen Leerzeichen enthalten. Listen sind geordnet. Leere Plätze in einer Liste können vergeben werden, indem zwei Kommata hintereinander gesetzt werden.
- Leerzeichen sind im Parameterteil einer Anfrage (also ab dem „?") nicht mehr erlaubt. Sie müssen durch ein „+" ersetzt werden.
- Die Zeichen ? , & , = , + und das Komma sind reservierte Zeichen (Tab. 3). Sie haben eine besondere Bedeutung. Sollen sie beispielsweise in einem Parameterwert auftauchen, dann müssen sie nach der internationalen URL-Spezifikation (IETF RFC 2396) in hexadezimalen Code umgewandelt werden.
- In der Anfrage erlaubt sind Buchstaben von A bis Z oder a bis z ohne Umlaute sowie die Ziffern 0-9. Außerdem erlaubt sind folgende Sonderzeichen:
  - , _ , . , ! , ~ , * , ' , (,) .
- Alle anderen nicht-alphanumerischen Zeichen und Umlaute müssen codiert werden. Die Codierung geschieht nach dem Muster „%xx", wobei xx der hexadezimale Code für die Nummer des Zeichens in der erweiterten ASCII-Tabelle ist (Tab. 4).

Tabelle 3: Reservierte Zeichen in HTTP-Requests

Zeichen	Reservierte Verwendung
?	Trennzeichen zwischen Serveradresse (URL-Präfix) und Parameterliste
&	Trennzeichen zwischen den Parametern einer Abfrage
=	Trennzeichen zwischen dem Namen und dem Wert eines Parameters
,	Trennzeichen zwischen den Werten einer Werteliste
+	Kurzschreibweise für das Leerzeichen

Tabelle 4: Codierung von Umlauten und Sonderzeichen für die Verwendung in HTTP-Anfragen

Umlaut	Code	Umlaut	Code	Sonderzeichen	Code	Sonderzeichen	Code
ä	%E4	Ä	%C4	ß	%DF	<	%3C
ö	%F6	Ö	%D6	+	%2B	>	%3E
ü	%FC	Ü	%DC	Leerz.	%20	:	%3A

Mit korrektem URL-Encoding wird aus dem Ausdruck „Blühende Landschaften" die Zeichenfolge „Bl%FChende+Landschaften". Es empfiehlt sich aber, in Layer-, Stil- und Servicenamen von vornherein auf Umlaute, Sonder- und Leerzeichen zu verzichten.

Eine Möglichkeit der Vermeidung ist die Schreibweise in *UpperCamelCase*: Nennen Sie den Layer doch „BluehendeLandschaften".

In den meisten Fällen wird die Umcodierung von der Anwendung vorgenommen, mit der Sie ein Request absenden. So können Sie meist auch eine URL mit Sonderzeichen in die Adresszeile Ihres Browsers eingeben; er wird das dann vor der Absendung richtig codieren.

In der **HTTP-Get**-Methode (das ist die Üblichere) werden die Anfrageparameter als Name-Wert-Paare an die Serveradresse angehängt und versandt. Dabei kommt es nicht auf die Reihenfolge der Parameter an.

Parameternamen sind dabei *case-insensitive*. Die Schreibweise der Parameterwerte legt dagegen die jeweilige Spezifikation fest.

Die URL darf nur ausgewählte Sonderzeichen enthalten; bestimmte Zeichen sind reserviert. Umlaute müssen umcodiert werden.

Die **HTTP-POST**-Methode empfiehlt sich dann, wenn in der Anfrage umfangreichere oder strukturierte Inhalte transportiert werden müssen. Im Gegensatz zur GET-Methode werden hier die Parameter in ein XML-Dokument eingebettet, welches die Client-Komponente an die dafür vorgesehene Webserver-Adresse übersendet. Es werden keine Parameter mehr an die URL angehängt, sondern alle Anfrageparameter müssen im XML-Dokument enthalten sein. Die Serveradresse für POST-Anfragen kann sich von der Server-Adresse für GET-Requests unterscheiden. Wenn der Server diese Methode unterstützt, wird die Adresse für POST-Anfragen in den Service-Metadaten bekannt gegeben.

Die frühere Beschränkung von HTTP-Get-Anfragen auf URLs mit 200 Zeichen ist heute größtenteils entfallen; die meisten Server können heute URLs mit 4 000 oder mehr Zeichen entgegennehmen. Der Internet Explorer kann jedoch nur maximal 2 048 Zeichen übergeben; das könnte zu Schwierigkeiten bei browserbasierten Client-Anwendungen führen.

Die WMS-Spezifikation 1.3.0 überlässt es dem jeweiligen Dienst, ob er die POST-Methode anbieten möchte. Die HTTP-GET-Methode muss ein WMS-Dienst dagegen anbieten. Die allgemeine WMS 1.3.0-Norm enthält kein Schema für HTTP-POST-Anfragen, weil ein einfacher WMS in der Regel mit HTTP-GET ausreichend versorgt ist. Ein solches *GetMap*-Schema wurde jedoch in das SLD-Profil zum WMS (SLD Version 1.1.0) integriert. Dadurch können *GetMap*-Anfragen mit *Styled Layer Descriptor* via HTTP-POST gesendet werden. Ein Beispiel enthält Kapitel 8.

Bei der **HTTP-POST**-Methode werden alle Parameter in ein XML-Dokument verpackt und dieses an die dafür vorgesehene Serveradresse verschickt.

Ein Schema für eine GetMap-Anfrage als HTTP-POST ist in der SLD-Norm definiert.

Links zu HTTP und URL-Encoding

Der HTTP-Protokoll-Standard:
http://www.w3.org/Protocols/rfc2616/rfc2616.html

Die Frage „Wann HTTP GET und wann HTTP POST verwenden?"
beantwortet das W3C im folgenden Dokument:
http://www.w3.org/2001/tag/doc/whenToUseGet.html

Auch in der Wikipedia werden die HTTP-GET- und POST-Methode erläutert:
http://de.wikipedia.org/wiki/Hypertext_Transfer_Protocol

Zum Thema URL-Encoding gibt es in der Wikipedia eine eigene Seite:
http://de.wikipedia.org/wiki/URL_Encoding

SelfHTML: Die bekannte Online-Dokumentation zu HTML:
http://de.selfhtml.org/

Brian Wilson's HTML-Nachschlageseiten mit URL-Encoding-Funktion
http://blooberry.com/indexdot/html/index.html
http://blooberry.com/indexdot/html/topics/urlencoding.htm

Martin Villis' Codierungs-Webdienst:
http://www.dorf-rauxel.de/picard/tools/urlcode.php

Der URL-Encoder von Stephen Ostermiller:
http://ostermiller.org/calc/encode.html

Die Namensräume der Uniform Resource Locators (URN's) sind bei der Internet Assigned Numbers Authority (IANA) registriert:
http://www.iana.org/assignments/urn-namespaces/urn-namespaces.xml

Die Liste der registrierten Uniform Resource Locators des OGC ist online verfügbar unter:
http://www.opengis.net/register/ogc-na/name/

6.4 Die HTTP-Antwort (Response)

Die Antwort des Servers auf eine Anfrage ist immer ein Dokument in einem Standard-MIME-Type-Format. MIME-Types sind standardisierte Bezeichnungen für Dateianhänge an einen HTTP-Header; die Abkürzung MIME steht für „Multipurpose Internet Mail Extensions". Der Server sendet also einen HTTP-Header mit der Information, welchen MIME-Type das angehängte Dokument hat, und der Client kann den Anhang anhand seines MIME-Types mit der passenden Software öffnen.

Eine MIME-Type-Bezeichnung hat die Grundstruktur „type/subtype". Zusätzlich können Parameter in der Form „type/subtype; parameter1=value1; parameter2=value2" übergeben werden. Ein WMS-Server beispielsweise kann verschiedene Bildformate unterstützen und zusätzlich noch parametrisierte Varianten bieten.

Standard-MIME-Type für alle OpenGIS-Serverantworten ist „text/xml". Wenn also nicht explizit etwas anderes angefordert wird – oder eine Implementierungsspezifikation explizit etwas anderes vorsieht – dann übersendet der Server ein XML-Dokument. Das tut er beispielsweise bei der Übersendung seiner Metainformation. Aber auch alle Fehlermeldungen werden standardmäßig in diesem Format übergeben.

Neben dem MIME-Type des Anhangs sollte die HTTP-Nachricht noch weitere Header-Informationen enthalten, beispielsweise Informationen über die Länge des Inhalts (*Content-Length*), Zeitstempel der letzten Änderung (*Last-Modified*) oder den Zeitpunkt des Ungültig-Werdens (*Expires*). Der Anwender merkt davon in der Regel überhaupt nichts, aber dem Client hilft es bei der Auswertung. Große XML-Dokumente sollen komprimiert werden, wenn der Client das anfordert, beispielsweise mit gzip-Kompression. Für den Anwender ist das in der Regel nicht sichtbar.

Grundsätzlich muss ein OpenGIS-Server entweder so antworten, wie es die jeweilige Spezifikation und Operation vorsieht, oder eine Fehlermeldung senden. Er darf auch eine Umleitungs-Nachricht übermitteln (*HTTP Redirect message*), wenn der Dienst eine neue Adresse hat. Der Client muss in dem Fall eine neue Anfrage an die neue Adresse senden. Auf keinen Fall darf der Server einfach gar nichts tun. Irgendeine Antwort sollte man also immer bekommen.

Mit einem **Fehlerbericht,** einem *„Service Exception Report*" wird dem WMS-Client oder seinem menschlichen Benutzer der Grund des Fehlers mitgeteilt. Wenn für den Fehlerbericht nicht explizit ein anderes Format angefordert wird, ist ein *Service Exception Report* immer ein XML-Dokument. Hier folgt ein Beispiel für die Fehlermeldung eines WMS. Der Server meldet, dass das vom Nutzer als Parameter angegebene Ausgabeformat SVG hier nicht unterstützt wird.

XML-Beispiel 3: Fehlerbericht (Service Exception) eines WMS

```
<?xml version="1.0" encoding="ISO-8859-1" standalone="no" ?>
<!DOCTYPE ServiceExceptionReport (View Source for full doctype...)>
<ServiceExceptionReport version="1.1.1">
  <ServiceException code="InvalidFormat">msWMSLoadGetMapParams(): Image handling error.
Unsupported output format (image/svg).</ServiceException>
</ServiceExceptionReport>
```

Im Fehlerbericht informiert das Hauptelement *ExceptionReport* über die Nummer der Service-Version (also z. B. „1.3.0") und enthält optional einen Code für die benutzte Sprache (*languageCode*, z. B. „de"). Der *ExceptionReport* besteht aus mindestens einer Fehlermeldung (Abb. 25). Jede Meldung besteht aus einem Code, der durch die Servicespezifikation festgelegt wird. Optional – aber empfehlenswert – ist die Ergänzung durch einen erklärenden Text. Ein optionales *Locator*-Element dient dazu, den Fehler auf eine bestimmte Stelle in der Client-Anfrage zu beziehen; das erleichtert dem Anwender die Fehlerbehebung.

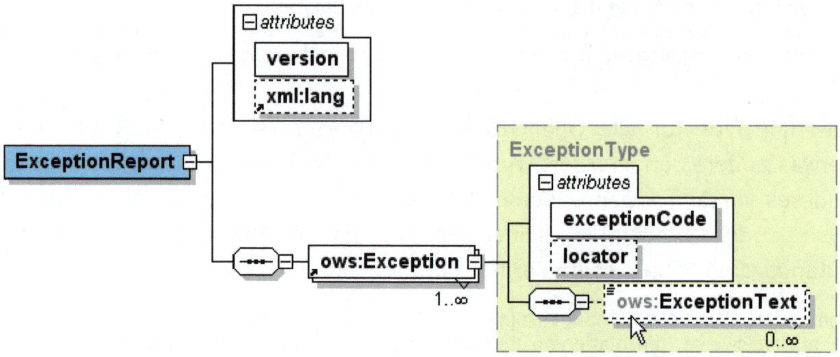

Abbildung 25: Standard-Struktur einer Fehlermeldung: Ein *ExceptionReport* besteht aus mindestens einer Fehlermeldung (*Exception*). Jede Meldung hat einen Code, optional einen Text dazu und optional einen Hinweis auf die betroffene Stelle im Request (*locator*).

Tabelle 5 enthält eine Übersicht über Standard-Fehlercodes der OpenGIS-Webdienste. Die Implementierungsstandards können darüber hinaus ihre eigenen, für ihre Operationen spezifischen Fehlercodes definieren.

Tabelle 5: Standard-Fehlercodes der OpenGIS-Webservices

ExceptionCode	Bedeutung	Locatorwert
OperationNotSupported	Die angefragte Operation wird von diesem Service nicht unterstützt.	Name der Operation
MissingParameterValue	Es fehlt ein Parameter, für den der Server auch keinen Default-Wert hat.	Name des fehlenden Parameters
InvalidParameterValue	Ein Parameterwert in der Anfrage ist ungültig.	Name des Parameters mit ungültigem Wert
VersionNegotiation-Failed	Der Server unterstützt keine der vom Client im AcceptVersion-Parameter verlangten Versionen.	–
InvalidUpdateSequence	Der Wert der Update-Sequence in der Anfrage ist höher als der aktuelle Wert der Service-Metadaten.	–
OptionNotSupported	Die Option für diese Anfrage wird von diesem Service nicht unterstützt.	Bezeichnung der nicht unterstützten Option
NoApplicableCode	Es gibt keinen anderen passenden Fehlercode für diesen Fehler.	–

Die Antwort des Servers ist eine HTTP-Nachricht mit einem MIME-Type-Anhang. Standardmäßig ist das ein XML-Dokument.

Ein OpenGIS-Server muss mit der vorgesehenen Antwort, einer Umleitung oder einer Fehlermeldung antworten. Er darf nicht einfach nichts tun.

6.5 Standard-Operationen aller OWS

Alle OpenGIS-Webservices (OWS) müssen die Operation ***GetCapabilities*** anbieten. Eine zweite, für alle OWS definierte Operation ist die ***GetResourceById***-Operation. Sie ist optional und kann von Spezifikationen verwendet, anders benannt oder verändert werden.

Um einen Dienst nutzen zu können, muss man zunächst wissen, was dieser Dienst überhaupt kann und wie man ihn dazu bringt, eine bestimmte Aufgabe auszuführen. Man muss also bei diesem Dienst anfragen können, welche Fähigkeiten - *Capabilities* - er hat. Alle OpenGIS-Webservices bieten für diesen Zweck die ***GetCapabilities***-Operation an.

Eine *GetCapabilities*-Anfrage ist ein HTTP-Request, das der Client an die ihm bekannte Serveradresse sendet. Er bekommt als Antwort das *Service-Metadata*-Dokument des Dienstes zurück. Das Dokument ist eine XML-Datei, welche die strukturierte Beschreibung des Dienstes enthält. Es bietet Informationen über den Diensteanbieter, die Liste der unterstützten Operationen und Parameter sowie weitere dienstspezifische Informationen.

Die HTTP-Anfrage enthält eine Reihe obligatorischer und optionaler Parameter (Tab. 6). Alle Anfragen an einen OWS müssen zumindest den Dienst und die Operation benennen. Der Wert für den Parameter SERVICE wird von der jeweiligen Implementierungsspezifikation vorgegeben. Für WMS-Dienste ist es der Wert „WMS". Der Parameter REQUEST hat bei einer *GetCapabilities*-Anfrage zwingend immer den Wert „GetCapabilities". Weil Parameterwerte case-sensitiv sind, muss hier auf die exakte Schreibweise geachtet werden.

Tabelle 6: HTTP-Parameter der GetCapabilities-Anfrage

E/O: E =erforderlich (*mandatory*), O = optional.

Anfrage-Parameter	E/O	Parameterwert	Defaultwert	Beispiel
SERVICE	E	OWS-Service-Typ.	–	WMS
REQUEST	E	Name der Anfrage-Operation. Hier immer „GetCapabilities".	GetCapabilities	
ACCEPTVERSIONS	O	Kommagetrennte Liste der vom Client unterstützten Versionen in der Reihenfolge der Client-Priorität.	–	1.3.0,1.1.0
SECTIONS	O	Kommagetrennte Liste der gewünschten Abschnitte aus den Service-Metadaten.	All	OperationsMetadata,Contents
UPDATESEQUENCE	O	Metadaten-Dokumentversion.	–	
ACCEPTFORMATS	O	Kommagetrennte Liste gewünschter Ausgabeformate in der Reihenfolge der Client-Priorität.	text/xml	text/xml,text/blank

Darüber hinaus können über den Parameter ACCEPTVERSIONS die Dienst-Versionen angegeben werden, die der Client unterstützt. Die vom Client unterstützten Versionen werden in einer kommagetrennten Liste in der Reihenfolge der gewünschten Priorität übergeben. Der Server antwortet in der ersten Version in der Liste, die er unterstützt und gibt ein entsprechendes Metadaten-Dokument zurück.

Versionsnummern der OpenGIS-Normen

Jede OpenGIS-Norm hat eine **Versionsnummer**. Darin werden beispielsweise die Anfrage-Parameter und die Antwort eines Dienstes definiert oder die Struktur der beteiligten XML-Dokumente. Die Versionsnummer ist immer nach der Form „x.y.z" aufgebaut. Die Folge gültiger Versionsnummern kann Lücken haben (so hat es für den WMS nie eine gültige Nummer 1.2.0 gegeben). Server und Client können mehrere Versionen unterstützen.

Unterstützt der Server keine der vom Client angeforderten Versionen, gibt er die Fehlermeldung „VersionNegotiationFailed" zurück. Der Parameter ist jedoch für den Client optional. Werden keine Versionen vom Client explizit angefordert, gibt der Server die Metadaten in der neuesten Version zurück, die er liefern kann.

Nicht nur die Service-Spezifikationen, sondern auch die Metadatendokumente eines einzelnen Servers können eine Version haben. Sie wird *UpdateSequence* genannt und kann eine einfache natürliche Zahl, ein Zeitstempel oder irgendeine andere Zeichen- oder Zahlenfolge sein. Sie dient dem Abgleich der Metadaten im Cache-Speicher des Clients mit den Metadaten des Servers. Die Clientkomponente kann mit dem Parameter UPDATESEQUENCE prüfen, ob sich die Metadaten eines Dienstes geändert haben.

Fordert der Client mit dem Parameter UPDATESEQUENCE die Metadaten in der letzten ihm bekannten Version an und ist dies auch immer noch die aktuell gültige Metadaten-Version, so bekommt er ein reduziertes Metadaten-Dokument zurück, das nur aus den Teilen „Version" und „UpdateSequence" besteht. Er kann also den eigentlichen Inhalt des Metadaten-Dokuments aus seinem Cache-Speicher holen und der Datentransfer wird auf ein Minimum beschränkt. Ist seine *UpdateSequence* nicht mehr die aktuelle, dann sendet der Server ein vollständiges aktuelles Metadaten-Dokument zurück und der Client kann seinen Cache aktualisieren.

Der Parameter dient also ausschließlich dazu, dem Client die Abholung eines vollständigen Metadaten-Dokuments zu ersparen, wenn es noch dasselbe ist wie beim letzten Mal. Das funktioniert natürlich nur, wenn der Client einen Cache für die Metadaten verwaltet und wenn der Server mit jeder Änderung des Metadaten-Dokuments seine Update-Sequence auch wirklich – am besten automatisch – hochzählt oder einen neuen Zeitstempel vergibt.

Standardmäßig werden die Service-Metadaten als Format „text/xml" übergeben. Mit dem Parameter ACCEPTFORMATS kann der Client eine Liste gewünschter Formate übergeben. Der Server antwortet auch hier wieder in dem ersten Format aus der Liste, das er liefern kann. Findet er kein passendes, antwortet er mit dem Standardformat XML.

Andere Formate könnten sinnvoll sein, um das Datentransfer-Volumen zu reduzieren. XML ist nun einmal ein sehr speicherintensives Format. Bisher hat sich aber noch keine Alternative durchgesetzt.

Soll nicht das komplette Metadaten-Dokument übermittelt werden, sondern nur bestimmte Abschnitte daraus, dann kann der Client die gewünschten Abschnitte daraus über den optionalen Parameter SECTIONS in einer ebenfalls kommagetrennten Liste anfordern. Die Liste hat in diesem Fall keine Reihenfolge, sondern kann ungeordnet sein. Mehr zu den Sektionen eines Service-Metadaten-Dokuments enthält das nächste Kapitel.

Erlaubte Werte für den Parameter SECTIONS heißen „ServiceIdentification", „ServiceProvider", „OperationsMetadata", „Contents" und „All". Implementierungsspezifikationen können zusätzliche Sektionen definieren; so gibt es beispielsweise in den Metadaten zu einem WMS immer eine „Sektion" namens „Layers".

Die WMS-Spezifikation weicht in mancher Hinsicht von der *OWS-Common*-Norm ab. Die Parameter heißen zum Teil anders und die Service-Metadaten haben andere Sektionen.

Das ist wohl der Historie geschuldet; die WMS-Spezifikation ist älter als der OWS-Common-Standard.

Die WMS-Spezifikation 1.3.0 sieht für das *GetCapabilities*-Request die Parameter SERVICE, REQUEST, VERSION, UPDATESEQUENCE und FORMAT vor. Eine Teil-Anforderung der Service-Metadaten ist hier nicht vorgesehen. Die Abschnitte im WMS-Metadaten-Dokument heißen auch anders.

Der *Acceptversions*-Parameter lautet hier VERSION und kann als Wert nicht eine Liste, sondern nur eine einzige gewünschte Version transportieren. Die Client-Komponente kann gegebenenfalls nur über Versuch und Irrtum herausfinden, welche Versionen der Server unterstützt. Der *AcceptFormats*-Parameter lautet hier FORMAT und kann ebenfalls als Wert nicht eine Liste, sondern nur eine einzige Formatbezeichnung transportieren. Sind die lieferbaren Formate nicht bekannt, muss die Clientkomponente die Metadaten deshalb zunächst im Standardformat XML anfordern.

Im WMS-Metadaten-Dokument enthält die *Service-Section* die allgemeinen Informationen zum Dienst und dem Diensteanbieter. Der *Capabilities*-Abschnitt dagegen enthält WMS-spezifische Informationen über die möglichen Operationen und Kartenlayer.

Mit der ***GetResourceByID***-Operation wird in der *OWS-Common*-Norm ein Grundmuster für die Übermittlung zusätzlicher Ressourcen eines Dienstes definiert. Ressourcen können Erläuterungen, Zusatzinformationen, Bilder, Geoobjekte oder anderes sein. Sie müssen über einen eindeutigen Identifikator benannt werden, online zugänglich oder lieferbar sein und sollten nicht von weiteren Parameterwerten abhängig sein. Ein Service kann beliebig viele Ressourcen verwalten und bereitstellen. Beispielsweise könnte ein *Web Coordinate Transformation Service* (WCTS) Informationen über Transformationsparameter auf diesem Wege bereitstellen.

Ein Service kann also in seinen Service-Metadaten Ressourcen bekannt machen. Jede von ihnen muss eine innerhalb des Dienstes eindeutige *ResourceID* haben. Der Wert einer ResourceID ist ein *Universal Resource Identifier* (URI), also entweder ein in einem Namensraum definierter Name oder ein Link. Ein Dienst kann seine Ressourcen in verschiedenen Formaten bereitstellen.

Eine GetResourceByID-Anfrage enthält wie alle Operationen zunächst die Parameter SERVICE, VERSION und REQUEST. Es folgt im Parameter RESOURCEID eine kommaseparierte Liste der vom Client gewünschten Ressourcen-IDs. Optional kann der Client das Ausgabeformat im Parameter OUTPUTFORMAT überdefinieren.

Zwar ist die *GetResourceByID*-Operation allgemein verwendbar, aber sie muss keineswegs so heißen. Vielmehr muss das Grundprinzip von der jeweiligen Implementierungsspezifikation mit Leben erfüllt werden. Spezifikationen können den Namen der Operation ändern oder Varianten unter verschiedenen Namen erfinden. Sie können den Namen des *ResourceID*-Parameters ändern, die Multiplizitäten verändern (also zum Beispiel nur genau eine zulassen), Fehlermeldungen spezifisch definieren und die Art der HTTP-Anfrage einschränken. Sie müssen mögliche Arten von Ressourcen benennen und die Standardantwort dafür definieren.

Die GetResourceByID-Operation ist ein allgemeines Grundmuster für die Anforderung spezieller weiterer Metadaten. Sie wird von der WMS-Spezifikation allerdings nicht genutzt.

6.6 Service Metadaten: Die Capabilities-Response

Die Antwort auf eine *GetCapabilities*-Anfrage ist das sogenannte *Service-Metadata*-Dokument (früher: „*Capabilities*-Dokument"). Es gibt Auskunft über den Servicebetreiber, verfügbare Operationen und weitere inhaltliche Details zum jeweiligen Dienst. Das Service-Metadaten-Dokument ist in der Regel ein XML-Dokument; es kann - wenn der Server das ermöglicht - auch in anderem Format ausgegeben werden, muss aber auch dann die Inhalte des Metadaten-XML-Schemas transportieren.

Für die Metadaten-Dokumente aller OpenGIS-Webservices gibt es ein gemeinsames Metadaten-Grundschema. Es besteht aus einem Basiselement (*root*-Element) und vier grundlegenden inhaltlichen Abschnitten, Sektionen genannt (Abb. 26):

- Die *ServiceIdentification-Section* identifiziert den Dienst.
- Die *ServiceProvider-Section* gibt Auskunft über Namen und Kontaktinformation des Serviceanbieters.
- Die *OperationsMetadata-Section* informiert über die vom Dienst angebotenen Operationen und deren Parameter.
- Die *Contents-Section* enthält Einzelheiten zum Informationsgehalt des Dienstes, beispielsweise zu angebotenen Datenbeständen.

Implementierungsnormen können diese Abschnitte modifizieren, ergänzen oder Teile weglassen, wenn sie für den jeweiligen Dienst irrelevant sind. Das gemeinsame Grundschema stellt jedoch so etwas wie einen geordneten Vorrat an Informationselementen dar, auf den die einzelnen Spezifikationen zurückgreifen können. Die WMS-Norm weicht jedoch auch in dieser Hinsicht von der allgemeinen Vorgabe ab.

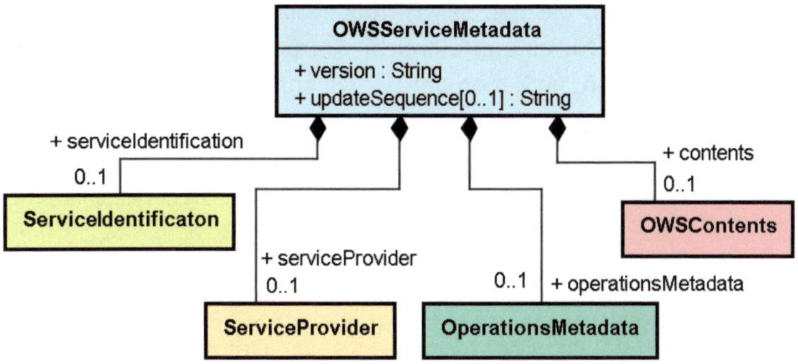

Abbildung 26: UML-Klassendiagramm für das Service-Metadaten-Schema. Ein Service-Metadaten-Dokument setzt sich aus vier Sektionen zusammen.

Das allen gemeinsame Basiselement enthält die Version der Spezifikation und im Attribut *updateSequence* die Version des Metadaten-Dokuments selbst. Die *UpdateSequence* kann ein Zähler, eine beliebige Zeichenfolge oder ein Zeitstempel sein; wichtig ist, dass er eine Folge bildet und mit jeder Änderung des Metadaten-Dokuments auch hochgezählt wird.

Die ***ServiceIdentification-Section*** ist so allgemein, dass sie für alle OWS gelten soll. Sie beschreibt den hier angebotenen Dienst. Jeder Service gehört zu genau einem Service-Typ; die möglichen Werte dazu gibt die jeweilige Spezifikation vor. Ein Service kann in mehreren Versionen angeboten werden; beispielsweise kann ein WMS vielleicht die Versionen 1.1.0 und 1.3.0 bedienen. Wenn der Service ein bestimmtes Anwendungsprofil wie z. B. das eines WMS-SLD erfüllt, dann soll er das hier ebenfalls veröffentlichen. Optional kann eine Beschreibung angefügt werden. Außerdem können hier noch Gebühren und Zugangsbeschränkungen bekannt gemacht werden.

Beschreibungen *(Descriptions)* tauchen an mehreren Stellen in den Service-Metadaten immer wieder auf. Sie bestehen aus einem Namen, einer Kurzbeschreibung (*Abstract*) und einer Liste von Keywords. Alle drei Subelemente können in mehreren Sprachen angeboten werden.

Die ***ServiceProvider-Section*** gibt Auskunft über den Dienstanbieter. Der Dienst muss immer den Namen des *Service Providers* nennen. Empfohlen, aber nicht zwingend vorgeschrieben ist die Bereitstellung von Kontaktinformationen mit Namen, Position und Rolle der verantwortlichen Person sowie deren Adresse, Telefon, Bereitschaftszeiten und weiteren Kontakt-Instruktionen. Das Schema für diese Informationen stammt aus ISO 19115 und alle Kontaktinformationen sind optional. Auch die Webadresse des Providers kann als URL hinterlegt werden.

In der ***OperationsMetadata-Section*** gibt ein Service bekannt, welche Operationen er mit welchen Parametern unterstützt. Auch bei diesem Teilschema ist die Grundstruktur allgemeingültig, muss aber durch jede Implementierungsnorm an ihren Bedarf angepasst werden. Zu jeder Operation, die der Service unterstützt, gibt er hier alles das bekannt, was eine Clientkomponente für eine erfolgreiche Anfrage wissen muss. Die HTTP-GET und HTTP-POST-Zugangsadressen, an denen der Server Anfragen entgegennimmt, werden hier als *OnlineResource*-Datentyp, also als URL veröffentlicht.

Weiterhin macht der Service hier zu jeder Operation die notwendigen Anfrageparameter und gegebenenfalls erlaubte Werte für Input und Output bekannt. Zusätzliche Metadaten allgemeiner Art können noch zugefügt oder als Online-Link referenziert werden.

Den Zugangsadressen kann noch das erlaubte Input-Format mitgegeben werden: Standardmäßig sind das der MIME-Type „text/xml" für die HTTP-POST-Methode und der MIME-Type „application/x-www-form-urlencoded" für die HTTP-GET-Methode. Mit Letzterem ist die Übersendung von Anfragen in Keyword-Value-Pair-Verschüsselung (KVP-Encoding) gemeint. Sie ist auch für HTTP-POST-Zugangsadressen erlaubt und muss dann als mögliches Input-Format explizit angegeben werden.

Da alle OWS die *GetCapabilities*-Operation anbieten müssen, muss diese Operation auch in der *OperationsMetadata-Section* aller Service-Metadaten enthalten sein. Je nach Angebot des Servers kann gegebenenfalls auch eine Resourcen-Abfrage nach dem Muster der *GetResourceByID*-Operation hier bekanntgemacht werden

Die ***Contents-Section*** der *Service-Metadata* enthält Informationen über die mit dem Service eventuell verbundenen Dateninhalte. Der Abschnitt ist ausgesprochen spezifisch für verschiedene Servicetypen und wird von der jeweiligen Implementierungsnorm näher ausgestaltet. Jede *Contents-Section* soll jedoch im Minimum entweder ein *Dataset-Summary* oder eine *OtherSource*-Referenz auf eine externe Informationsquelle enthalten. Sie kann beide Elemente in beliebiger Anzahl enthalten.

Ein *Dataset-Summary* beinhaltet üblicherweise einen Titel, eine Kurzbeschreibung und eine Keyword-Liste. Das *Summary* kann sich mit einem Identifikator auf eine Codeliste beziehen. Die räumliche Ausdehnung der Daten kann in diversen *BoundingBox*- und *WGS84BoundingBox*-Rechtecken mit Bezug auf verschiedene Koordinatensysteme bekannt gemacht werden. Weitere Metadaten können noch ergänzt oder als Verweis auf ein externes Metadaten-Dokument zugefügt werden.

Als Alternative zu einem *DatasetSummary* enthält ein Element vom Typ *OtherSource* eine Metadaten-Referenz auf Informationen in einem Katalogdienst. Gedacht ist das beispielsweise für *Web Coverage Services*, die vielleicht tausende verschiedener Inhalte bereitstellen und die Service-Metadaten nicht mit entsprechend vielen *Dataset-Summaries* belasten wollen.

Der *OWS-Common*-Metastandard sieht für die Metadaten der OpenGIS-Services verschiedene Standardabschnitte (*Sections*) vor.

Die *ServiceIdentification*-Section enthält allgemeine Informationen zu einem Service. Die *ServiceProvider*-Section informiert über den Service-Betreiber und enthält Kontaktinformationen. Die dienstspezifische *OperationsMetadata*-Section macht die Funktionalität des Servers bekannt und beinhaltet alle für deren Nutzung notwendigen Informationen. Bei Diensten, die Dateninhalte übergeben, gibt die *Contents-Section* Auskunft über Inhalte und Quellen.

> Auch in der Struktur des Metadaten-Dokuments weicht die WMS-Spezifikation von der *OWS-Common*-Norm ab.
>
> Im WMS-Metadaten-Dokument enthält die *Service-Section* die allgemeinen Informationen zum Dienst und dem Diensteanbieter. Sie entspricht in etwa der *ServiceIdentification*- und der *ServiceProvider*-Section der OWS.
>
> Der *Capabilities*-Abschnitt dagegen enthält WMS-spezifische Informationen über die möglichen Operationen und Kartenlayer. Er entspricht ungefähr der *Operations*- und der *Contents*-Section der *OWS-Common*-Norm.

6.7 Gemeinsame Parameter und Elemente

Die *OWS-Common*-Norm definiert einige allgemeine Parameter, die in verschiedenen Service-Spezifikationen Verwendung finden. Sie werden zum Beispiel in Metadaten-Dokumenten und in HTTP-Anfragen verwendet. Das betrifft die Benennung von Koordinatensystemen, die Definition räumlicher Ausschnitte und die Spezifikation von Übergabeformaten. Das *OWS-Common*-Dokument formuliert allgemeine Anforderungen an diese Parameter. Implementierungsnormen sollen diese inhaltlich erfüllen, müssen sie aber selbst auch noch genau spezifizieren. Im Detail kann es also zu Einschränkungen, Erweiterungen oder Abweichungen kommen.

6.7.1 Obligatorische Parameter für alle Operationen

Für alle Dienste und alle ihre Operationen mit Ausnahme der *GetCapabilities*-Operation gilt: Obligatorische Bestandteile jeder Anfrage sind die Parameter

```
SERVICE=<ServiceType-Code>
VERSION=<Versionsnummer>
REQUEST=<Request-Name in UpperCamelCase-Schreibweise>
```

Sie dienen der eindeutigen Identifizierung der Schnittstelle. Auch wenn das möglicherweise noch nicht in allen Service-Spezifikationen bisher der Fall sein mag, so soll diese Mindestanforderung eigentlich spätestens mit der nächsten Version verpflichtend werden.

6.7.2 Koordinatensystem-Referenzen

Koordinatensysteme werden an vielen Stellen in diversen Services benötigt. Sie müssen in Service-Metadaten-Dokumenten bekannt gemacht und in Anfrage-Parametern spezifiziert werden. Dabei geht es in der Regel darum, ein bekanntes Koordinatensystem zu benennen, nur selten um die Neudefinition. Eine Koordinatensystem-Referenz ist deshalb immer ein Identifikator vom xml-Typ *anyURI,* also ein *Uniform Resource Identifier* (URI). Das kann entweder ein *Uniform Resource Locator* (URL) sein; oder es ist ein eindeutiger Name im Namensraum des OGC, ein *Uniform Resource Name* (URN) (Abb. 27). Für die Namen im OGC-Namensraum gibt es eine online verfügbare Liste (s. Linkliste).

Auch die Definition neuer, eigener Koordinatensysteme ist möglich. Sie geschieht in Form eines GML-Schemas. Das wiederum kann an verschiedensten Stellen passieren: Im eigenen lokalen Dokument, in einem online verfügbaren Dokument oder in einem online zugänglichen *Dictionary,* das gleich eine Reihe von Koordinatensystemen beschreibt. Ein Koordinatensystem kann dann als URL auf diese Definition identifiziert werden. Beispielsweise arbeitet die Arbeitsgemeinschaft deutscher Vermessungsverwaltungen an einem eigenen solchen *Dictionary*.

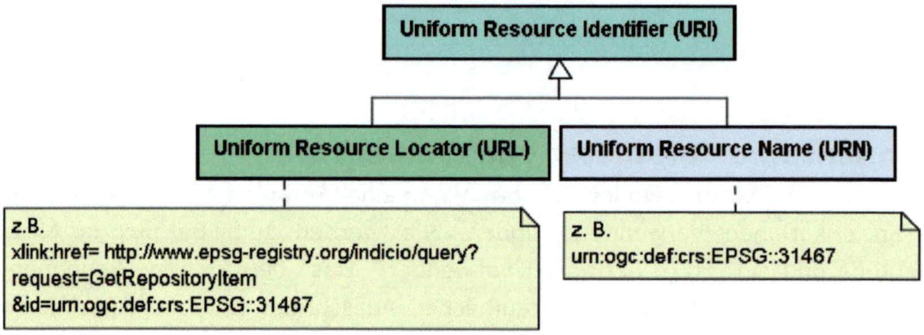

Abbildung 27: Ein *Uniform Resource Identifier* (URI) ist entweder ein Link (=*Uniform Resource Locator*, URL) oder ein Name aus einem bekannten Namensraum (*Uniform Resource Name*, URN).

URI und anyURI

Ein *Uniform Resource Identifier* (URI) ist ein eindeutiger Identifikator für eine Resource. Er ist entweder eine Referenz in Form eines *Uniform Resource Locators* (URL) oder ein Name aus einem vorher bekannt gemachten Namensraum, ein *Uniform Resource Name* (URN). Ein Koordinatensystem wird also entweder über einen Link oder über einen eindeutigen Namen identifiziert. URI, URL und URN sind Konzepte aus der allgemeinen IT.

Der XML-Datentyp *anyURI* enthält entweder einen bekannten Namen oder einen Bezug auf irgendein lokales Element innerhalb des Dokuments. Oder die Referenz bezieht sich auf ein online zugängliches Element auf einem beliebigen Server. Ein häufig verwendetes Attribut dieses Typs ist das XML-Attribut xlink:href. In den OpenGIS-Schemata gehören beispielsweise auch die GML-Attribute gml:srsName, gml:codeSpace oder gml:uom zu diesem XML-Datentyp.

Ein OpenGIS-*Best-Practises*-Paper beschreibt die Verwendung von URNs im ogc-Namensraum ([URN13]) und listet sie auf: Ein URN ist eine Folge von Namensraum-Ästen, jeweils getrennt durch einen Doppelpunkt. Irgendwo am Ende folgt ein eindeutiger Code. OGC-URNs gibt es für die eindeutige Identifizierung von OGC-Standards, für Geometrietypen, für Datentypen, für Maßeinheiten, Koordinatensysteme und anderes. Hier ein paar Beispiele:

urn:ogc:specification:gml:doc-is(02-023r4):3.00
urn:ogc:doc:IS:SLD
urn:ogc:serviceType:CatalogueService:2.0:HTTP
urn:ogc:def:objectType:ISO-19107:2003:GM_Point
urn:ogc:def:dataType:OGC:1.1:angle
urn:ogc:def:uom:OGC:1.0:metre

Ein *Uniform Resource Name* für eine Koordinatensystem-Referenz besteht aus einem mehrteiligen Präfix für die Art des Objekts und einem Bezug auf ein Codesystem mit einer namengebenden Institution (*Authority*), optional einer Version sowie einem Code:

```
urn:ogc:def:crs:<authority>:<version>:<code>
```

Für die Codierung von geodätischen Parametern und Koordinatensystemen hat sich in Europa das Codesystem der EPSG bewährt. Die EPSG pflegt zu jedem numerischen Code eine eindeutige Definition und stellt sie über ein online verfügbares Register zur Verfügung. Meist wird die Version 6.6 verwendet; weil dieser Teil der URN jedoch optional ist, wird er oft auch weggelassen.

Aufgebaut wurde das Codesystem von einer Institution namens *European Petroleum Survey Group* (EPSG). Heute heißt diese *OGP Surveying & Positioning Committee.* Der Name EPSG hatte sich jedoch längst eingebürgert.

Beispielsweise lautet der *Uniform Resource Name* für das geodätische Datum WGS84 mit geographischen Koordinaten wahlweise

```
urn:ogc:def:crs:EPSG:6.6:4326 oder
urn:ogc:def:crs:EPSG::4326
```

Entsprechend lautet der URN für den dritten Gauss-Krüger-Streifen im Deutschen Hauptdreiecksnetz:

```
urn:ogc:def:crs:EPSG:6.6:31467 oder
urn:ogc:def:crs:EPSG::31467
```

Ein eigenes Namensregister baut auch die Arbeitsgemeinschaft der deutschen Vermessungsverwaltungen auf. Es dient vor allem den Ausgaben aus den AFIS-ALKIS-ATKIS-Katastern über die Schnittstelle NAS ([GEOINFODOK]). Gültige Koordinatensystem-Referenzen darin heißen zum Beispiel:

```
urn:adv:crs:ETRS89_UTM32 oder
http://www.adv-online.de/crs/crs.xml#ETRS89_UTM32
```

Alternativ kann die Bezeichnung für ein Koordinatensystem auch eine URL sein. Sie zeigt auf eine online verfügbare oder im Dokument mitgelieferte Koordinatensystem-Definition. So kann die URL eine Abfrage auf das online verfügbare Register der EPSG-Kodes sein. Das liefert zum gesuchten Code eine Definition im XML-Format zurück. Beispielsweise lautet eine URL zum EPSG-Code 4326:

```
http://www.epsg-registry.org/indicio/query?
request=GetRepositoryItem&id=urn:ogc:def:crs:EPSG::4326
```

Die URL muss aber nicht unbedingt etwas zurückliefern, wenn man sie aufsucht. Für *Well-Known-Names*, also allgemein bekannte Bezeichnungen, muss die URL-Adresse nicht wirklich vorhanden sein. In einer so vereinfachten Syntax lautet die Bezeichnung für WGS84 respektive EPSG 4326 beispielsweise

`srsName="http://www.opengis.net/gml/srs/epsg.xml#4326"` oder
`srsName="www.opengis.net/srs/epsg.xml#4326"` oder sogar nur noch
`srsName="EPSG:4326"`

Die Implementierungsnormen sollen im Einzelnen klären, wie ein Server mit einer URL-Referenz umgeht: Soll er sie jedesmal aufsuchen und abfragen? Nur optional dort nachschlagen? Nur für bestimmte Daten aufsuchen? In den meisten Fällen sind die gängigen Koordinatensystem-Definitionen in der auswertenden Software implementiert. Deshalb ist die Verwendung standardisierter Namen in den meisten Fällen ausreichend und performanter. Grundsätzlich steht es jedoch jedem Servicebetreiber offen, für spezifische Zwecke eigene Koordinatensysteme zu definieren. Das könnte beispielsweise für örtlich stark begrenzte Anwendungen mit einem Bedarf an hoher Genauigkeit infrage kommen.

> Koordinatensystem-Angaben bestehen entweder aus einem Link auf eine beschreibende Resource (*Uniform Resource Locator*, URL) oder sie verwenden einen eindeutigen Code im ogc-Namensraum (*Uniform Resource Name*, URN).
>
> Bei *Well-Known-Names* muss eine angegebene URL nicht wirklich existieren. EPSG-Codes mit Verweis auf die EPSG gelten als solche wohlbekannte Namen.

Die WMS-Spezifikation verzichtet in den Service-Metadaten oder in HTTP-Requests ganz auf die Präfixe des Namensraums. Beispielsweise genügt dort die Angabe „EPSG:31466" zur Benennung des zweiten Gauss-Krüger-Streifens im Deutschen Hauptdreiecksnetz (DHDN). Die WMS-Norm definiert aber auch eigene Abkürzungen, engl. *Labels*. Unter dem *Authority-Label* „CRS" versammelt sie einige in Amerika gängige Koordinatensysteme. Bezeichnungen unter dem *Label* AUTO beziehen sich auf verschiedene Projektionen des Datums WGS84 und können vom Benutzer an seine Bedürfnisse angepasst werden. Die in WMS 1.3.0 definierten *Labels* können auch in anderen Schnittstellen verwendet werden. Sie sind im URN-Verzeichnis der OGC aufgeführt [URN 1.3] und damit eindeutig benennbar. Für weltweite Ansichten wird beispielsweise gerne das *Label* CRS84 verwendet. Es definiert die Koordinaten als geographische Dezimalgradangaben auf Basis des WGS84:

```
urn:ogc:def:crs:OGC:1.3:CRS84
```

> Die WMS-Spezifikation verzichtet für die Verwendung in den Service-Metadaten oder in HTTP-Requests ganz auf die Präfixe des Namensraums. Beispielsweise genügt dort die Angabe „EPSG:31466" für den zweiten Gauss-Krüger-Streifen im DHDN.
>
> Der WMS-Standard definiert aber auch eigene Kurzbezeichnungen (*Labels*) wie CRS84 und AUTO. Sie können auch in anderen Schnittstellen und Codierungen verwendet werden.

Links zu *Uniform Resource Names* und Koordinatensystem-Referenzen

Über das Namespace-Register der IANA gelangt man zu den Namespace-Definitionen des OGC:
http://www.iana.org/assignments/urn-namespaces

Die *OGC Naming Authority* kümmert sich um die Registrierung der Uniform Resource Names im Namespace der OGC:
http://www.opengeospatial.org/ogcna

Das URN-Resolver-Tool des OGC ist eine online-Liste der vorhandenen URNs:
http://www.opengis.net/register/ogc-na/name

Im EPSG Online-Register kann nach Namen oder Codes gesucht werden:
http://www.epsg-registry.org

Die EPSG-Access-Datenbank ist noch über die ehemalige Domäne der EPSG verfügbar. Die Parameter Datenbank wird nun vom OGP Geomatics Committee verwaltet.
http://www.epsg.org >> Geodetic Dataset

6.7.3 Räumliche Ausschnitte (BoundingBoxes)

Eine ***BoundingBox*** (BBox) beschreibt einen räumlichen Ausschnitt. Dieser wird über die Koordinaten seiner linken unteren und rechten oberen Ecke definiert. Je nach Referenzsystem können diese Ecken zwei oder auch mehr Koordinaten haben.

In der Regel wird einer BBox in Form eines eindeutigen Identifiers (URI) mitgegeben, auf welches Koordinaten-Bezugssystem (CRS) sie sich bezieht. Die Angabe eines CRS kann allerdings fehlen, wenn der Bezug im Kontext eindeutig ist. Optional kann auch die Anzahl der Dimensionen des Koordinatensystems noch explizit angegeben werden; sie ist allerdings in der Regel durch die Wahl des Koordinatensystems gegeben (Abb. 28).

In einem Service-Metadata-Dokument lautet dann die Definition einer *BoundingBox* beispielsweise so:

```
<BoundingBox crs="EPSG:31466" dimensions="2">
  <LowerCorner>2584123 5712345</LowerCorner> Buch
  <UpperCorner>2596567 5708123</UpperCorner>
</BoundingBox>
```

In HTTP-Parameterübergaben in Form von Namen-Werte-Paaren (*Keyword Value Pairs*, KVP) wird die Dimension weggelassen. Der BBOX-Wert ist eine Liste aus den Koordinaten der linken unteren Ecke, den Koordinaten der rechten oberen Ecke und dem Referenzsystem-Identifier. Das Dezimaltrennzeichen ist der Punkt. Hier ein Beispiel:

```
BBOX=2586123,5612345,2596123,5689456,urn:ogc:def:crs:EPSG::31466
```

Eine spezielle Form der *BoundingBox* ist die ***WGS84-BoundingBox.*** Diese bezieht sich zwingend immer auf das geodätische Datum WGS84. Das Koordinatensystem ist unprojeziert und zweidimensional; die Koordinatenwerte sind geographische Längen- und Breitenangaben in Dezimalgrad (Abb. 28). Weil bei einer WGS84BBOX das Koordinatensystem per definitionem festliegt, kann der Identifier für das Referenzsystem auch weggelassen werden. Der Ausdruck

```
WGS84BBOX=6.51,52.03,6.58,52.97,urn:ogc:def:crs:OGC::CRS84
```

ist identisch mit

```
WGS84BBOX=6.51,52.03,6.58,52.97
```

Eine Weltansicht in geographischen Koordinaten mit dem Nullmeridian in Greenwich wird mit der WGS84BBOX -180, -90, 180, 90 definiert.

In HTTP-Parameterübergaben muss in der URN-Zeichenfolge gegebenenfalls noch der Doppelpunkt als %3A codiert werden, wenn die Clientkomponente das nicht selbst übernimmt.

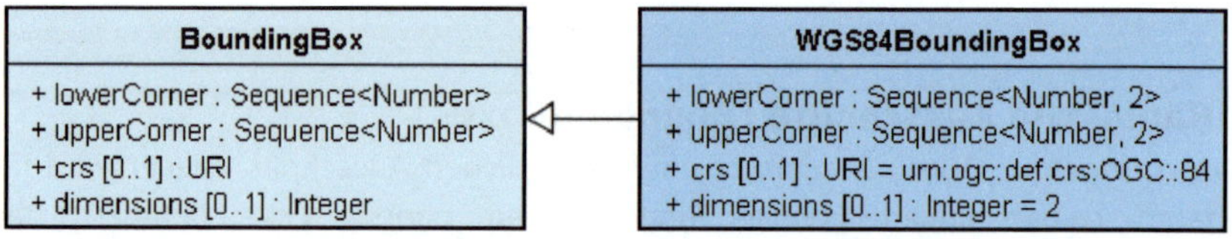

Abbildung 28: Eine BoundingBox wird über ihre linke untere und rechte obere Ecke sowie das Bezugssystem definiert. Eine WGS84BoundingBox ist eine Spezialisierung der BoundingBox. Sie verwendet geographische Koordinaten im Datum WGS84.

Eine BoundingBox beschreibt einen räumlichen Ausschnitt über die Koordinaten seiner linken unteren und rechten oberen Ecke. Zu den Koordinatenwerten gehört die Angabe des Referenzsystems. Sie kann fehlen, wenn sie sich aus dem Kontext ergibt.

Eine WGS84-BoundingBox ist eine Ausschnitt-Definition in Dezimalgrad-Koordinaten, die sich auf das geodätische Datum WGS84 bezieht.

Die WMS-Spezifikation weicht auch in der Definition der BBox in den Service-Metadaten und bei Parameterübergaben etwas von den Anforderungen in *OWS Common* ab.

Die *WGS84BBox* heißt hier *Ex_GeographicBoundingBox* (bis Version 1.1.1 hieß sie *latlonBoundingBox*). Sie verwaltet die Eckkoordinaten in vier Attributen namens *minx*, *miny*, *maxx*, *maxy*. Zusätzlich kann sie in den Attributen *resx* und *resy* noch Werte für die Auflösung enthalten.

6.7.4 Formate und MIME-Types

Sinn und Zweck der OGC-Webdienste ist, dass sie etwas tun und in der Regel ein Ergebnis zurückgeben. Wenn es kein Ergebnis gibt, soll mindestens eine passende Fehlermeldung ausgegeben werden. Der Server schickt in beiden Fällen an die Client-Maschine eine HTTP-Nachricht mit einem Anhang. Dieser Anhang hat ein bekanntes Dateiformat und die HTTP-Nachricht enthält ihn ihrem Header einen Hinweis darauf.

Nun kann der Client in vielen Fällen mitbestimmen, in welchem Dateiformat er die Serverantwort haben möchte. Der Server macht in seinen Metadaten bekannt, welche Formate er liefern kann und der Client kann sie - wenn die Implementierungsspezifikation das vorsieht - in seinem Request explizit anfordern.

Mit der Integration der OGC-Standards in die ISO-Reihe sind für Server und Client für die Angabe von Dateiformaten ausschließlich standardisierte MIME-Types erlaubt. MIME-Type-Angaben bestehen aus einem Präfix für den Dateityp und einem Suffix für die genaue Spezifikation. Sie heißen zum Beispiel „text/xml" oder „image/png". Zusätzliche Parameter sind für weitere Spezialisierungen erlaubt und werden hinter einem Semikolon angehängt. Dagegen sind OGC-spezifische Typen, wie sie in früheren OpenGIS-Standards vorgesehen waren, künftig nicht mehr erlaubt. Hier einige Beispiele für gültige MIME-Type-Angaben:

```
text/xml
text/xml subtype="gml/3.01"
image/png
image/png; PhotometricInterpretation=RGB
```

In Implementierungsspezifikationen sollen MIME-Types künftig nicht mehr explizit auf einige Typen beschränkt werden, auch wenn die Spezifikationen Empfehlungen geben dürfen. Folgerichtig ist auch in der WMS 1.3.0 Version die Beschränkung der erlaubten MIME-Types für Kartenbilder entfallen. Der Server macht in seinen Metadaten bekannt, was er liefern kann. Der Client wertet das aus und fordert aus der Auswahl das geeignete an. Für Service-Metadaten und Fehlermeldungen (Exceptions) ist allerdings bei allen OpenGIS-Webservices der MIME-Type „text/xml" die einheitliche Standardeinstellung.

Die WMS-Version 1.1.0 erlaubte noch OGC-spezifische MIME-Type-Angaben wie z.B. „application/vnd.ogc.se+inimage". Diese sind ab Version 1.3.0 nicht mehr zugelassen.

Links zu MIME-Types
Eine umfangreiche Liste von MIME-Types gibt es bei Selfhtml:
http://de.selfhtml.org/diverses/mimetypen.htm

Eine andere umfangreiche Liste findet sich in den Seiten der W3CSchools:
http://www.w3schools.com/media/media_mimeref.asp

6.8 Filter Encoding

Die OpenGIS-*Filter-Encoding*-Spezifikation ([FILTER 11]) standardisiert die Codierung von Filterkriterien in einer XML-Struktur. Es geht dabei um die Definition von Selektionskriterien bei der Abfrage von *Features*. Ein Filter entspricht ungefähr der *where-Klausel* einer SQL-Datenbankabfrage, codiert die Bedingungen jedoch als XML-Struktur. Verwendet werden solche Filter vor allem bei der Abfrage von Daten aus einer *Web-Feature-Server*-Datenquelle. Das *Web Mapping* mit *Styled-Layer*-Descriptoren benutzt Filter-Fragmente für die Darstellungsregeln bei der Bildung von benutzerdefinierten Karten-Layern.

Ein OGC-Filter ist eine XML-Struktur, die erfolgreich gegen ein OGC-Filter-Schema validiert werden kann. Mithilfe verschiedener komplexer Elemente können verschiedene Arten von Selektionskriterien miteinander kombiniert werden: *Identifier*-Elemente filtern *Features* anhand ihrer *Feature*-IDs. *Spatial-Operator*-Elemente verwenden räumliche Suchkriterien. *Comparison Operators* vergleichen Attributinhalte mit Soll-Ausdrücken. Mithilfe der logischen Operatoren AND, OR und NOT können die räumlichen oder attributiven Selektionskriterien miteinander logisch verbunden und verschachtelt werden (Abb. 29).

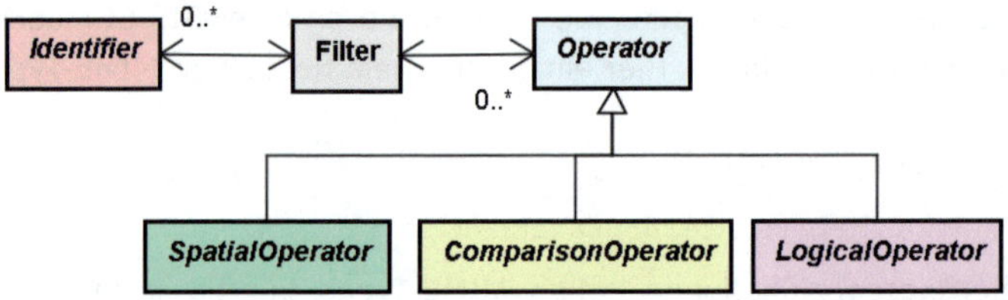

Abbildung 29: UML-Klassendiagramm des OGC Filter-Schemas. Ein Filter selektiert Objekte anhand eines Identifiers oder über Kombinationen von räumlichen und arithmetischen Vergleichsoperatoren, die über logische Operatoren verknüpft werden können.

Anders als in SQL-Syntax kann ein XML-Filter nicht ganz so einfach von links nach rechts gelesen werden. In der XML-Syntax enthält ein Operator-Element seine beiden Operanden als Kindelemente. Der Name des zu vergleichenden *Feature*-Attributs wird als *Property-Name*-Element eingebaut.

Für die **räumliche Selektion** können über einen binären räumlichen Operator explizite topologische Beziehungen geprüft werden. Alternativ ist mit einem *BBox*-Operator die Suche über ein Selektionsrechteck möglich. Als dritte Möglichkeit kommt mit einem der *DistanceBuffer*-Operatoren die Suche über eine Suchdistanz infrage (Abb. 30). Eine Übersicht über die elf räumlichen Vergleichsoperatoren geben die Tabellen 7 und 8.

Bei räumlichen Vergleichen wird der Name des Geometrieattributs des *Feature Types* als *PropertyName* zum Operanden. Vergleichsgeometrien werden als GML-Elemente eingebaut.

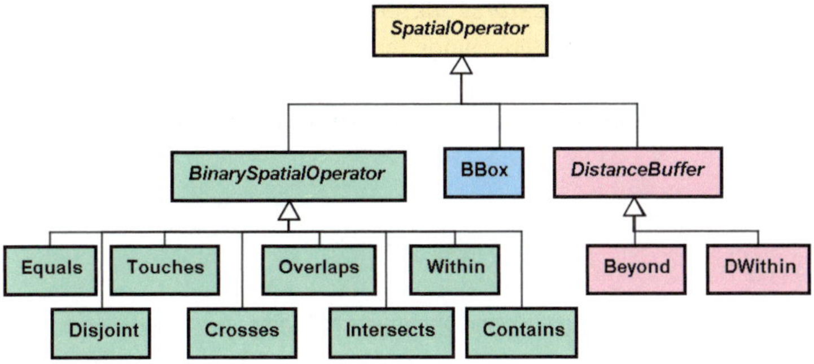

Abbildung 30: Räumliche Filter verwenden topologische Vergleichsoperatoren, eine BoundingBox oder den Abstand zu einem Suchobjekt als Kriterien.

Tabelle 7: Topologische Vergleichsoperatoren nach den Definitionen der Simple-Feature-Norm

Operator	Formel	Bedeutung
Equals		Die beiden Geometrien sind identisch.
Disjoint	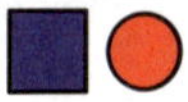	Geometrie A überschneidet sich in keiner Weise mit Geometrie B.
Intersects		Die Geometrie A überschneidet sich in irgendeiner Weise mit der Vergleichsgeometrie B (komplementär zum Operator Disjoint).
Touches	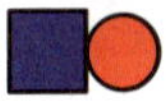	Geometrie A berührt den Rand der Vergleichsgeometrie B, es gibt aber keine gemeinsamen Punkte im Inneren der beiden Geometrien. Der Operator ist nur für die Situationen Polygon/Polygon, Linie/Linie, Linie/Polygon, Punkt/Polygon und Punkt/Linie definiert.
Crosses	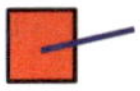	Die Geometrie A überschneidet sich teilweise mit Geometrie B, liegt aber nicht vollständig darin. Die Geometrien haben eine gemeinsame Teilmenge an Punkten im ihrem Inneren.
Contains		Die Geometrie A enthält die Geometrie B vollständig.
Overlaps		Geometrie A und Geometrie B überlappen sich, teilen sich also jeweils ein Teil ihres Inneren. Der Operator ist nur für Geometrien gleichen Typs definiert (Polygon/Polygon oder Linie/Linie).
Within		Geometrie A liegt vollständig innerhalb der Geometrie B. Der Operator ist komplementär zum Operator Contains.

Mit einem der acht binären topologischen Operatoren kann die Lagebeziehung der gesuchten *Features* zu einer Vergleichsgeometrie explizit geprüft werden (Abb. 30, Tab. 7). Die Bedeutung der benannten Operatoren *„Equals"*, *„Disjoint"*, *„Touches"*, *„Crosses"*, *„Overlaps"*, *„Intersects"*, *„Within"* oder *„Contains"* richtet sich dabei nach ihrer Definition in der OpenGIS *Simple-Features*-Norm.

Das folgende Beispiel sucht alle *Features*, deren Geometrie im *Feature*-Attribut *Geom* sich mit einem explizit als GML in den Filter eingebauten Polygon überschneidet.

XML-Beispiel 4: Selektion über einen topologischen Vergleichsoperator

```
<Filter>
  <Overlaps>
    <PropertyName>Geom</PropertyName>
    <gml:Polygon srsName="urn:ogc:crs:epsg::31466">
      <gml:outerBoundaryIs>
        <gml:LinearRing>
          <gml:posList>2596000,5702000,2598000,5702000 [...]</gml:posList>
        </gml:LinearRing>
    </gml:outerBoundaryIs>
    </gml:Polygon>
  </Overlaps>
</Filter>
```

Alternativ können die *Feature*-Geometrien über geometrische Lagekriterien gefiltert werden (Tab. 8). Für die Selektion anhand eines rechteckigen Such-Ausschnitts wird der Operator *BBOX* verwendet und der Ausschnitt als *Envelope*-Element übergeben (XML-Beispiel 5). Ein *Envelope* besteht aus den Koordinaten der linken unteren und der rechten oberen Ecke. Der Server muss alle Geoobjekte liefern, die sich in irgendeiner Weise mit diesem Ausschnittrechteck überschneiden.

Tabelle 8: Geometrische Vergleichsoperatoren für die Verwendung in Filtern

Operator	Formel	Bedeutung
BBOX		Die Geometrien der gesuchten Features überschneiden sich mit einem Vergleichs-Rechteck.
DWithin		Die Geometrien der gesuchten Features befinden sich innerhalb einer angegebenen Suchdistanz.
Beyond	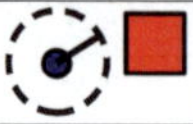	Die Geometrien der gesuchten Features befinden sich außerhalb einer angegebenen Suchdistanz.

Das folgende Beispiel findet alle *Feature*-Objekte, deren Geometrien im Attributfeld „Umring" sich mit dem übergebenen Rechteck in irgendeiner Weise überschneiden.

XML-Beispiel 5: Filter über ein Selektionsrechteck

```
<Filter>
  <BBOX>
    <PropertyName>Umring</PropertyName>
    <gml:Envelope srsName="http://www.opengis.net/gml/srs/epsg.xml#25832">
      <gml:lowerCorner>32406113 5714296</gml:lowerCorner>
      <gml:upperCorner>32407124 5715102</gml:upperCorner>
    </gml:Envelope>
  </BBOX>
</Filter>
```

Die dritte Möglichkeit ist die Verwendung einer Suchdistanz über ein *DistanceBuffer*-Element (Tab. 8). Mit einem *DWithin*-Ausdruck werden alle *Features* gesucht, die sich innerhalb der Suchdistanz befinden. Ein *Beyond*-Operator findet dagegen alle Geoobjekte außerhalb der vorgegebenen Distanz. Der Suchdistanz muss noch ihre Einheit als *unit*-Element mitgegeben werden (XML-Beispiel 6).

XML-Beispiel 6: Selektion über eine Suchdistanz

```
<Filter>
  <Beyond>
    <PropertyName>Geom</PropertyName>
    <gml:Point srsName="EPSG:31466">
      <gml:pos>2596378 5702054</gml:pos>
    </gml:Point>
    <Distance unit="m">2000</Distance>
  </Beyond>
</Filter>
```

Wenn das Koordinatensystem der Suchgeometrie dem Default-Koordinatensystem der gesuchten *Feature*geometrien entspricht oder in den Service-Metadaten des WFS als „<OtherSRS>" bekannt gemacht wird, dann kann der Server gegebenenfalls transformieren. Die gesuchten Geometrien werden dann im angeforderten Koordinatensystem ausgegeben. Hat die Vergleichsgeometrie gar keine Koordinatensystem-Referenz (SRID), dann wird das Default-Koordinatensystem des WFS verwendet. Hat die Suchgeometrie ein Koordinatensystem, das weder der Default, noch eins der anderen vom WFS unterstützten Koordinatensysteme („<OtherSRS>") ist, dann kann keine Verarbeitung stattfinden und der Server gibt eine Fehlermeldung aus.

Attributfilter werden über *ComparisonOperator*-Elemente definiert. Auch davon gibt es verschiedene Varianten: Binäre Vergleichsoperatoren (*BinaryComparisonOperators*) heißen zum Beispiel „*PropertyIsEqualTo*" oder „*PropertyIsGreaterThan*" und vergleichen einen Attributwert mit einem vorgegebenen Ausdruck. Außerdem gibt es einen eigenen Operator für die Suche nach leeren Datenfeldern (*PropertyIsNull*) und einen für den Vergleich von String-Attributen mit einem vorgegebenen Muster (*PropertyIsLike*) (Abb. 31).

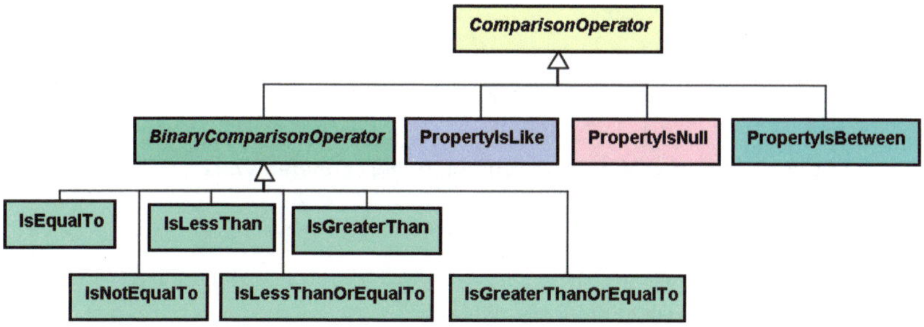

Abbildung 31: UML-Klassendiagramm der nichträumlichen Vergleichsoperatoren im Filter-Schema. Attributfilter wenden arithmetische Vergleichsoperatoren an, vergleichen *Feature*-Attribute mit Zeichenfolgen oder klären, ob ein Attribut leer ist.

Im folgenden Beispiel werden alle (Kunden-)*Features* gesucht, bei denen der Inhalt des Attributs „Umsatz" mindestens den Wert 1 000 hat:

XML-Beispiel 7: Suche über einen arithmetischen Vergleichsoperator

```
<Filter>
  <PropertyIsGreaterThanOrEqualTo>
    <PropertyName>Umsatz</PropertyName>
    <Literal>1000</Literal>
  </PropertyIsGreaterThanOrEqualTo>
</Filter>
```

Die verwendeten Vergleichsausdrücke sind Spezialisierungen des OpenGIS-XML-Typs *ogc:Expression* (Abb. 32). Die einfachsten Ausdrücke bestehen aus Literalen, also aus wörtlich zu verwendenden Zeichenfolgen oder Zahlen. Ein Ausdruck kann auch aus einem *Feature*-Attribut gespeist werden; der Name des Attributs wird dann als *„Property-Name"*-Element eingebaut. Wie bei SQL-Abfragen auch, kann eine Vergleichsbedingung auch eine Funktion verwenden oder über binäre arithmetische Operatoren berechnet werden. Ein solcher Wert kann sich wiederum auf den Inhalt einer oder mehrerer *Feature*-Attribute beziehen. Funktionen können beliebige Funktionen sein, die der Server in seinen Metadaten bekannt macht.

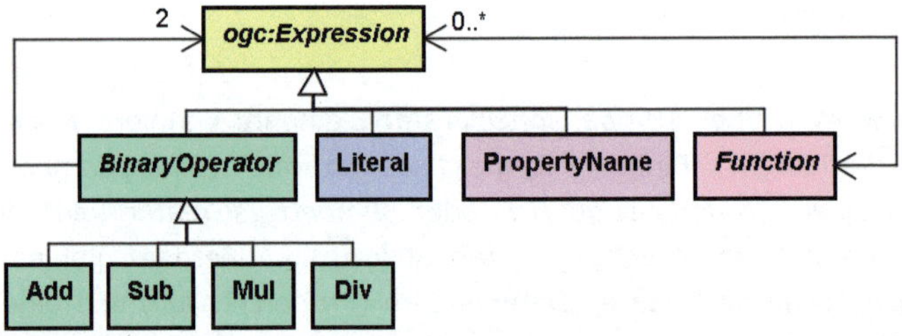

Abbildung 32: UML-Klassendiagramm für *ogc:Expression* und deren Unterklassen. *Ogc-Expressions* können das Ergebnis binärer arithmetischer Operationen, Literale, *Feature*-Attribute oder das Ergebnis von Funktionen sein.

So findet man alle Kunden, die ihren Umsatz in 2009 gegenüber dem Vorjahr um mindestens 10 % gesteigert haben, mit folgendem Filter:

XML-Beispiel 8: Suche über den Vergleich mit einem berechneten Wert

```
<Filter>
  <PropertyIsGreaterThanOrEqualTo>
    <PropertyName>Umsatz2009</PropertyName>
    <Mul>
      <PropertyName>Umsatz2009</PropertyName>
      <Literal>1.1</Literal>
    </Mul>
  </PropertyIsGreaterThanOrEqualTo>
</Filter>
```

Eine einfache Syntax hat auch die Filterung über leere Attributfelder mit dem *PropertyIsNull*-Operator. Das folgende Beispiel findet alle (Kunden-)*Features*, bei denen das Datenfeld „email" nicht ausgefüllt ist:

XML-Beispiel 9: Suche über Nullfelder

```
<Filter>
  <PropertyIsNull>
    <PropertyName>email</PropertyName>
  </PropertyIsNull>
</Filter>
```

Für die Suche nach Werten in einem Intervall gibt es den Operator *„PropertyIsBetween"*. Wie sonst auch üblich, werden die Intervallgrenzen in das Ergebnis einbezogen. Der folgende Filter findet (Kunden-)*Features* mit einem Umsatz zwischen 1000 und 2000.

XML-Beispiel 10: Suche über ein Werte-Intervall

```
<Filter>
  <PropertyIsBetween>
    <PropertyName>Umsatz</PropertyName>
    <LowerBoundary><Literal>1000</Literal></LowerBoundary>
    <UpperBoundary><Literal>2000</Literal></UpperBoundary>
  </PropertyIsBetween>
</Filter>
```

Alphanumerische Zeichenfolgen können mit dem Operator *„PropertyIsLike"* mit einem Muster verglichen werden. Dabei muss dem Server in den Attributen *singleChar* und *wildCard* noch mitgeteilt werden, welche Zeichen als Stellvertreter für einen einzelnen oder beliebig viele Buchstaben verwendet werden. Das ebenso obligatorische Attribut *escapeChar* definiert das Zeichen, mit dem Sonderbedeutungen deaktiviert werden können, z. B. wenn der gesuchte Attributwert einen Schrägstrich enthält. Im folgenden Beispiel werden alle (Kunden-)*Features* gesucht, deren Nachname mit „Mei" beginnt.

XML-Beispiel 11: Suche über den Vergleich mit einer Zeichenfolge

```
<Filter>
  <PropertyIsLike wildCard="*" singleChar="#" escapeChar="!">
    <PropertyName>Nachname</PropertyName>
    <Literal>Mei*</Literal>
</PropertyIsLike>
</Filter>
```

Über logische Operatoren können die vorher genannten Bedingungsausdrücke logisch, d. h. über AND, OR oder NOT-Bedingungen miteinander verknüpft werden (Abb. 33).

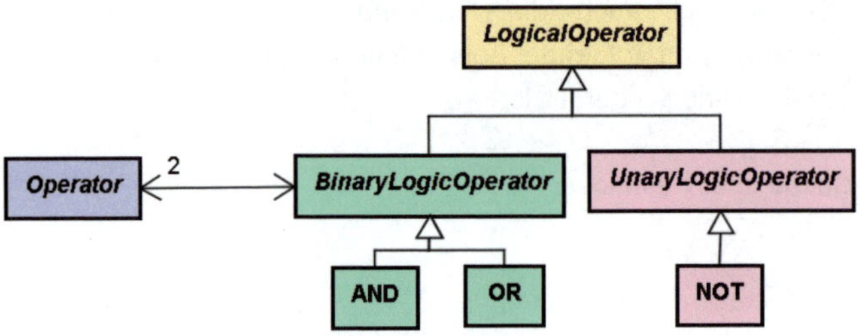

Abbildung 33: UML-Klassendiagramm der logischen Operatoren im Filter-Schema. Logische Operatoren verknüpfen andere Operatoren mit AND oder OR oder NOT.

In die Syntax der logischen Verknüpfungen muss man sich allerdings erst hineinlesen, denn das AND steht nicht zwischen den beiden Bedingungen, sondern bildet das Vaterelement für die beiden Teilbedingungen. Das folgende Beispiel ist eine Suchabfrage nach allen Kunden in einem Umkreis von 5 km von einem Suchpunkt aus und mit einem Umsatz von über 1000 €:

XML-Beispiel 12: Kombination eines attributiven mit einem räumlichen Selektionskriterium

```
<Filter>
  <And>
    <PropertyIsGreaterThan>
      <PropertyName>Umsatz</PropertyName>
      <Literal>1000</Literal>
    </PropertyIsGreaterThan>
    <DWithin>
      <PropertyName>geom</PropertyName>
      <Distance unit="m">5000</Distance>
      <gml:Point srsName="EPSG:31466">
        <gml:pos>2596378 5702054</gml:pos>
      </gml:Point>
    </DWithin>
  </And>
</Filter>
```

Schließlich können Geoobjekte auch über ihre Objekt-ID selektiert werden, beispielsweise, nachdem ein Gazetteer-Service auf die Frage nach „Schalke 04" die ID des Stadions in Gelsenkirchen zurückgeliefert hat. Soll nun im Kartenfenster das gefundene Objekt markiert oder hervorgehoben werden, dann kann die Anwendung das gefundene Objekt noch einmal für diesen Zweck anfordern. Für diesen *Identifier*-Operator gibt es zwei Varianten: Für Server, die noch GML 2.x ausgeben, wird im Element *FeatureID* nach Objekten gesucht, deren Attribut *fid* den gesuchten Werten entspricht. Anfragen an Server, die GML 3.x ausgeben, verwenden ein Element namens *GMLObjectID* und fragen nach Objekten mit den gesuchten Werten im Attribut *gml:id* (Abb. 34). Es können dem Filter auch mehrere *Feature-Identifier* gleichzeitig mitgegeben werden.

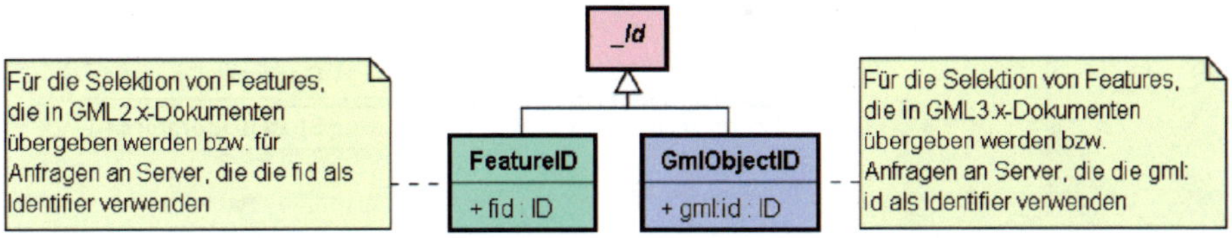

Abbildung 34: UML-Klassendiagramm für *Identifier* im Filter-Schema. Für Anfragen an Server, die GML 2.x ausgeben, wird das Element *FeatureID* als *Identifier* verwendet, für Anfragen an Server, die GML 3.x ausgeben, eine *GmlObject Id*.

Je nach GML-Version enthält der Filter für jedes zu suchende Geoobjekt ein Element vom Typ *GMLObjectID* oder *FeatureID*. Die ID des gesuchten *Features* wird als Wert des Attributs *gml:id* bzw. *fid* übergeben:

XML-Beispiel 13: Suche nach zwei Objekten über ihre GML-Object-IDs

```
<Filter>
  <GmlObjectId gml:id="857483902"/>
  <GmlObjectId gml:id="746359413"/>
</Filter>
```

Welche dieser Filtermöglichkeiten ein *Web Feature Server* anbietet, das macht er in seinen Service Metadaten, also in seinem *Capabilities*-Dokument, bekannt. Es gibt für diesen Teil der Service-Metadaten ein eigenes kleines ***Filter-Capabilities***-Schema (Abb. 35). Es besteht aus drei Abschnitten: ***Spatial Capabilities*** beschreiben die Operatoren und verwendbaren Geometrietypen für die räumliche Selektion. Der ***Scalar_Capabilities***-Abschnitt beschreibt die logischen, Vergleichs- und arithmetischen Operatoren. Und der ***Id_Capabilities***-Abschnitt klärt, ob der Server GML2.x-*FeatureId's* und/oder GML3.x *GmlObjectID's* für die *Identifier*-Suche entgegennimmt.

Während Abbildung 35 das *FilterCapabilities*-Schema in einer XML-Schemaansicht darstellt, bildet Abbildung 36 die Struktur der Filter-Metadaten als UML-Klassendiagramm ab und enthält auch die Codelisten für Operatornamen und geometrische Operanden.

In der Regel erklären sich die Elemente selbst. Es ist also nicht schwer, ein solches Filter-Metadaten-Dokument zu verstehen. In den meisten Fällen macht das die Software für uns. Aber zwei Anmerkungen könnten hilfreich sein: Das *LogicalOperators*-Element hat keinen weiteren Inhalt. Wenn es da ist, dann kann der Server Bedingungen mit AND, OR und NOT verknüpfen. Bei den Arithmetischen Operatoren hat ebenso das Element *SimpleArithmetic* keinen weiteren Inhalt; wenn es vorhanden ist, dann können die vier Grundrechenarten verwendet werden. Und in der Liste der Vergleichsoperatoren steht das Element *SimpleComparisons* für die fünf einfachen Größenvergleiche (=, < , <=, >=, >).

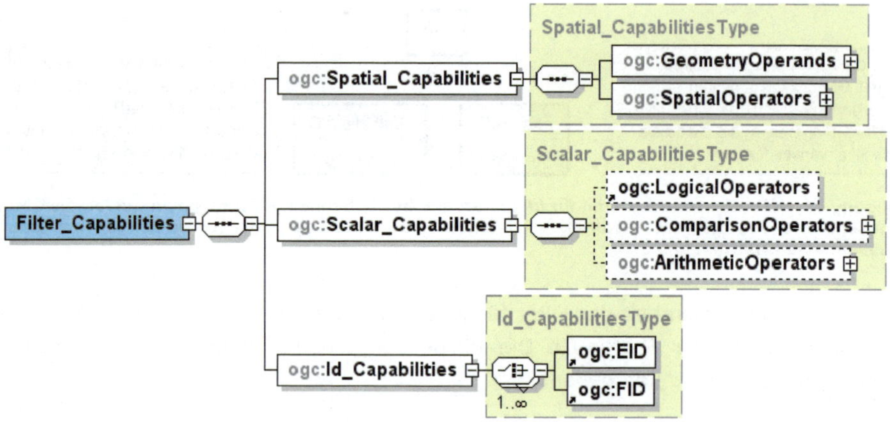

Abbildung 35: Die *Filter-Capabilities*-Sektion im WFS-Service-Metadata-Dokument gibt Auskunft über die Verwendbarkeit von räumlichen und nichträumlichen Operatoren oder der Filterung über *Identifier*.

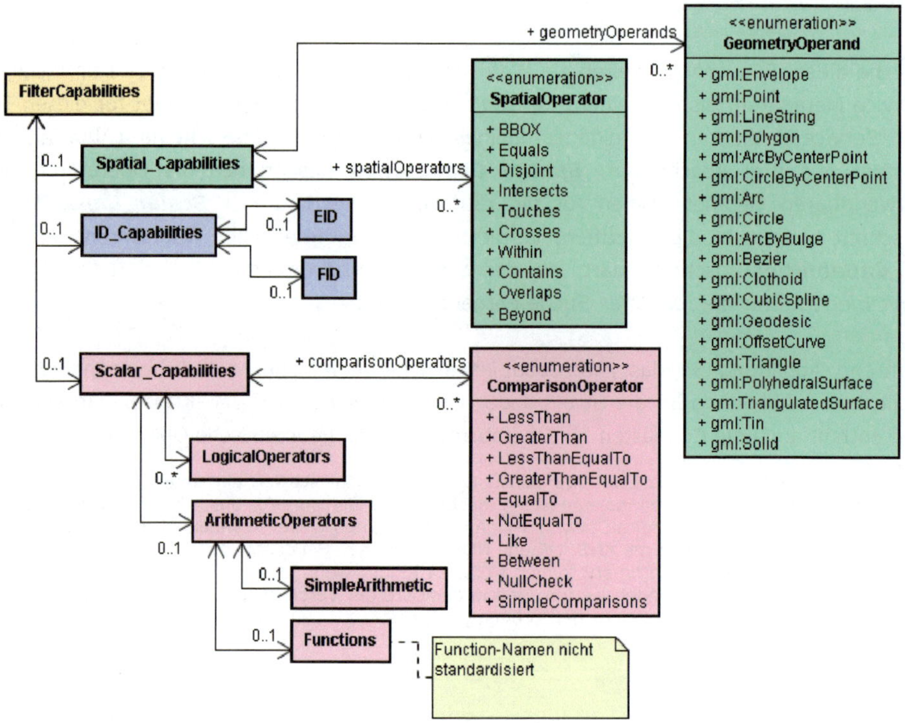

Abbildung 36: Die Filter-Service-Metadaten als UML-Klassendiagramm mit den erlaubten Operatornamen

OpenGIS-*Filter* sind XML-Strukturen für die Codierung von Filterkriterien bei der Abfrage von Geodaten. Sie werden von *Web Feature Servern* entgegengenommen und können in *Styled-Layer-Descriptor*-Abfragen für die Klassifizierung von Layern verwendet werden.

In einem Filter können räumliche und attributive Vergleichsoperatoren und Ausdrücke verwendet und über logische Operatoren wie AND, NOT und OR kombiniert werden.

Es ist auch eine direkte Filterung über Objekt-*Identifier* möglich.

6.9 Service-Ketten

OpenGIS-Schnittstellen sind nicht dafür gemacht, dass ein Anwender sich ein gültiges Request zusammenbaut, um es anschließend über seinen Browser an einen Dienst zu senden. Auch Service-Metadaten sind nicht primär dafür da, dass ein Admin sich durch ein XML-Dokument quält. Sie sind maschinenlesbar und können von Softwarekomponenten ohne Zutun des Benutzers ausgewertet werden. Die OpenGIS-Schnittstellen zielen auf die automatische Zusammenarbeit von Softwarekomponenten in einer Dienstearchitektur.

In einer solchen Architektur können Dienste ineinander verschachtelt und verkettet werden. Ein einfaches Beispiel ist die Abfrage an einen WMS, für die ein dahinter liegender *Web Feature Server* angefragt und um die Zulieferung von Daten aus einer Datenbank gebeten werden muss (Abb. 37).

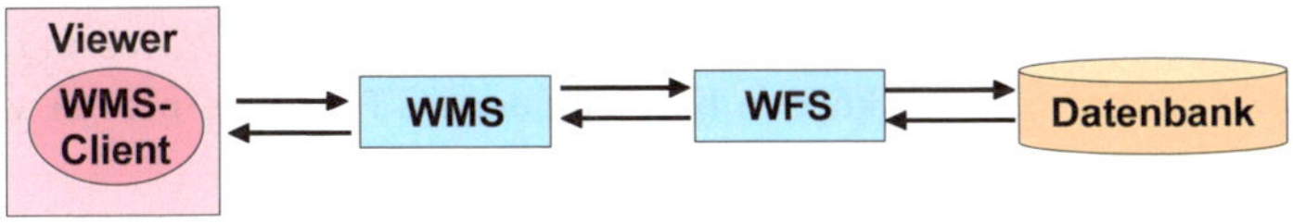

Abbildung 37: In einer einfachen Servicekette fragt jeder Dienst einen dahinter liegenden Dienst an, verarbeitet dessen Ergebnisse und reicht sein eigenes Ergebnis an die anfragende Clientkomponente zurück.

Etwas komplexer sind Architekturen, in denen ein Dienst mehrere andere Dienste anfragen und deren Ergebnisse erst noch miteinander verarbeiten muss. Beispielsweise nimmt ein **kaskadierender WMS** dem Benutzerclient die Arbeit ab, aus den von verschiedenen WMS zugelieferten Kartenbildern ein neues Kartenbild zu generieren (Abb. 38).

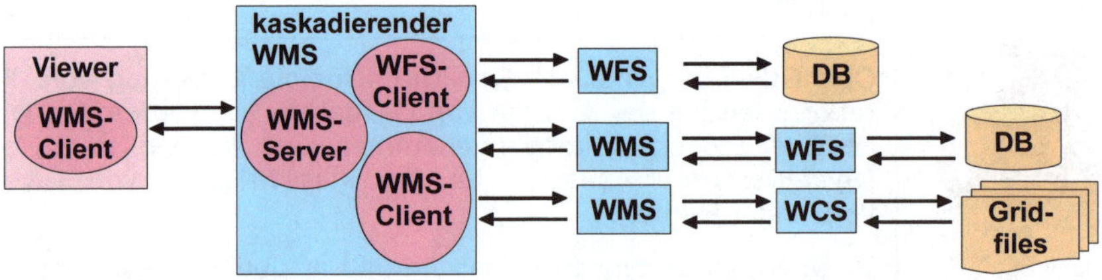

Abbildung 38: Ein kaskadierender WMS muss selbsttätig mehrere Abfragen an andere WMS oder zuliefernde Datenserver absetzen. Die Ergebnisse muss er ineinander verarbeiten.

Schließlich können Webdienste das gesamte Management für komplexe Prozesse übernehmen. Es ist dem Servicebetreiber überlassen, wie er das implementiert. Der Benutzerclient beauftragt den ***Processing Service*** mit einem komplexen Prozess, der wickelt ihn in der richtigen Reihenfolge ab und reicht das Endergebnis an den Benutzerclient zurück. Das Management schließt auch die Verwaltung von Zwischenergebnissen ein, die möglicherweise erst von einem Dienst geliefert werden müssen, bevor sie in einen weiteren Dienst hineingeschoben werden. Beispielsweise, wenn Rasterdaten aus einem *Web-Coverage-Service* anhand eines vektoriellen Overlays aggregiert, bilanziert oder ausgeschnitten werden sollen, die Overlay-Geometrien aber erst noch einmal eine Koordinatentransformation durchlaufen müssen.

Für die Konfiguration solcher Service-Ketten gibt es ein flexibles Konzept namens Web Service Orchestration (WSO). Dabei wird ein XML-Skript, das die Beziehungen zu den beteiligten Diensten herstellt, in einer speziellen Laufzeitumgebung – der sog. *Orchestration Engine* – veröffentlicht. Es ist sozusagen die Partitur für das Musikstück, welches das Orchester aus Diensten gemeinsam aufführt. Dieser Prozess stellt dann ebenfalls einen Webdienst dar, der von einem Client angesprochen werden kann. Wenn sich nun ein beteiligter Dienst ändert, kann diese Änderung einfach in das XML-Skript eingearbeitet werden, ohne dass ein Großteil der Webanwendung neu entwickelt werden muss (siehe z. B. [ALAMEH 03]).

Als Norm für die Kommunikation eines solchen Management-Dienstes mit einer Clientanwendung hat das OGC die universelle Schnittstelle des *Web Processing Servers* geschaffen. Hinter dessen Fassade können beliebige andere Prozesse in einer vordefinierten Reihenfolge ablaufen (Abb. 39).

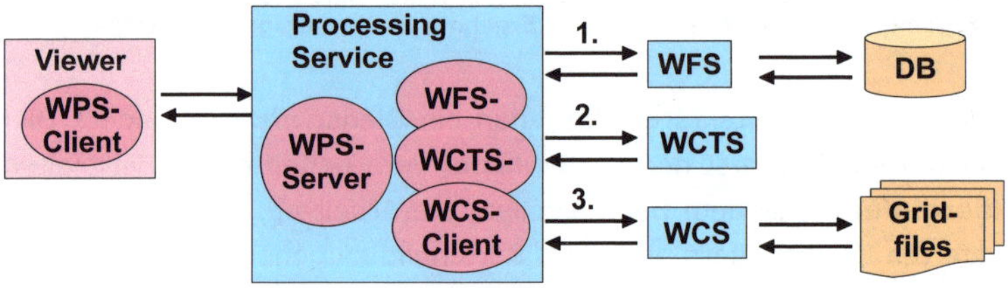

Abbildung 39: Ein *Processing Service* übernimmt die komplette Abwicklung auch komplizierterer Prozesse in vordefinierter Reihenfolge. Erst das Endergebnis reicht er an den Client zurück.

Die Verkettung und Verschachtelung von Diensten nennt man *„ServiceChaining"*. Je nachdem, wie weit die hinter der ersten Schnittstelle ablaufenden Prozesse für den Benutzerclient sichtbar und nachvollziehbar sind, spricht man von verschiedenen Arten des *Service Chainings*:

- Beim *Transparent Chaining* baut der Benutzer die Prozesskette zusammen. Ein Beispiel dafür sind Model-Builder-Anwendungen, mit denen ein Benutzer mehrere Analyseschritte hintereinander hängen und dann wiederholt ablaufen lassen kann. Auch der Zusammenbau eines benutzerdefinierten SLD-Layers, der auf mit *Web-Feature-Server*-Datenquellen zugreift, kann eine solche transparente Kette sein.
- Bei einer halbtransparenten Servicekette (engl. *translucent*) „weiß" der Benutzer, welche Prozesse im Hintergrund ablaufen, kann sie auch beobachten, aber nicht beeinflussen. Die Prozesskette ist vordefiniert, aber nicht änderbar. Ein Beispiel ist eine vordefinierte, aber vom Benutzer nicht beeinflussbare Abfrage an einen SLD-WMS mit einem *Web Feature Server* oder *Web Coverage Server* als Datenquelle.
- Schließlich sind opake Serviceketten (engl. *opaque*) für den Benutzer überhaupt nicht mehr durchschaubar. Abfragen an kaskadierende WMS in einer vordefinierten Benutzeroberfläche sind dafür ein Beispiel.

Mit der Komplexität der Prozesse hat das nicht unmittelbar zu tun. So kann auch ein einfacher kaskadierender WMS opak arbeiten, wenn für den Benutzer in einer fertigen Benutzeroberfläche die Herkunft der Karteninhalte nicht mehr durchschaubar ist.

Der eigentliche Sinn der OpenGIS-Webdienste ist ihr Zusammenspiel. Dienste können beliebig verkettet und ineinander verschachtelt werden.

Nicht immer muss das für den Benutzer transparent ablaufen; beispielsweise muss ein fest mit einer *Web-Feature-Server*-Datenquelle „verdrahteter" Kartendienst seine Datenquelle nicht unbedingt dem Benutzer bekannt machen. Wird er dann noch kaskadiert, hat die Servicekette bereits drei Kettenglieder.

6.10 Was ist ein Client?

Der Begriff „Client" taucht in diesem Buch so oft auf, dass er vielleicht doch einer kleinen Erläuterung bedarf. Häufig wird der Begriff nämlich falsch verwendet. Keineswegs ist ein Client zwangsläufig eine Software auf einer Benutzermaschine oder gar die Maschine selbst. Vielmehr steht der Ausdruck für die Rolle, die eine beliebige Softwarekomponente in einer Client-Server-Interaktion einnimmt. Im Kapitel über Serviceketten haben wir gesehen, dass auch Servermaschinen und deren Softwarekomponenten gegenüber anderen Komponenten – womöglich sogar auf der gleichen Maschine – als Client funktionieren können. Der Client ist schlichtweg die Komponente, die anfragt. Die Serverkomponente reagiert nur.

Was sind dann aber ***dicke und dünne Clients?*** Bei dieser Betrachtung ist der Client mit der Komponente eines Anwenders identisch, welche Anfragen an eine Serverkomponente stellt. Generell wird mit den Begriffen „dick" und „dünn" der Funktionsumfang bei dieser Interaktion beschrieben. Wir erläutern dies in Abbildung 40 am Beispiel des OGC Portrayal Models (mehr zum Portrayal Model enthält Kap. 2.2). Eine Komponente ist in diesem Modell „dick", wenn sie aus dem gesamten Portrayal-Prozess mehrere Aufgaben übernimmt. Ein „dünner" Client beschränkt sich auf die benutzernahen Schritte.

Im ersten Fall soll ein Client das Ergebnis einer *Web Feature Service* (WFS) *GetFeature*-Anfrage als Karte visualisieren. Als Antwort auf eine *GetFeature*-Anfrage erhält der Client eine GML-Datei mit den angeforderten Geoobjekten. Diese kann nun der Client mit Zeichenvorschriften verknüpfen, um diese anschließend zu rendern und schließlich auszugeben. Die Clientkomponente übernimmt hier in der Client-Server-Interaktion neben der Ausgabe auch verarbeitende Aufgaben und würde deswegen als dicker Client bezeichnet werden. Anders beim *Web View Service* (WVS). Hier erhält der Client auf eine WVS-*GetView*-Anfrage hin ein bereits fertig gerendertes Bild, welches nur noch ausgegeben werden muss. Entsprechend gering ist die Aufgabe des Clients und es wird von einem dünnen Client gesprochen.

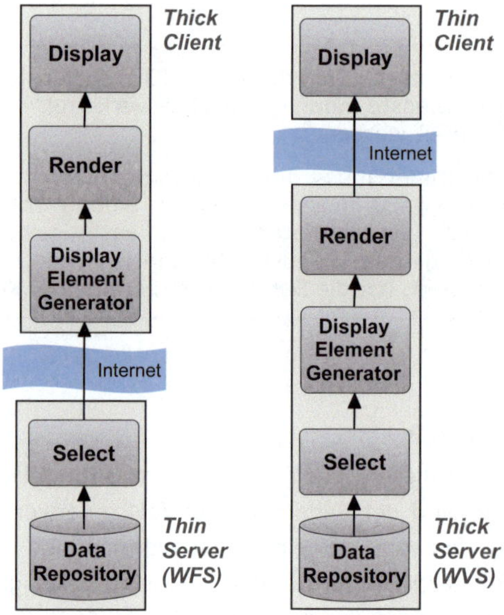

Abbildung 40: Client Server-Modelle am Beispiel des *OGC Portrayal Models*. Nach einer Abbildung in [WVS 0.3].

Anhand ihres Funktionsumfangs unterscheidet man folgende Client-Typen:

- *Ultra Thin Client*: ausschließliche Ausgabefunktion;
- *Thin Client*: Funktionen der Ein- und Ausgabe (z. B. Browser);
- *Fat Client*: Funktionen der Verarbeitung, Eingabe und Ausgabe;
- *Rich Client*: umfangreiche Funktionen (z. B. Desktop GIS mit WMS Plug-In).

Es gibt allerdings keine Standards, die definieren, ab welchem Funktionsumfang ein Client einer dieser Kategorien zugeordnet werden muss.

Unabhängig von seinem Funktionsumfang ist ein *Smart Client* eine Komponente, die automatisch via Internet oder Intranet installiert und aktualisiert wird.

Ein Client ist nicht eine Maschine, sondern die Rolle, die eine Softwarekomponente in der Interaktion mit einem Server einnimmt.

Der Ausdruck wird aber auch oft generell für Softwarekomponenten verwendet. Es werden verschiedene Arten von Clients unterschieden, je nachdem, welche Funktionalität ausgeführt wird. Ein SLD-WMS-Client kann dadurch dick, dünn oder reich sein.

OpenGIS Web Services sind Dienste, die Aufgaben aus dem Bereich der Geoinformationsverarbeitung übernehmen und ihre Operationen über die HTTP-Schnittstelle bereitstellen.

OpenGIS-Dienste sind in der Regel zustandlose Dienste. Sie wissen nichts über die anfragenden Komponente und ihren Zustand. Sie beantworten einfach blind eine an sie gerichtete Anfrage nach den Vorgaben der Norm.

Dienste können in Reihen hintereinander geschaltet werden oder in einem geregelten Zusammenspiel kompliziertere Aufgaben übernehmen.

OpenGIS-Dienste haben eine Reihe von Gemeinsamkeiten. Sie sind in der internen Norm *„Open-GIS Web Services Common"* definiert. Das Papier ist ein Metastandard und macht Vorgaben für künftige Dienste-Spezifikationen des OGC.

Zu den Gemeinsamkeiten gehören die Mindestparameter *Service, Version* und *Request* in jeder HTTP-Anfrage und die allen Diensten gemeinsame Operation *GetCapabilities*. Weiterhin wird hier der Umgang mit Koordinatensystemen und *BoundingBoxen* für alle künftigen Dienst-Spezifikationen auf eine gemeinsame Basis gestellt.

Die WMS-Norm weicht jedoch in einigen Punkten von den Anforderungen des *OWS-Common*-Metastandards ab.

7 Die Web-Map-Server-Spezifikation

7.1 Überblick

Ein OpenGIS-Web-Kartendienst (*Web Map Server*, WMS) gibt als Antwort auf eine Anfrage über das HTTP-Protokoll an die anfragende Anwendung eine Karte zurück. Eine Karte ist eine visuelle Repräsentation von Geodaten als Grafik in einem beliebigen Grafikformat. Der anfragende Benutzer erhält sie in der Regel als WMS-Layer über seine GIS-Viewer-Anwendung oder seinen GIS-Desktop. Je nach Angebot des Kartenservers kann die Karte in verschiedenen Formaten ausgeliefert werden.

Der Benutzer kann eine WMS-Karte auch über die Eingabe einer parametrisierten URL in das Adressfenster seines Browsers anfordern. In der Praxis ist das eine zuverlässige Art zu testen, ob ein Dienst arbeitet und funktioniert. Der Sinn dieser Schnittstellen liegt jedoch in der Verwendung durch Anwendungen.

Bei der Anforderung einer Karte müssen eine Reihe von Anfrageparametern – beispielsweise der räumliche Ausschnitt, das Koordinatensystem und die gewünschte Kartengröße – an die Web-Adresse des Mapservers übersandt werden. Das geschieht entweder im **HTTP-GET**-Verfahren in einer zusammengesetzten und entsprechend langen URL oder über das **HTTP-POST**-Verfahren durch Übersendung der Parameter als XML-Struktur an die Serveradresse. Alle WMS müssen Anfragen über die HTTP-GET-Methode entgegennehmen. Optional können sie auch eine weitere Serveradresse für HTTP-POST-Sendungen bereitstellen.

Mit der URL können bei allen WMS zwei grundlegende Operationen aufgerufen werden:

- Die ***GetCapabilities***-Operation liefert die Service-Metadaten als Dokument zurück.
- Die ***GetMap***-Anfrage erzeugt ein Kartenbild und liefert es aus.

Der Aufruf dieser Operationen benötigt spezielle Anfrageparameter. Sie werden im jeweiligen Kapitel weiter unten beschrieben.

Zusätzlich zu den standardisierten OGC-konformen Parametern können in der Aufruf-URL anbieterspezifische Parameter der speziellen *Mapserver* vorkommen. Dies wird z. B. bei *Mapservern* eingesetzt, die bereits vor Entstehung der WMS Spezifikation entwickelt und danach darauf angepasst wurden, aber zur Ansteuerung nun noch weitere Informationen benötigen.

Ein WMS, der nur diese beiden Operationen unterstützt, heißt „***Basic WMS***". Für ihn und seine Operationen gelten die grundlegenden Eigenschaften aller OpenGIS-Webservices wie z. B. die Mitführung von Versionsnummern, die Verwendung von XML als Standardformat für Metainformation, die Regeln für die Zusammensetzung von Anfrage-URLs und die Qualifizierung des räumlichen Ausschnitts durch die Angabe eines Koordinatensystems.

Ein ***„Queryable WMS"*** unterstützt über die beiden grundlegenden Operationen hinaus auch noch eine weitere Operation:

- Die ***GetFeatureInfo***-Operation gibt Informationen über Geoobjekte aus.

Unabhängig von seinem Angebot an Operationen benutzt ein **einfacher WMS** zur Darstellung eine begrenzte Anzahl an vordefinierten Darstellungs-Stilen. Der Benutzer hat damit wenig Einfluss auf die Darstellung. *Web Map Server*, die das ***SLD-Profil*** erfüllen, stellen zusätzliche Möglichkeiten zur Verfügung, mit denen die Benutzeranwendung die Darstellung beeinflussen kann. Das reicht bis zur Klassifzierung und expliziten Signaturierung der einzelnen Objektklassen durch die Benutzeranwendung. Ein solcher SLD-WMS bietet zusätzliche Anfrageparameter und optionale Operationen für die Verwaltung von Kartenstilen und Legenden an. Sie werden im Kapitel 8 behandelt.

Die Begriffe „einfacher" oder „normaler" WMS und „basic" WMS meinen nicht dasselbe. Die Eigenschaft „basic" bezieht sich auf das Fehlen der *GetFeature*-Operation im Gegensatz zum queryable WMS. Dagegen werden die Bezeichnungen „einfach" oder „normal" hier für WMS verwendet, die das Styled-Layer-Descriptor-Profil nicht anbieten (Tab. 9).

Tabelle 9: Operationen verschiedener WMS-Arten

	basic WMS	**queryable WMS**
„einfacher" oder „normaler" WMS	GetCapabilities GetMap	GetCapabilities GetMap GetFeatureInfo
SLD-WMS	GetCapabilities GetMap mit SLD-Parametern DescribeLayer (optional) GetLegendGraphic (optional)	GetCapabilities GetMap mit SLD-Parametern GetFeatureInfo DescribeLayer (optional) GetLegendGraphic (optional)

7.2 GetCapabilities-Request

Wie bei allen OpenGIS-Webservices dient die ***GetCapabilities-***Anfrage eines WMS der Abfrage der Metadaten des Dienstes. Standardmäßig wie bei allen OWS gibt der Dienst ein Service-Metadaten-Dokument zurück. Aus den darin enthaltenen Informationen kann die Benutzerkomponente anschließend z. B. eine *GetMap*-Anfrage generieren.

Einen Überblick über die Parameter der *GetCapabilities*-Anfrage geben Abbildung 41 und Tabelle 10. Ein WMS-*GetCapabilities*-Request enthält zwingend die Anfrageparameter SERVICE=WMS und REQUEST=GetCapabilities. Die Parameterwerte (nicht die Parameternamen!) müssen genau diese *UpperCamelCase*-Schreibweise aufweisen. Der Parameter VERSION ist – abweichend von den Bestimmungen der OWS-Common-Spezifikation –

optional. Wird auf den Versionsparameter verzichtet, werden die Metadaten entsprechend der neuesten Version zurückgegeben, die der angefragte WMS unterstützt.

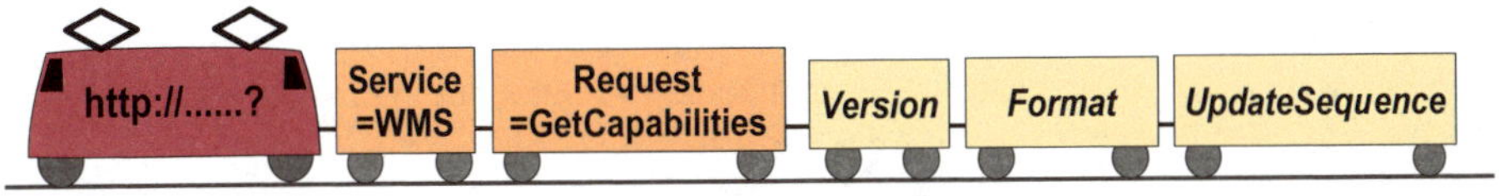

Abbildung 41: Übersicht über das GetCapabilities-Request. Die Parameterwaggons können in beliebiger Reihenfolge hinter die Präfix-Lokomotive gehängt werden. Die hellen Waggons repräsentieren optionale Parameter und müssen nicht mitgenommen werden.

Ab WMS 1.3.0 kann im Parameter FORMAT ein anderes Ausgabeformat für die Service-Metadaten angegeben werden. Standardmäßig werden die Service-Metadaten als XML-Dokument ausgeliefert. Der Server gibt in seinen Metadaten bekannt, welche Formate er alternativ liefern kann. Server können andere Formate anbieten, aber XML müssen sie bereitstellen können. Format-Wünsche werden grundsätzlich als MIME-Type-Bezeichnung formuliert.

Mit dem optionalen Parameter UPDATESEQUENCE kann die Clientkomponente eine bestimmte Version des Service-Metadaten-Dokuments anfordern.

Mithilfe dieses Parameters kann eine Clientkomponente zum Beispiel prüfen, ob ihre im Cache gehaltenen Metadaten noch aktuell sind: Ist der angeforderte *UpdateSequence*-Wert gleich der vom Server gepflegten Wert, dann gibt der Server die Meldung *„CurrentUpdateSequence“* zurück. Die Clientkomponente kann sich dann evtl. die Auswertung sparen. Das funktioniert allerdings nur dann, wenn der Server für seine Metadaten eine Versionierung pflegt. Es gibt keine Vorschriften für die Art des Zählers, es kann eine Zahl, eine Zeichenfolge oder ein Zeitstempel sein.

Ist die angeforderte *UpdateSequence* kleiner als die beim Server gepflegte, gibt dieser die neueste Version seiner Metadaten zurück. Fordert der Client eine höhere *UpdateSequence* an, als beim Server vorgehalten wird, so bekommt er die Meldung *„InvalidUpdateSequence“* zurück.

Tabelle 10: HTTP-Parameter der GetCapabilities-Anfrage eines WMS

E/O: E = erforderlich (*mandatory*), O = optional.

Anfrage-Parameter	E/O	Parameterwert	Defaultwert	Beispiel
SERVICE	E	OWS-Service-Typ.	–	WMS
REQUEST	E	Name der Anfrage-Operation. Hier immer „GetCapabilities“.	–	
VERSION	O	Gewünschte Service-Version im Format x.y.z.	–	1.3.0, 1.1.0
FORMAT	O	Gewünschtes anderes Format für die Service-Metadaten.	text/xml	text/blank
UPDATESEQUENCE	O	Gewünschte Version des Service-Metadata-Dokuments.	–	5.6

Die Reihenfolge der Parameter spielt dabei keine Rolle. Ein Beispiel für einen Aufruf kann wie folgt aussehen:

```
http://ein.map.server?SERVICE=WMS&VERSION=1.1.1&REQUEST=GetCapabilities
```

oder beispielsweise

```
http://ein.map.server?SERVICE=WMS&REQUEST=GetCapabilities&Format=text/
blank&VERSION=1.3.0
```

Mit dem *GetCapabilities*-Request fragt eine Clientkomponente das Angebot eines OpenGIS-Dienstes ab. Die HTTP-Anfrage muss mindestens die Parameter Service=WMS und Request=GetCapabilities enthalten. Alle anderen Parameter sind optional.

Die Antwort des Servers ist das sogenannte Service-Metadaten-Dokument. Wenn nicht explizit ein anderes Format angefordert wurde, wird es als XML-Datei ausgeliefert.

7.3 GetCapabilities-Response: Die Service-Metadaten

7.3.1 Die Abschnitte des Metadaten-Dokuments

Die Antwort des Servers auf ein *GetCapabilities*-Request ist das Service-Metadaten-Dokument. Es besteht aus zwei Hauptsektionen (Abb. 42): Die Sektion *„Service"* beinhaltet die *ServiceIdentification*- und *ServiceProvider*-Informationen und einige allgemeine Eigenschaften des Dienstes. Die Sektion *Capability* ist dienstspezifisch und liefert alle notwendigen Informationen über die Operationen, Parameter und Kartenebenen des WMS.

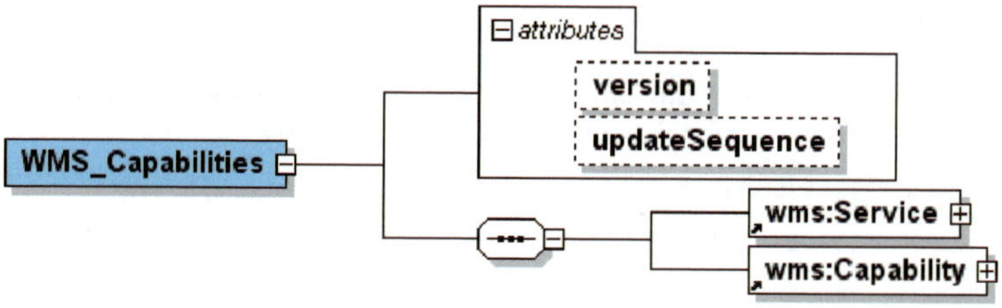

Abbildung 42: Das Service-Metadaten-Dokument eines WMS hat die zwei Sektionen *Service* mit allgemeinen Metadaten und *Capability* mit spezifischen Informationen zu den Operationen und Kartenebenen.

Die allgemeine Information in der ***Service-Section*** weicht im Detail von den Anforderungen der OWS etwas ab. Verpflichtende Elemente in den Service-Metadaten sind der Name (*Name*), der Titel (*Title*) und die Web-Adresse des Dienstes oder Dienstanbieters (*Online-Resource*). Der Name des Dienstes lautet zwingend „WMS" (bis Version 1.1.0: „OGC:WMS"). Der Titel ist als Information für den Benutzer gedacht und sollte selbsterklärend sein. Das *OnlineResource*-Element an dieser Stelle ist für die Homepage des Dienstanbieters gedacht (Abb 43).

Optional wird diese allgemeine Information ergänzt durch einen *Abstract*, eine *Keyword*-Liste sowie Kontaktinformation zu einer veranwortlichen Person. Gebühren (*Fees*) und Zugangsbeschränkungen (*AccessConstraints*) können hier bekannt gemacht werden; fallen keine Gebühren oder Beschränkungen an, können diese Elemente auch explizit mit dem Wert *„none"* (nicht case-sensitiv) gefüllt werden. Ab Version 1.3.0 können diese beiden Elemente auch fehlen.

Mit den drei optionalen Elementen *LayerLimit*, *MaxWidth* und *MaxHeight* werden ab Version 1.3.0 spezifische Beschränkungen des Kartendienstes mitgeteilt: Mit dem Element *LayerLimit* kann die Anzahl der in einem Request angeforderten Layer beschränkt werden. *MaxWidth* und *MaxHeight* schränken die Größe des lieferbaren Kartenbilds auf die darin genannten Pixelwerte ein. Alle drei können positive Ganzzahlen enthalten.

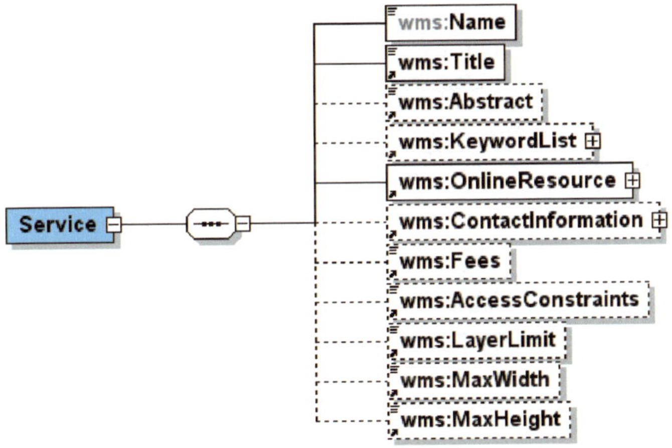

Abbildung 43: Die *Service*-Sektion der WMS-Service-Metadaten enthält allgemeine Informationen zum Dienst und Dienstanbieter, aber auch WMS-spezifische Restriktonen.

Die ***Capability-Section*** der Service-Metadaten enthält spezielle Informationen zu den verfügbaren Operationen (*Request*) und Kartenebenen (*Layer*) (Abb. 44). Im Element *Exception* gibt der Dienst bekannt, in welchen Formaten er Fehlermeldungen ausliefern kann; die Liste enthält mindestens das Format „text/xml". An der Stelle des Platzhalters *_ExtendedCapabilities* kann ein Server zusätzliche Metainformation anbieten. Der Abschnitt ersetzt das, was bis Version 1.1.0 *„Vendor Specific Parameters"* hieß. Bei einem SLD-WMS werden an dieser Stelle spezifische Informationen für die SLD-Verarbeitung als *UserDefinedSymbolization*-Element eingehängt.

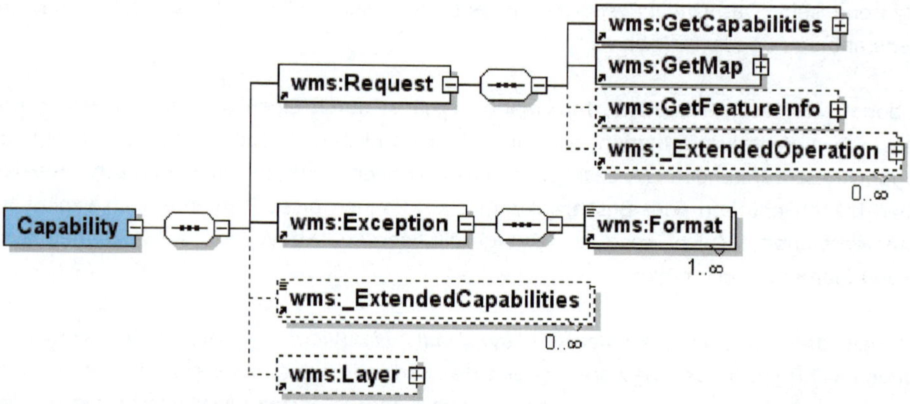

Abbildung 44: Die *Capability*-Section der Service-Metadaten eines WMS enthält Informationen zu den verschiedenen *Requests* und zu den Kartenebenen (*Layers*).

Zu jedem verfügbaren *Request* veröffentlicht der Server eine Liste der verfügbaren Ausgabeformate und der Online-Zugänge für die angebotenen HTTP-GET- und HTTP-POST-Methoden. Die Serveradressen für die verschiedenen Operationen müssen also nicht gleich sein. Die Struktur des *Request*-Elements ist für alle Operationen gleich (Abb. 45).

Standard-Requests eines Basic WMS sind die Operationen *GetCapabilities* und *GetMap*; ein *Queryable WMS* bietet zusätzlich die Methode *GetFeatureInfo* an; ein SLD-WMS kann darüber hinaus noch die Operationen *DescribeLayer* und *GetLegendGraphic* anbieten (vgl. Kap. 9.9).

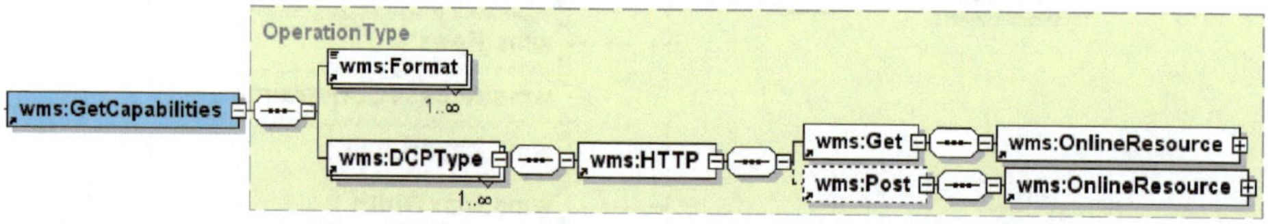

Abbildung 45: Die Service-Metadaten enthalten zu jeder Operation eine Liste der angebotenen Ausgabeformate und die Zugangsadressen für die HTTP-GET- und/oder HTTP-POST-Methode.

7.3.2 Der Layer-Abschnitt

Der wichtigste Bestandteil der Service-Metadaten eines WMS ist der ***Layer***-Abschnitt in der *Capability Section*. Er enthält alle Informationen zu den verfügbaren Kartenebenen. Jedes Kartenebenen-Element darin enthält weitere Unterelemente zur genaueren Beschreibung der Ebene und deren Möglichkeiten (Abb. 47). Das Wichtigste daran ist: Layer können in beliebig vielen Hierarchieebenen ineinander verschachtelt werden. Mehrere Einzelebenen können in Gruppenlayern zusammengefasst werden. Das ermöglicht dann den Clientkomponenten, alternativ eine Reihe von Einzellayern oder eine ganze Gruppe anzufordern. Dabei ist es bei den einzelnen Layereigenschaften unterschiedlich, ob sie von einem Vater-Layer an den Kind-Layer vererbt werden oder neu definiert werden müssen. Einen Überblick über die Elemente und ihre Vererbungsregeln gibt Tabelle 11 auf Seite 117.

Jeder Layer muss einen ***Title*** haben. Der ist für den menschlichen Benutzer gedacht und ist das, was eine Clientkomponente ihm zur Auswahl anzeigt. Der *Title* wird nicht an eingeschachtelte Kinder vererbt. Die allgemeine Beschreibung kann – und sollte – noch durch einen optionalen ***Abstract*** und eine ***Keyword***-Liste ergänzt werden. Beide Elemente werden nicht vererbt.

Neben dem Titel hat ein Layer optional auch noch einen Namen (***Name***). Der wird in der Layer-Liste des *GetMap*-Requests verwendet. Hat ein Layer keinen Namen, kann er auch nicht angefordert werden. Umgekehrt gilt: Der Server muss einen benannten Layer auch liefern können. Der Layername wird nicht nach unten vererbt. Drei Beispiele für den Umgang von Clientanwendungen mit Gruppenlayern und mit den Namen und Titeln der Einzellayer zeigt die Abbildung 46.

Layer ohne Namen können als Gruppierungsebenen eingesetzt werden oder auch als Bestandteile von Gruppenlayern, die als einzelne Kartenebene keinen Sinn ergeben.

```
<Layer>
  <Name>OSM_Basic</Name>
  <Title>OSM_Basic</Title>
  [...]
  <Layer queryable="0" opaque="0" cascaded="0">
    <Name>Grenzen</Name>
    <Title>Europa</Title>
    [...]
  </Layer>
  <Layer queryable="0" opaque="0" cascaded="0">
    <Name>Landwirtschaft</Name>
    <Title>Landwirtschaft</Title>
    [...]
  </Layer>
  <Layer queryable="0" [...]>
    <Name>Industriegebiet</Name>
    <Title>Industriegebiet</Title>
    [...]
  </Layer>
</Layer>
[...]
```

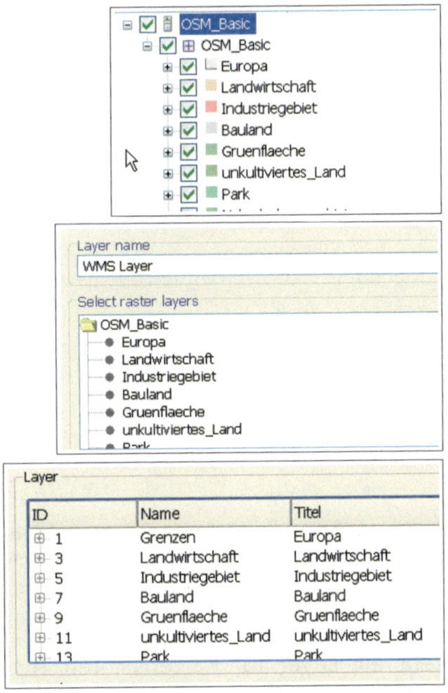

Abbildung 46: Layerliste aus den Service-Metadaten eines WMS und drei Beispiele für die Auswertung durch Clientanwendungen. Screenshots aus den Dialogen zum Einladen von WMS-Layern der OpenSource-Tools Gvsig (oben), Udig (mitte) und QuantumGIS (unten).

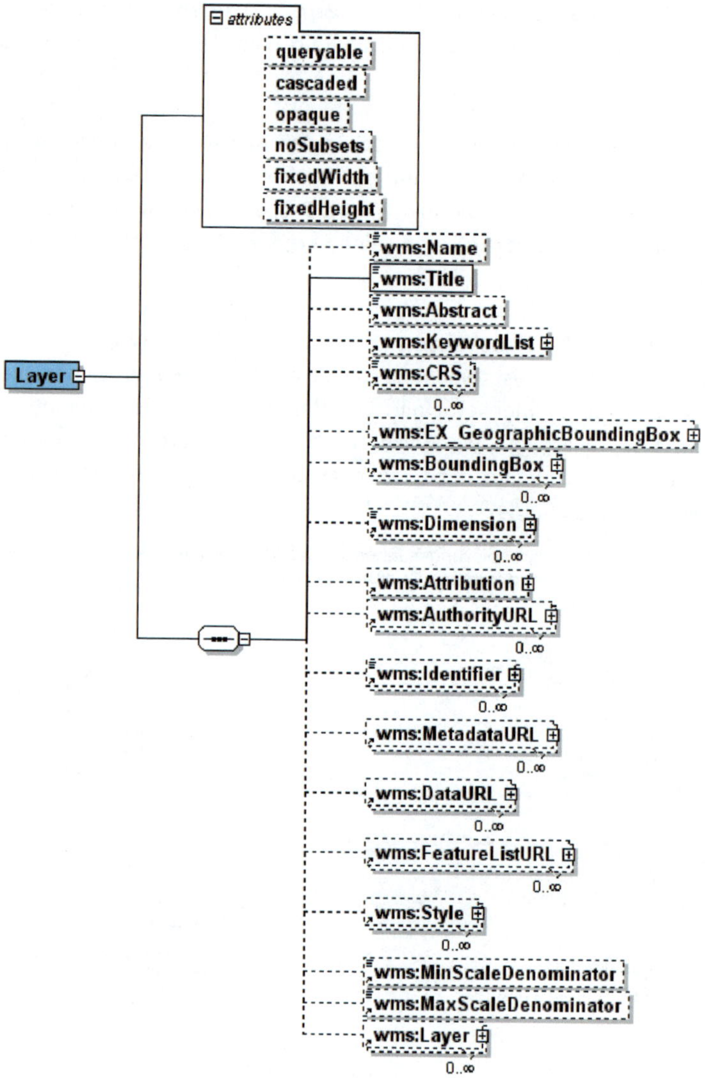

Abbildung 47: Der *Layer*-Abschnitt in den Service-Metadaten eines WMS enthält alle notwendigen Informationen über die einzelnen Kartenebenen eines WMS.

Steht ein Layer für Kartensichten zur Verfügung, muss er ja auch irgendwie dargestellt werden. Der Server kann die verfügbaren Darstellungsstile für diesen Layer in einer Liste aus ***Style***-Elementen bekannt geben. Hat der Server nur einen Standard-Stil für diesen Layer, dann muss er diesen nicht explizit nennen; alternativ kann er ihn auch als

„default"-Stil bekannt machen. Style-Einträge gelten auch für Kind-Layer; die Liste kann durch zusätzliche Einträge für den Kind-Layer erweitert werden.

Das *Style*-Element enthält weitere Subelemente (Abb. 48): Auch hier ist der *Name* im *GetMap*-Request verwendbar, während der *Title* für den Benutzer gedacht ist. Ein *Abstract*-Element kann eine Beschreibung des Stils aufnehmen. Eine online verfügbare Legende kann über das Element *LegendURL* bekannt gemacht werden; dazu gehörten die Angabe ihres Formats - z. B. eines Bildformats - sowie optional Höhe und Breite des Legendenbilds. Weitere online verfügbare Informationen zu den einzelnen Styles eines Layers oder auch eine Legende können in den optionalen Kindelementen *StyleSheetURL* und *StyleURL* referenziert werden.

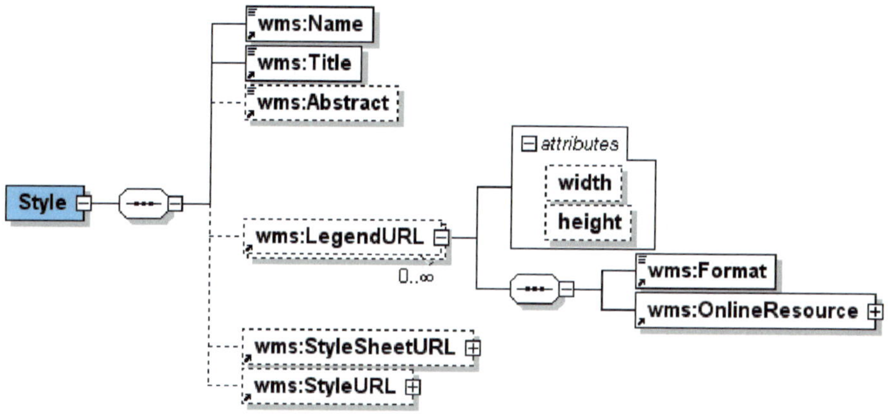

Abbildung 48: Zu einer Stil-Definition gehören nicht nur der Name und beschreibende Information, sondern auch optional der Verweis auf eine online verfügbare Legende.

Weiter enthält der Layer-Abschnitt in 1-n ***CRS***-Elementen (bis Version 1.1.0: SRS!) eine Liste der Koordinatensysteme, in denen der Server diese Kartenebene liefern kann. Sie wird an eingeschachtelte Layer weitervererbt. Ein Server muss die lieferbaren Koordinatensysteme also nur auf der obersten Layer-Hierarchieebene bekannt machen. Nur wenn ein Kind-Layer zusätzliche Referenzsysteme anbietet, muss es diese explizit nennen. Ein CRS-Element enthält den Namen des Koordinatensystems als *Uniform Resource Name* (URN), beispielsweise in dieser Form:

```
<CRS>EPSG:31466</CRS>
```

Ist der Layer ein statisches, nicht georeferenziertes Kartenbild, dann muss für ihn das Koordinatensystem <CRS>CRS:1</CRS> deklariert werden.

Zur Layerbeschreibung gehört die Information über die räumliche Ausdehnung in mindestens einem ***BoundingBox***-Element. Dieses enthält in den Attributen *minx*, *miny*, *maxx* und *maxy* die vier Eckkoordinaten des umgebenden Rechtecks und im Attribut *crs* das Koordinatensystem dazu. Optional kann in den Attributen *resx* und *resy* auch noch die räumliche Auflösung der Daten in Einheiten des Koordinatensystems angegeben werden. Ein Layer kann beliebig viele *BoundingBox*-Angaben enthalten; es darf jedoch nur eine pro Koordinatensystem sein. *BoundingBox*-Inhalte werden von Vater-Layern auf die Kinder vererbt. Eine *BoundingBox*-Angabe in den Service-Metadaten lautet dann beispielsweise:

```
<BoundingBox CRS="EPSG:31466"
  minx="2506123" miny="5706123" maxx="2508453“ maxy="5716436" resx="0.1" resy="0.1" />
```

Ein Server muss nicht alle *BoundingBoxen* für alle CRS nennen, die er anbietet. Er sollte jedoch eine *BoundingBox* für das ursprüngliche CRS des Layers anbieten. Und er sollte keine *BoundingBoxen* für CRS nennen, die er nicht auch liefern kann.

Wenn das Koordinatensystem des Layers das nicht-geodätische Bild-Koordinatensystem CRS:1 ist, dann sind die *BoundingBox*-Einheiten Pixel, der Ursprung ist oben links und die Achsenwerte nehmen nach unten und nach rechts hin zu. Das ist neu ab Version 1.3.0.

Enthält ein Kind-Layer eine *BoundingBox* für ein CRS, für das der Vater-Layer bereits eine Deklaration enthält, so ersetzt die Deklaration im Kind-Layer die geerbte. Neue *BoundingBox*-Angaben in Kind-Layern ergänzen die vom Vater-Layer geerbte Liste.

Zusätzlich muss jeder Layer seine räumliche Ausdehnung im geographischen Koordinatensystem WGS84 bekannt geben. Das Element dafür hieß bis zur Version 1.1.0 *LatLonBoundingBox* und wurde mit der Version 1.3.0 in ***EX_GeographicBoundingBox*** umbenannt. Es verwaltet in den Attributen *westBoundLongitude*, *eastBoundLongitude*, *southBoundLatitude* und *northBoundLatitude* die Eckkoordinaten in Dezimalgrad. Es dient vor allem der Verwendung in Katalogdiensten. Die Information wird an eingeschachtelte Layer vererbt und kann dann dort fehlen; Kind-Layer können die ererbte Information aber auch überdefinieren.

Der Maßstabsbereich, für den ein Layer sinnvoll infrage kommt, wird durch die optionalen Elemente ***MinScaleDenominator*** und ***MaxScaleDenominator*** beschrieben. Die beiden Elemente enthalten die Unter- bzw. Obergrenze des sinnvollen Bereichs. Kind-Layer erben Werte von ihren Vätern, können sie aber auch überschreiben. Die Werte sind ohne Einheit und meinen den Divisor in einer 1:x-Maßstabsangabe. Wissenschaftliche Notation ist erlaubt. Dabei wird die untere Grenze in das Intervall eingeschlossen und die obere nicht. So bezeichnet folgender Ausdruck:

```
<MinScaleDenominator>1000<MinScaleDenominator>
<MaxScaleDenominator>1e5<MaxScaleDenominator>
```

einen Maßstabsbereich von >=1:1 000 bis <1:10 000.

Der Server muss sich allerdings nicht sklavisch daran halten. Es ist ihm überlassen, ob er für Anfragen außerhalb dieses Bereichs trotzdem eine Karte liefert oder ob er stattdessen ein leeres Bild versendet. Er darf jedoch nicht mit einer Fehlermeldung darauf reagieren.

Optionale ***Dimension***-Elemente enthalten Informationen für die Verwendung weiterer Abfragedimensionen. Kartenbilder können ja beispielsweise eine bestimmte Höhenschicht, eine Situation zu einem bestimmten Zeitpunkt oder eine ausgewählte statistische Größe darstellen. Das *GetMap*-Request kann um die Auswahl einer solchen Dimension erweitert werden. Mehr zu Dimensionen enthält Kapitel 7.6.

Der gültige Wertebereich der Dimension ist der Textinhalt des Dimensionselements. Bis zur Version 1.1.0 gab es dafür ein eigenes *Extent*-Element; das ist jetzt entfallen. Dimension-Elemente werden an Kind-Layer vererbt, können dort aber auch überdefiniert werden.

Zusätzliche Metadaten zu einem Layer können - und sollten - in standardisierter Form als Metadatensatz extern, aber online zugänglich abgelegt werden. Die externe Information kann dann in beliebig vielen Elementen vom Typ ***MetadataURL*** referenziert werden. Dabei ist an Informationen gedacht, die über die rein technisch notwendigen hinausgehen - beispielsweise an Informationen über den Zeitpunkt, den Aktualisierungsrhythmus und Informationsquellen der Datenpflege, über Genauigkeiten und Attributqualität oder über die dargestellten *Feature*-Klassen. Solche Metainformationen sollten dann entweder ISO-19115-konform oder nach dem amerikanischen FGDC-Standard dokumentiert werden. Der Standard wird im Attribut *type* bekannt gemacht; erlaubte Werte dafür sind „ISO 19115:2003" und „FGDC:1998". Das *MetadataURL*-Element setzt sich aus einer Formatangabe und einer HTTP-Adresse im Subelement *OnlineResource* zusammen (Abb. 49). Metainformation wird nicht an Kind-Layer vererbt.

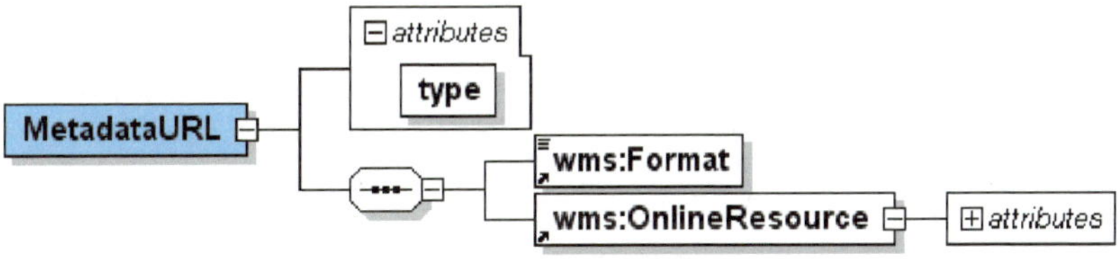

Abbildung 49: In einem *MetadataURL*-Element werden extern abgelegte standardkonforme Metadaten zum Layer referenziert. Das Attribut *type* enthält die zugrunde liegende Norm (ISO 199115 oder FGDC).

Noch weitere Informationen können in eine andere externe, online verfügbare Quelle ausgelagert und hier in den Service-Metadaten referenziert werden: Handelt es sich bei dem Layer um Inhalte, die in irgendeiner Weise durch eine Autorität genormt sind, dann können in den Elementen ***AuthorityURL*** und ***Identifier*** die normende Instanz und deren Bezeichnung für den Inhalt deklariert werden. Denkbar wäre das beispielsweise für Objektklassen oder Objektbereiche des AFIS-ALKIS-ATKIS-Schemas der deutschen Vermessungsverwaltungen. Oder für spezifische Inhalte bestimmter Fachgruppen. Es können beliebig viele *Identifier*-Elemente deklariert werden. Deren Attibut *authority* bezieht sich auf das *name*-Attribut eines vorher definierten *AuthorityURL*-Elements und muss deshalb einen identischen Wert haben (Abb. 50). Hier ein Beispiel für die mögliche

Zuordnung eines Layers „Ortslagen" zur Codenummer 2101 im Objektartenkatalog des ATKIS-DLM25:

```
<AuthorityURL name=ATKIS_DLM25><OnlineResource xlink:href="..."</AuthorityURL>
<Identifier authority=ATKIS_DLM25>2101</Identifier>
```

Die Identifier werden nicht vererbt, wohl aber die *AuthorityURL*. Ein *Identifier* in einem Kind-Layer kann sich also auf eine im übergeordneten Layer definierte Instanz beziehen.

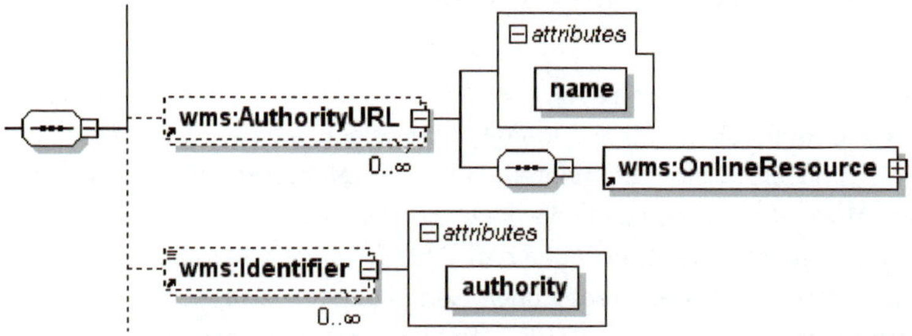

Abbildung 50: Ein Name in den beliebig vielen optionalen Elementen vom Typ *Identifier* muss sich auf den Namen einer *Authority*-Instanz im Element *AuthorityURL* beziehen.

Dagegen ist das Element ***Attribution*** dafür gedacht, die für den Informationsgehalt des Layers verantwortliche Institution mit Titel, URL und Logo bekannt zu machen (Abb. 51). Das macht evtl. dort Sinn, wo der Servicebetreiber nicht identisch ist mit dem Dateneigentümer. Der Elementinhalt wird an eingeschachtelte Layer vererbt; Kind-Layer können ihn jedoch überdefinieren.

Beispielsweise gibt es mittlerweile mehrere Firmen oder Hochschulinstitute, die aus dem frei verfügbaren Datenbestand OpenStreetMap Karten generieren und diese als WMS verfügbar machen.

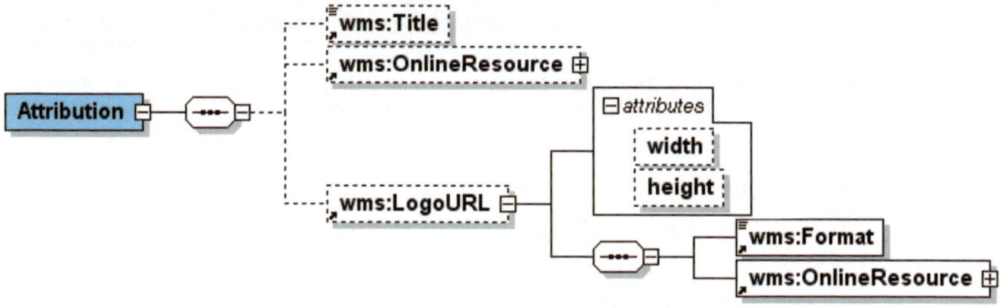

Abbildung 51: Das *Attribution*-Element eines Kartenlayers enthält optional Namen, URL und Logo des Layer-Lieferanten.

Optional kann das Layer-Element auch noch im Element ***FeatureListURL*** einen Verweis auf eine online verfügbare Liste von *Features* oder im Element ***DataURL*** einen Link auf die eigentliche Quelldatei des Layers enthalten. Beide Elemente enthalten neben ihrer

OnlineResource auch die Angabe des MIME-Types der jeweiligen Datei. Der Elementinhalt wird in beiden Fällen nicht vererbt.

Tabelle 11: Elemente eines Kartenlayers in den Service-Metadaten eines WMS

Element	Multiplizität	Vererbung?	Bedeutung
Layer	0..*	Nein	Wurzelelement einer Kartenebene.
Name	0..1	Nein	Im GetMap-Request verwendbarer Name des Layers.
Title	1	Nein	Bezeichnung des Layers für den menschlichen Benutzer.
Abstract	0..1	Nein	Kurzbeschreibung des Ebeneninhalts.
KeywordList	0..1	Nein	Schlagwort-Liste zum Ebeneninhalt.
Style	0..n	Zusätzlicher Eintrag möglich	Liste der benannten Stile für diesen Layer.
CRS	1..n (ggf. geerbt)	Zusätzlicher Eintrag möglich	Koordinaten-Referenzsystem zur BoundingBox des Layers.
BoundingBox	1..n (ggf. geerbt)	Ersetzt geerbte Angaben je CRS; zusätzliche Einträge möglich	Räumliche Ausdehnung der Kartenebenen in Koordinaten des CRS.
Ex_Geographic-BoundingBox	1 (ggf. geerbt)	Ja, ersetzt ggf. das Geerbte	Räumliche Ausdehnung der Kartenebenen in geographischen Koordinaten auf WGS84.
MinScale-Denominator	0..1	Ja, ersetzt ggf. das Geerbte	Untergrenze des Maßstabsbereichs für den Layer.
MaxScale-Denominator	0..1	Ja, ersetzt ggf. das Geerbte	Obergrenze des Maßstabsbereichs für den Layer.
Dimension	0..n	Ja, ersetzt ggf. das Geerbte	Liste der abrufbaren Dimensionen.
MetadataURL	0..n	Nein	Verweis auf online verfügbare weitere Metadaten, wahlweise im Format ISO 19115:2003 oder FGDC-STD-001-1998.
AuthorityURL	0..n	Ja, zusätzliche Einträge möglich	Name und Link zu der Institution, die den Code für den Layerinhalt festlegt.
Identifier	0..n	Nein	Code für den Layerinhalt mit Bezug auf die codierende Institution im Element AuthorityURL.
Attribution	0..1	Ja, ersetzt ggf. das Geerbte	Titel, URL und Logo der für den Layer-Inhalt verantwortlichen Institution.
FeatureListURL	0..1	Nein	Link auf eine Feature-Liste des Layers mit Format-Angabe.
DataURL	0..1	Nein	Link auf die Quelldatei des Layers mit Formatangabe.

Ein Kartenlayer hat darüber hinaus eine Reihe weiterer Eigenschaften, die in Attributen des Layer-Elements abgelegt werden (Abb. 52 u. Tab. 12). Sie sind alle optional. Die *booleschen* (logischen) Felder *queryable, opaque* und *noSubsets* haben - also auch wenn sie fehlen - den Standardwert „0" oder *„false"*. Die Attribute *cascaded, fixedWidth* und *fixedHeight* können positive ganzzahlige Werte annehmen, aber haben ebenfalls den Standardwert „0". Alle sechs Attribute sind vererbbar, können aber für Kind-Layer überdefiniert werden.

- Der Kartenlayer ist ***queryable***, wenn *GetFeatureInfo*-Abfragen auf ihn möglich sind.
- Die Eigenschaft ***cascaded*** gibt an, über wie viele Server die Kartenebene bereits weitergereicht wurde. Mit jeder Kaskadierung wird dieser Wert um eins hochgezählt.
- Der Layer ist ***opaque***, wenn die Features darin nicht die ganze Fläche bedecken, sondern Bereiche ohne Informationen sind. Nur in einem solchen Fall ist eine Transparenzschaltung sinnvoll.
- Hat die Ebene die Eigenschaft ***noSubsets***, dann kann der Server keine Ausschnitte generieren, sondern die Karte nur in der vollen Ausdehnung ihrer BoundingBox liefern.
- Haben die Attribute ***fixedWidth*** und ***fixedHeight*** einen positiven Wert, dann kann die Karte nur in genau dieser Breite und Höhe ausgeliefert werden.

Die Eigenschaften *noSubsets* und *fixedWidth* bzw. *fixedHeight* sind für Server mit reduzierter Funktionalität gedacht, die im Grunde nur statische Bilder liefern können. Sind diese darüber hinaus auch nicht georeferenziert, dann muss das Koordinatensystem des Layers als CRS:1 deklariert und im *GetMap*-Request mit SRS=CRS:1 angefordert werden. Diese Regeln ermöglichen es trotz reduzierter Funktionalität, eine statische Karte über ein WMS-Request auszuliefern.

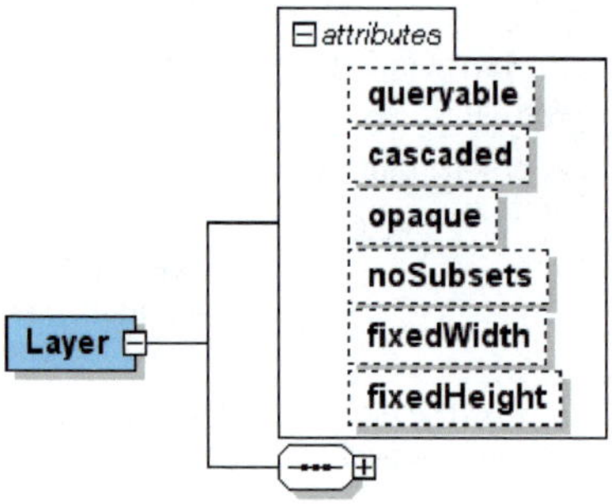

Abbildung 52: Über sechs optionale Attribute können noch weitere allgemeine Eigenschaften eines Kartenlayers festgelegt werden.

Auch wenn ein Layer nicht flächenfüllend ist, darf ihn der Server nicht unaufgefordert mit transparentem Hintergrund ausliefern. Er sollte das nur tun, wenn im *GetMap*-Request ein Transparent=TRUE steht.

Tabelle 12: Zusätzliche Eigenschaften eines Kartenlayers

E/O: E = erforderlich (*mandatory*), O = optional.

Attribut	E/O	Mögliche Werte	Standard-wert	Vererbung?	Bedeutung
queryable	O	0 / false 1 / true	0	Ja, ersetzt ggf. das Geerbte	Ist *true*=1, wenn der Layer das GetFeatureInfo-Request bedient.
cascaded	O	0 - n	0	Ja, ersetzt ggf. das Geerbte	Anzahl der Kaskadierungsstufen „hinter" dieser Ebene.
opaque	O	0 / false 1 / true	0	Ja, ersetzt ggf. das Geerbte	Ist *true*=1, wenn die Features des Layers die Kartenfläche vollständig bedecken.
noSubsets	O	0 / false 1 / true	0	Ja, ersetzt ggf. das Geerbte	Ist *true*=1, wenn der Server nur die volle Karte und keinen Ausschnitt liefern kann.
fixedWidth	O	0 - n	0	Ja, ersetzt ggf. das Geerbte	Breite des einzigen lieferbaren Ausschnitts in Pixeln.
fixedHeight	O	0 - n	0	Ja, ersetzt ggf. das Geerbte	Höhe des einzigen lieferbaren Ausschnitts in Pixeln.

Hier noch einmal ein Beispiel für geschachtelte Layer aus den Service-Metadaten des NEO-Webservice der NASA mit einigen der genannten Layer-Eigenschaften:

XML-Beispiel 14: Auszug aus den Service-Metadaten des NEO-Webservice der NASA. Request: http://neowms.sci.gsfc.nasa.gov/wms/wms?version=1.3.0&service=WMS&request=GetCapabilities

```
<Layer>
  <Title>NASA Earth Observations (NEO) WMS</Title>
  <CRS>CRS:84</CRS>
  <EX_GeographicBoundingBox>
    <westBoundLongitude>-180.0</westBoundLongitude>
    <eastBoundLongitude>180.0</eastBoundLongitude>
    <southBoundLatitude>-90.0</southBoundLatitude>
    <northBoundLatitude>90.0</northBoundLatitude>
  </EX_GeographicBoundingBox>
  <BoundingBox miny="-90.0" minx="-180.0" maxy="90.0" maxx="180.0" CRS="CRS:84"/>
  <Layer>
    <Title>Active Fires (MODIS)</Title>
  <Abstract>Fire is a recurring part of nature. [...] </Abstract>
    <Layer>
      <Name>MOD14A1_M_FIRE</Name>
      <Title>Active Fires (1 month - Terra/MODIS)</Title>
      <Dimension units="ISO8601" name="time" default="2010-04-01">
          2000-03-01/2010-04-01/P1M</Dimension>
      <MetadataURL type="FGDC">
        <Format>text/xml</Format>
        <OnlineResource xlink:href="http://neo.sci.gsfc.nasa.gov/FGDCMetadata?datasetId=
          MOD14A1_M_FIRE"/>
      </MetadataURL>
      <DataURL>
        <Format>text/html</Format>
        <OnlineResource xlink:type="simple"
          xlink:href="http://neo.sci.gsfc.nasa.gov/Search.html?datasetId=MOD14A1_M_FIRE"/>
```

```
          </DataURL>
          <Style>
            <Name>rgb</Name>
            <Title>RGB Style</Title>
            <LegendURL width="200" height="35">
              <Format>image/gif</Format>
              <OnlineResource xlink:type="simple"
                  xlink:href="http://neo.sci.gsfc.nasa.gov/palettes/files/modis_fire_l3.gif"/>
            </LegendURL>
          </Style>
        </Layer>
        [... weitere Layer]
      </Layer>
      [... weitere Layer>]
    </Layer>
```

7.4 Das GetMap-Request

Die *GetMap*-Abfrage ist die zweite erforderliche Operation eines WMS und sie liefert eine Karte als Repräsentation raumbezogener Daten zurück. Auf Basis der Informationen aus den Service-Metadaten kann eine solche Operation zusammengestellt und ausgeführt werden. Ihre Parameter entscheiden über den Inhalt und die Gestaltung der resultierenden Karte. Die Clientkomponente übermittelt in einer Reihe von Parametern den gewünschten Kartenausschnitt und das Koordinatensystem dazu, die gewünschten Kartenlayer und eventuell Darstellungsstile, das gewünschte Grafikformat für die Ausgabe und die Höhe und Breite der zu liefernden Karte in Pixeln (Abb. 53). Weitere Optionen sind die Bestimmung und Transparenzschaltung des Kartenhintergrunds. Wenn ein Server das anbietet, kann sich die Kartenanforderung auch auf eine Höhenschicht, einen Zeitstempel oder eine andere Mess-Dimension beziehen. Einen Überblick gibt Tabelle 15 auf Seite 125.

Jede *GetMap*-Anfrage in der HTTP-GET-Methode enthält zwingend die Parameter SERVICE=WMS und REQUEST=GetMap sowie die Angabe der gewünschten Normen-Version im Parameter VERSION. Dabei müssen die Parameterwerte „WMS" und „GetMap" genau so – d. h. großgeschrieben bzw. in *UpperCamelCase*-Schreibweise – übergeben werden. Erlaubte Werte für die Version sind die Versionsnummern der ehemals gültigen oder aktuellen Spezifikationen; das sind die Werte 1.0.0, 1.1.0, 1.1.1 und 1.3.0.

Über die Parameter LAYER und STYLES werden die gewünschten Kartenebenen bzw. Darstellungsstile mitgeteilt. Beide Parameter erfordern Listen von Werten. Eine Layer- oder Style-Liste ist eine kommagetrennte Folge von Namen ohne Leerzeichen. Die Stile müssen in der Reihenfolge der Layer angeordnet werden, für die sie gelten.

Wird nur ein Layer abgefragt, so enthält die Liste entsprechend nur einen Wert. Soll ein einzelnes Element einer Liste leer bleiben (z. B. wenn für *LAYER* 1 und 3, nicht jedoch für *LAYER* 2 ein *STYLE* angegeben werden soll), so wird dies durch zwei aufeinanderfolgende Kommata ausgedrückt.

Fehlen die Werte für den Styles-Parameter, so liefert der Server jeweils seine dafür vorgesehene Standard-Darstellung. Das Request muss einen Styles-Parameter enthalten, er kann aber leer sein. Eine leere Styles-Liste wird als „Styles=" in die Parameterfolge eingebaut.

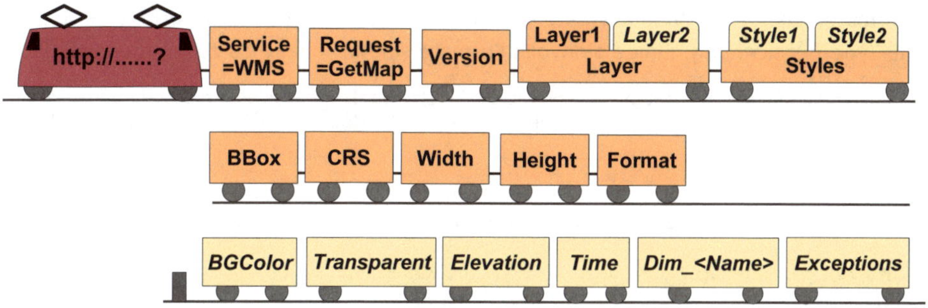

Abbildung 53: Übersicht über das GetMap-Request. Die Parameterwaggons können in beliebiger Reihenfolge hinter die Präfix-Lokomotive gehängt werden. Die hellen Waggons auf dem Abstellgleis repräsentieren optionale Parameter und können bei Bedarf an- oder zwischengehängt werden.

Der gewünschte Kartenausschnitt wird durch die Angabe einer *BoundingBox* im Parameter BBOX angegeben. Der Wert dafür ist eine einfache kommagetrennte Liste der vier Eckkoordinaten in der Reihenfolge minx, miny, maxx, maxy. Der räumliche Ausschnitt bezieht sich immer auf ein Koordinatensystem. Dieses wird im Parameter CRS übergeben. Der Wert ist eine eindeutige Codierung in Form eines *Uniform Resource Names* (URN). Er setzt sich aus einer Namensraum-Bezeichnung und dem eigentlichen Schlüssel zusammen und lautet beispielsweise EPSG:31466. Mehr zu Koordinatensystemen enthält Kapitel 7.5.

Der Parameter für die Übergabe des Koordinatensystems in der HTTP-Anfrage heißt bis zur Version 1.1.1 „SRS". Ab Version 1.3.0 heißt er „CRS"!

Die gewünschte Größe des Kartenbilds wird in den Parametern WIDTH und HEIGHT in Pixelwerten übergeben. In dem lokalen Koordinatensystem des gelieferten Bildes ist der Ursprung oben links und die Parameter *Width* und *Height* definieren die Bildausdehnung nach rechts bzw. unten.

Karten, die mit einer BBox in einem geographischen Koordinatensystem wie z. B. CRS:84 oder EPSG:4326 angefordert wurden, werden mit einer äquidistant-zylindrischen Plate-Carrée-Pseudoprojektion in das durch *Width* und *Height* aufgezogene rechtwinkelige Koordinatensystem projiziert. Bei dieser gängigen Methode werden die Spannbreiten der angeforderten geographischen Länge und Breite proportional auf die Breite und Höhe der Karte skaliert.

Das gewünschte Ausgabeformat wird im Parameter ***FORMAT*** definiert. Anders als bei den Service-Metadaten gibt es für das Kartenbild kein Standardformat. Es gibt auch keine Beschränkung auf bestimmte Formate mehr. Benutzt werden kann alles, was der Server in den Service-Metadaten als lieferbares Format anbietet. Sinnvoll sind natürlich Grafik- und Bildformate, aber auch Videoformate sind möglich. Die Angabe des Formats erfolgt als MIME-Type-Bezeichnung. Einige sinnvolle Formate sind in Tabelle 13 zusammengestellt.

Es soll durch den Server mindestens ein Format unterstützt werden, das in einem Standardbrowser ohne zusätzliche Software angezeigt werden kann. Dazu bietet sich das PNG-Format als Ersatz für das proprietäre GIF an.

Tabelle 13: Verschiedene Grafik- und Bildformate und ihre MIME-Bezeichnungen

Kürzel	Dateityp	MIME-Typ
JPEG	Joint Photographics Expert Group	image/jpeg
PNG	Portable Network Graphics	image/png
GIF	Graphics Interchange Format	image/gif
TIFF	Tagged Image File Format	image/tiff
SVG	Scalable Vector Graphics	image/svg+xml
WebCGM	Web Computer Graphics Metafile	image/cgm;Version=4;ProfileId=WebCGM

Mit dem optionalen Parameter BGCOLOR kann die Farbe des Kartenhintergrunds überdefiniert werden. Die gewünschte Farbe wird dafür als hexadezimaler Farbcode übergeben (Abb. 54). Standardwert ist #FFFFFF (Weiß). Fehlt der Parameter im Request, wird also ein weißer Kartenhintergrund geliefert.

Optional kann auch mit dem Parameter TRANSPARENT die Transparenzschaltung des Hintergrunds angefordert werden. Sie wird mit den Werten *TRUE* oder *1* angefordert und mit den Werten *FALSE* oder *0* ausgeschaltet. Standardeinstellung ist in diesem Fall *FALSE*.

Nicht alle Formate ermöglichen die Transparenzschaltung eines Farbwerts. Für nicht flächendeckend gefüllte Kartenlayer sollte der Server deshalb mindestens ein Format wie png oder gif anbieten, das Transparenz unterstützt. Damit kann der Layer dann auch als Overlay über einem flächendeckenden Hintergrund angezeigt werden. Ist eine Transparenzschaltung für das gewünschte Format nicht möglich, liefert der Server eine nichttransparente Karte, jedoch keine Fehlermeldung. Die Clientkomponente riskiert also keinen Fehler, wenn sie Transparenz vorsorglich mit anfordert.

Hexadezimale Farbcodierung

Bei einer hexadezimalen Farbdefinition wird eine Farbe durch drei aufeinanderfolgende, zweistellige Hexadezimalzahlen nach dem Schema #RRGGBB dargestellt. Die ersten zwei Ziffern stehen für den Rot-Anteil, die nächsten zwei Ziffern für den Grün-Anteil und die letzten beiden für den Blau-Anteil. Alle 16,7 Millionen möglichen Farben werden aus diesen Farbanteilen additiv gemischt.

Das Hexadezimalsystem verwendet 16 Ziffern (0–9 und A–F). Mit je zwei hexadezimalen Ziffern können Zahlen zwischen 0 und 255 dargestellt werden. Beispielsweise stehen die Ziffernfolgen „00" für die Zahl 0, „10" für 16, „40" für 64, „80" für 128, „C0" für 192 und „FF" für 255. Sie definieren jeweils den Farbwert für den Rot-, Grün- oder Blauanteil der Farbe.

Die Darstellung rechts zeigt einige Beispiele für die hexadezimale Farbcodierung. Bei den Grundfarben des RGB-Systems Rot (#FF0000), Grün (#00FF00) und Blau (#0000FF) ist jeweils nur ein Farbkanal mit 100 % belegt. Die Farbe Weiß entsteht durch Addition aller drei Farbkanäle mit je 100 %. Bei der Farbe Schwarz haben alle drei Farbkanäle den Wert 0.

In diesem Buch werden einheitlich große Buchstaben verwendet, aber im Allgemeinen wird Groß- und Kleinschreibung nicht unterschieden.

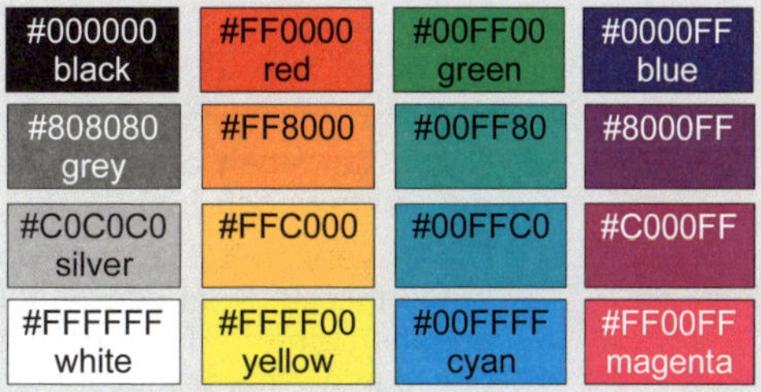

Beim Farbdruck können diese Beispiele allerdings etwas anders ausfallen als am Bildschirm!

Abbildung 54: Hexadezimale Farbcodierung

Oft haben Geodaten neben 2D-Raumdimensionen auch weitere Dimensionen. Einzelne Kartenebenen können für verschiedene Höhenschichten vorliegen (z. B. der Luftdruck in verschiedenen Atmosphärenschichten, Planktondichte in verschiedenen Meerestiefen). Bei einer *GetMap*-Anfrage kann die gewünschte Höhe mit dem optionalen ELEVATION-Parameter angegeben werden. Andere Layer repräsentieren vielleicht spezifische Zeithorizonte oder Zeitpunkte, z. B. archäologische Funde, geologische Schichten oder Messwerte aus einer laufenden Überwachung. Eine Datumsangabe oder ein Zeitintervall wird – ebenfalls optional – mit dem TIME-Parameter übergeben. Auch die Abfrage periodisch gewonnener Daten innerhalb eines definierten Zeitraums ist möglich. Neu in der Version 1.3.0 ist die Syntax für Zeitangaben. Sie richtet sich jetzt im Wesentlichen nach ISO 8601:2000 ([ISO 8601]).

Die WMS-Norm definiert dafür in Anhang D ein spezifisches Profil zur genannten ISO-Norm. Die WMS-Version 1.1.1 bezog sich noch auf die ISO-Norm 8601:1999(E). Mit dem Wechsel auf die neuere Fassung von ISO 8601 sind Minuszeichen vor der Jahreszahl möglich geworden. Die in Version 1.1.1 noch vorgesehenen OpenGIS-spezifischen Abkürzungen B, G, M oder K für archäologische oder geologische Zeitangaben sind deshalb in der WMS-Version 1.3.0 nicht mehr gültig. Einige Beispiele aus den beiden Spezifikationen enthält Tabelle 14.

Tabelle 14: Syntax für Zeitangaben vor unserer Zeitrechnung in WMS 1.1.1 und 1.3.0

Beispiel	Syntax für WMS 1.1.1 (ISO 8601:1988(E))	Syntax für WMS 1.3.0 (ISO 8601:2000)
1350 v. Chr.	B1350	-1350
Letzte Eiszeit	K18	-18000
Erdzeitalter Jura	M150	-150000000
Bildung der Erdkruste	G5	-5000000000

Datumsangaben oder Zeitintervalle müssen ab Version 1.3.0 in einer Syntax nach ISO 8601:2000 angegeben werden.
Die in Version 1.1.1 noch vorgesehenen OpenGIS-spezifischen Abkürzungen B, K, M oder G für archäologische oder geologische Zeitangaben sind in der WMS-Version 1.3.0 nicht mehr gültig und werden durch ein vorangestelltes Minuszeichen und die richtige Anzahl von Nullen ersetzt.

Weitere Dimensionen kann ein Anbieter als sogenannte *„sample dimensions"* in den WMS integrieren und entsprechend im Metadaten-Dokument angeben. Beispielsweise soll eine Kartenebene mit Messwerten nach verschiedenen Messparametern filterbar sein. Namen und Wertemengen dieser zusätzlichen Parameter werden in den Service-Metadaten bekannt gemacht. Parameternamen sollen mit der Silbe ***DIM_*** beginnen, um Verwechslungen auszuschließen. Mehr zu diesen weiteren Dimensionen enthält das Kapitel 7.6.

Schließlich kann im Parameter EXCEPTIONS auch das Format definiert werden, in dem der Server seine Fehlermeldungen ausgibt. Es gibt für diesen Parameter nur drei erlaubte Werte: „XML" fordert die Fehlermeldungen im XML-Format an. Das ist auch der Standard für den Fall, dass der Parameter fehlt. Der Server gibt dann eine XML-Datei zurück, die den Fehler beschreibt. Alle Server müssen diese Möglichkeit bedienen können. Alternativ kann die Clientkomponente mit dem Parameterwert „INIMAGE" darum bitten, dass der Server eine Grafik im gewünschten Grafikformat zurückliefert, in die er einen Fehlercode eingebaut hat. Mit einem Parameterwert „BLANK" soll der Server eine leere Grafik im gewünschten Grafikformat zurückliefern.

Das ist dann entweder ein leeres Bild in der gewünschten oder standardmäßig vorgesehenen Hintergrundfarbe oder eine Vektorgrafik ohne Elemente. Wurde auch Transparenz eingefordert, soll der Server – wenn er das kann – auch die Transparenz auf die Hintergrundfarbe einstellen.

Die potenziellen Werte für den EXCEPTIONS-Parameter haben sich von Version 1.1.1. nach 1.3.0 geändert. Die bis dahin gültigen OGC-spezifischen Format-Ausdrücke „application/vnd.ogc.se_xml", „application/vnd.ogc.se_inimage" und application/vnd.ogc.se_blank" sind in der Version 1.3.0 nicht mehr erlaubt. Die inhaltliche Bedeutung der Werte hat sich jedoch nicht geändert.

Hier ein Beispiel für ein vollständiges WMS *GetMap*-Request in der HTTP-GET-Methode:

```
http://ein.map.server?
VERSION=1.3.0&
REQUEST=GetMap&
SERVICE=WMS&
LAYERS=gebiete,fluesse,strassen
STYLES=stil_gebiete_gefuellt,stil_fluesse,stil_strassen&
CRS=EPSG:31466&
BBOX=-2580000,5700000,2588000,5704000&
WIDTH=800&
HEIGHT=400&
FORMAT=image/png&
TRANSPARENT=FALSE&
BGCOLOR=#FFFFFF
```

Die HTTP-POST-Methode für ein GetMap-Request benötigt für die Übergabe der *Layer*- und *Style*-Listen einen eingeschachtelten *StyledLayerDescriptor* und ist deshalb an die SLD-Verarbeitung durch den Server gebunden.

Das Schema für ein GetMap-XML-Dokument ist in der SLD-Norm definiert. Wir stellen es in Kapitel 8.6 vor.

Tabelle 15: HTTP-Anfrageparameter des *GetMap*-Requests

E/O: E = erforderlich (*mandatory*), O = optional. Angaben in () in der Spalte Beispiel sind Erläuterungen.

Parameter-name	E/O	Parameterwert	Default-wert	Beispiel
SERVICE	E	OWS-Service-Typ. Hier immer: „WMS".	WMS	
REQUEST	E	Name der Anfrage-Operation. Hier immer „GetMap".	GetMap	
VERSION	E	Gewünschte Service-Version im Format x.y.z.	–	1.3.0, 1.1.0, ...
LAYERS	E	Kommagetrennte Liste der gewünschten Layernamen.	–	Cities,Roads
STYLES	E	Kommagetrennte Liste der gewünschen Darstellungsstile für die angeforderten Layer in gleicher Reihenfolge. Kann leer sein.	–	Citystyle,Roadstyle

Fortsetzung auf der nächsten Seite

Fortsetzung von Tabelle 15

Parameter-name	E/O	Parameterwert	Default-wert	Beispiel
BBOX	E	Kommaseparierte Liste der Eckkoordinaten des gewünschten Ausschnitts.	–	2576123,5708456, 2577123,5709056
CRS	E	Koordinatensystem, auf das sich die BBox bezieht und in dem die Karte geliefert werden soll.	–	EPSG:31466
WIDTH	E	Breite der Karte in Pixeln.	–	1000
HEIGHT	E	Höhe der Karte Pixeln.	–	600
FORMAT	O	Gewünschtes Ausgabeformat für die Karte oder Szene als MIME-Dateityp.	–	image/png
BGCOLOR	O	Hintergrundfarbe der Karte als hexadezimaler Farbcode.	#FFFFFF	#C0C0C0
TRANSPARENT	O	Transparentschaltung der Hintergrundfarbe (true, false, 1 oder 0).	FALSE, 0	TRUE
ELEVATION	O	Höhenschicht, die durch die Karte repräsentiert wird.	–	10000 (m.ü. NN).
TIME	O	Zeitstempel oder Intervall, das durch die Karte repräsentiert wird.	–	2009-09-22, -15000 (v. Chr.)
DIM_<Name>	O	Weitere, in den Service-Metadaten bekannt gemachte Dimension der Karte.	–	N (für Stickstoffgehalt des Bodens)
EXCEPTIONS	O	Ausgabeformat für Fehlermeldungen. Mögliche Werte: XML, INIMAGE, BLANK.	XML	INIMAGE

7.5 Koordinatensysteme

Koordinatensystem-Information wird in der HTTP-Anfrage eines WMS mit dem Parameter CRS (früher: SRS) als *Uniform Resource Name* (URN) übergeben. Normalerweise ist so ein URN eine längere Folge aus mehreren Namensbestandteilen. Die WMS-Spezifikation sieht dafür Abkürzungen vor. Eine so vereinfachte Koordinatensystem-Bezeichnung wird hier ***Label*** genannt.

Ein *Label* besteht aus einem Namensraum-Präfix, einem Doppelpunkt und einem im Namensraum gültigen Zahlen- oder Buchstaben-Code. Die WMS-Norm sieht drei verschiedene Namensraum-Präfixe vor:

- Der Namensraum „CRS" enthält *Labels*, die in der WMS-Norm explizit einzeln definiert sind.
- Das Präfix „AUTO2" ermöglicht die Nutzung von Koordinatensystemen aus dem CRS-Namensraum mit benutzerspezifischen Anpassungen.

- Labels mit dem Präfix „EPSG" beziehen sich auf Koordinatensystem-Codes der European Petroleum Survey Group. Diese werden in Europa am häufigsten verwendet.

Hierzu einige Anmerkungen. Die in der Norm enthaltenen Definitionen für den **CRS-Namensraum** beinhalten neben dem für komplette Welt-Ansichten häufig benutzten World Geodetic System 1984 (CRS:84) nur zwei in Amerika verwendbare Projektionen und ein vertikales Koordinatensystem (Tab. 16).

Tabelle 16: Koordinatensystem-Labels der WMS-Norm im Namensraum CRS

Label	Uniform Resource Name	Beschreibung	Anwendungs-bereich
CRS:1	urn:ogc:def:crs: OGC:1.3:CRS:1	Lokales kartesisches Koordinatensystem mit dem Ursprung oben links und den Achsen i und j in Ost- und Südrichtung.	Nicht georeferenzierte Layer
CRS:84	urn:ogc:def:crs: OGC:1.3:CRS84	Geographisches Koordinatensystem auf dem Datum WGS84 mit Koordinaten in Dezimalgrad.	Weltweit für kleinmaßstäbige Karten
CRS:83	urn:ogc:def:crs: OGC:1.3:CRS83	Geographisches Koordinatensystem auf dem Datum NAD83 mit Koordinaten in Dezimalgrad.	Nordamerika
CRS:27	urn:ogc:def:crs: OGC:1.3:CRS27	Geographisches Koordinatensystem auf dem Datum NAD27 mit Koordinaten in Dezimalgrad.	Nordamerika
CRS:88	urn:ogc:def:crs: OGC:1.3:CRS88	Vertikales Koordinatensystem mit nur einer vertikalen Achse und Einheiten in Meter; Basis ist das North American Vertical Datum.	Nordamerika

In Europa wird der CRS-Namensraum vor allem für Gesamt-Weltansichten im WGS84-System verwendet. Man erhält sie beispielsweise mit folgender *BoundingBox* im CRS84-Koordinatensystem (Abb. 65).

```
BBOX=-180,-90,180,90&CRS=CRS:84
```

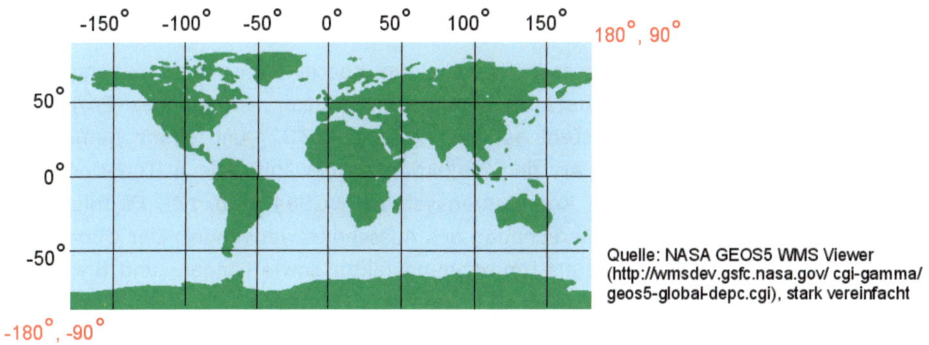

Abbildung 55: Weltkarte mit den Eckkoordinaten -180, -90, 180, 90 im WGS84-Koordinatensystem

Eine Weltsicht in geographischen WGS84-Koordinaten mit der BoundingBox -180, -90, 180, 90 zeigt das uns vertraute Bild mit Amerika links und Australien rechts. Der 180-Grad-Meridian liegt dabei östlich von Australien im Pazifik.

Kartenausschnitte, die das Intervall [-180, 180] bzw. [-90, 90] überschreiten wollen, werden von den meisten Servern im CRS:84-Koordinatensystem nicht vollständig geliefert, sondern an den Intervallgrenzen abgeschnitten.

Für eine Ansicht, die nicht den Nullmeridian, sondern beispielsweise Australien und den westlichen Pazifik, den Nord- oder den Südpol in das Zentrum rückt, muss ein AUTO2-Label verwendet und das Projektionszentrum angepasst werden.

Ein Spezialfall des CRS-Namensraum ist das Koordinatensystem CRS:1. Darin kann ein Server Geodaten ohne Georeferenzierung bereitstellen, zum Beispiel eine historische Karte, einen Flächennutzungsplan oder einen örtlichen Lageplan. In einem solchen Fall muss der Server in den Service-Metadaten das Layer-Referenzsystem das „CRS:1" deklarieren. Ein Anbieter kann auf diese Weise auch nicht georeferenzierte Layer über eine WMS-Schnittstelle zur Ansicht bringen. Die Clientkomponente kann dann einen Ausschnitt mit dem Parameter CRS=CRS:1 anfordern.

Kann der Server einen solchen nicht georeferenzierten Plan nur als Ganzes ausgeben und keine Ausschnitte daraus generieren, dann muss der Serviceanbieter das in den Service-Metadaten im Attribut *noSubsets* der Layer-Deklaration bekannt machen. Hier wird auch in den Attributen *fixedWidth* und *fixedHeight* veröffentlicht, ob der Server das Kartenbild skalieren kann.

Aber Achtung: Man sollte nicht versuchen, eine solche nicht georeferenzierte Kartenebene mit „CRS=CRS:1" und eine georeferenzierte Ebene übereinanderzulegen.

In speziellen Anwendungen kann es nötig sein, das Koordinatensystem nutzerspezifisch anzupassen. Im **AUTO2-Namensraum** kann der Benutzer ein eigenes Projektionszentrum angeben. Das Label besteht aus dem Präfix „AUTO2" und einem numerischen CRS-Bezeichner. Damit wird die Art der Projektion ausgewählt. Alle AUTO2-Codes sind Projektionen des geographischen Koordinatensystems WGS84 (Tab. 17). Es folgen zwei Variablen, die der Server für die Berechnung des Ausschnitts verwendet: Der Quotient aus *BoundingBox*- und CRS-Einheiten als Umrechnungsfaktor sowie Längen- und Breitengrad des Projektionszentrums. Die Syntax im HTTP-Request lautet also:

```
CRS=AUTO2:AutoCrsId,Faktor,Lon0,Lat0
```

Beispielsweise kann eine Clientkomponente einen Ausschnitt in äquirektangularer Projektion anfordern, das Projektionszentrum auf 100 Grad westlicher Länge und 45 Grad nördlicher Breite verschieben und dabei auch noch die Einheiten halbieren:

```
CRS=AUTO2:42003,0.5,-100,45
```

Das geht allerdings nur, wenn der Server dies anbietet. In den Service-Metadaten macht ein Server sein AUTO2-Angebot ohne die Variablen Umrechnungsfaktor und Projektionszentrum beispielsweise so bekannt:

<CRS>AUTO2:42003</CRS>

Bis Version 1.1.1 wurde anstelle des Umrechnungsfaktors eine Einheiten-ID aus dem EPSG-Namensraum verwendet, z. B. der Code 9001 für die Einheit „meter". Die Syntax lautete deshalb:

```
SRS=AutoCrsId, epsg_units_id, lon0, lat0
```

Web Map Server, welche die *Automatic Projection*-Funktionalität anbieten, sind allerdings rar oder schwer zu finden. Abbildung 56 enthält noch ein Beispiel in WMS 1.1.1-Syntax, weil ein Beispiel in Version 1.3.0 zum Zeitpunkt der Redaktion noch nicht im Web aufzufinden war.

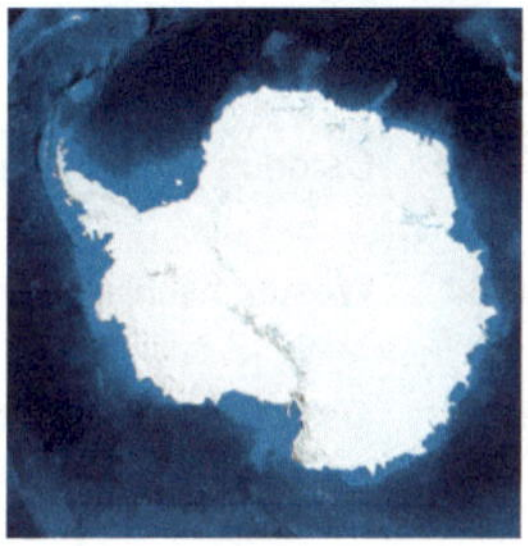

```
http://wms.jpl.nasa.gov/wms.cgi?
service=WMS
&version=1.1.1
&REQUEST=GetMap
&LAYERS=BMNG
&styles=
&FORMAT=image/png
&TRANSPARENT=TRUE
&width=400&height=400
&bbox=-3000000,-3000000,3000000,3000000
&srs=AUTO:42003,9001,0,-89
```

Abbildung 56: Mit einem AUTO2-*Label* kann ein Nutzer das Projektionszentrum und die Einheiten des Koordinatensystems an seine Bedürfnisse anpassen. So wird auch ein Blick auf den Südpol relativ einfach möglich. Basis der Projektion ist immer WGS84. Das Beispiel ist noch in WMS 1.1.1-Syntax.

Tabelle 17: Koordinatensystem-Labels im Namensraum AUTO2

Label	Uniform Resource Name	Beschreibung	Anwendungsbereich
AUTO2:42001	urn:ogc:def:crs:OGC:1.3: AUTO42001:99:8888	UTM-Projektion auf WGS84	Regionale Ansichten im weltweiten UTM-Zonengitter
AUTO2:42002	urn:ogc:def:crs:OGC:1.3: AUTO42002:99:8888	Allgemeine transversale Mercator-Projektion auf WGS84	Andere winkeltreue, meist regionale Ansichten
AUTO2:42003	urn:ogc:def:crs:OGC:1.3: AUTO42003:99:8888	Orthografische Projektion auf WGS84	Teilansichten der Erdkugel
AUTO2:42004	urn:ogc:def:crs:OGC:1.3: AUTO42004:99:8888	Äquirektangulare Projektion auf WGS84	Gängige rechteckige Welt-ansichten ohne Flächentreue
AUTO2:42005	urn:ogc:def:crs:OGC:1.3: AUTO42005:99	Mollweide-Projektion auf WGS84	Elliptische flächentreue Weltansichten

Bei den **EPSG-Codes** handelt es sich um eine Sammlung geodätischer Koordinatensysteme mit ihren Parametern. Dieser „EPSG Geodetic Parameter Dataset" bezog seinen Namen von einer Institution namens „European Petroleum Survey Group", die 2005 in der „International Assoziation of Oil & Gas Producers (OGP)" aufging. Die Code-Bezeichnungen haben jedoch den alten Namen behalten. Jedes geodätische Koordinatensystem hat dort eine eindeutige Nummer. Eine Übersicht über einige Codes gibt Tabelle 18.

Tabelle 18: Einige im deutschsprachigen Raum gängige EPSG-Codes

Label		Beschreibung	Anwendungsbereich
EPSG:4326	urn:ogc:def:crs: EPSG::4326	identisch mit CRS:84	Europa- und Weltansichten, kleinmaßstäbige Übersichten
EPSG:31466	urn:ogc:def:crs: EPSG::31466	Gauss-Krüger-Streifen 2 im Deutschen Hauptdreiecksnetz	Westdeutschland, Schweiz
EPSG:31467	urn:ogc:def:crs: EPSG::31467	Gauss-Krüger-Streifen 3 im Deutschen Hauptdreiecksnetz	Mittel- und Ostdeutschland, Schweiz, Österreich
EPSG:25832	urn:ogc:def:crs: EPSG::25832	UTM-Zone 32N auf ETRS89	Westdeutschland, Schweiz
EPSG:25833	urn:ogc:def:crs: EPSG::25833	UTM-Zone 33N auf ETRS89	Ostdeutschland, Österreich
EPSG:32632	urn:ogc:def:crs: EPSG::32632	UTM-Zone 32N auf WGS84	Westdeutschland, Schweiz
EPSG:32633	urn:ogc:def:crs: EPSG::32633	UTM-Zone 33N auf WGS84	Ostdeutschland, Österreich

Für die Identifizierung von Koordinatensystemen stellt die WMS-Spezifikation ihre eigenen Bezeichnungen (Labels) auf.

Labels mit Präfix „CRS" sind ausgewählte, WMS-spezifische Bezeichnungen. CRS:84 ist das geodätische Koordinatensystem WGS84 und identisch mit EPSG:4326.

Labels mit Präfix „AUTO2" dienen der benutzerdefinierten Anpassung des Projektionszentrums und der Einheiten auf verschiedenen Projektionen des geodätischen Systems WGS84.

Labels mit Präfix „EPSG" verwenden die in Europa geläufigen EPSG-Codes.

7.6 Time, Elevation und andere Dimensionen

Die Verwendung von Dimensionen bietet die Möglichkeit, thematische Layer weiter zu differenzieren. Eine Dimension wird wie eine dritte Koordinatenachse verwendet. Mit der Einschränkung auf Werte, Wertelisten oder Intervalle aus dieser dritten Achse können wir einen Layer weiter filtern. Eine solche zusätzliche Dimension kann beispielsweise sein:

- eine Höhen- oder Tiefenschicht,
- eine Zeitangabe oder ein Zeitintervall,
- ein Wellenlängen-Band in einem Luftbild oder ein Band in einem anderen *Grid-Coverage*-Raster,
- ein Messparameter in einem Bodenproben-Layer oder eine statistische Messgröße in einem statistischen Atlas,
- ein Analyse-Ergebnis für einen bestimmten Parameter,
- ...

Noch viele Möglichkeiten sind denkbar und der WMS-Standard gibt einem Server auch sehr viel Flexibilität für die Implementierung. Dafür gibt die Norm eine allgemeine Möglichkeit vor und definiert für die speziellen Dimensionen Höhe und Zeit eine besondere Syntax. Der Server macht die verwendbaren Dimensionen in den Service-Metadaten bekannt und die Clientkomponente kann sie als Parameter ELEVATION, TIME oder DIM_<Dimensionsname> in das *GetMap*-Request einbauen.

Dimensionen gelten immer für einzelne Kartenlayer. Sie werden an Kind-Layer vererbt, können aber dort auch überdefiniert werden. In den Service-Metadaten werden sie in einem optionalen *Dimension*-Element in einem Layer- oder Gruppenlayer-Element publiziert (Abb. 57).

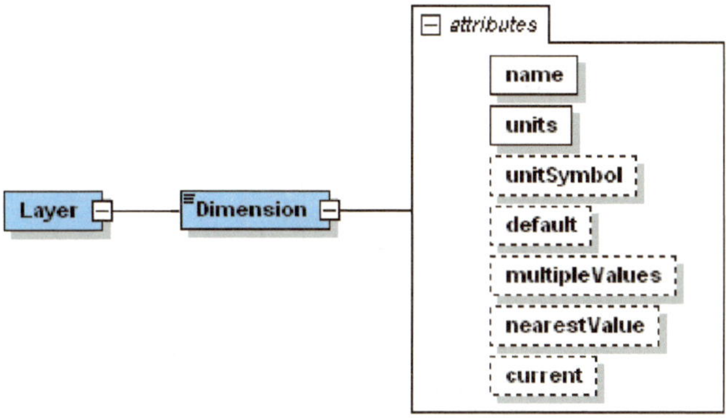

Abbildung 57: Die Möglichkeiten für die Abfrage spezieller Dimensionen zu einem Kartenlayer werden in den Service-Metadaten in einem *Dimension*-Element veröffentlicht.

Verpflichtende Eigenschaften einer Dimension sind ihr Name (*name*) und ihre Maßeinheit (*unit*). Der Name der Dimension wird im *GetMap*-Request verwendet und darf deshalb keine Leerzeichen enthalten. Optional kann zu der Maßeinheit noch ein Einheitenkürzel benannt werden (*unitSymbol*).

Hat die Dimension eine Einheit und gibt es dafür einen UCUM-Namen (s. Textkasten und Tabelle 20), dann soll dieser für das Attribut *units* verwendet werden. Für das Einheitenkürzel (*unitSymbol*) wird der *case-sensitive* UCUM-Eintrag benutzt, wenn es einen gibt (Tab. 20). Eine Einheit kann ein Präfix für eine 10er-Potenz wie z. B. milli-, kilo- oder mega- haben (Tab. 19). Hat die Dimension keine Einheiten, dann bekommt das Attribut *unit* den Wert „", enthält also eine leere Zeichenfolge.

Eine von einem Vater-Layer ererbte Dimension darf nur dann mit gleichem Namen überdefiniert werden, wenn sie auch die Einheit und das Einheitenkürzel mit übernimmt, damit dort keine Konflikte entstehen. Ein Kind-Layer kann aber beispielsweise einen anderen Standardwert oder einen anderen Wertebereich für diese Dimension erklären.

UCUM-Einheiten

UCUM ist die Abkürzung für „The Unified Code for Units of Measure" und ist ein Code-System für Einheiten im wissenschaftlichen und technischen Bereich [UCUM 1.8]. Das System erhebt den Anspruch, alle dort gültigen Einheiten zu definieren, in dem es sie auf die sieben Basiseinheiten Meter, Sekunde, Gram, Radians, Kelvin, Coloumb und Candela zurückführt.

Die Norm definiert für alle Einheiten einen Namen, ein Kürzel für Anzeige bzw. Ausdruck sowie Kürzel für die Verwendung in automatischen Systemen.

Die automatisch verwendbaren Einheiten-Kürzel (*unitSymbols*) setzen sich aus ASCII-7-bit-Zeichen, also aus den ASCII-Werten 0 bis 127 zusammen. Dabei werden Kürzel für die case-sensitive Verwendung von Kürzeln für case-insensitive Verarbeitung unterschieden.

Tabelle 19: Einige Präfixe für UCUM-Einheiten

Anzeige = Symbole für die Interaktion mit dem Menschen, c/s = Symbole für die case-sensitive, c/i = für die case-insensitive Verwendung in automatischen Systemen (nach [UCUM 1.8], Stand 17.01.2010.

Name	Print	c/s	c/i	Wert	Name	Print	c/s	c/i	Wert
tera	T	T	TR	1×10^{12}	deci	d	d	D	1×10^{-1}
giga	G	G	GA	1×10^{9}	centi	c	c	C	1×10^{-2}
mega	M	M	MA	1×10^{6}	milli	m	m	M	1×10^{-3}
kilo	k	k	K	1×10^{3}	micro	µ	u	U	1×10^{-6}
hecto	h	h	H	1×10^{2}	nano	n	n	N	1×10^{-9}
deka	da	da	DA	1×10^{1}	pico	p	p	P	1×10^{-12}

Tabelle 20: Ausgewählte UCUM-Einheiten und ihre Symbole

Anzeige = Symbole für die Interaktion mit dem Menschen, c/s = Symbole für die case-sensitive, c/i = für die case-insensitive Verwendung in automatischen Systemen (nach [UCUM 1.8], Stand 17.01.2010).

Name	Anzeige	c/s	c/i	Def.-Wert	Def.-Einheit
meter	m	m	M		(Basiseinheit)
inch	n.a.	[in_i]	[IN_I]	2.54	cm
foot	n.a.	[ft_i]	[FT_I]	12	[in_i]
light-year	l.y.	[ly]	[LY]	1	[c].a_j
Pascal	Pa	Pa	PAL	1	N/m2
bar	bar	bar	BAR	$1*10^5$	Pa
degree Celsius	°C	Cel	CEL		cel (1K)
Hertz	Hz	Hz	HZ	1	s-1
Bequerel	Bq	Bq	BQ	1	s-1
lumen	lm	lm	LM	1	cd.sr
lux	lx	lx	LX	1	lm/m2
parts per million	ppm	[ppm]	[PPM]	1	10^{-6}
pH	pH	[pH]	[PH]		pH (1 mol/l)

Neben seinem Namen und seinen Einheiten enthält das *Dimension*-Element die gültige Werte-Domäne für die Dimension. Der Wertebereich kann aus einem einzelnen Wert, einer Werteliste, einem Intervall oder sogar einer Liste von Intervallen bestehen. Bei Intervallen wird auch noch die Auflösung der Werte darin angegeben (Tab. 21). Im optionalen Attribut *default* kann ein Standardwert benannt werden, der anstelle eines angeforderten, aber ungültigen Wertes verwendet wird. Fehlt der Standardwert, wird auf die Anforderung eines ungültigen Wertes hin eine Fehlermeldung ausgegeben.

Der Server wertet den Wertebereich wie eine Bedingung aus und stellt nur die *Features* dar, die die Bedingung erfüllen. Rasterbilder werden für die angeforderte Dimension neu berechnet oder aus einem vorgerechneten Vorrat geholt. Auf jeden Fall übergibt der WMS zu jedem *GetMap*-Request nur ein Bild, auch wenn der Dimensionsparameter ein Intervall oder eine Liste von Werten zur Bedingung gemacht wird. Ein Dimensionsparameter gilt für alle Layer im *GetMap*-Request gleichermaßen.

Tabelle 21: Syntax für die Deklaration von Werte-Domänen in den Service-Metadaten

Syntax	Bedeutung
value	Ein einzelner Wert
value1,value2,value2,...	Liste möglicher Werte
min/max/resolution	Untere und obere Intervallgrenze sowie Auflösung darin
min1/max1/res1,min2/max2/res2,....	Liste möglicher Intervalle mit deren Auflösungen

In den Service-Metadaten darf die Werteliste auch Leerzeichen jeweils nach dem Komma enthalten. Eine Auflösung von „0“ wird für quasi-unendliche Auflösungen verwendet. Eine Auflösung ist beispielsweise so gut wie unendlich, wenn ein Server laufend Messwerte ohne explizit definierte zeitliche Auflösung liefert.

Die **weiteren optionalen Eigenschaften** des *Dimension*-Elements können die Werte 0 bzw. *false* oder 1 bzw. *true* annehmen (Tab. 22). Alle haben den Standardwert 0 bzw. *false:* Die Eigenschaft *multipleValues* gibt bekannt, ob mehrere Werte dieser Dimension in einem Request angefragt werden können. Mit dem Attribut *nearestValue* wird bekannt gegeben, ob der Wert in der Anfrage genau passen muss, oder ob der Server auf einen ähnlichen Wert ausweichen kann. Steht *nearestValue* auf 1, dann findet der Server ein Ergebnis für den nächstähnlichen verfügbaren Wert zu dem angefragten und gibt dieses Ergebnis aus. Mit der Standardeinstellung 0 oder *false* wird der Server auf einen nicht lieferbaren Wert nur mit dem Defaultwert oder einer Fehlermeldung reagieren. Die Eigenschaft *current* ist nur für Zeit-Dimensionen (s. u.) relevant.

Tabelle 22: Eigenschaften einer Layer-Dimension in den Service-Metadaten

E/O: E = erforderlich (*mandatory*), O = optional.

Attribut	E/O	Mögliche Werte	Standard-wert	Bedeutung
name	E		–	Name der Dimension. Bei Standard-Zeitachsen „time“, bei Standard- Höhenachsen „elevation“.
units	E		–	Maßeinheit der Dimension. Bei Standard-Zeitachsen „ISO8601“, bei Standard-Höhenachsen der Name des Koordinatensystems.
unit-Symbol	O		–	Einheiten-Symbol bzw. -kürzel. Bei Standard-Zeitachsen überflüssig, bei Standard-Höhenachsen zum Koordinaten-system passend.
default	O		–	Wert, für den der Server ein Ergebnis ermittelt, wenn der angefragte Wert nicht gültig ist.
multiple-Values	O	0 / false 1 / true	0 / false	Ist *true*, wenn der Server auch mehrere Werte für diese Dimension aus einer Anfrage entgegennimmt.
nearest-Value	O	0 / false 1 / true	0 / false	Ist *true*, wenn anstelle eines ungültigen Wertes aus der Anfrage der nächstähnliche gültige verwendet wird.
current		0 / false 1 / true	0 / false	Gilt nur für die TIME-Dimension. Ist *true*, wenn in der Anfrage der Wert TIME=*current* verwendet werden kann.
extent	E	s. Tab. 21	–	Die Werte-Domäne der Dimension.

Das folgende Beispiel deklariert eine Dimensionsachse für die mittlere Juli-Temperatur mit der Einheit Grad Celsius und einem Wertebereich von −10 Grad bis +30 Grad mit der Auflösung 0,1 Grad. Der Server nimmt mehrere Werte in der Anfrage entgegen und weicht bei ungültigen Anforderungswerten auf den nächstähnlichen Wert aus:

```
<Layer
   ....
   <Dimension name="mittJuliTemp" units="Celsius" unitSymbol="C" multipleValues="1"
      nearestValue="1">-10/30/0.1</Dimension>
   ...
</Layer>
```

Die Einschränkung eines Layerinhalts auf einen Wert, eine Werteliste oder einen bis mehrere Wertebereiche erfolgt im *GetMap*-Request. Dabei wird der Name der Dimension an das Präfix DIM_ angehängt und als Parametername verwendet. Er ist *case-insensitive*. Die Parameterwerte werden in der Syntax der Tabelle 21 übergeben, wobei hier – anders als in der Metadaten-Deklaration – eine Werteliste keine Leerstellen enthalten darf. Die folgende Anweisung beispielsweise fragt nach einer Darstellung derjenigen Bereiche, deren Monatsmitteltemperatur im Juli zwischen 10 Grad und 20 Grad liegt:

```
http://....?Service=WMS&Version=1.3.0&Request=GetMap
&Layers=MMonatTemp&Styles=&Dim_mittJuliTemp=10/20&BBOX=....
```

In der *GetMap*-Anfrage wird das Präfix DIM_ mit dem Dimensionsnamen verkettet und als Parameter verwendet. Der Parametername ist *case-insensitive*.

Eine Dimensionsangabe kann auch auf mehrere Layer angewendet werden. Ein Dimensionsparameter in einem *GetMap*-Request gilt für alle Layer, die diese Dimension in den Service-Metadaten anbieten.

Spezialfälle sind die Dimensionen *time* und *elevation*: Die Dimension ***time*** hat immer die Einheit „ISO8601“ und kein Einheitenkürzel. Sie bezieht sich damit auf ein WMS-Profil der ISO-Norm 8601:2000 (s. Textkasten). Es ist als Anhang D der WMS-Norm angefügt und erweitert ISO 8601 um die Möglichkeit, Zeitintervallen eine zeitliche Auflösung mitzugeben. Das Profil normiert die Syntax für die Definition von Zeitstempeln, Zeitintervallen und periodische Wiederholungen in einem Zeitraum. *GetMap*-Anfragen mit TIME-Parameter müssen diese Syntax verwenden. Server, die andere Wertelisten anbieten möchten, müssen ihre Dimensionen anders benennen. Im folgenden Beispiel wird eine Zeitachse für das Intervall 1949 bis 2009 mit einer Auflösung von einem Jahr deklariert:

```
<Dimension name="time" units="ISO8601">1949/2009/P1Y</Dimension>
```

Für *time*-Dimensionen kann in den Service-Metadaten noch die Eigenschaft *current=true* bzw. *current=1* für Layer mit laufender Aktualisierung deklariert werden. Mit dem Wert *current* für den Anfrageparameter TIME wird dann der jeweils aktuelle Inhalt abgerufen. Ein Beispiel für eine Anfrage mit TIME-Parameter enthält die Abbildung 58 auf Seite 136.

Der Anfrageparameter TIME gilt für alle Layer, für die diese Dimension deklariert wurde. Hier als Beispiel eine Anfrage nach einer Kombination aus aktueller Temperatur und aktuellem Niederschlag:

```
http://....?service=WMS&version=1.3.0&request=GetMap
&Layers=temperatur,niederschlag&styles=&time=current&Bbox=....
```

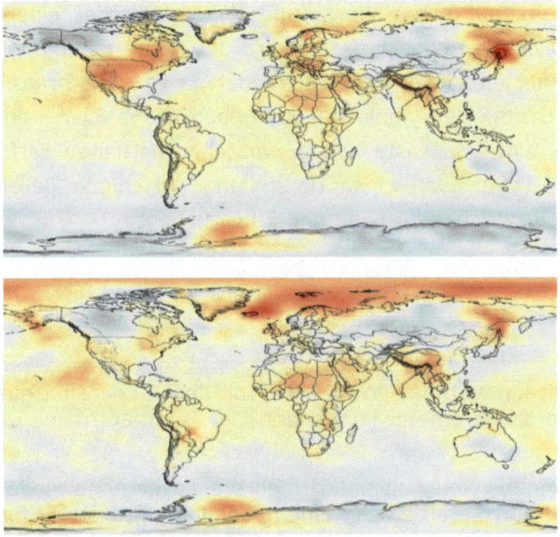

```
http://svs.gsfc.nasa.gov/
cgi-bin/wms?
service=WMS
&version=1.3.0
&Request=GetMap
&CRS=CRS:84
&BBOX=-180,-90,180,90
&layers=3338_24550
&styles=
&width=644&height=289
&format=image/png
&time=1984
```

```
wie oben, aber mit
&time=1994
```

Abbildung 58: Beispiel für eine Time-Dimensions-Abfrage an den SVS Image Server im Scientific Visualization Studio der NASA. Der Layer zeigt die Auswirkung des Ozon-Gehalts in der Atmosphäre auf die globale Klimaerwärmung in den Jahren 1984 bzw. 1994. Quelle: http://svs.gsfc.nasa.gov/index.html.

Die andere der beiden vordefinierten Dimensionen, die Dimension ***elevation***, hat als Einheit zwingend den Namen eines zuvor für den Layer definierten vertikalen Koordinatensystems. Das Einheiten-Kürzel muss natürlich dazu passen. Die WMS-Norm definiert selbst nur ein einziges vertikales Koordinatensystem mit dem Label CRS:88. Es ist eine Höhenachse im nordamerikanischen Datum NADV88 mit der Einheit Meter. Andere vertikale Koordinatensysteme können natürlich auch verwendet werden, beispielsweise aus den EPSG-Codes die Nr. 5730 oder Nr. 5215 für die europäischen Höhenreferenzsysteme EVRF2000 und EVRF2007.

Hier ein Beispiel für eine Höhenachsen-Erklärung in den Metadaten: Die Dimension deckt den Wertebereich von 0 Meter bis 20 000 Metern Höhe ab und ist in 1 000er-Schritten abfragbar; bei nicht genau passenden Abfragen wird der nächstgelegene Wert verwendet:

```
<Dimension name="elevation" units="CRS:88" nearestValue=1>0/20000/1000</Dimension>
```

Die Anforderung einer Karte der Lufttemperatur und des Luftdrucks in 10 000 Meter Höhe könnte dann lauten:

```
http://....?service=WMS&version=1.3.0&request=GetMap&Layers=temp,druck
&styles=&elevation=10000&Bbox=....
```

ISO 8601 Zeit-Formate

Ein vollständiger Zeitpunkt kann aus bis zu 24 Zeichen bestehen. Er setzt sich aus Ziffern für das Jahrhundert, Jahr, den Monat und Tag sowie für Stunden, Minuten und Sekunden zusammen. Für Sekundenbruchteile können bis zu drei Ziffern angefügt werden. Dazwischen stehen verschiedene Trennzeichen. Das allgemeine Format lautet:

ccyy-mm-dd	für reine Datumsangaben oder
ccyy-mm-ddThh:mm:ss.sssZ	für genauere Zeitangaben

Die Zeichenfolge kann auf die gewünschte Auflösung von rechts her gekürzt werden. Das Jahr soll immer auch das Jahrhundert enthalten. Sobald die Zeitangabe über das Datum hinausgeht, also auch Stunden enthält, muss hinten das Suffix „Z" angefügt werden. Es steht für die Zeitzone UTC (Coordinated Universal Time). Wenn eine andere Zeitzone benutzt wird, soll sie explizit hinten angefügt werden. Zeitangaben ohne Zeitzone sollen nicht verwendet werden. Ein paar Beispiele:

ccyy	2009	das Jahr 2009
ccyy-mm	2009-10	Monat Oktober im Jahr 2009
ccyy-mm-dd	2009-10-03	der dritte Oktober 2009
ccyy-mm-ddThh:mmZ	2009-10-03T12:30Z	am 3.10.09 um 12:30 Uhr UTC-Zeit

Jahre vor Beginn unserer Zeitrechnung werden mit einem vorangestellten Minuszeichen versehen. Die früher gültigen Präfixe und Formulierungen wie „K20" für −20 000 sind nicht mehr gültig. Das kann bei geologischen Zeitangaben ganz schön viele Nullen mit sich bringen. Zwei Beispiele:

-ccyy	-1250	das Jahr 1250 v. Chr.
-ccyy	-150000000	150 Mio. vor unserer Zeitrechnung

Mehrere Zeitangaben können als kommagetrennte Werteliste ohne Leerzeichen hintereinander gehängt werden. Zeitintervalle werden in der Syntax Startzeit/Endzeit angegeben:

2009-03-31,2009-06-30,2009-09-30,2009-12-31	die Quartalsletzten des Jahres 2009
2009-02-28T04:00/2009-03-02T18:30	28.2.09 4:00 Uhr bis 2.3.09 18:30 Uhr

Als Erweiterung von ISO 8601 ermöglicht die WMS-Norm, einem Zeitintervall in den Service-Metadaten eine zeitliche Auflösung anzuhängen. Dafür wird das Perioden-Format aus ISO 8601 verwendet. Die Zeichenfolge beginnt mit einem P, gefolgt von dem Wert und seinem Einheitenkürzel. Zeitangaben im Stundenbereich oder genauer bekommen zusätzlich ein T vorangestellt. Die Kürzel lauten Y, M, D, H, M, S für Jahr, Monat, Tag, Stunde, Minute und Sekunde. Einige Beispiele für Perioden:

P1Y	1 Jahr
P6M15D	6 Monate und 15 Tage
PT3H	3 Stunden
PT1.5s	1,5 Sekunden

Als Auflösung in einem Intervall wird die Periode durch „/" getrennt an das Intervall angehängt:

1949/2009/P1Y	jährlich zwischen 1949 und 2009
2009-01-01/2009-12-31/P1D	täglich zwischen 1.1.09 und 31.12.09
2009-01-01T06:30Z/2009-12-31T22:30Z/PT1H	stündlich zwischen 1.1.09 6:30 Uhr und 31.12.09 22:30 Uhr
2009-01-01T06:30Z/2009-12-31T22:30Z/PT30M	halbstündlich zwischen 1.1.09 6:30 Uhr und 31.12.09 22:30 Uhr

Dimensionen werden wie eine dritte Koordinatenachse verwendet. Sie werden jeweils für einen Layer in den Service-Metadaten deklariert. Kind-Layer erben Dimensionen von ihren Vater-Layern.

In einem HTTP-Request kann dann ein Layer durch den Parameter DIM_<Name> den Layer auf einen Wert, eine Werteliste oder Wertebereiche einschränken.

Spezielle Dimensionen sind die Achsen *time* und *elevation*. Sie können in der Anfrage mit TIME= bzw. ELEVATION= eingeschränkt werden. Time=*current* fordert den aktuellen Zeitpunkt an.

7.7 Das GetFeatureInfo-Request

Im Gegensatz zu den beiden vorhergehenden Anfragen ist *GetFeatureInfo* eine optionale Operation. Als Antwort liefert sie Sachdaten über Geoobjekte (*Features*) zurück. Aber nicht zu allen, sondern zu den *Features*, die sich an einer durch den Nutzer bestimmten Kartenposition befinden. Die Clientkomponente übermittelt in der Anfrage eine relative Kartenposition und eine Ebenenliste. Der Server findet dazu die nächstgelegenen n *Features* in den angefragten Kartenebenen und gibt deren Sachinformation in einem passenden Format zurück. In Anwendungen verbergen sich *GetFeatureInfo*-Anfragen häufig hinter „Info-Buttons" (Abb. 59).

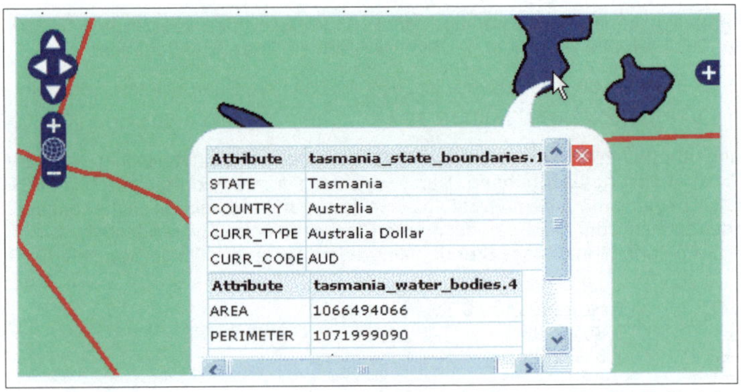

Abbildung 59: Beispiel für eine GetFeatureInfo-Abfrage (GetFeatureInfo-Popup-Beispiel aus der OpenLayers-Beispiel-Sammlung unter http://www.openlayers.org/dev/examples/, 08.01.2010).

Eine *GetFeatureInfo*-Anfrage erfolgt deshalb in der Regel, nachdem vorher ein *GetMap*-Request abgesetzt wurde. Sie bezieht sich immer auf eine bestimmte Bildposition im gerade erhaltenen Kartenausschnitt. Darum enthält sie alle diejenigen Parameter aus dem

GetMap-Request, die Ausdehnung und Inhalt der Karte bestimmen. Im *GetFeatureInfo*-Request werden diese Parameter wiederholt und um weitere ergänzt.

Der WMS benötigt die *GetMap*-Parameter in der *GetFeatureInfo*-Anfrage, weil er „*stateless*“ (zustandslos) ist. Nachdem eine Anfrage abgearbeitet wurde, hat der Server „vergessen“, dass er etwas getan hat und was es war. Die *GetMap*-Parameter müssen deshalb für die *GetFeatureInfo*-Operation wiederholt werden.

Die *GetFeatureInfo*-Anfrage ist nur anwendbar auf Ebenen, für die der Server das in den Service-Metadaten mithilfe des Layer-Attributs *queryable=1* oder *queryable=true* bekannt gemacht hat.

Die notwendigerweise zu wiederholenden *GetMap*-Parameter decken sich weitgehend mit den in Kapitel 7.4 beschriebenen. Ausgenommen sind optionale Parameter und die Parameter *VERSION* und *REQUEST*. Da für diese eigene *GetFeatureInfo*-Parameter definiert sind, müssen sie nicht aus der *GetMap*-Anfrage übernommen werden. Zusätzlich sind noch weitere, spezifische Parameter erforderlich (Abb. 60). Einen Überblick gibt auch Tabelle 23.

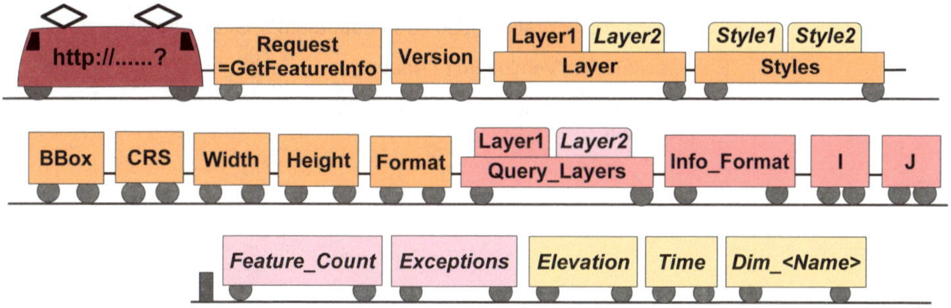

Abbildung 60: Übersicht über das *GetFeatureInfo*-Request. Das Request benötigt die obligatorischen Parameter aus dem vorherigen *GetMap*-Request (orange Waggons). Die roten Waggons kommen als spezifische *GetFeatureInfo*-Parameter neu dazu. Helle Waggons auf dem Abstellgleis sind optional.

Der Parameter QUERY_LAYERS enthält die Liste der Layer, für die Information angefordert wird. Es ist auch wieder eine kommagetrennte Liste ohne Leerzeichen zwischen den Werten.

Der Standard geht nicht explizit auf die nähere Einschränkung der Layer durch einen Dimensions-Parameter ein. Es ist jedoch davon auszugehen, dass auch Dimensions-Parameter wie TIME, ELEVATION oder andere Dimensionen in der *GetFeatureInfo*-Anfrage wiederholt werden müssen.

Mit den Parametern I und J wird eine Position im Kartenbild übergeben (Abb. 61). In der Regel wird sie durch einen Mausklick erzeugt und von der Clientkomponente ermittelt. Mit dem FEATURE_COUNT-Parameter wird optional die Anzahl der nächstgelegenen *Features* angegeben, zu denen der Server Informationen zurückgeben soll. Standardmäßig wird nur ein Objekt, nämlich das zunächst gelegene Feature gesucht und berücksichtigt.

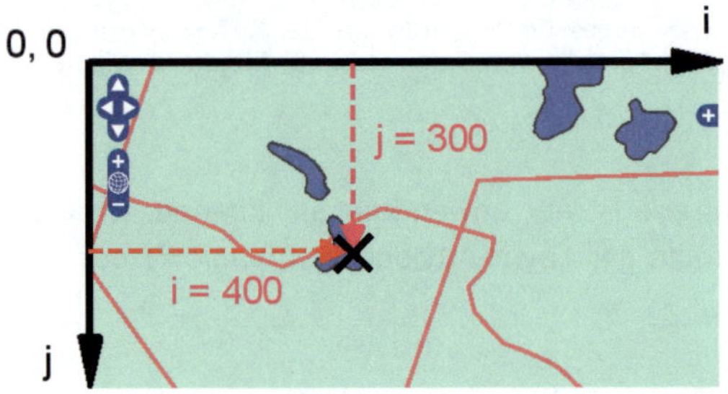

Abbildung 61: Die Parameter i und j enthalten die Koordinaten der gesuchten Position im lokalen Bild-Koordinatensystem.

Tabelle 23: Anfrageparameter des *GetFeatureInfo*-Requests

E/O: E = erforderlich (*mandatory*), O = optional.

Parametername	E/O	Parameterwert	Defaultwert	Beispiel
REQUEST	E	Name der Operation, hier: „GetFeatureInfo“	GetFeatureInfo	
VERSION	E	Gewünschte Version im Format x.y.z	–	1.3.0
LAYERS	E	Parameter aus dem vorherigen GetMap-Request		
STYLES	E			
BBOX	E			
SRS	E			
WIDTH	E			
HEIGHT	E			
FORMAT	E			
ELEVATION	O			
TIME	O			
DIM_<Name>	O			
QUERY_LAYERS	E	Liste der Layer, die angefragt werden		lakes
INFO_FORMAT	E	Ausgabeformat für die Feature-Information	–	text/xml
I	E	Pixel-Spaltenwert der angefragten Position	–	400
J	E	Pixel-Zeilenwert der angefragten Position	–	350
FEATURE_COUNT	O	Anzahl der Features, für die Information zurückgeliefert wird	1	5
EXCEPTIONS	O	Ausgabeformat für Fehlermeldungen	XML	

Der Parameter INFO_FORMAT ist ab Version 1.3.0 verpflichtend; bis Version 1.1.1 war er optional. Darin wird das gewünschte Ausgabeformat für die Serverantwort als MIME-Type angegeben. Zur Auswahl stehen die Formate, die der Service in den Service-Metadaten zur *GetFeatureInfo*-Operation auflistet. Es gibt hierbei keinen Standardwert. Wird ein Format angefordert, das der Server nicht kennt, wird eine Fehlermeldung zurückgegeben.

Schließlich lassen sich mit dem optionalen Parameter EXCEPTIONS die Ausgabeformate für Fehlermeldungen festlegen. Standardwert ist auch hier wieder der MIME-Type text/xml. Andere mögliche Werte sieht die Spezifikation an dieser Stelle nicht vor.

Hier ein *GetFeatureInfo*-Request auf der Basis der oben genannten *GetMap*-Anfrage:

```
http://ein.map.server?
VERSION=1.3.0&
REQUEST=GetFeatureInfo&
SERVICE=WMS&
LAYERS=gebiete,fluesse,strassen&
STYLES=stil1,stil2,stil3&
CRS=EPSG:4326&
BBOX=13.2345,51.1558,18.1703,53.0951&
WIDTH=600&HEIGHT=490&
FORMAT=image/png&
QUERY_LAYERS=fluesse,strassen&
INFO_FORMAT=text/xml&
I=435&
J=227&
FEATURE_COUNT=5
```

Die Antwort auf diese *GetFeatureInfo*-Anfrage ist die Attributinformation zu den fünf, der Position i=435, j=227 in der Karte am nächsten liegenden *Features*. Die Information wird als XML-Dokument übergeben. Welche Feature-Information übergeben wird und wie der Server diese Information generiert, ist ihm überlassen. Der Anwender hat keinen Einfluss auf die Art der übergebenen Inhalte.

Mit dem *GetFeatureInfo*-Request können Informationen zu einem oder mehreren *Features* abgefragt werden. Dabei übergibt die Clientkomponente eine relative Position mit Bezug auf eine durch ein *GetMap*-Request erhaltene Karte. Der Server findet das oder die nächstgelegenen *Features* des angefragten Layers und gibt dessen Sachdaten aus. Auf die Inhalte der ausgelieferten Sachdaten hat der Benutzer keinen Einfluss.

Weil sich die relative Position auf ein *GetMap*-Ergebnis bezieht, der WMS sich aber die Anfragen nicht merkt, enthält ein *GetFeature-Info*-Request auch alle wichtigen Parameter eines *GetMap*-Requests.

Server müssen die *GetFeatureInfo*-Operation nicht anbieten; aber wenn sie es tun, dann müssen sie es in der *Capabilities*-Sektion der Service-Metadaten bekannt machen.

7.8 Konformitätsanforderungen

Hinsichtlich der Normenkonformität unterscheidet die WMS-Norm einen einfachen, „*basic WMS*" von einem abfragbaren „*queryable WMS*". Ein *basic WMS* stellt die Operationen *GetCapabilities* und *GetMap* bereit; der *queryable WMS* zusätzlich die Operation *GetFeatureInfo* (Abb 62). Anhang A der WMS-Norm (Version 1.3.0) enthält eine Liste durchzuführender Tests für diese beiden Konformitätsklassen; dabei wird zwischen der Client- und der Serverrolle unterschieden. Die Testbedingungen sind allerdings sehr allgemein gehalten.

Der Standard differenziert nicht zwischen Komponenten, die nur die verpflichtenden Elemente anbieten und denen, die auch optionale Parameter absetzen oder verarbeiten können.

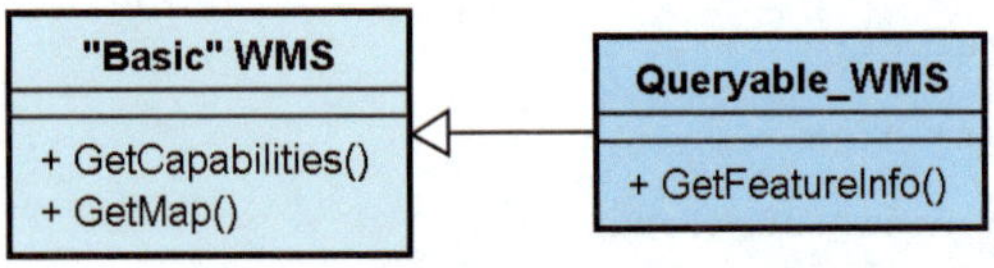

Abbildung 62: Ein „Queryable WMS" unterscheidet sich von einem „Basic WMS" dadurch, dass er zusätzlich zu den Operationen GetCapabilities und GetMap noch die Operation GetFeatureInfo anbietet.

Sowohl Clientkomponenten als auch Server eines ***basic WMS*** müssen die Grundbausteine („*Basic elements*") der Norm richtig anwenden. Dazu gehören die Versionsverhandlungen, die allgemeinen Regeln für HTTP-Anfragen und Serverantworten, die richtige Codierung von Parametern und Werten in den Service-Metadaten und im HTTP-Request und der Umgang mit Fehlermeldungen. Auch die richtige Verwendung von Formatbezeichnungen und Koordinatensystem-Referenzen gehören dazu.

Im Konformitätstest muss deshalb eine ***basic WMS*-Clientkomponente** die HTTP-Parameter richtig zusammensetzen. Sie muss eine gültige *GetCapabilities*-Anfrage und exemplarisch verschiedene gültige *GetMap*-Requests erzeugen können. Ein ***queryable WMS-Client*** muss zusätzlich in der Lage sein, gültige *GetFeatureInfo*-Requests abzusetzen (Tab. 24).

Tabelle 24: Testaufgaben für WMS-Clientkomponenten

Klasse	Test	Testbereich	Prüf-Aufgabe
Basic WMS	A1.1.1	Basic service elements	Erzeugen und Überprüfen eines Beispiel-Requests.
	A 1.1.2	GetCapabilities-Request	Erzeugen und Überprüfen eines GetCapabilities-Requests.
	A 1.1.3	GetMap-Request	Erzeugen und Überprüfen eines GetMap-Requests.
Queryable WMS	A 2.1	GetFeatureInfo-Request	Erzeugen und Überprüfen verschiedener gültiger GetFeatureInfo-Requests.

Auf der Serverseite wird ein ***basic WMS*-Server** darauf geprüft, ob er die richtigen Antworten liefert. Er muss auf Versionswünsche eines Clients richtig reagieren, verschiedenste gültige und ungültige HTTP-Anfragen richtig beantworten und auf *GetCapabilities*- und *GetMap*-Anfragen die korrekte Antwort liefern. Ein ***queryable WMS*-Server** muss zusätzlich auf *GetFeature*Info-Anfragen adäquate Antworten ausgeben (Tab. 25).

Tabelle 25: Testaufgaben für einen „Basic WMS"-Server

Klasse	Test	Testbereich	Prüf-Aufgabe
Basic WMS	A 1.2.1	Version negotiation	Übergabe verschiedener Probe-Requests in Versionen, die niedriger oder höher sind als die vom Server angebotenen. Prüfung der Serverantworten.
	A 1.2.2	Request Parameter Rules	Übergabe einer Reihe von gültigen und ungültigen Probe-Requests und Überprüfung der Serverantwort.
	A 1.2.3	GetCapabilities-Response	Übergabe einer Reihe von GetCapabilities-Requests mit verschiedenen Parametern und Prüfung der Serverantwort.
	A 1.2.4	GetMap-Response	Übergabe einer Reihe von GetMap-Requests mit verschiedenen Parametern. Prüfung der Serverantwort.
Queryable WMS	A 2.2	GetFeatureInfo-Response	Übergabe einer Reihe von GetFeatureInfo-Requests mit verschiedenen Parametern und Überprüfung der Serverantwort.

Für beide Klassen gilt: Eine Erweiterung mit Zusatzfunktionen oder -parametern ist möglich. So wie ein *queryable WMS* immer auch *„basic WMS"*-konform ist, bleibt ein erweiterter *queryable WMS* standardkonform, solange er dessen Anforderungen erfüllt.

Ein Beispiel: Ein WMS wird allen Anforderungen eines *basic WMS* gerecht und hat zusätzlich eine Operation namens *GetObjectInfo* implementiert. Diese GetObjectInfo entspricht inhaltlich genau einer *GetFeatureInfo*-Operation und hat nur einen anderen Namen. Ein solcher WMS ist *„basic WMS"*-konform. Aufgrund der „falschen" Benennung der *GetObjectInfo*-Zusatzoperation ist er aber nicht „queryable WMS"-konform.

Die WMS-Norm unterscheidet die beiden Konformitätsklassen „Basic WMS" und „Queryable WMS". Die Klassen gelten jeweils für Client- und Serverrolle.

Ein „Basic WMS"-Client oder Server beherrscht die grundlegenden HTTP-Kommunikationsregeln und die Schnittstellen *GetCapabilities* und *GetMap*. Ein „Queryable WMS"-Client oder Server kann zusätzlich über die Schnittstelle *GetFeatureInfo* kommunizieren.

Anhang A der WMS-1.3.0-Norm definiert eine Reihe durchzuführender Tests für die Prüfung der Normenkonformität. Die Testbeschreibungen sind allerdings so allgemein gehalten, dass sie in der Praxis keine Hilfestellung geben.

Literatur zur Web-Map-Server-Spezifikation

Einen Überblick über die Standards und Normen der GIS Welt geben Greve und Kiele ([GR_KI 06], [GR_KI 06 B]).

Eine Einordnung des WMS-Dienstes in den Kanon der OpenGIS-Dienste ermöglicht das Buch „Geodateninfrastruktur" von Bernard, Fitzke und Wagner ([BE_FI_WA 05]).

In dem Buch „Web-Mapping mit Open Source-GIS" von Tyler, Emde und Christl geht es auch um den Web Mapping Service und seine Implementierung ([TY_EM_CH]).

Korduan und Zehner behandeln in ihrem Buch „Geoinformation im Internet" neben einer allgemeinen Darstellung der Geoinformation im Internet den WMS ([KO_ZE 07]).

Links zur WMS-Spezifikation

Viel Information zum WMS-Standard gibt es in Produktdokumentationen verschiedener Hersteller oder OpenSource-Projekte. Die können hier jedoch wegen der Softwareneutralität der Buchreihe nicht aufgenommen werden.

Den jeweils aktuellen Standard finden Sie auf der Homepage des OGC:
http://www.opengeospatial.org/standards/wms

Die Liste der Softwareprodukte, die die Konformitätsprüfungen für den WMS als Server oder Client bestanden haben, finden Sie hier:
http://www.opengeospatial.org/resource

Das Cite-Portal des OGC bietet den Zugang zu Konformitätstests und Informationen dazu:
http://cite.opengeospatial.org

Fragen zum Standard werden im OGC Public Forum zum WMS diskutiert:
http://www.ogcnetwork.net/forum >> WMS

Generell ist das OGC Network eine Anlaufadresse für weitere Informationen. Es gibt dort auch eine Seite zu Web Mapping Services mit weiteren Links:
http://www.ogcnetwork.net/networks

Hier gibt es auch das OGC WMS Cookbook
http://www.ogcnetwork.net/wms

Das „Kochbuch" der Global Spatial Data Infrastructure für den Aufbau von Geodateninfrastrukturen finden Sie in mehreren Sprachen hier:
http://www.gsdi.org/gsdicookbookindex

Das Praxishandbuch „WebGIS mit Freier Software" von Arnulf Christl und Athina Thrakas gibt einen Überblick über Geodateninfrastrukturen mit freier Software. Das frei erhältliche Dokument ist inzwischen an vielen Stellen im Netz erhältlich, unter anderem hier:
http://en.giswiki.net/wiki/WebGIS >> Literatur

Einige GetMap-Request-Beispiele mit Time-Parameter und mit AUTO2-Koordinatensystem finden Sie in der Layers Test Page des SimpleMapServer-Projekts:
http://glmapserver.sourceforge.net/test/layer_test.html

Links zu WMS-Diensten oder Dienst-Katalogen

Eine Liste „aktiver" WMS-Dienste pflegt die Firma Skylab Mobilesystems an diesen beiden Adressen:
http://www.skylab-mobilesystems.com/en/wms_serverlist.html
http://www.ogc-services.net

Den OnEarth-Mapserver der Nasa erreichen Sie hier:
http://onearth.jpl.nasa.gov

Das Scientific Visualization Studio der Nasa bietet einen WMS in der Version 1.3.0:
http://svs.gsfc.nasa.gov/documents/index.html

Der NEO Web Map Service der Nasa „spricht" WMS 1.1.0 und 1.3.0:
http://neo.sci.gsfc.nasa.gov/View.html?page=AboutWMS

Das niedersächsische Umweltministerium unterhält einen öffentlichen WMS 1.3.0:
http://www.umwelt.niedersachsen.de >> Themen >> Umweltkarten >> WMS

WMS 1.3.0-Dienste des Landesamtes für Geologie und Bergbau in Rheinland-Pfalz
http://www.lgb-rlp.de/wms-dienste.html

WMS-(1.1.0-)Dienste des Landes Nordhein-Westfalen und der GDI NRW:
http://www.geoserver.nrw.de/gbdatenIT.NRW.html
http://www.geoserver.nrw.de/udatenIT.NRW.html

WMS-Serverliste in der Homepage des OpenSource-Projekts Geoserver:
http://geoserver.org/display/GEOS/Available+WMS+and+WFS+servers

WMS-Server auf OpenStreetMap-Daten:
http://omniscale.de/demo (WMS-Versionen 1.0.0, 1.1.1 und 1.3.0)
http://www.wheregroup.com/de/freier_wms_mit_openstreetmap_daten (V.1.3.0)

In den Seiten der GDI Bayer gibt es einen Capabilities-Viewer, mit dem man sich die Service-Metadaten zu einem WMS-Dienst als gestaltete HTML-Seite anschauen kann:
https://geoportal.bayern.de/getcapabilities

Links zu unterstützenden Standards

Der Wikipedia-Eintrag zu UCUM hilft in Sachen Dimensions-Einheiten erst einmal weiter:
http://de.wikipedia.org/wiki/Unified_Code_for_Units_of_Measure

Units-of-Measure-Homepage und Wiki:
http://unitsofmeasure.org

Die UCUM-Spezifikation findet man über die Homepage des Regenstrief-Instituts
http://www.regenstrief.org/medinformatics/ucum
http://aurora.regenstrief.org/~ucum/ucum.html#section-Base-Units

Informationen zu ISO 8601 in der Wikipedia:
http://de.wikipedia.org/wiki/ISO_8601
http://en.wikipedia.org/wiki/ISO_8601

Das Wichtigste aus ISO 8601 in Kürze in der Homepage der ISO:
http://www.iso.org/iso/date_and_time_format

Datums- und Zeitformate des XML-Standards beziehen sich auf ISO 8601:
http://www.w3.org/TR/xmlschema-2/#isoformats

Ein Web Map Server liefert Kartenbilder an eine anfragende Komponente aus. Er hat drei Operationen:

Mit der Operation *GetCapabilities* gibt der Service Auskunft über sich selbst und über die bei ihm vorhandenen Kartenlayer.

Die Operation *GetMap* dient der Abholung eines Kartenbildes. Die Clientkomponente muss dafür den benötigten räumlichen Ausschnitt, die gewünschten Layer, das Ausgabeformat sowie Höhe und Breite der Ausgabegrafik übermitteln. Die Ausgabeformate können Rasterformate oder Vektorgrafikformate sein.

Mit der Operation *GetFeatureInfo* fragt eine Clientkomponente Informationen zu den auf der Karte dargestellten Geoinformationen an. Diese Operation ist optional.

8 Web Mapping mit SLD

8.1 Überblick

Ein OpenGIS *Web Map Server* baut aus einer geordneten Folge von symbolisierten Layern (engl. *Styled Layers*) eine Karte zusammen und gibt diese aus. Ein *Styled Layer* ist die Kombination einer Datenquelle - eines *Layers* - mit einer Darstellungsvorschrift - dem *Style*. Enthält die Karte mehrere Layer, werden diese in der Reihenfolge ihrer Anforderung übereinandergelegt (Abb. 63).

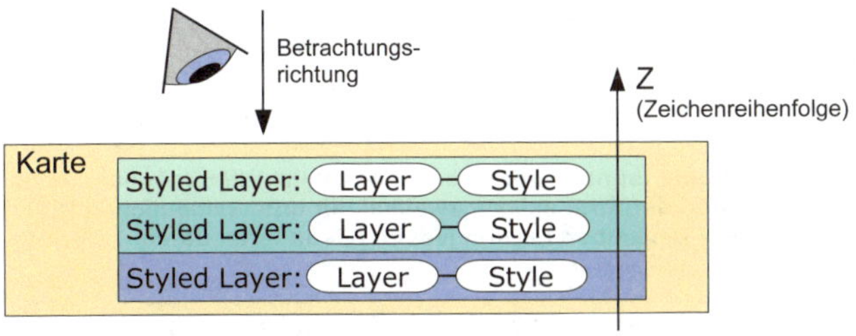

Abbildung 63: Eine Karte entsteht als Übereinanderlagerung von Layer-Style-Zuordnungen.

Ein **einfacher WMS** - wie im vorherigen Kapitel vorgestellt - kann dabei jeden Layer nur in vordefinierter Weise darstellen. Er kann für seine Layer auch mehrere vordefinierte Darstellungsarten (*Styles,* Stile) zur Verfügung stellen. Gibt es mehrere zur Auswahl, dann kann durch den Parameter STYLES im *GetMap*-Request eine dieser Darstellungsweisen angefordert werden (Abb. 64). Werden mehrere Layer in verschiedenen vordefinierten Stilen angefordert, dann geschieht die Zuordnung der Stile zu Layern im einfachen WMS über die Reihenfolge, in der die Layer und Stile im jeweiligen Parameter angegeben werden (Abb. 65).

Beispielsweise könnte es Sinn machen, einen Stadtplan-WMS sowohl in Farbe oder in Graustufen zur Verfügung zu stellen und dies über den Style-Parameter im *GetMap*-Request verfügbar zu machen.

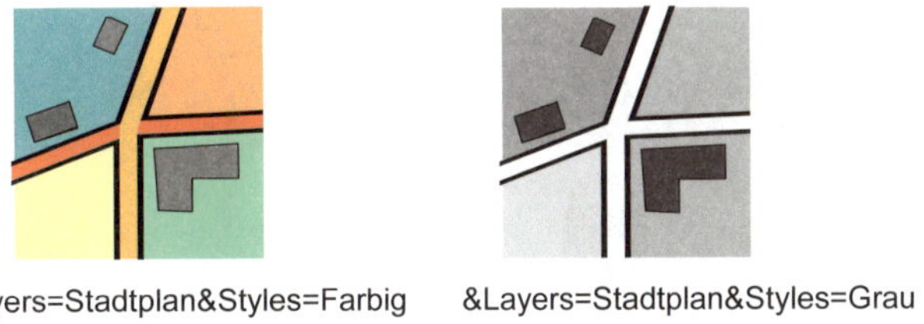

Abbildung 64: Ein „normaler" WMS kann lediglich einem vordefinierten Layer einen vordefinierten Stil zuordnen.

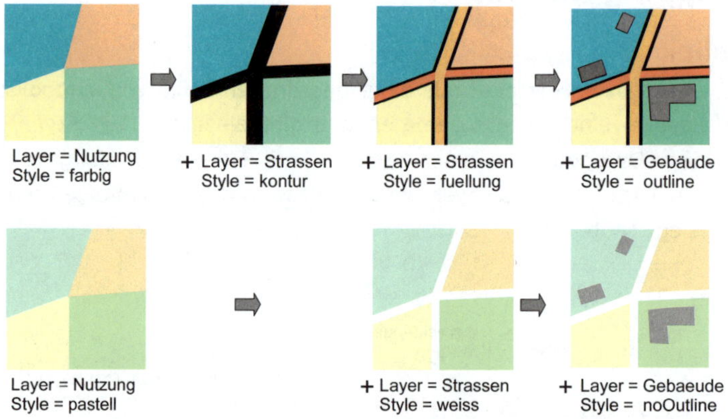

Abbildung 65: Auch diese Variante ist noch mit einem „normalen“ WMS möglich. Im oberen Beispiel wird für die Konturierung der Straßen der Straßenlayer zweimal mit unterschiedlichen Stilen verwendet. Unten eine alternative Darstellung aus denselben Layern, jedoch mit anderen Stilen.

Möchte der Benutzer jedoch einen Layer nach Attributen selbst klassifizieren und diese Klassen dann auch unterschiedlich darstellen, reicht eine feste Layer-Style-Zuordnung nicht mehr aus. Es müssen Klassen definiert und Signaturen zugeordnet werde. Der *Web Map Server* soll das alles als Karte zurückliefern. Ein ***SLD-WMS*** kann das leisten (Abb. 66). Das SLD-Profil zur WMS-Spezifikation definiert Ergänzungen zum WMS-Standard, mit denen die Einflussmöglichkeiten des Users auf die Kartengestaltung wesentlich erweitert werden können.

Abbildung 66: Web Map Server mit SLD-Profil können ihre Inhalte auf verschiedene Weise darstellen.

Die Bandbreite der Anwendungsmöglichkeiten für die SLD-Erweiterung ist groß. Sie reicht von der simplen Einschränkung eines vordefinierten Layers auf bestimmte *Feature-Types* über die Verwendung externer Symbolbibliotheken bis hin zur Darstellung übersandter Feature-Objekte anhand einer mitgeschickten Zeichenvorschrift. Ab der Version 1.1.1 können auch kleinere Mengen an Geoobjekten als eingebettetes GML zur Darstellung an einen SLD-WMS gesendet werden. Im Extremfall wird der WMS zur Zeichen- und Renderingmaschine für ihm übersandte Daten oder für Daten aus beliebigen, ihm irgendwie zugänglichen OpenGIS-Datendiensten.

Ein **Styled Layer Descriptor** (SLD) ist ein XML-Dokument oder -Fragment, welches die Clientkomponente mit einem *GetMap*-Request an einen WMS mitsenden kann. Darin können eigene Layerdefinitionen und eigene Stildefinitionen mitgeschickt werden. Der WMS erhält also über einen SLD die Mitteilung, welche Daten er wie darstellen soll. Die Übergabe eines SLD erfolgt entweder im HTTP-POST-Verfahren durch Übersendung einer GetMap-XML mit integrierter SLD-Struktur oder im HTTP-GET-Verfahren mithilfe eines neuen Parameters namens SLD oder SLD_BODY (Kap. 8.6).

Ein *Styled Layer Descriptor* (SLD) ist ein XML-Dokument oder XML-Fragment. Es enthält Layer-Definitionen und Darstellungsanweisungen (Stile) dafür.

Der SLD wird mit einem *GetMap*-Request an einen WMS übersandt.

Ein SLD setzt sich aus Layer-Definitionen zusammen. Jede Layer-Definition wiederum enthält die Anweisung, welche Darstellungsvorschrift (*Style*) der WMS dafür verwenden soll. Je nach Angebot des WMS können dabei Layer und *Style* vom Benutzer definiert und/oder die bereits in den Service-Metadaten des WMS vordefinierten Layer und Stile einbezogen werden. Dabei können sich Layer-Definitionen je nach Angebot und Art des WMS auf dessen eigene Datenquellen oder auf beliebige andere, online zugängliche Datenquellen beziehen (Kap. 9.1, 9.2).

Stile (*Styles*) können Regeln für eine Klassifikation enthalten (*Rules*) und den Klassen verschiedene Signaturen zuordnen. Sie können auch in externen, ebenfalls online zugänglichen Bibliotheken abgelegt und im SLD referenziert werden (Kap. 9.3, 9.5).

Vor allem aber enthält ein Stil Signaturen (*Symbolizer*). Es gibt Signaturen für Punkte, Linien, Flächen, Texte und Rasterdaten. Auch die Signaturen werden als XML-Struktur übergeben. Sie codieren beispielsweise Farben, Strichstärken, Strichmuster, Füllmuster, Text-Fonts und Punkt-Symbole (Kap. 9.5).

Weil diese Teile eines SLD-Schemas auch in anderen Zusammenhängen verwendbar sind, wurden die eigentlichen Signaturdefinitionen aus dem SLD-Schema ausgegliedert und in ein eigenes *Symbology-Encoding*-Schema (SE) transferiert. Ein SLD (ab Version 1.1.1) enthält damit Elemente aus den Schemata SLD 1.1.1 und SE 1.1.0.

Mit der Auskoppelung des *Symbology Encodings* als eigene Spezifikation kann diese künftig auch außerhalb von WMS-Anfragen eingesetzt werden, beispielsweise zur Definition von Signaturen innerhalb einer Desktop-GIS-Applikation. Die Auslagerung erfolgte mit dem Update der SLD-Spezifikation zur Version 1.1.1. Inhaltlich hat sich dabei nichts geändert. In der Praxis wechselt damit nur der Namensraum der betreffenden Elemente im SLD-Dokument.

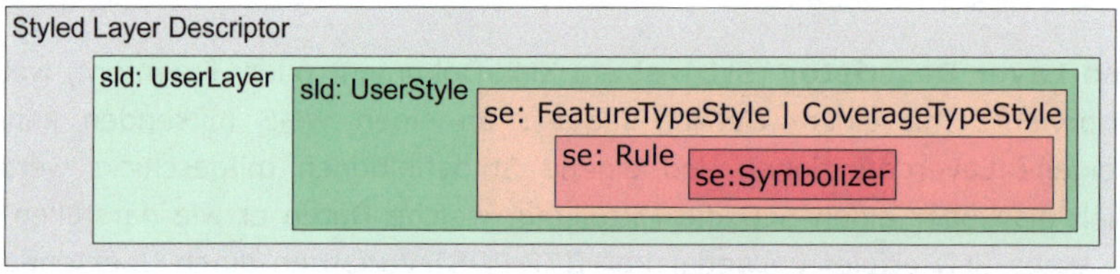

Abbildung 67: Ein SLD-Dokument enthält Layer. Layer enthalten *Style*-Zuordnungen. Ein *UserStyle* verwaltet Zeichenvorschriften in *Rule*-Elementen. Signaturen sind in *Symbolizer*-Elementen enthalten. *Rule*- und *Symbolizer*-Elemente werden ab Version 1.1.0 im *Symbology-Encoding*-Schema definiert.

Welche Möglichkeiten ein SLD-WMS anbietet, das veröffentlicht er in den Service-Metadaten in dem zusätzlichen Element „***UserDefinedSymbolization***". Kann der Server auch Daten eines externen anderen Datenservers darstellen, also quasi als Zeichenmaschine funktionieren, so gibt er das ebenfalls dort bekannt. Dann wertet er mit einem *GetMap*-Request auch die neuen Parameter **REMOTE_OWS_TYPE** und **REMOTE_OWS_URL** aus, mit denen die Clientkomponente auf einen anderen Datenserver verweisen kann (Kap. 8.4).

Damit eine Clientkomponente benutzerdefinierte Styles zu vorhandenen Layern definieren kann, muss sie vorher wissen, wie diese Layer strukturiert sind. Dafür kann ein SLD-WMS die neue Operation ***DescribeLayer*** anbieten. SLD-WMS, die fest mit einer gekapselten Web-Feature-Server- oder Web-Coverage-Server-Datenquelle „verdrahtet" sind, müssen dafür deren Operationen ***DescribeFeatureType*** und ***DescribeCoverage*** nach außen bereit stellen, also solche Requests entgegennehmen (Kap. 8.3, 8.5).

Schließlich sorgt ein leistungsfähiger SLD-WMS auch noch dafür, dass sich eine Clientkomponente eine Legende zu ihren benutzerdefinierten Zeichenstilen bei ihm abholen kann. Dafür stellt er (optional) die zusätzliche Operation ***GetLegendGraphic*** bereit (Kap. 8.7).

Über die Konformitätsanforderungen an einen SLD-WMS und an Signaturcodierungen nach dem *Symbology-Encoding*-Standard informieren die Kapitel 8.9 und 9.9.

Das SLD-Profil zu WMS 1.3.0 enthält folgende Ergänzungen zur WMS-Norm:

- Das SLD-XSD-Schema,
- eine Erweiterung der Capabilities-Response um das Element *„UserDefinedSymbolization"*,
- für die GetMap-Operation die zusätzlichen Parameter SLD/SLDBODY, REMOTE_OWS_TYPE und REMOTE_OWS_URL,
- die neuen optionalen Operationen *DescribeLayer* und *GetLegendGraphic,*
- bei integrierten WMS Bereitstellung der *DescribeFeatureType*- und der *Describe-Coverage*-Operationen der verbundenen WFS und WCS.

Ein SLD-Dokument oder -Fragment enthält Elemente aus dem SLD-Schema und (ab Version 1.1.1) aus dem *Symbology-Encoding*-Schema (SE). Dieses codiert Punkt-, Linien- und Flächensignaturen. Auch Position und Format von Beschriftungen und die Darstellung von Rasterdaten können damit standardisiert werden.

8.2 Möglichkeiten der Style-Layer-Zuordnung

Das SLD-Profil zum WMS eröffnet eine Vielzahl an Anwendungsmöglichkeiten. Ein SLD-WMS kann vorgefertigte Kartenebenen liefern, vorhandene Datenquellen nach übersandter Vorschrift darstellen oder gar eine Zeichenmaschine für übergebene *Features* sein. Dazwischen gibt es viele Varianten. Die SLD-Spezifikation macht vieles möglich, ist aber dementsprechend auch kompliziert zu verstehen. Bringen wir also zunächst ein wenig Ordnung in die Vielfalt der Möglichkeiten.

Die Spezifikation unterscheidet vordefinierte Layer (*NamedLayers*) von benutzerdefinierten Layern (*UserLayers*) und vordefinierte Stile (*NamedStyles*) von benutzerdefinierten Stilen (*UserStyles*).

Ein „normaler" WMS kann nur *NamedLayer* in *NamedStyles* anzeigen. Er veröffentlicht die Namen der vordefinierten Layer und Stile in den Service-Metadaten. In der bisherigen Praxis ist bei den meisten verfügbaren WMS für einen Layer auch nur ein Stil vorgesehen. Meistens dienten WMS bisher dazu, fertige Karten auszugeben. Das *GetMap*-Request gibt eine Karte im Standard-Stil zurück, wenn der Styles-Parameter leer bleibt (Abb. 68).

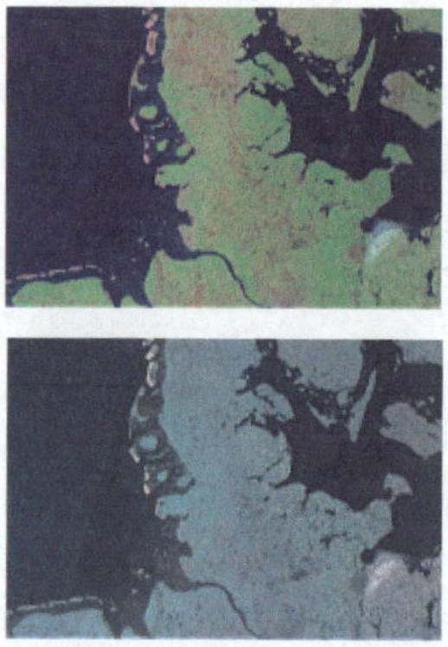

```
http://wms.jpl.nasa.gov/wms.cgi?
service=WMS
&version=1.1.1
&REQUEST=GetMap
&LAYERS=global_mosaic
&STYLES=
&FORMAT=image/png
&TRANSPARENT=TRUE
&width=300&height=200
&bbox=-150000,-50000,150000,150000
&srs=AUTO:42003,9001,9.3,54
```

```
http://wms.jpl.nasa.gov/wms.cgi?
... (wie oben)
&STYLES=visual_bright
...
```

Abbildung 68: Der OnEarth-WMS der NASA bietet für eine ganze Reihe von Layern verschiedene vordefinierte *NamedStyles* an (WMS erreichbar unter http://wms.jpl.nasa.gov).

Bekommt ein „normaler" WMS ein *GetMap*-Request mit mehreren Layernamen und mehreren Stilnamen, ordnet er die angeforderten Stile den angeforderten Layern über die Reihenfolge ihrer Nennung im *GetMap*-Request zu (Abb. 69).

```
http:\\ein.map.server?
SERVICE=WMS&
VERSION=1.1.1&
REQUEST=getmap&
SRS=EPSG:31466&
BBOX=2586123,5702312,2598243,5714534&
WIDTH=600&
HEIGHT=600&
LAYERS=nutzung,strassen,strassen,gebaeude&
STYLES=farbig,kontur,fuellung,outline
FORMAT=png
```

Abbildung 69: In einem WMS-Request können Layer auch mehrfach mit unterschiedlichen Stilen angefordert werden, beispielsweise um Straßenachsen eine Kontur mitzugeben. Die Zuordnung von Stilen zu Layern ergibt sich aus ihrem Index in der Liste.

Ein WMS mit SLD-Profil kann zusätzlich auch *UserLayer* und *UserStyles* verarbeiten. Ein benutzerdefinierter Layer (***UserLayer***) ist eine Anweisung an den WMS, aus seinen Datenquellen nur bestimmte *Features* oder *Coverage*-Dimensionen zu verwenden. Im einfacheren Fall ist das die Anforderung ausgewählter *Feature Types*. Für speziellere Selektionen und Klassifikationen können aber auch Attributfilter oder räumliche Vergleichsoperationen in die Layerdefinition „eingepackt" werden.

Der Begriff „benutzerdefiniert" heißt nicht, dass ein Anwender das persönlich tun muss. Der Benutzer kann hier auch der Administrator oder Entwickler einer Anwendung sein.

Für eine *UserLayer*-Anforderung müssen zunächst die verfügbaren Datenquellen analysiert werden. Je nach Angebot und Funktion des WMS kommen dafür das optionale *DescribeLayer*-Request, eine *DescribeFeatureType*-Anfrage oder ein *DescribeCoverage*-Request infrage. Ein Sonderfall liegt vor, wenn die darzustellenden *Features* von der Clientkomponente auch noch gleich mitgeschickt werden; auch das ist bei benutzerdefinierten Layern möglich.

Benutzerdefinierte Zeichenvorschriften (***UserStyles***) enthalten Regeln, nach denen Objekte selektiert und mit einer bestimmten Signatur dargestellt werden. Die Codierung der Regeln und Signaturen wird durch die *Symboloy-Encoding*-Norm standardisiert.

Auch die Möglichkeiten des *Symbology Encodings* sind sehr weitreichend; neben einfachen Marker-Elementen können zusammengesetzte Symbole, Linien- und Füllmuster definiert werden. Stile können für alle *Features* eines *Feature Types* einheitlich sein oder durch die Verwendung von Regeln Klassifizierungen enthalten. Optional kann ein Stil auch Beschriftungen vorsehen. Auch für die Visualisierung von *Coverages* (Rasterdaten) sind Stile durch die Zuweisung von Farbkanälen, Farbklassen, Relief-Schattierung u. a. definierbar.

Sind die benutzerspezifischen Layer und Stile im SLD-Dokument definiert und einander zugeordnet, wird der SLD mit einem *GetMap*-Request an einen WMS übergeben. Der WMS greift auf die Daten von den angegebenen Datenservern zu, stellt sie wie gefordert regelbasiert dar und sendet die Karte an den Client zurück. Dabei gilt (Abb. 70):

- Ein **normaler WMS** kann nur *NamedLayer* mit *NamedStyles* kombinieren.
- Ein **SLD-WMS** kann *NamedLayer* oder *UserLayer* mit *UserStyles* darstellen.
- Die Kombination von *UserLayern* mit *NamedStyle*s ist nicht vorgesehen.
- Bekommt ein WMS einen *UserStyle* für einen Layer, für den er auch einen *NamedStyle* hat, dann hat der *UserStyle* Vorrang vor dem benannten.

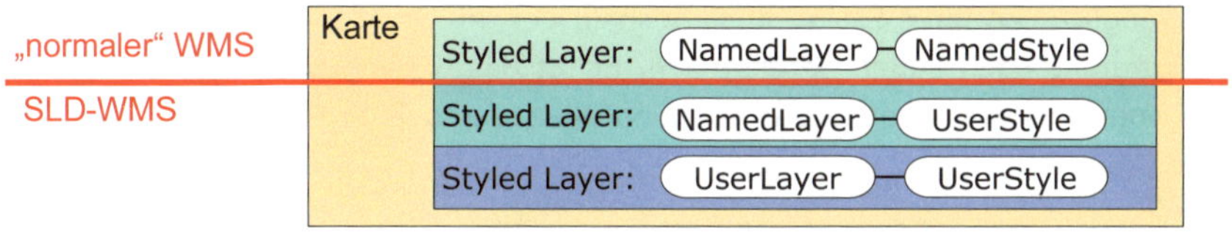

Abbildung 70: Ein „normaler" WMS kann nur *NamedLayer* in *NamedStyles* anzeigen. Ein WMS mit SLD-Profil kann zusätzlich auch *UserLayer* und *UserStyles* verarbeiten.

Die Kombination von *UserLayern* mit *NamedStyles* ist nicht vorgesehen. Ist ja irgendwie auch klar: Welchen Sinn würde eine vordefinierte Zeichenvorschrift machen, wenn die Objektklassen, auf die sie sich bezieht, erst durch den Benutzer festgelegt werden?

8.3 Integrierter WMS und Komponenten-WMS

Die Begriffe Integrierter WMS und Komponenten-WMS stehen für zwei Implementierungsvarianten eines SLD-WMS in einer OpenGIS-Dienstearchitektur. Sie besetzen sozusagen die beiden Enden in der Skala der Möglichkeiten. In real existierenden Architekturen sind aber viele individuelle Implementierungen und Mischvarianten möglich, die dann irgendwo zwischen den beiden Extremen einzuordnen wären.

Die beiden Begriffe beschreiben WMS-Implementierungen, die *Web Feature Server* oder *Web Coverage Server* als Datenquellen verwenden. Beispielsweise wird es auch viele WMS geben, die nicht auf Web Services als Datenquellen aufsetzen, sondern Datenbanken oder Dateien als Quelle verwenden.

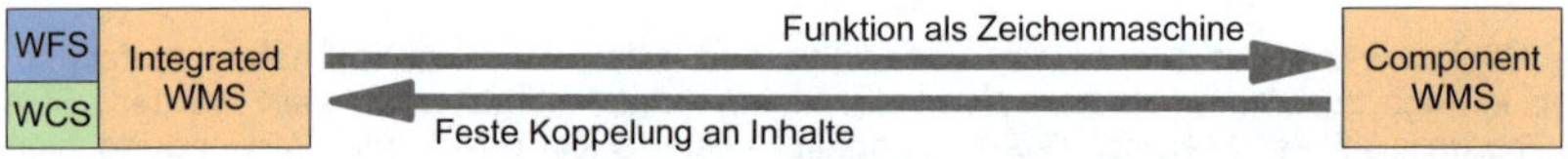

Abbildung 71: Integrated WMS und Component-WMS bilden die Enden einer Skala der Möglichkeiten.

Ein **integrierter WMS** (*Integrated WMS*) ist eng mit seinen Datenquellen verbunden und generiert nur Karten aus diesen Datenquellen. Beispielsweise würde ein Luftbild-Server vielleicht nur Sichten auf seine „eigenen" Luftbilder ausgeben; ein Stadtplan-Dienst gibt häufig nur seinen „eigenen" Stadtplan aus. Die meisten der heute implementierten WMS-Dienste sind integrierte Dienste.

Über eine *DescribeLayer*-Schnittstelle gibt der integrierte Server Auskunft über die bei ihm verfügbaren Layer. Für weitere Klassifizierungen braucht ein Benutzer aber nähere Informationen über die verwendeten *Feature Types* oder *Coverages*. Die „hinter" dem integrierten WMS liegenden Datenquellen sind – auch wenn es vielleicht *Web Feature Server* oder *Web Coverage Server* sind – bei einem integrierten WMS jedoch nicht direkt von außen zugänglich. An ihrer Stelle muss deshalb der integrierte WMS Teile der WFS- bzw. WCS-Schnittstelle nach außen bereitstellen. Er tut das, indem er an seiner HTTP-Adresse Anfragen vom Typ *DescribeFeatureType* und *DescribeCoverage* entgegennimmt und beantwortet (Abb. 72).

Abbildung 72: Ein Integrated WMS ist fest an einen WFS oder einen WCS gebunden und reicht Teile von deren Schnittstelle nach außen hin durch.

Ein integrierter WMS also

- hat vordefinierte Layer und Stile (*NamedLayer* und *NamedStyles*),
- generiert Karten nur aus den Daten der mit ihm fest verbundenen Datenserver,
- kann nur *UserStyles* auf *NamedLayer* anwenden, keine *UserLayer* verarbeiten,
- bietet die *DescribeLayer*-Operation an,
- nimmt stellvertretend für die mit ihm verbundenen Daten-Dienste *DescribeFeatureType* und *DescribeCoverage*-Requests entgegen.

Ein **Komponenten-WMS** (*Component WMS*) dagegen funktioniert mehr wie eine alleinstehende Viewer-Anwendung und ist in der Lage, Daten aus verschiedensten Datenquellen zu holen und darzustellen (Abb. 73). Ein Komponenten-WMS

- hat keine vordefinierten Layer oder Stile,
- kann Kartenebenen aus beliebigen standardisierten *Web-Feature-Server-* oder *Web-Coverage-Server*-Datenquellen generieren,
- unterstützt *UserLayer* und *UserStyles,*
- kann evtl. auch mit dem SLD als GML übergebene *Features* darstellen,
- stellt nach außen nur die SLD-WMS-Schnittstelle zur Verfügung.

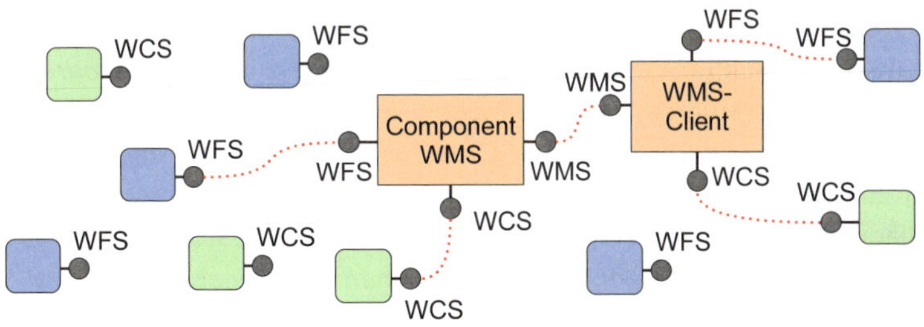

Abbildung 73: Ein Component-WMS kann Daten aus beliebigen Datenquellen beziehen.

Welche Daten er aus welchen Quellen holen und darstellen soll, das wird dem Komponenten-WMS entweder durch die *UserLayer*-Definition im SLD oder im *GetMap*-Request über die neuen Parameter REMOTE_OWS_TYPE und REMOTE_OWS_URL mitgeteilt.

Komponenten-WMS, die ausschließlich *Web Feature Server* oder nur *Web Coverage Server* als Datenquelle verwenden, werden auch ***Feature Portrayal Service*** und ***Coverage Portrayal Service*** genannt (Abb 74).

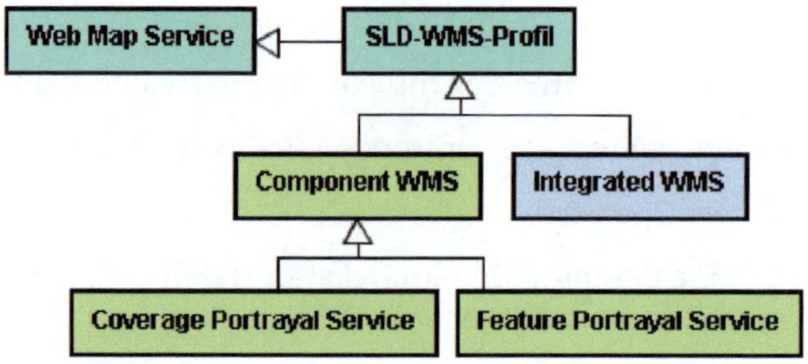

Abbildung 74: Die Begriffe *Coverage Portrayal Service* und *Feature Portrayal Service* bezeichnen spezielle Ausprägungen von SLD-WMS.

Verwirrung stiften hier vielleicht die beiden schon älteren OGC Diskussionsentwürfe *„Web Feature Portrayal Service"* ([FPS 0.0.3]) und *„OWS1 Coverage Portrayal Service"* ([CPS 0.0.2]). Die beiden Vorschläge definierten ebenfalls Schnittstellen zur Darstellung von WFS und WCS Daten. Sie sind jedoch nicht identisch mit einem Komponenten-SLD-WMS wie hier beschrieben. Das FPS-Papier schlägt eine *GetPortrayal*-Operation vor, die etwa einem *GetMap*-Request mit *UserLayer* und *UserStyle* entspricht. Obwohl im Grunde überholt, ist es doch in der Website des OGC noch zu finden. Das CPS-Papier resultierte als *Interoperability Program Report* aus der OWS1-Initiative des OGC. Teile daraus sind offenbar in die Neufassung von SLD eingeflossen. Beide Entwürfe spielen derzeit wohl keine Rolle mehr.

Das Dokument *OGC Feature Styling IPR* aus dem Jahr 2006 ([FS-IPR]) skizziert ein Konzept für das Zusammenspiel dieser Komponenten bei der Aufgabe *„Feature Styling".* Der Begriff steht für die Symbolisierung von Geoobjekten über OpenGIS-Schnittstellen in einer OpenGIS-Infrastruktur. Das kurze Papier ist ein *Interoperability Program Report* aus der Initiative OWS3, stammt also aus einem praktischen Testprojekt. Außer *Web-Map*-Servern und *Web-Feature*-Servern sind auch Katalogdienste für die Registrierung und Publizierung von Symbolen und Stilen an einer solchen offenen Infrastruktur beteiligt. Das Use-Case-Diagramm in Abb. 75 zeigt die verschiedenen am *Feature Styling* teilnehmenden Komponenten und die unterschiedlichen Interaktionen eines *Feature Portrayal Service* und eines integrierten SLD-WMS.

Im *Feature-Styling*-Prozess greifen Client-Anwendungen auf eine Reihe von Diensten mit verschiedenen Aufgaben zu. Stile und Symbole können als SLD oder *Symbology-Encoding*-Dokument über eine *Style/Symbol-Provider*-Komponente bereitgestellt werden; der *Style/Symbol-Provider* kann ein Dateisystem oder ein spezieller Dienst sein. Ein *Style* oder Symbol wird mit einer *RegisterStyle*-Operation bei einem Katalogdienst (CSW) angemeldet. Client-Anwendungen können über den Katalogdienst Stile oder Symbole finden, die auf spezielle *FeatureTypes* anwendbar sind, und diese in ihrem SLD referenzieren. Der darstellende *Feature Portrayal Service* oder integrierte SLD-WMS kann die verwendeten Stile oder Symbole aus dem Provider-System abholen und für die Kartendarstellung verwenden.

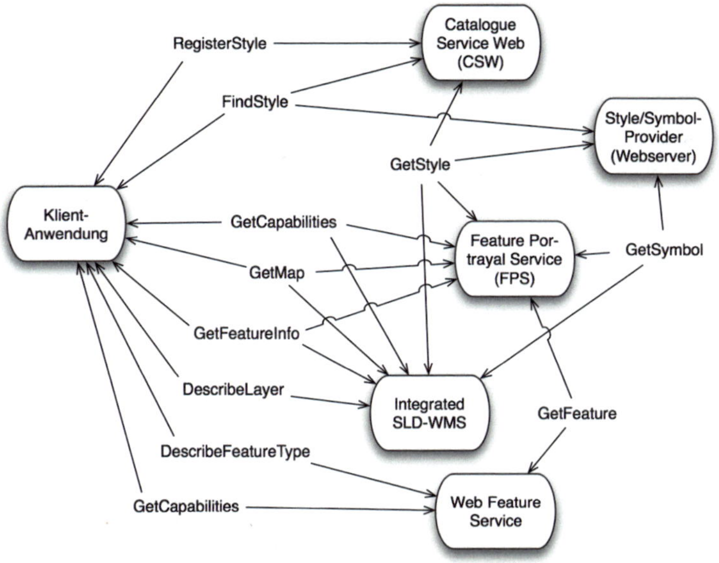

Abbildung 75: Operationen des *Feature Stylings* als UML-Use-Case-Diagramm (nach einer Abbildung in [FS-IPR]).

8.4 Erweiterung der Service-Metadaten

Da ein SLD-WMS mehr Möglichkeiten bietet, muss natürlich auch die Antwort auf eine *GetCapabilities*-Anfrage erweitert werden. Die Service-Metadaten eines SLD-WMS enthalten in der Capabilities-Section anstelle der *_ExtendedCapabilities* ein neues Element namens ***UserDefinedSymbolization***. Das Element gibt mithilfe von sechs Attributen vom Typ *Boolean* Auskunft über seine Fähigkeiten (Abb. 76).

Abbildung 76: Für die Veröffentlichung der SLD-Eigenschaften eines WMS wird in der *Capabilities*-Sektion der Service-Metadaten das Element *UserDefinedSymbolization* eingefügt.

Alle sechs Eigenschaften haben standardmäßig den Wert „*false*" bzw. 0.

- Das Attribut *SupportSLD* gibt an, ob der WMS SLD unterstützt.
- Die Attribute *UserLayer* und *UserStyle* werden auf „*true*" bzw. 1 gesetzt, wenn durch die Clientkomponente *UserLayers* bzw. *UserStyles* definiert werden können.
- Die Attribute *RemoteWFS* und *RemoteWCS* informieren darüber, ob Referenzen auf externe WFS/WCS im SLD ausgewertet werden können.
- Hat das Attribut *InlineFeature* den Wert *true* bzw. 1, dann stellt der Server auch *Features* dar, die er als inline-GML-Objekte mit dem *GetMap*-Request erhält (ab SLD-Version 1.1.0).

Wenn der SLD-WMS die zusätzlichen Operationen *DescribeLayer* oder *GetLegendGraphic* unterstützt, erhält das Request-Element in der *Capabilities*-Sektion jeweils einen neuen Eintrag. Darin werden die Online-Adressen für die HTTP-GET- und -POST-Zugänge bekanntgegeben (Abb. 77).

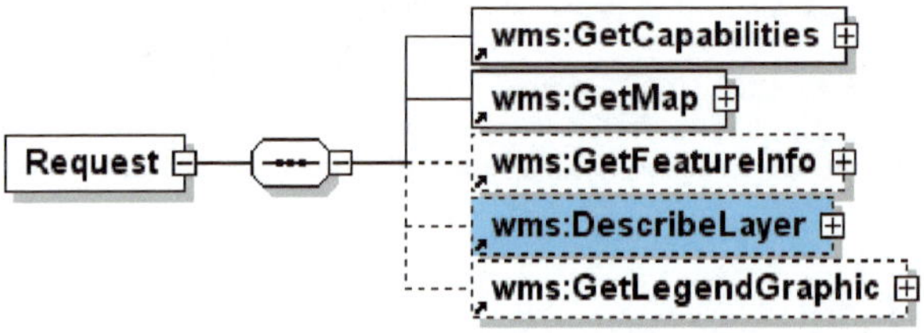

Abbildung 77: Die Online-Adressen für die zusätzlichen optionalen Operationen *DescribeLayer* und *GetLegendGraphic* werden im Request-Element der Service-Metadaten veröffentlicht.

Die vielen Attribute des *UserDefinedSymbolization*-Elements spiegeln die Vielfalt möglicher Implementierungen wider. Tabelle 29 beschreibt drei solcher Möglichkeiten, den integrierten WMS, einen *Feature Portrayal Server* und einen *Coverage Portrayal Server.* Wie wir im vorigen Kapitel gesehen hatten, sind das jedoch nur extreme Implementierungsvarianten. Das WMS-SLD-Profil lässt hingegen alle individuellen Varianten zu. Wichtig dabei ist nur, dass der Server das hält, was er in seinen Service-Metadaten verspricht.

Weil integrierte SLD-WMS in der Regel keine *UserLayer* verarbeiten, müssen sie die *DescribeLayer*-Operation anbieten, damit der Benutzer dafür passende UserStyles generieren kann. Weil sie mit ihrer *Web-Feature-Server-* oder *Web-Coverage-Server*-Datenquelle fest verbunden und die Datenserver nicht von außen zugänglich sind, müssen sie deren Operationen *DescribeFeatureType* und *DescribeCoverage* an deren Stelle unterstützen und in den Service-Metadaten anbieten. Da sie fest an ihre Datenquellen gebunden sind, können sie dagegen keine externen Datenquellen (*remote WFS* oder *remote WCS*) berücksichtigen.

Komponenten-WMS dagegen können externe (*remote*) WFS und WCS als Datenquelle verwenden und lassen userdefinierte Layer zu. Dafür brauchen sie keine *Describe*-Operationen anzubieten, weil sie im Extremfall gar keine eigenen Layer haben.

Tabelle 26: Capabilities-Elemente in Komponenten-WMS und integrierten WMS

• = Erforderlich, ○ = Optional, - = nicht notwendig

Bereich	Element/Attribut	Component WMS		Integrated WMS
		Feature Portrayal Service	Coverage Portrayal Service	
Attribute von UserDefined-Symbolization	SupportSLD	●	●	●
	UserLayer	●	●	-
	UserStyle	●	●	●
	RemoteWFS	●	-	-
	InlineFeatureData	○	-	-
	RemoteWCS	-	●	-
Operationen im Element Request	DescribeLayer	-	-	●
	DescribeFeatureType	-	-	●
	DescribeCoverage	-	-	●
	GetLegendGraphic	○	○	○

8.5 Die DescribeLayer-Operation

Die *DescribeLayer*-Operation müssen alle SLD-WMS anbieten, die über vordefinierte Layer verfügen, aber benutzerdefinierte *Styles* entgegennehmen. Mit dem *DescribeLayer*-Request kann eine Clientkomponente Informationen zu den vordefinierten Layern vom Server holen und dem Benutzer für den Zusammenbau seiner Zeichenvorschrift anbieten, beispielsweise, um dem Benutzer eine weitere Klassifizierung zu ermöglichen.

Wie alle OWS-Requests enthält die Anfrage zwingend die Parameter SERVICE, REQUEST und VERSION (Abb. 78, Tab. 27). Dabei ist mit VERSION die Version der WMS-Schnittstelle gemeint. Dagegen wird (ab SLD-Version 1.1.0) im Parameter SLD_VERSION die Version des verwendeten SLD-Profils übermittelt. Außerdem übergibt die Clientkomponente im *DescribeLayer*-Request im Parameter LAYERS eine kommagetrennte Liste der gewünschten Ebenen. Welche Layer es gibt, hat sie vorher aus den Service-Metadaten ermittelt. Mindestens einen muss die Liste enthalten. Alle Parameter sind erforderlich und müssen in der Anfrage angegeben werden, z. B. so:

```
http://ein.map.server?
   REQUEST=DescribeLayer&
   SERVICE=wms&
   VERSION=1.3.0&
   SLD_VERSION=1.1.0&
   LAYERS=fluesse,strassen,gebaeude
```

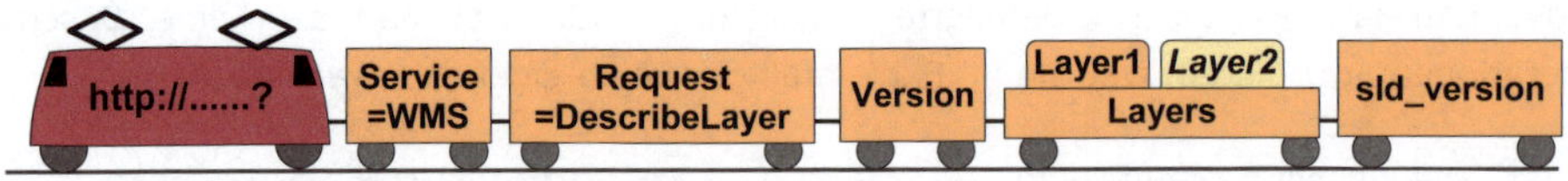

Abbildung 78: Alle Parameter des DescribeLayer-Requests sind verpflichtend. Es muss mindestens ein Layer in der Layers-Liste sein.

Tabelle 27: HTTP-Anfrageparameter des DescribeLayer-Requests

E/O: E = erforderlich (*mandatory*), O = optional.

Parameter-name	E/O	Parameterwert	Default-wert	Beispiel
SERVICE	E	OWS-Service-Typ, hier immer: „WMS“.	WMS	
REQUEST	E	Name der Anfrage-Operation, hier immer „DescribeLayer“.	Describe Layer	
VERSION	E	Gewünschte Service-Version im Format x.y.z.	–	1.3.0
LAYERS	E	Kommagetrennte Liste der gewünschten Layernamen. Die Liste muss mindestens einen Layernamen enthalten.	–	Cities,Roads
SLD_VERSION	E	Version des SLD-Profils im Format x.y.z.	–	1.1.0

Als Antwort übergibt der WMS ein Metadaten-Dokument, das die gewünschten Ebenen beschreibt. Das Dokument führt die Version des SLD-Schemas mit und enthält für jeden angeforderten Layer ein *LayerDescription*-Element (Abb. 79). Es ist immer ein XML-Dokument; die Operation hat keinen Format-Parameter.

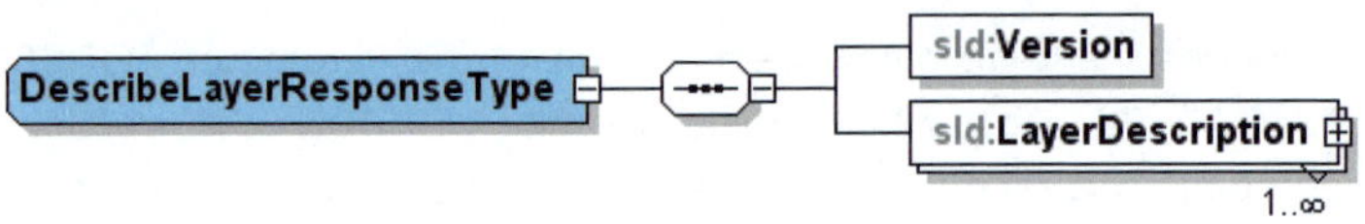

Abbildung 79: Die Antwort des Servers auf ein *DescribeLayer*-Request enthält für jeden angefragten Layer ein *LayerDescription*-Element.

Eine einzelne Layerbeschreibung darin nennt den Typ des Datenservers. Als Datenquelle vorgesehen sind *Web Feature Server* oder *Web Coverage Server*; das Element *owsType* kann die Werte „wfs“ oder „wcs“ annehmen. Das Element *OnlineResource* enthält die Zugangsadresse, also die URL des Servers. Es folgt im Element *TypeName* die Liste der verwendeten *Feature Types* oder *Coverages* (Abb. 80).

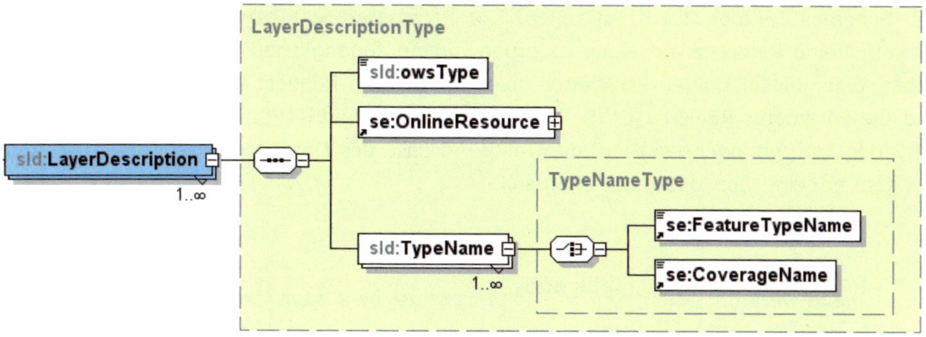

Abbildung 80: Eine einzelne Layer-Beschreibung in der DescribeLayer-Response enthält Informationen zur Datenquelle, deren Online-Zugang und den im Layer verwendeten FeatureTypes oder Coverages.

Das folgende Beispiel für eine *DescribeLayer-Response* gibt Informationen über einen WFS-Layer aus. Die Serverantwort gibt die Zugangsadresse des WFS-Servers bekannt. Der Layer enthält nur den *Feature Type* „strassen". Der *Feature Type*-Name „strassen" ist im Namensraum *myns* gültig, der im Kopf des Dokuments deklariert wird.

XML-Beispiel 15: DescribeLayer-Response

```
<?xml version="1.0" encoding="UTF-8"?>
<DescribeLayerResponse xmlns="http://www.opengis.net/sld"
xmlns:ows="http://www.opengis.net/ows" xmlns:se="http://www.opengis.net/se"
xmlns:wfs="http://www.opengis.net/wfs" xmlns:xsi="http://www.w3.org/2001/XMLSchema-instance"
xmlns:myns="http://myserver/somenamespace" xsi:schemaLocation="http://www.opengis.net/sld
DescribeLayer.xsd">
  <Version>1.3.0</Version>
  <LayerDescription>
    <owsType>wfs</owsType>
    <se:OnlineResource xmlns:xlink="http://www.w3.org/1999/xlink" xlink:type="simple"
         xlink:href="http://meinserver/cgi-bin/meinwfs"/>
    <TypeName>
      <se:FeatureTypeName>myns:strassen</se:FeatureTypeName>
    </TypeName>
  </LayerDescription>
  [... weitere LayerDescription-Elemente]
</DescribeLayerResponse>
```

8.6 Übergabe eines SLD mit dem GetMap-Request

Ein *Styled Layer Descriptor* (SLD) ist ein XML-Dokument. Damit der WMS es verarbeiten kann, muss es irgendwie an ihn übermittelt werden. Dafür wird das *GetMap*-Request um vier zusätzliche, zum Teil optionale Parameter erweitert (Tab. 28 und Abb. 81).

Obligatorisch muss ein SLD-*GetMap*-Request im Parameter SLD_VERSION die Version des SLD-Schemas (aktuell 1.1.0) mitteilen. Die Parameter SLD bzw. SLD_BODY enthalten entweder eine Referenz auf einen externen, online zugänglichen SLD oder das SLD-XML selbst. Einer dieser beiden Parameter muss im *GetMap*-Request enthalten sein. Optional sind die Parameter REMOTE_OWS_TYPE und REMOTE_OWS_URL; mit ihnen können dem WMS der Typ (wfs oder wcs) und die Online-Adresse des Datenservers mitgeteilt werden, von dem er seine Quelldaten beziehen soll.

Abbildung 81: Für die SLD-Übergabe benötigt das GetMap-Request zusätzliche Parameter. Der Parameter sdl_version ist verpflichtend. Von den Waggons „sld" und „sld_body" muss ebenfalls einer mitfahren.

Tabelle 28: Zusätzliche HTTP-Anfrageparameter für das GetMap-Request

E/O: E = erforderlich (*mandatory*), (E) = einer der beiden muss vorhanden sein, O = optional.

Parametername	E/O	Parameterwert	Default-wert	Beispiel
SLD	(E)	Referenz-URL auf einen externen SLD.	–	http://...
SLD_BODY	(E)	In das GetMap-Request integriertes SLD-XML-Dokument.	–	s. u.
REMOTE_OWS_TYPE	O	Typ des ggf. verwendeten externen Datenservers (wfs oder wcs).	–	wfs
REMOTE_OWS_URL	O	URL des ggf. verwendeten externen Datenservers.	–	http://...
SLD_VERSION	E	Version des SLD-Schemas.	–	1.1.0

Für die Übergabe des SLD-Dokuments gibt es drei verschiedene Verfahren (Abb. 82):

1. Einbau einer Referenz auf ein online verfügbares SLD-Dokument in die GetMap-URL im HTTP-GET-Verfahren;
2. Einbau der SLD-Struktur in die *GetMap*-URL im HTTP-GET-Verfahren;
3. Übergabe des SLD-Dokuments mittels des HTTP-POST-Verfahrens.

Die erste Methode ist am leichtesten zu realisieren und wird deshalb auch in der Praxis am häufigsten verwendet. Methode zwei kann leicht unübersichtlich werden und ist für sehr große SLD praktisch undurchführbar. Die dritte Variante ist technisch überlegen, wird allerdings nicht so oft unterstützt.

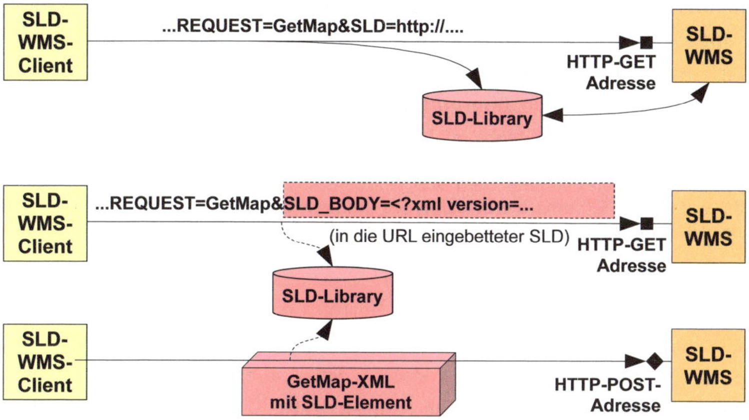

Abbildung 82: Drei Verfahren für die Übergabe eines SLD mit dem *GetMap*-Request. Ein online zugängliches SLD-Dokument kann in einem *GetMap*-Request referenziert werden (oben). Alternativ kann ein nicht zu langer SLD direkt in die *GetMap*-Request-URL eingebaut werden (Mitte). Nur im HTTP-POST-Verfahren ist die Übersendung eines *GetMap*-XML-Dokuments mit integriertem SLD möglich (unten). Ein übersandter SLD kann auch auf Elemente in anderen online verfügbaren SLDs verweisen.

Bei der ersten **HTTP-GET**-Methode wird der Parameter **SLD** verwendet. Er enthält eine URL, die auf ein online zugängliches SLD-XML-Dokument verweist. Das Verfahren erzeugt übersichtliche Anfrage-URLs, setzt aber die Veröffentlichung des SLD-Dokuments im Internet voraus. Hier ein Beispiel:

```
http://ein.map.server?
VERSION=1.2&REQUEST=GetMap&SLD=http://meine.web.seite/meinSLD.xml&
&SRS=EPSG:4326&BBOX=0,0,1,1&WIDTH=400&HEIGHT=400&FORMAT=Image/png
```

Bei der zweiten Methode wird der SLD komplett in die URL übernommen. Dafür wird anstelle des Parameters SLD der Parameter **SLD_BODY** verwendet. Eine Anfrage-URL mit lautet dann zum Beispiel:

```
http://ein.map.server?VERSION=1.3.0&REQUEST=GetMap&CRS=EPSG:4326&BBOX=
0.0,0.0,1.0,1.0&SLD_BODY=<?xml version="1.0" encoding="UTF-8"?><Styled
LayerDescriptor version="1.1.0"><NamedLayer><se:Name>Fluesse </se:Name
><NamedStyle><se:Name>CenterLine</se:Name></NamedStyle></NamedLayer><N
amedLayer><se:Name>Strassen</se:Name><NamedStyle><se:Name>CenterLine</
se:Name></NamedStyle></NamedLayer><NamedLayer><se:Name>Gebaeude</se:Na
me><NamedStyle><se:Name>Outline</se:Name></NamedStyle></NamedLayer></S
tyledLayerDescriptor>&WIDTH=400&HEIGHT=400&FORMAT=image/png
```

Vor der Versendung muss das XML in der Anfrage vorher richtig URL-codiert, also von nicht gültigen Sonderzeichen befreit werden. In vielen Fällen übernimmt das aber die absendende Komponente, z. B. der Browser.

Diese Variante erzeugt natürlich extrem lange und schnell auch sehr unübersichtliche URLs. Das Beispiel oben hat ca. 500 Zeichen. Es gibt keine prinzipielle Beschränkung der

Zeichenzahl im HTTP-GET-Verfahren. Viele Server nehmen Anfragen bis 4 000 Zeichen entgegen, aber die sind bei komplizierteren SLDs auch schnell erreicht. Beschränkungen kann es auch auf der Client-Seite geben; so kann der Internet Explorer nur bis 2 048 Zeichen in einer HTTP-Anfrage übermitteln. Die Methode hat aber den Vorteil, dass der Anwender das SLD-Dokument nicht im Internet veröffentlichen muss.

Potenziell kann er aber auch noch aus dem SLD_Body heraus auf einen anderen online verfügbaren SLD verweisen, denn das SLD-Schema bietet dafür das Element *useSLDLibrary*. Ein Verweis könnte die URL natürlich kurz halten, aber im Prinzip kann man dann auch gleich den Parameter SLD verwenden.

Bei diesen beiden Methoden im HTTP-GET-Verfahren kann das SLD-Dokument auch wie eine *Style*-Bibliothek verwendet werden. Enthält nämlich das *GetMap*-Request zusätzlich zum SLD auch einen *Layers*-Parameter, dann werden auch nur die Ebenen aus der *Layers*-Liste dargestellt. Der übergebene oder referenzierte SLD dient dann als Repository für Stile oder Layerdefinitionen. In dem Fall haben die Stil-Definitionen im SLD-Repository Vorrang vor den eventuell vordefinierten Stilen des WMS. Auch ein im SLD als *Default Style* markierter Stil hat dann Vorrang vor dem Default-Stil des WMS.

Ein im HTTP-GET-Verfahren übersandter oder als URL referenzierter SLD kann auch als *Style-Library* verwendet werden.

Das Kartenbild wird dann auf die Ebenen aus dem SLD beschränkt, die im *Layers*-Parameter des *GetMap*-Requests angefordert werden.

Die Stil-Definitionen eines SLD haben Vorrang vor den vordefinierten Stilen des WMS. Das gilt auch für ggf. vorhandene Default-Stile.

Die Alternative zur Übergabe einer URL im HTTP-GET-Verfahren ist die Übersendung eines XML-Dokuments an die **HTTP-POST**-Adresse des WMS. Dafür wird zunächst das *GetMap*-Request in eine XML-Struktur verwandelt und der SLD als *StyledLayerDescriptor*-Element eingebaut. Die *GetMap*-XML-Struktur ist leicht zu verstehen; die Parameter des Requests werden hier zu Attributen und Kindelementen (Abb. 83). Das gesamte Dokument wird dann an den Server gesendet und von diesem verarbeitet. Die Antwort des Servers ist die gleiche wie beim HTTP-GET-Verfahren, nämlich das gewünschte Kartenbild.

Ein XML-Schema für ein GetMap-XML-Dokument sucht man in den Schemata der WMS-Norm vergeblich. Es ist stattdessen als GetMap.xsd Bestandteil des SLD-Schemas. Deshalb ist auch der Namensraum der Elemente eines GetMap-XML-Dokuments der Namensraum „sld".

Auch die HTTP-POST-Methode bietet die Möglichkeit, über das *useSLDLibrary*-Element im SLD einen anderen online verfügbaren SLD zu referenzieren.

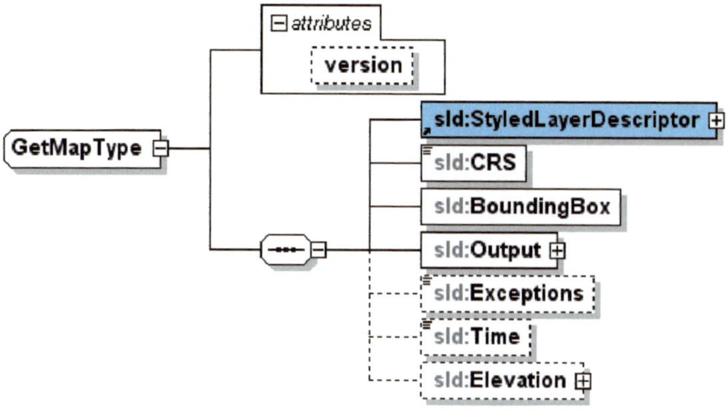

Abbildung 83: Im HTTP-POST-Verfahren wird der *StyledLayerDescriptor* in ein *GetMap*-XML-Dokument eingebettet.

Im folgenden Beispiel für ein *GetMap*-Request wird dem Server im integrierten SLD mitgeteilt, welche seiner vordefinierten Layer er mit welchen seiner vordefinierten Stilen anzeigen soll. Das Element <Name> stammt aus dem SE-Schema und wird deshalb durch den vorangestellten Namespace-Namen „se:" qualifiziert.

XML-Beispiel 16: GetMap-XML mit integriertem SLD

```
<?xml version="1.0" encoding="UTF-8"?>
<GetMap xmlns="http://www.opengis.net/sld" xmlns:gml="http://www.opengis.net/gml"
xmlns:ogc="http://www.opengis.net/ogc" xmlns:ows="http://www.opengis.net/ows"
xmlns:se="http://www.opengis.net/se" xmlns:wms="http://www.opengis.net/wms"
xmlns:xsi="http://www.w3.org/2001/XMLSchema-instance"
xsi:schemaLocation="http://www.opengis.net/sld GetMap.xsd" version="1.3.0">
  <StyledLayerDescriptor version="1.1.0">
    <NamedLayer>
      <se:Name>sfdem</se:Name>
      <NamedStyle>
        <se:Name>dem_raster</se:Name>
      </NamedStyle>
    </NamedLayer>
    <NamedLayer>
      <se:Name>restricted</se:Name>
      <NamedStyle>
        <se:Name>simple_polygon</se:Name>
      </NamedStyle>
    </NamedLayer>
    <NamedLayer>
      <se:Name>streams</se:Name>
      <NamedStyle>
        <se:Name>streams_line</se:Name>
      </NamedStyle>
    </NamedLayer>
    <NamedLayer>
      <se:Name>bugsites</se:Name>
```

```
        <NamedStyle>
          <se:Name>sites_point</se:Name>
        </NamedStyle>
      </NamedLayer>
    </StyledLayerDescriptor>
    <CRS>EPSG:26713</CRS>
    <BoundingBox crs="http://www.opengis.net/gml/srs/epsg.xml#26713">
      <ows:LowerCorner>597325 4912464</ows:LowerCorner>
      <ows:UpperCorner>601627 4929554</ows:UpperCorner>
    </BoundingBox>
    <Output>
      <Size>
        <Width>600</Width>
        <Height>600</Height>
      </Size>
      <wms:Format>image/png</wms:Format>
      <Transparent>false</Transparent>
    </Output>
    <Exceptions>XML</Exceptions>
  </GetMap>
```

8.7 Die GetLegendGraphic-Operation

Allein, eine Karte nützt nichts, wenn der Nutzer nicht weiß, was die verschiedenen Symbole oder Farbgebungen für Bedeutungen haben. Deshalb sollte ein Mapserver auch immer eine Legende zu einer Karte zur Verfügung stellen. Ein „normaler" WMS kann für seine vordefinierten Layer statische Legendenbilder zur Verfügung stellen. Er publiziert dann den Link auf die Legende in den Service-Metadaten als *LegendUrl* im jeweiligen Layer-Element. Bei einem SLD-WMS, der benutzerdefinierte Layer und *Styles* verarbeiten kann, reichen vordefinierte Legenden nicht aus. Die *GetLegendGraphic*-Operation ist deshalb eine zusätzliche Methode eines SLD-WMS, über die eine Clientkomponente zu ihren benutzerdefinierten Layern und *Styles* auch passende Legendengrafiken anfordern kann. Sogar der Inhalt der Grafiken kann darin genauer definiert werden. Die Operation ist allerdings optional. Man muss also leider damit rechnen, dass ein Kartenanbieter den Nutzer die Bedeutung erraten lässt.

Nicht immer soll eine Legende alle Kartenebenen umfassen. Manche Ebenen sind intuitiv verständlich und benötigen keine Legende, andere sind vielleicht Hilfsebenen und würden in einer Legende stören. Beschriftungen beispielsweise werden häufig aus praktischen Gründen auf einer eigene Ebene gehalten, benötigen aber oft keine eigene Legende.

Eine Legendengrafik wird mit dieser Operation immer für einen einzelnen Layer angefordert. Sie kann sogar auf eine einzelne Regel (*Rule*), einen einzelnen *Feature Type* oder ein einzelnes *Coverage* eingeschränkt werden. Die Antwort auf ein *GetLegendGraphic*-Request ist eine Grafik, die für die angeforderte Objektklasse eine Signatur im gewünschten Stil zeigt. Eine Beschriftung gehört nicht dazu. Für eine vollständige beschriftete Legende zu einer Karte mit mehreren Ebenen und womöglich gar zahlreichen *Feature Types* muss die Clientkomponente deshalb das Request mehrfach absetzen und die erhaltene Grafik zusammen mit dem Klassennamen selbst anordnen (Abb. 84).

Als Alternative zum wiederholten Absenden eines *GetLegendGraphic*-Requests kann eine WMS-Clientkomponente, die benutzerdefinierte Styles anfordert, die mit dem SLD übersandte *Style*-Information auch selbst anwenden. Sie „riskiert" dabei aber, dass die Signatur vielleicht doch nicht völlig die gleiche ist wie die vom WMS verwendete. Beispielsweise könnten die tatsächlich verwendeten Punktsymbole unterschiedlich sein, obwohl sie vielleicht den gleichen Namen tragen.

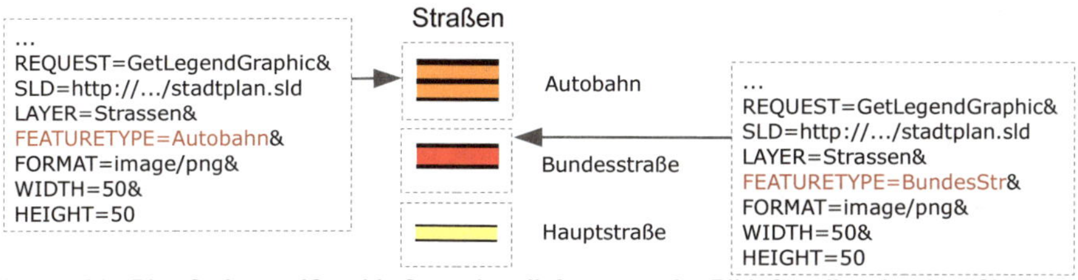

Abbildung 84: Die *GetLegendGraphic*-Operation liefert nur ein Bild für die einzelne Signatur. Die Clientkomponente muss die Legende aus mehreren Requests selbst zusammenbauen. Anordnung und Beschriftung sind Sache des Clients.

Für die *GetLegendGraphic*-Operation ist bisher nur das **HTTP-GET**-Verfahren vorgesehen. Eine HTTP-POST-Methode ist für diese Operation bisher nicht definiert; es gibt also noch kein *GetLegendGraphic*-Schema, das der Client an den Server senden könnte. Das HTTP-GET-Request selbst funktioniert im Grunde ähnlich wie ein SLD-*GetMap*-Request. Weil der Server natürlich schon längst „vergessen" hat, welchen SLD er für die Generierung eines Kartenbilds verwendet hat, muss der SLD wieder im Parameter SLD referenziert oder inline im Parameter SLD_BODY mitgeschickt werden. In dem Fall muss der SLD eventuell auf den jeweiligen Legendeneintrag reduziert werden, damit er nicht zu lang wird.

Feste Bestandteile des *GetLegendGraphic*-Requests sind wie bei jeder Operation die Parameter SERVICE und REQUEST (Abb. 85). Der Parameter VERSION bezieht sich auf die Version der WMS-Schnittstelle. Der ab Version WMS 1.3.0/SLD 1.1.0 ebenfalls obligatorische Parameter SLD_VERSION übergibt die Versionsnummer des SLD-Schemas.

Ein Legendeneintrag kann für einen Layer und einen Stil, eine Darstellungsregel (*Rule*) oder sogar für einzelne *Feature Types* oder Coverages angefordert werden. Obligatorisch muss mit dem Parameter LAYER der Layer benannt werden, für den die Legendengrafik angefordert wird. Hier ist der Parameterwert jedoch immer ein einzelner Layer, keine Liste. Bezieht sich die Layerdefinition auf eine externe, online zugängliche Datenquelle, wird sie (ab SLD-Version 1.1.0) in den Parametern REMOTE_OWS_TYPE und REMOTE_OWS_URL bekannt gemacht.

Mit den Parametern FEATURETYPE und COVERAGE kann die Grafik auf einzelne Objektklassen oder (ab SLD-Version 1.1.0) Coverages eingeschränkt werden. Sie sind jeweils nur dann notwendig, wenn der Layer mehr als einen *Feature Type* oder mehr als ein Coverage darstellt. Die beiden Parameter sind optional. Der Wert des Parameters stellt dem jeweiligen *Feature-Type-* oder Coverage-Namen den für den WFS oder WCS gültigen Namensraum voran.

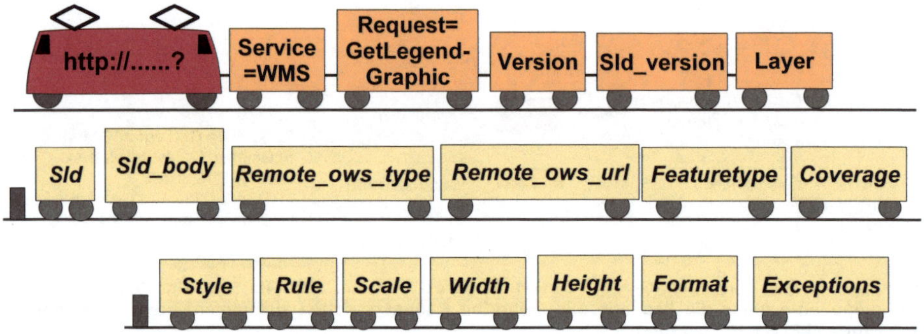

Abbildung 85: Das GetLegendGraphic-Request ist ähnlich zusammengesetzt wie ein *GetMap*-Request, verengt die Ausgabe aber optional auf einzelne Objektarten.

Die Legendengrafik kann sich auf einen Stil oder eine Regel aus einem Stil beziehen. Der Parameter STYLE enthält den Namen eines vordefinierten oder im SLD definierten Stils und ist optional. Fehlt der Parameter, wird der Default-Stil des WMS verwendet. Gültige Werte sind alle Stilbezeichnungen aus dem mitgeschickten oder referenzierten SLD ebenso wie alle vordefinierten Stile des WMS.

Wird der Layer nicht weiter eingeschränkt, liefert der WMS eine Grafik mit allen definierten Stilen für die gewünschte Ebene zurück, somit also auch für alle verschiedenen Maßstäbe. Hat der Layer maßstabsabhängige Darstellungen, kann das zu unerwünschten Vervielfältigungen in der Legende kommen (Abb. 86 links). Abhilfe schafft der *SCALE*-Parameter, mit dem man den Legendeneintrag für einen bestimmten Maßstab anfordern kann (Abb. 86 Mitte).

Der Wert des Parameters SCALE wird wie ein *ScaleDenominator*-Element in den Service-Metadaten gebildet; seit Version 1.3.0 ist das der Divisor des Quotienten 1:n. Für den Maßstabsbereich 1:10 000 ist der SCALE-Parameterwert 10 000.

Mit dem Parameter *RULE* kann für die Legendengrafik auch eine ganz bestimmte Darstellungsregel aus einem Stil auswählt werden (Abb. 86 rechts). Was es genau mit Maßstäben und Regeln in SLD auf sich hat, wird in Kapitel 9.5 behandelt.

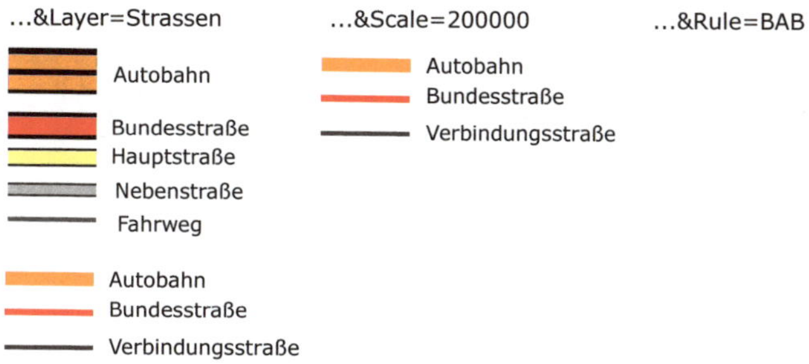

Abbildung 86: Eine unbeschränkte *GetLegendGraphics*-Anfrage gibt unter Umständen für einen Layer alle Signaturen für alle Maßstäbe zurück (links). Sie kann deshalb auf einen Maßstabsbereich (Mitte) oder sogar auf einzelne Regeln darin (rechts) eingeschränkt werden. Die Beschriftung wird nicht mitgeliefert.

Schließlich kann dem Server noch mit den Parametern WIDTH und HEIGHT die gewünschte Größe der Legendengrafik mitgeteilt werden. Der Parameter FORMAT übermittelt den MIME-Type des gewünschten Grafikformats. Die Norm ist nicht eindeutig darin, ob er obligatorisch oder optional ist; er sollte aber auf jeden Fall dann mitgeschickt werden, wenn das gewünschte Format nicht das Default-Grafik-Format des WMS ist. Gültig sind alle Formate, die der WMS auch für das *GetMap*-Request erlaubt. Mit dem Parameter EXCEPTIONS kann beim Server ein anderes Format für die Fehlermeldungen bestellt werden, wenn es nicht das Standardformat XML sein soll; gültig sind alle Exceptions-Formate, die der Server auch für das *GetMap*-Request erlaubt.

Eine *GetLegendGraphic*-Anfrage könnte also beispielsweise so aussehen:

```
http://ein.map.server?REQUEST=GetLegendGraphic&
SERVICE=wms&
VERSION=1.3.0&
SLD_VERSION=1.1.0&
SLD=http://ein.library.server.de/einSLD
WIDTH=20&
HEIGHT=20&
FORMAT=image/png&
LAYER=strassen
```

Die Antwort auf eine solche Anfrage ist – wie die Antwort auf das *GetMap*-Request – ein Bitmap-Bild oder eine Vektorgrafik.

Die Operation *GetLegendGraphic* übergibt nicht eine Legende, sondern nur für einen einzelnen Legendeneintrag den grafischen Teil.

Die Beschriftung muss die Clientkomponente selbst ergänzen, zum Beispiel aus dem *Title*-Element des Layers aus den Service-Metadaten.

Tabelle 29: HTTP-Anfrageparameter für das GetLegendGraphic-Request

E/O: E = erforderlich (*mandatory*), O = optional.

Parametername	E/O	Parameterwert	Default-wert	Beispiel
SERVICE	E	OWS-Service-Typ, hier immer: „WMS“	WMS	
REQUEST	E	Name der Anfrage-Operation, hier immer „GetLegendGraphic“	GetLegend-Graphic	
VERSION	E	Gewünschte Service-Version im Format x.y.z	–	1.3.0
SLD_VERSION	E	Version des SLD-Schemas	–	1.1.0
LAYER	E	Layer, für den eine Legende angefordert wird	–	Strassen
SLD	O	Referenz-URL auf einen externen SLD	–	http://...
SLD_BODY	O	Eingebautes SLD-XML-Dokument	–	s. u.
STYLE	O	Stil für den angeforderten Layer	–	Farbe
REMOTE_OWS_TYPE	O	Typ des ggf. verwendeten externen Datenservers (wfs oder wcs)	–	wfs
REMOTE_OWS_URL	O	URL des ggf. verwendeten externen Datenservers	–	http://..
FEATURETYPE	O	Feature-Type, für den eine Legendengrafik angefordert wird	–	stadtplan:autobahn
COVERAGE	O	Coverage, für das eine Legendengrafik angefordert wird	–	mittTemp:Jul
RULE	O	Regel aus dem angeforderten Stil	–	
SCALE	O	Maßstab, für den die Legendengrafik gelten soll	–	
REMOTE_OWS_TYPE	O	Typ des ggf. verwendeten externen Datenservers (wfs oder wcs)	–	wfs
REMOTE_OWS_URL	O	URL des ggf. verwendeten externen Datenservers	–	http://..
WIDTH	O	Breite der Legendengrafik in Pixeln	–	400
HEIGHT	O	Höhe der Legendengrafik in Pixeln	–	400
FORMAT	O	Dateiformat für die Legendengrafik als MIME-Type-Bezeichnung	–	image/png
EXCEPTIONS	O	Format für Fehlermeldungen	text/xml	BLANK

Mit der Operation GetLegendGraphic wird eine Legende immer nur für einen Layer oder sogar nur eine Regel oder nur einen Maßstabsbereich angefordert.

Mit der Operation *GetLegendGraphic* fordert eine Clientkomponente eine gestaltete Signatur für eine ausgewählte Kartenebene, Regel, Objektklasse oder Rasterdimension an. Dabei kann sie sich auf einen mitgeschickten oder referenzierten SLD beziehen und die Ausgabe in einem bestimmten Stil bestellen.

Der WMS gibt eine Standardgrafik in der gewünschten Ausgestaltung für die Objektklasse zurück. Das Ergebnis enthält keine Beschriftung. Die muss die Clientkomponente selbst ergänzen.

Für den Bau einer Legende zu einer Karte mit vielen Ebenen und *Feature*klassen muss die Clientkomponente das Request wiederholt für jede Klasse oder Regel einzeln absenden.

8.8 GetStyles und PutStyles

Zwei interessante optionale Möglichkeiten, die das SLD-Profil für einen WMS bis zur SLD-Version 1.0.0 bot, waren die Abfrage von Stilen aus der Definitionsdatei des Kartenservers und die Übernahme von Stilen aus einem SLD in diese Definitionsdatei. Die Operationen hierfür lauten *GetStyles* bzw. *PutStyles.* Beide Operationen sind im SLD-WMS-Profil 1.1.0 nicht mehr enthalten. Die Aufgabe wird künftig von Katalogdiensten übernommen, die in der Lage sind, Stile und Grafiken zu speichern und zugreifbar zu machen (vgl. hierzu das *Feature-Styling*-Modell in Kap. 8.3). Dieser Ansatz ist flexibler als die auf *GetStyles* und *PutStyles* aufbauende Vorgehensweise. Der Vollständigkeit halber werden diese bis zur WMS-Version 1.1.0 noch gültigen Operationen hier noch referiert.

Mit einer *GetStyles*-Anfrage können im WMS gespeicherte Stile und Layer-Style-Zuordnungen abgefragt werden. Notwendige Parameter sind, wie gewohnt, SERVICE=WMS, REQUEST=GetStyles und die Version der Schnittstelle. Zusätzlich wird natürlich eine Liste der gewünschten Ebenen (LAYERS) benötigt. Optional kann die gewünschte SLD-Version (SLDVER) angegeben werden; standardmäßig wird die höchste Version ausgegeben. Die Antwort auf eine *GetStyles*-Operation ist ein SLD, also ein XML-Dokument, das die angeforderten Stil-Definitionen enthält. Ein Beispiel für eine *GetStyles*-Anfrage ist:

```
http://ein.map.server?
REQUEST=GetStyles&
VERSION=1.0.0
SLDVER=1.0.0&
LAYER=strassen,fluesse
```

Mit einem ***PutStyles***-Request (*SERVICE*=WMS, *REQUEST*=PutStyles) können umgekehrt benutzerdefinierte Stile und Ebenen in einem WMS gespeichert werden. Der Client muss dabei über den MODE-Parameter definieren, ob bereits gespeicherte Elemente erhalten bleiben (*InsertAndReplace*) oder gelöscht werden (*ReplaceAll*). Die Definitionen können über den Einbau des SLD-Codes in die Anfrage (*SLD_BODY*) oder als Referenz auf ein webzugängliches SLD-Dokument (*SLD*) übermittelt werden. Die Antwort auf eine *PutStyles*-Operation ist eine einfache Erfolgsmeldung.

Das folgende Beispiel übergibt ein externes SLD-Dokument über eine URL, ersetzt bereits bestehende Stile und behält vorhandene Stile bei, die im neuen SLD nicht enthalten sind:

```
http://ein.map.server
REQUEST=PutStyles&
VERSION=1.0.0
MODE=InsertAndReplace&
SLD=http://meine.web.seite/meinSLD.xml
```

8.9 Konformitätsanforderungen an einen SLD-WMS

Für SLD in der Version 1.0.0 sind die Konformitätsanforderungen relativ einfach formuliert. Ein *Styled-Layer-Descriptor*-Dokument muss gegen das XML-Schema der Spezifikation validierbar sein. Zu den Anforderungen an die Schnittstelle gibt es in dieser Version keine Aussagen.

Auch ein SLD-Schema der Version 1.1.0 muss natürlich gegen das Schema der Version validierbar sein. Zusätzlich enthält die Norm nun aber Anforderungen an die Schnittstelle. Die Spezifikation ist nun ein Profil der WMS-Schnittstelle in der Version 1.3.0. Ein SLD-1.1.0-konformer WMS muss deshalb zunächst alle Anforderungen eines „normalen" WMS in der Version 1.3.0 erfüllen. Hinsichtlich der Tauglichkeit als SLD-WMS präzisiert die Norm vier verschiedene Konformitätsklassen, mit denen der Funktionsumfang eines zertifizierten Produkts charakterisiert werden kann:

- Klasse A: Integrated SLD-WMS;
- Klasse B: Component SLD-WMS;
- Klasse C: Feature Portrayal Service;
- Klasse D: Coverage Portrayal Service.

Die Anforderungen an diese Klassen enthält Anhang A der SLD-Norm. Allerdings sind die „Testaufgaben" hier nur sehr allgemein gehalten. Tabelle 30 gibt einen Überblick.

Ein **Integrated SLD-WMS** ist mit einer nach außen nicht direkt zugänglichen WFS- oder WCS-Datenquelle eng verbunden (Kap. 8.3). Er muss benutzerdefinierte Zeichenvorschriften (*UserStyles*) verarbeiten und die *DescribeLayer*-Operation unterstützen. Darüber hinaus muss er entweder die *GetCapabilities*- und *DescribeFeatureType*-Operation seines mit ihm verbundenen WFS oder die *GetCapabilities*- und *DescribeCoverage*-Operation des verbundenen WCS bereitstellen.

Ein **Component-SLD-WMS** ist mit seiner Datenquelle gar nicht oder nur lose gekoppelt. Er muss sowohl benutzerdefinierte Layer (*UserLayer*) als auch benutzerdefinierte Styles *(UserStyles)* darstellen. Er darf sich **Feature Portrayal Service** (FPS) nennen, wenn er zusätzlich die Eigenschaft *RemoteWFS* unterstützt, also auch beliebige andere WFS als Datenquelle „anzapfen" kann. Ein **Coverage Portrayal Service** (CPS) ist ein Component-SLD-WMS, der mit der Funktionalität *RemoteWCS* auch andere online verfügbare WCS als Datenquelle verwenden kann.

Tabelle 30: Konformitätsanforderungen an einen SLD-WMS

Klasse	Name	Test	Prüfaufgabe
–	General	A.1	• Konformität mit den Konformitätsklassen eines Basic WMS
A	Integrated SLD-WMS	A.2	• Unterstützung für UserStyles • Unterstützung für DescribeLayer-Operation • Unterstützung für GetCapabilities und DescribeFeatureType des integrierten WFS **oder** • Unterstützung für GetCapabilities und DescribeCoverage des integrierten WCS
B	Component SLD-WMS	A.3	• Unterstützung für UserLayer • Unterstützung für UserStyles
C	Feature Portrayal Service	A.3	• Konformität mit Klasse B • Unterstützung von RemoteWFS
D	Coverage Portrayal Service	A.3	• Konformität mit Klasse B • Unterstützung von RemoteWCS

Links zu SLD-WMS

Literatur und öffentlich online verfügbare Tutorials, Einführungen oder Lehrmaterialien zur WMS-SLD-Schnittstelle gibt es kaum.
Die wenigen brauchbaren Funde zur SLD-Schnittstelle und dem *Symbology Encoding* sind am Ende von Kapitel 9 zusammengestellt.

Der Standard selbst ist auf der Homepage des OGC verfügbar:
http://www.opengeospatial.org/standards

Hier gibt es auch ein öffentliches Diskussionsforum zu dieser Norm:
http://www.ogcnetwork.net/forum >> SLD

Die SLD-Norm spezifiziert ein Profil der WMS-Schnittstelle. Sie definiert spezielle Operationen sowie zusätzliche Parameter und Einträge in den Service-Metadaten.

Über die SLD-Schnittstelle kann eine Clientkomponente die Darstellung eines Kartenlayers beeinflussen, Stile zuweisen oder sogar eigene Layer und Stile für Kartenlayer definieren.

Ein WMS-Server mit SLD-Profil kann als „Integrierter WMS" mit seinen Datenquellen fest verbunden sein. Dagegen kann ein Komponenten-SLD-WMS beliebige, online verfügbare Datenquellen „anzapfen". Zwischen diesen beiden Extremen ist eine Vielzahl von Varianten möglich.

9 Das SLD-Schema und Symbology Encoding

9.1 Aufbau eines SLD-Schemas

Ein ***Styled Layer Descriptor*** (kurz SLD) ist eine als XML-Dokument codierte Darstellungsanweisung. Darin werden den Datenebenen einer Karte für ihre Darstellung Stile oder Signaturen zugeordnet. Verwirrend ist die Tatsache, dass die SLD-Spezifikation nicht einfach nur ein SLD-Schema normiert, sondern außerdem und vor allem die WMS-Schnittstelle erweitert. Dabei sind auch andere Verwendungen für ein SLD-Schema denkbar.

Auch etwas verwirrend sind die Veränderungen zwischen den SLD-Versionen 1.0.0 und 1.1.0. Mit dem Versionswechsel wurde die SLD-Norm 1.1.0 zum Profil der WMS-Schnittstelle in der Version 1.3.0. Zugleich wurde derjenige Teil des Schemas ausgegliedert, der die eigentlichen Signaturen enthält. Weil er auch in anderen Zusammenhängen verwendet werden soll, wurde daraus ein eigenes *Symbology-Encoding*-Schema gebildet (Abb. 87). Zum Glück hat das auch gleich die Versionsnummer 1.1.0 bekommen.

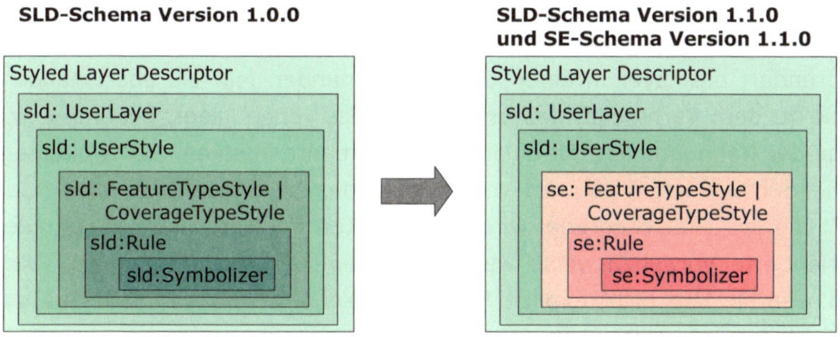

Abbildung 87: Mit dem Update der SLD-Spezifikation von der Version 1.0.0 nach 1.1.0 wurde ein Teil des SLD-Schemas in das *Symbology-Encoding*-Schema (SE) ausgegliedert.

Für den Anwender bedeutet das keine grundlegende Änderung. Die jetzt im *Symbology-Encoding*-Schema beheimateten Symbolisierungselemente werden weiterhin im SLD-Dokument untergebracht und vom WMS verarbeitet. Sie gehören nur einem anderen Namensraum an. Mit der neuen Version wurden jedoch auch eine Palette von Funktionen für die Formatierung von Beschriftungen und für die Klassifizierung eingeführt (Kap. 9.7) sowie eine Reihe weiterer Möglichkeiten zur Codierung von Signaturen definiert.

Im vorigen Kapitel hatten wir schon gesehen: Ein SLD-Dokument ist eine Abfolge von „*styled layers*". Ein *Styled Layer* ist die Zuweisung einer Zeichenvorschrift (*Style*) an eine Kartenebene (*Layer*). Je nach den Möglichkeiten der Clientanwendung und des Servers können hier vordefinierte oder benutzerdefinierte Layer mit vordefinierten oder benutzerspezifischen Styles kombiniert werden. Mithilfe von Regeln (*Rules*) können dabei Objektmengen nach Attributen oder räumlichen Kriterien eingeschränkt oder klassifiziert und ihre Darstellungsweise festgelegt werden. Die Symbolisierung der verschiedenen Geometriearten Punkt, Linie, Fläche oder Raster erfolgt über Standard-Schemafragmente (*Symbolizer*) aus dem *Symbology-Encoding*-Schema. So gibt es (u. a.) *PointSymbolizer*, *LineSymbolizer* und *PolygonSymbolizer*, *TextSymbolizer* und *Rastersymbolizer*.

Ein *Styled Layer* ist die Kombination einer Datenquelle (Layer) mit einer Zeichenanweisung (*Style*).

In einem *GetMap*-Request erfolgt diese Zuordnung über die Reihenfolge der Listeneinträge für die Parameter *Layers* und *Styles*.

Ein SLD-Dokument hat als komplexe XML-Struktur andere Möglichkeiten. Ein *Style* wird hier einem Layer zugeordnet, indem er als Kindelement in den Layer eingeschachtelt wird.

Ein Layer kann in einem SLD mehrere *Styles* zugeordnet bekommen. In einem *GetMap*-Request kann dann daraus eine Auswahl getroffen werden. Werden einem Layer maßstabsabhängig verschiedene Styles zugeordnet, dann trifft der Server die richtige Auswahl für die Darstellung.

Der WMS rendert die Layer in einer Karte nacheinander, legt sie übereinander und verschmilzt sie zu dem Kartenbild, das er ausgibt. Was „oben" liegt, bestimmt sich aus der Reihenfolge der Nennung. Das gilt auch für die Elemente in einem SLD-Dokument: Bei der Auswertung durch einen WMS wird vom Beginn des Dokuments an immer „oben drauf gestapelt"; die letzte Zeichenregel wird zur obersten Schicht eines Layers. Diese an der Malerei orientierte Vorgehensweise wird auch *„painter's model"* genannt. Darstellungsprioritäten werden also nicht explizit festgelegt, sondern ergeben sich aus der Position einer „Schicht" im Dokument (Abb. 88).

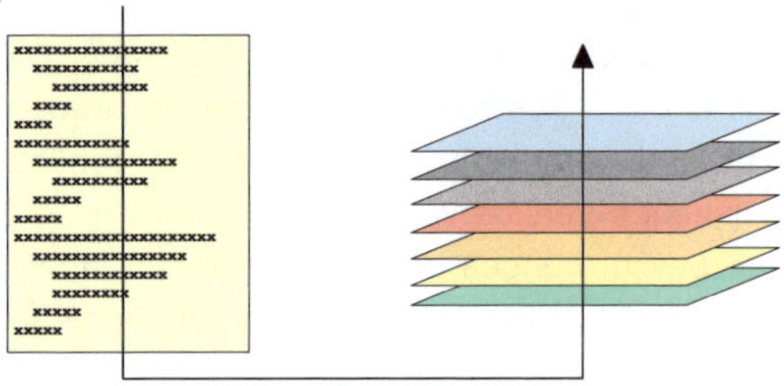

Abbildung 88: Die Ebenen in einer Karte werden in der Reihenfolge übereinandergelegt, in der sie im SLD-Dokument definiert werden. In einem *GetMap*-Request kann diese Anordnung durch die Reihenfolge der Listeneinträge im Parameter *Layers* überdefiniert werden.

Der Aufbau von SLD-Dokumenten ist in einem komplexen XML-Schema definiert. Die beiden hier referierten Versionen unterscheiden sich dabei hier und da im Detail. Deshalb wird zwar primär die Version 1.1.0 hier referiert, aber auch die Version 1.0.0 in Schema-Abbildungen zum Vergleich wiedergegeben.

Es gibt einige gemeinsame Bestandteile, die wiederholt an verschiedenen Stellen des SLD- und des SE-Schemas vorkommen. Sie werden im SE-Schema definiert und gehören in den SE-Namensraum, tauchen aber auch in den „äußeren Schichten" eines SLD-Dokuments auf. Sie sind in dem folgenden Textkasten zusammengefasst.

Basis-Bestandteile des SE- und SLD-Schemas

Verschiedene komplexe Elemente wie *Layer* und *Style* können in einem ***Name***-Element einen Namen erhalten. Das ist zwar meist optional, aber trotzdem eigentlich immer ratsam. Inhalte von *Name*-Elementen sind generell immer für Referenzen auf das jeweilige Objekt in der automatischen Verarbeitung vorgesehen. Ein Name muss deshalb im jeweilige Context, also z. B. innerhalb eines SLD, immer eindeutig sein.

Elemente vom Typ ***Description*** sind auch optional an vielen Stellen vorgesehen. Der Elementtyp fasst die beiden Subelemente *Title* und *Abstract* zusammen. Es gibt ihn erst ab SLD-Version 1.1.0/ SE-Version 1.0.0. In der Vorgängerversion fehlt diese gemeinsame Klammer um *Title* und *Abstract.* Der *Title* ist im Gegensatz zum Namen nicht für automatische Verfolgungen, sondern für die menschlichen Benutzer gedacht. Er muss also eher sprechend oder erklärend sein. *Title*-Inhalte können beispielsweise für Legendenüberschriften verwendet werden. Das *Abstract*-Element nimmt eine Kurzbeschreibung auf.

Das Attribut ***version*** hat immer das Format „x.y.z".

Ein Element vom Typ ***OnlineResource*** dient der Speicherung einer Online-Adresse und enthält als Attribute die Art des XML-Links (sie ist immer „simple") und eine URL:

```
<OnlineResourc xlink:type="simple" xlink:href="http://meinServer.de/.../..."/>
```

Das Wurzelelement ***StyledLayerDescriptor*** des SLD-Schemas und dessen primäre Kindelemente sind in den Abbildungen 89 und 90 wiedergegeben. Dem *StyledLayerDescriptor*-Element muss im erforderlichen Attribut *version* die Versionsnummer des SLD-Schemas mitgegeben werden. Die Kindelemente ***Name*** und ***Description*** sind zwar optional, aber die Benennung und Beschreibung des SLD-Dokuments sind immer ratsam. Die Elemente könnten z. B. von Katalogsystemen ausgewertet oder auch von einer Clientanwendung benutzt werden, die dem Nutzer eine Auswahl an SLDs bietet.

Die Versionsangabe ist notwendig, weil sich die Dokumentstruktur und die Stildefinitionen zwischen den Versionen etwas unterscheiden. Der verarbeitende Server muss also wissen, wie er die nachfolgenden Darstellungsanweisungen verarbeiten soll und ob er dies überhaupt kann.

Der Name eines Layers oder Styles muss im SLD-Dokument immer eindeutig sein.

Ebenfalls optional ist das Element ***useSLDLibrary***. Darin kann ein anderer online verfügbarer SLD referenziert werden. Die auswertende Anwendung – d. h. in der Regel der WMS – muss die URL verfolgen und den referenzierten SLD einlesen. Auf diesem Weg können auch im HTTP-POST-Verfahren externe Stil-Bibliotheken an einen WMS übermittelt werden. Grundsätzlich können über diese Referenzmöglichkeit hierarchisch geschachtelte Stil-Bibliotheken aufgebaut werden. Auch hierbei gilt: Gleichnamige spätere Symbolisierungsanweisungen überschreiben die zuerst eingelesenen. *NamedLayer* bzw. *UserLayer* werden im folgenden Kapitel beschrieben.

In der Version 1.0.0 der SLD-Norm fehlt das Element *UseSLDLibrary*. Kurzinformation über den SLD wird dort in den Elementen *Title* und *Abstract* abgelegt; die gemeinsame Klammer *Description* fehlt noch.

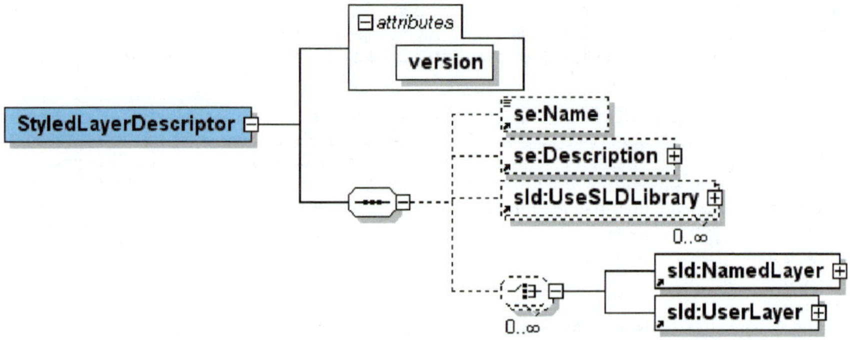

Abbildung 89: Wurzelelement des SLD-Schemas in der Version 1.1.0. Ein SLD enthält beliebig viele Layer und kann einen anderen SLD referenzieren.

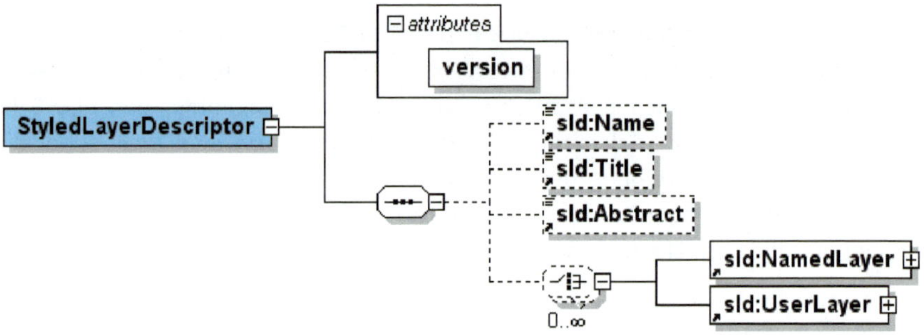

Abbildung 90: Wurzelelement des SLD-Schemas in der Version 1.0.0. In dieser Version ist die Referenz auf einen anderen SLD noch nicht möglich.

9.2 NamedLayer und UserLayer

Ein *Layer,* also eine Kartenebene, ist als eine Ansammlung von Geoobjekten (*Features*) definiert. Dabei müssen die *Features* in einem Layer weder dem gleichen *Feature Type* angehören noch den gleichen Geometrietyp aufweisen. Prinzipiell kann eine Ebene also z. B. gleichzeitig Punkte, Polygone enthalten. Allerdings geht ein Layer immer nur auf eine Datenquelle zurück; es können nicht Geoobjekte aus verschiedenen Datenquellen in einem Layer zusammengeholt werden.

NamedLayer sind in einem OWS vordefinierte und in dessen Service-Metadaten bekannt gemachte Kartenebenen. *UserLayer* werden vom Benutzer in der SLD-Struktur selbst definiert. Layer-Anzahl und Reihenfolge der beiden möglichen *Layer*arten *NamedLayer* und *UserLayer* sind frei wählbar. Es müssen weder beide Arten vertreten sein, noch müssen diese nach Art geordnet aufgeführt werden. Wie bereits gesagt, ist jedoch die Anordnung der *Layer* entscheidend für die spätere Darstellungsreihenfolge in der Karte.

Ein ***NamedLayer***-Element (Abb. 91) identifiziert über sein Element ***Name*** einen im OWS (in der Regel einem WMS) vordefinierten Layer. Der Name muss deshalb identisch sein mit einem in den Service-Metadaten des WMS publizierten Layernamen. Kurzinformation kann in einem ***Description***-Element abgelegt werden. Das Element *Description* fehlt noch in der SLD-Version 1.0.0 (Abb. 92).

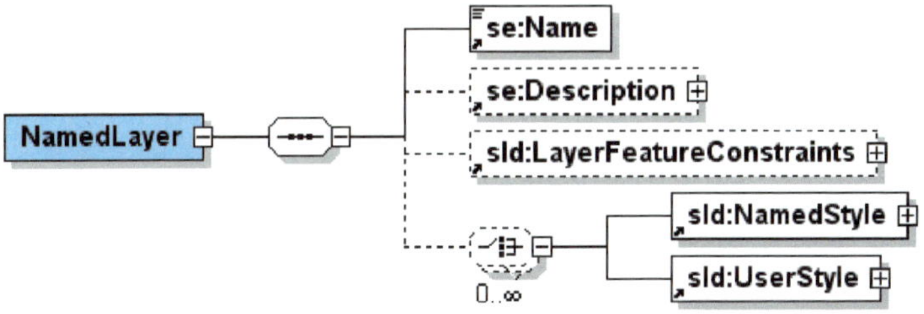

Abbildung 91: *NamedLayer*-Element des SLD-Schemas in der Version 1.1.0. Dem Layer werden *Named-Styles* oder *UserStyles* zugeordnet; optional kann der Layer durch *Constraints* eingeschränkt werden.

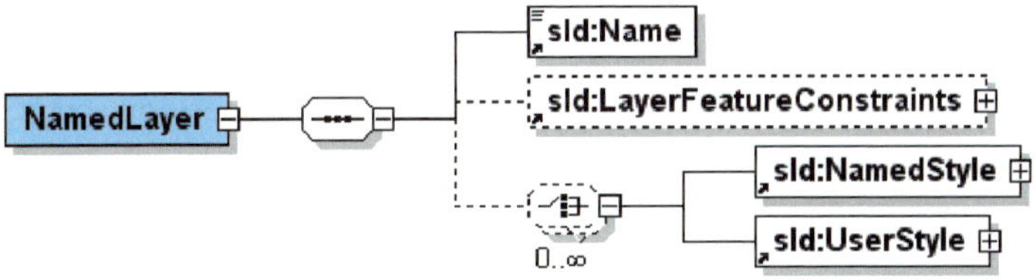

Abbildung 92: *NamedLayer*-Element des SLD-Schemas in der Version 1.0.0. Nur das *Description*-Element gibt es hier noch nicht.

Das ***LayerFeatureConstraints***-Element innerhalb eines *NamedLayer*-Elements ist optional. Es ermöglicht dem Anwender, bestimmte *Features* einer *NamedLayer*-Referenz zu selektieren; es ist also ein Filter, der den vordefinierten Layer auf eine Auswahl der angebotenen *Feature Types* beschränkt. Normalerweise finden *Constraints* bei *UserLayers* Anwendung; deshalb werden die Details dieses Elements auch dort vorgestellt.

Die Zuweisung einer Zeichenvorschrift erfolgt entweder durch den Verweis auf den Namen eines im WMS vordefinierten ***NamedStyle*** oder durch die Definition eines eigenen Stils in Elementen vom Typ ***UserStyle***. Ein *NamedLayer* kann eine beliebige Anzahl von *NamedStyles* und *UserStyles* enthalten. Auch diese können in einer beliebigen Reihenfolge angeordnet werden. Wird kein Stil festgelegt, wird der im WMS für diesen Layer vorgesehene Default-Stil verwendet.

> Die Zuordnung von Zeichenstilen zu einem Layer geschieht in einem SLD-Dokument dadurch, dass das Layer-Element eine beliebige Anzahl von *NamedStyle*- oder *UserStyle*-Kindelementen enthält.

Das folgende Beispiel ordnet einem *NamedLayer* zwei vordefinierte *NamedStyles* zu, die nacheinander gezeichnet werden sollen.

XML-Beispiel 17: Einfache NamedLayer-NamedStyle-Zuordnung in einem SLD

```
<StyledLayerDescriptor version="1.1.0">
  <NamedLayer>
    <se:Name>strassen</se:Name>
    <NamedStyle>
      <se:Name>strasse_kontur</se:Name>
    </NamedStyle>
    <NamedStyle>
      <se:Name>strassen_fuellung</se:Name>
    </NamedStyle>
  </NamedLayer>
</StyledLayerDescriptor>
```

Im Gegensatz zum *NamedLayer* wurde ein ***UserLayer,*** genauer eine benutzerdefinierte Kartenebene, noch nicht vorab in der Konfiguration des WMS definiert. Das Element dient dazu, aus einer vorhandenen Datengrundlage eine neue Ebene zu generieren. Die Datengrundlage ist entweder ein *Web Feature Server* oder ein *Web Coverage Server.*

Ein *UserLayer*-Element hat wieder (optional) einen Namen (***Name***) und eine Beschreibung (***Description***) (Abb 93). Der Name wird eventuell in einem *GetMap*-Request benötigt und

kann auch verwendet werden, wenn der *UserLayer* in eine WMS-Konfiguration hinein gespeichert werden soll.
Das Element ***RemoteOWS*** dient der Bekanntgabe der externen Datenquelle. Das ist dann nicht notwendig, wenn sich der *UserLayer* auf die fest verbundene Datenquelle eines integrierten WMS bezieht. Das *RemoteOWS*-Element setzt sich aus dem Service-Typ („wfs" oder „wcs") im Subelement *Service* und dessen URL im Subelement *OnlineResource* zusammen. Alternativ kann eine externe Datenquelle auch im *GetMap*-Request über die Parameter *Remote_Ows_Type* und *Remote_Ows_Url* bekannt gemacht werden.

Damit hat der Anwender drei Möglichkeiten, um bei der Anforderung einer Karte die zu verwendende Datenquelle festzulegen:

- Identifizierung eines frei zugänglichen WFS/WCS im *GetMap*-Request mit den Parametern Remote_Ows_Type und Remote_Ows_Url,
- Festlegung im SLD mit dem optionalen *RemoteOWS*-Element des *UserLayer*-Elements,
- Verwendung eines mit dem integrierten WMS fest verbundenen WFS oder WCS.

Sollen bei einer *GetMap*-Anfrage stattdessen die *Feature*-Instanzen direkt in den SLD eingebettet mit an den WMS gesandt werden, so werden sie hier im *UserLayer* im optionalen Element ***InlineFeature*** untergebracht. Das Element nimmt beliebig viele GML-*Feature-Collections* auf. Damit sind Referenzen auf die Geometrien in einem WFS nicht mehr nötig. Die Methode eignet sich aber auch nur für sehr kleine Datenmengen. Das *InlineFeature*-Element gibt es erst ab SLD-Version 1.1.0 (Abb. 94).

Filter auf den Quelldatenbestand werden in den Listen ***LayerFeatureConstraints*** und ***LayerCoverageConstraints*** definiert. Beide können jeweils mehrere Filter enthalten.

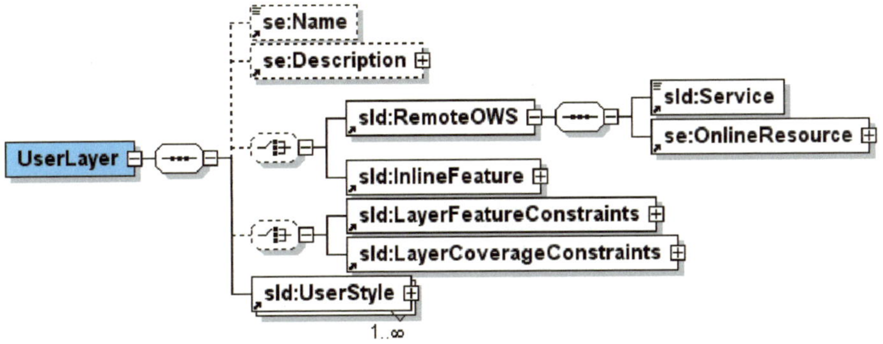

Abbildung 93: *UserLayer*-Element des SLD-Schemas in der Version 1.1.0. Ein *UserLayer* bezieht sich auf eine externe (remote) Datenquelle oder enthält eingebettete *Inline-Features*. *Constraints* schränken den Layer auf *Feature*-Klassen oder *Coverage*-Bereiche ein.

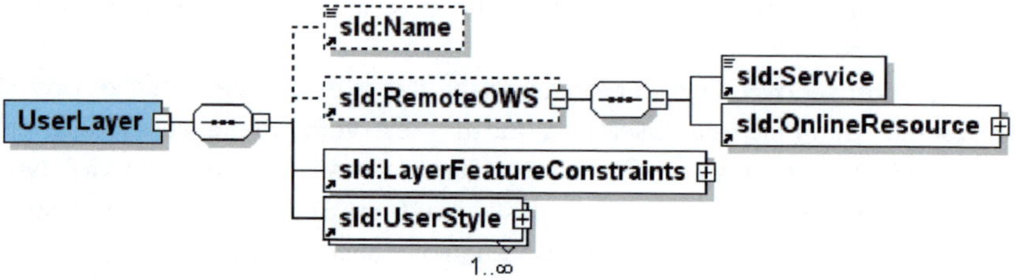

Abbildung 94: *UserLayer*-Element des SLD-Schemas in der Version 1.0.0. *LayerCoverageConstraints* gibt es in dieser Version noch nicht.

Für Vektordaten aus einem WFS kann die ***LayerFeatureConstraints***-Liste beliebig viele ***FeatureTypeConstraint***-Filter kombinieren (Abb. 95). Ein einzelner *FeatureType-Constraint* wiederum enthält im einfachsten Fall eine Liste derjenigen *Feature Types*, die angezeigt werden sollen, als Folge von *FeatureTypeName*-Elementen. Das müssen natürlich Namen sein, die der WFS-Datenquelle bekannt sind und sie müssen alle aus demselben WFS stammen. Mit der *DescribeFeatureType*-Anfrage können die verfügbaren *Feature Types* vom WFS oder integrierten WMS erfragt werden. Alternativ oder ergänzend kann auch ein komplexes ***OGC-Filter***-Element in die Constraint-Liste eingebaut werden. Die dritte Möglichkeit ist die Verwendung von ***Extent***-Elementen. Ein *Extent* besteht aus einem Namen und einem Wert, funktioniert also wie ein einfacher Attributfilter mit nur einem Kriterium. Alle drei Arten von Filtern sind beliebig miteinander kombinierbar und ergänzen sich in der Logik wie eine OR-Verknüpfung. Die *FeatureTypeConstraints* sind in beiden SLD-Schemaversionen identisch und deshalb hier nur einmal dargestellt (Abb. 95).

OGC-Filter-Elemente sind komplexe XML-Strukturen, mit denen kompliziertere Bedingungen aus Attributfiltern und räumlichen Selektionskriterien formuliert und über logische Operatoren miteinander verknüpft werden können. Sie sind in einer eigenen OGC-Spezifikation genormt und werden in diesem Buch in Kapitel 6.8 vorgestellt.

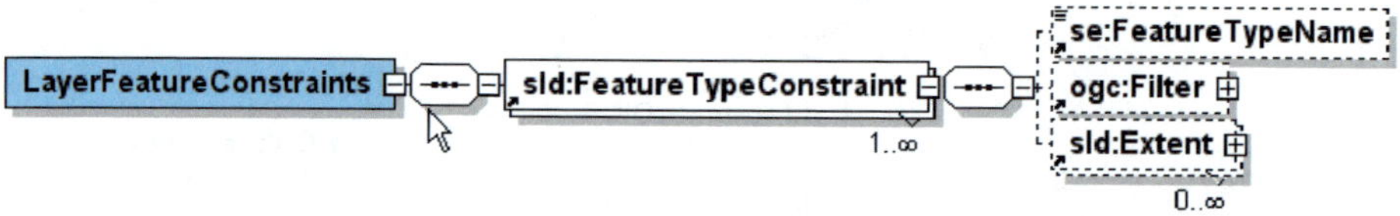

Abbildung 95: *LayerFeatureConstraints*-Element des SLD-Schemas nach Version 1.1.0. Eine einzelne Bedingung (*Constraint*) ist ein *FeatureType*-Name, ein OGC-Filter oder ein einfacher Attributfilter (*Extent*).

Mehrere *Constraint*-Element in einer *LayerFeature-Constraint*-Liste ergänzen sich miteinander wie eine logische OR-Verknüpfung.

Das folgende Beispiel bildet einen Layer aus den *Feature Types* „Strassen" und „Wege":

XML-Beispiel 18: UserLayer mit FeatureTypeConstraint

```
<StyledLayerDescriptor version="1.1.0">
  <UserLayer>
    <Name>MeinLayer</Name>
    <RemoteOWS>
      <Service>WFS</Service>
      <OnlineResource xlink:type="simple" xlink:href="http://ein.ows.server/WFS?"/>
    </RemoteOWS>
    <LayerFeatureConstraints>
      <FeatureTypeConstraint>
        <se:FeatureTypeName>Strassen</se:FeatureTypeName>
      </FeatureTypeConstraint>
      <FeatureTypeConstraint>
        <se:FeatureTypeName>Wege</se:FeatureTypeName>
      </FeatureTypeConstraint>
    </LayerFeatureConstraints>
    <UserStyle>
      [...]
    </UserStyle>
  </UserLayer>
</StyledLayerDescriptor>
```

Layer mit *Coverages* (Rasterdaten) aus einem WCS als Datenquelle können – ab Version 1.1.0 – ebenfalls auf einzelne *Coverage*-Dimensionen oder sogar Wertebereiche eingeschränkt werden. Zur Definition der Einschränkungen wird analog zu den *LayerFeatureConstraints* das Listenelement ***LayerCoverageConstraints*** genutzt (Abb. 96).

Die Liste enthält beliebig viele ***CoverageConstraint***-Elemente. Ein einzelner *CoverageConstraint* benennt zunächst das zu verwendende *Coverage* im Element ***CoverageName***. Zusätzlich können im Subelement ***CoverageExtent*** noch weitere Einschränkungen gemacht werden: Ein solcher Extent definiert entweder in einem ***RangeAxis***-Element den gewünschten Wertebereich aus einer *Coverage*-Dimension oder in einem ***TimePeriod***-Element einen Zeitraum. Beide Filter können miteinander kombiniert werden. Eine ***RangeAxis*** besteht aus dem Namen der *Coverage*-Dimension (bei Luftbildern z. B. dem Bildkanal) und dem angeforderten Wertebereich. Dabei kann der *value* einer *RangeAxis* einen Einzelwert, eine kommaseparierte Werteliste, ein Werteintervall oder eine kommaseparierte Liste von Werteintervallen aufnehmen. Im Element ***TimePeriod*** kann entsprechend ein bestimmter Zeitpunkt, eine Liste von Zeitpunkten, ein Zeitintervall oder eine Liste von Zeitintervallen verwendet werden. Zeitangaben verwenden ISO-8601-Syntax (zur Syntax für Wertebereiche und Zeitangaben vgl. Kapitel 7.6). Im folgenden Beispiel wird aus einer Bild-Datenquelle nur der Bildkanal Band1 ausgewählt:

XML-Beispiel 19: UserLayer mit LayerCoverageConstraint

```
<StyledLayerDescriptor version="1.1.0">
  <UserLayer>
    <se:Name>MeinMODGridLayer</se:Name>
    <RemoteOWS>
      <Service>WFS</Service>
      <OnlineResource xlink:type="simple“ xlink:href="http://ein.ows.server/WCS?“/>
    </RemoteOWS>
    <LayerCoverageConstraints>
      <CoverageConstraint>
        <se:CoverageName>MOD_Grid</se:CoverageName>
    <CoverageExtent>
      <RangeAxis>
      <se:Name>Band</se:Name>
      <se:Value>band1</se:Value>
      </RangeAxis>
      <TimePeriod>2009</TimePeriod>
    </CoverageExtent>
      </CoverageConstraint>
    </LayerCoverageConstraints>
    <UserStyle>
      [...]
    </UserStyle>
  </UserLayer>
</StyledLayerDescriptor>
```

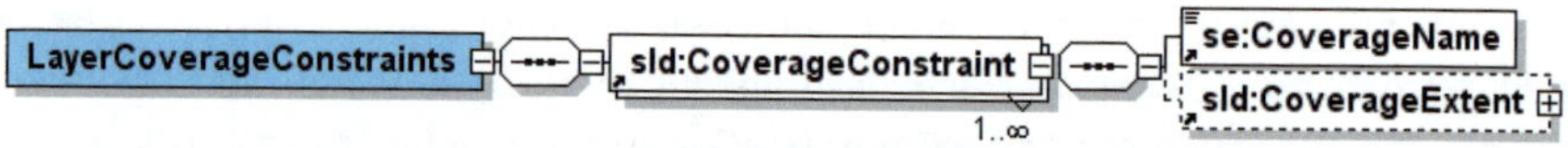

Abbildung 96: ***LayerCoverageConstraints*-Element des SLD-Schemas in der Version 1.1.0. Eine *Extent*-Bedingung schränkt ein *Coverage* auf einen Wertebereich und/oder einen Zeitraum ein.**

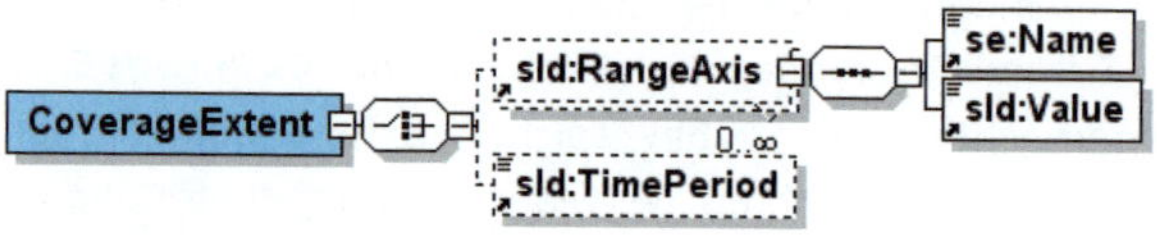

Abbildung 97: ***CoverageExtent*-Element des SLD-Schemas in der Version 1.1.0. Ein *CoverageExtent* ist ein Wertebereich oder eine Zeitangabe.**

Die *LayerCoverageConstraints* – also die Möglichkeit, Rasterdatenlayer auf Wertebereiche oder Dimensionen einzuschränken – gibt es erst ab SLD-Version 1.1.0.

Die SLD-Spezifikation sieht derzeit als Datenquelle für *UserLayer* ausschließlich *Web-Feature-* und *Web-Coverage-*Dienste vor.

Es können auch *Feature*instanzen als GML eingebettet werden, aber das ist nur für kleine Datenmengen praktikabel.

9.3 NamedStyles und UserStyles

Äquivalent zu den benannten und benutzerdefinierten Layern gibt es auch benannte und benutzerdefinierte Stile. Sie heißen entsprechend *NamedStyles* und *UserStyles*. Ein Stil wird einem Layer zugeordnet, indem er als Kindelement in einen Layer eingefügt wird. Ein Layer kann auch mehrere Stilzuordnungen haben, beispielsweise für verschiedene Maßstabsbereiche. Dabei können *NamedLayer* sowohl *NamedStyles* als auch *UserStyles* beinhalten. *UserLayer* müssen jedoch *UserStyles* verwenden. Eine Zeichenvorschrift muss die Datenstruktur eines Layers berücksichtigen, deshalb können Sie nicht einem vordefinierten Stil einen benutzerdefinierten Layer unterschieben (Abb 98). Ein *UserLayer* muss auch mindestens einen *UserStyle* enthalten, da ja kein vordefinierter Stil für *UserLayers* existiert.

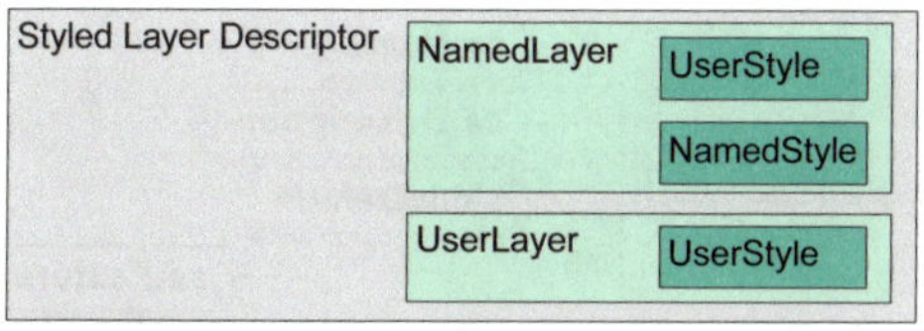

Abbildung 98: Möglichkeiten der Style-Layer-Zuordnung. Nur vordefinierte *NamedLayer* können auch vordefinierte *NamedStyles* enthalten.

Ein ***NamedStyle*** ist dem OpenGIS-Web-Server, der den SLD auswertet, unter seinem Namen irgendwie bekannt. Derzeit handelt es sich dabei immer um einen WMS, der den benannten Stil in seiner Konfigurationsdatei definiert hat und ihn in den Service-Metadaten als Darstellungsvariante für einen *NamedLayer* bekannt macht. Ein *NamedStyle* kann immer nur in Verbindung mit einem *NamedLayer* verwendet werden. Das Element enthält deshalb auch nur einen Namen und optional eine Beschreibung dazu. (Abb. 99). In der Vorgängerversion fehlt noch die Beschreibung (Abb. 100).

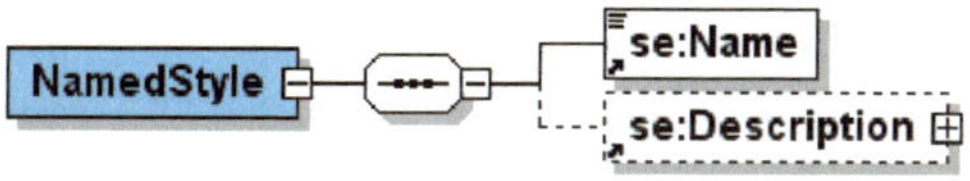

Abbildung 99: *NamedStyle*-Element des SLD-Schemas in der Version 1.1.0. Ein *NamedStyle* ist andernorts definiert und hat deshalb außer Namen und Beschreibung keine weiteren Kind-Elemente.

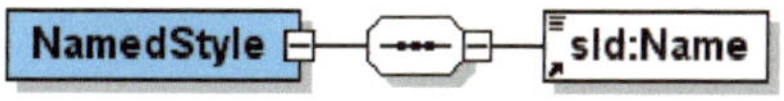

Abbildung 100: *NamedStyle*-Element des SLD-Schemas in der Version 1.0.0. Die Beschreibung ist noch nicht vorgesehen.

Ein ***UserStyle*** dagegen ermöglicht die freie Definition einer Zeichenvorschrift durch den Nutzer. Er muss im Element *Name* einen Namen bekommen, wenn der SLD als *Style*

Library verwendet oder der Stil in einem *GetMap*-Request referenziert wird. Ein *Description*-Element dient wie immer einer Kurzbeschreibung. Das Element *IsDefault* legt fest, ob der Stil als Standart-Stil für den übergeordneten Layer verwendet werden soll; das Element kann die Werte 0 bzw. *false* oder 1 bzw. *true* annehmen und steht standardmäßig auf 0 bzw. *false* (Abb. 101, 102).

Der *UserStyle* kann beliebig viele *FeatureTypeStyle*- oder *CoverageStyle*-Elemente enthalten. Darin werden Signaturen definiert und *FeatureTypes* oder *Coverage*-Bereichen zugeordnet. Alternativ kann der *UserStyle* auch im Element *OnlineResource* einen anderen, online zugänglichen SLD referenzieren. Diese Möglichkeit gibt es aber erst ab der Version 1.1.0.

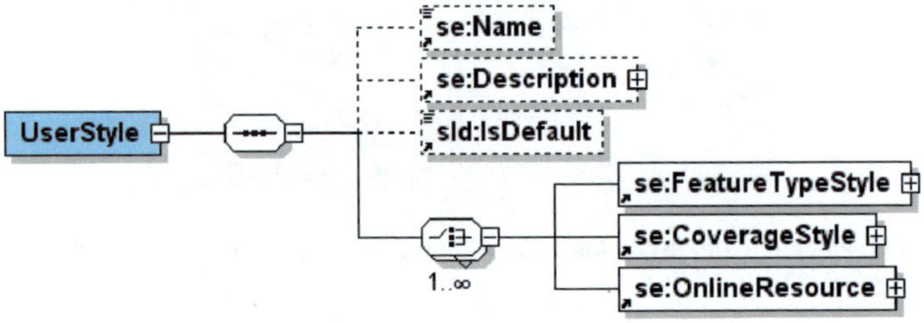

Abbildung 101: *UserStyle*-Element des SLD-Schemas in der Version 1.1.0. Ein *UserStyle* enthält Zeichenvorschriften für *Feature Types* oder *Coverages* oder Verweise darauf.

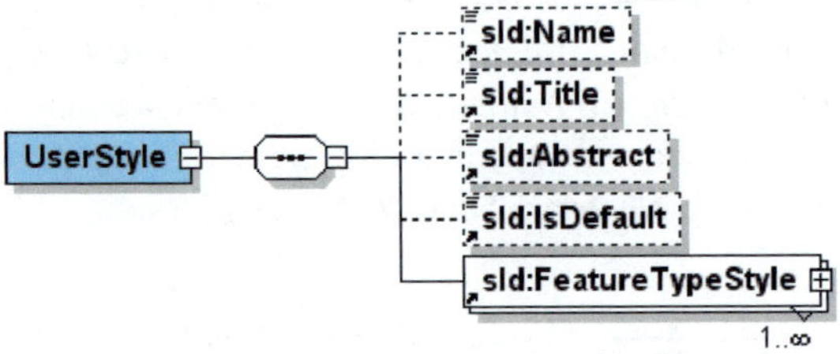

Abbildung 102: *UserStyle*-Element des SLD-Schemas in der Version 1.0.0. Zeichenstile für *Coverages* und Verweise auf Stilbibliotheken sind darin noch nicht möglich.

Das folgende Beispiel zeigt einen *UserStyle* in Kombination mit einem *NamedLayer*:

XML-Beispiel 20: NamedLayer mit UserStyle

```
<StyledLayerDescriptor version="1.1.0">
  <NamedLayer>
    <se:Name>Strassen</se:Name>
    <UserStyle>
      <se:Name>StrassenMitKontur</se:Name>
      <se:Description>
        <se:Title>Straßen</se:Title>
        <se:Abstract>Straßendarstellung mit Kontur</se:Abstract>
```

```
      </se:Description>
      <IsDefault>1</IsDefault>
      <se:FeatureTypeStyle>
        [...]
      </se:FeatureTypeStyle>
    </UserStyle>
  </NamedLayer>
</StyledLayerDescriptor>
```

9.4 FeatureTypeStyles und CoverageStyles

Ein *UserStyle* enthält, je nach Datengrundlage, ein oder mehrere ***FeatureTypeStyle***- oder ***CoverageStyle***-Elemente. An dieser Stelle in einem SLD-Dokument wechselt der Namensraum (Abb 103). *FeatureTypeStyle* und *CoverageStyle* sind die beiden komplexen Wurzelelemente des SE-Schemas. Sie enthalten - eingebettet in Regeln (*Rules*) - die eigentlichen Signaturen.

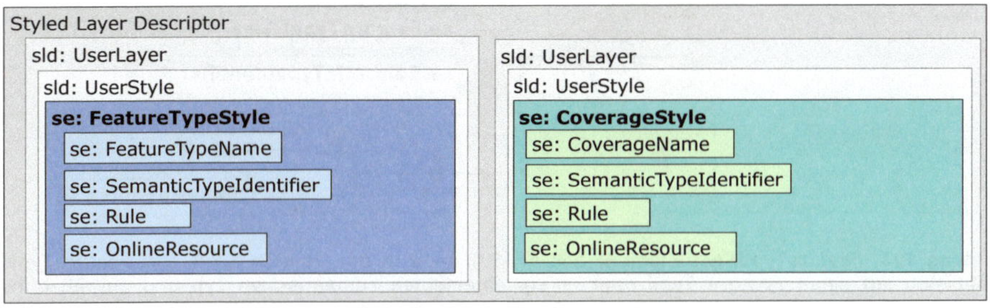

Abbildung 103: *FeatureTypeStyle* und *CoverageStyle* sind ab SLD-Version 1.1.0 komplexe Elemente des SE-Schemas und enthalten das Regelwerk für die Darstellung.

Bisher waren ja in den äußeren Schichten eines SLD erst einmal die Datenquellen eingeschränkt und Stilnamen vergeben worden. Ab hier geht es nun tatsächlich um die Darstellung. Beide komplexen Elemente können auch außerhalb von SLD-Dokumenten in anderen Zusammenhängen verwendet werden.

FeatureTypeStyle und *CoverageStyle* sind die alternativen Wurzelelemente eines *Symbology-Encoding*-Dokuments.

Ein SE-Dokument bezieht sich deshalb entweder auf Daten aus einem WFS oder auf Daten aus einer WCS-Quelle.

Ein ***FeatureTypeStyle*** enthält die Zeichenvorschrift für einen *FeatureType*. Optional macht er im Attribut *version* die Version des SE-Schemas bekannt. Er kann einen eigenen Namen haben. Für den gibt es insofern noch keine Verwendung, als er noch nirgendwo referenziert wird, aber ist zukünftig für *Style*-Bibliotheken denkbar. Wie immer empfiehlt sich aber die Vergabe eines Namens (*Name*) und das Ausfüllen der ebenfalls optionalen *Description* schon aus Dokumentationszwecken. Das Element *FeatureTypeName* enthält den Namen des *Feature Types*, für den dieser Stil gilt. Auch dieser kann fehlen; das jedoch nur, wenn der *FeatureType* aus anderen Gründen im Kontext eindeutig ist oder wenn *SemanticTypeIdentifier* (s. u.) verwendet werden. Außerdem enthält er eine oder mehrere Regeln (*Rules*). Alternativ kann das Regelwerk über einen *OnlineResource*-Link referenziert werden (Abb. 104).

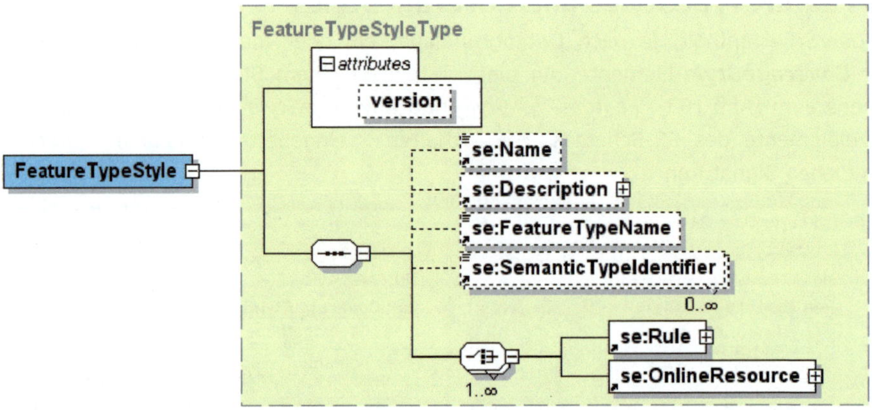

Abbildung 104: *FeatureTypeStyle*-Element des SE-Schemas in der Version 1.1.0. Ein *FeatureTypeStyle* bezieht sich auf einen *Feature Type* oder einen allgemeinen semantischen Typ und enthält entweder eingebettete Regeln oder einen Verweis auf extern abgelegte Regeln.

Die Vorgängerversion unterscheidet sich vor allem dadurch, dass der *FeatureTypeStyle* und alle seine Abkömmlinge noch dem SLD-Namensraum zugeordnet werden. Ihm fehlt auch das Versions-Attribut. Der Verweis auf extern abgelegte Regeln ist noch nicht möglich (Abb. 105).

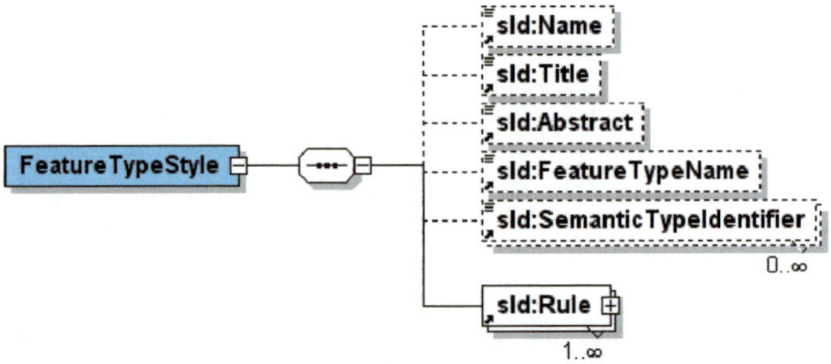

Abbildung 105: *FeatureTypeStyle*-Element des SE-Schemas in der Version 1.0.0. Externe Verweise sind noch nicht möglich und das Versions-Attribut ist noch nicht vorgesehen.

Das *SemanticTypeIdentifier*-Element ist für den Fall vorgesehen, dass der Stil für ganze Kategorien von *Feature Types* oder *Coverages* gelten soll, die in bestimmten Anwendungsbereichen (*communities*) als allgemein bekannt vorausgesetzt werden können. Das *SemanticTypeIdentifier*-Element enthält dann einen solchen Kategorienamen. Als universell brauchbare semantische Kategorien werden hier zunächst einmal die Ausdrücke „generic:line", „generic:polygon", „generic:point", „generic:text", „generic:raster" und „generic:any" definiert. Der Stil wird dann auf alle *Feature Types* oder *Coverages* des genannten Geometrietyps angewendet. Semantische Kategorien können sowohl in *FeatureTypeStyles* als auch in *CoverageStyle*-Definitionen anstelle von *FeatureTypeNames* oder *CoverageNames* verwendet werden. Im Unterschied zu diesen können jedoch auch mehrere von ihnen im übergeordneten Element enthalten sein; dann gilt der Stil für alle genannten semantischen Kategorien.

Abbildung 106: Spätestens jetzt dürfte sich bei manchem Leser ein leichtes Unwohlsein einstellen ...

Ein ***CoverageStyle***-Element bezieht sich entsprechend immer auf ein *Coverage*, das im Subelement *CoverageName* benannt wird. Auch hier kann der *CoverageName* fehlen, wenn er sich aus dem Kontext eindeutig ergibt. Der *CoverageStyle* kann natürlich auch wieder einen eigenen Namen und eine Beschreibung bekommen und die Version des SE-Schemas mitführen (Abb. 107). Auch der *CoverageStyle* kann anstelle eines Coverage-Namens eine semantische Kategorie (*SemanticTypeIdentifier*) wie beispielsweise „generic:raster" verwenden. Und er enthält natürlich ebenfalls eine beliebige Menge an Regeln (*Rules*) oder Referenzen auf online zugängliche, extern abgelegte Regeln. Das *CoverageStyle*-Element gibt es erst ab SE-Version 1.1.0.

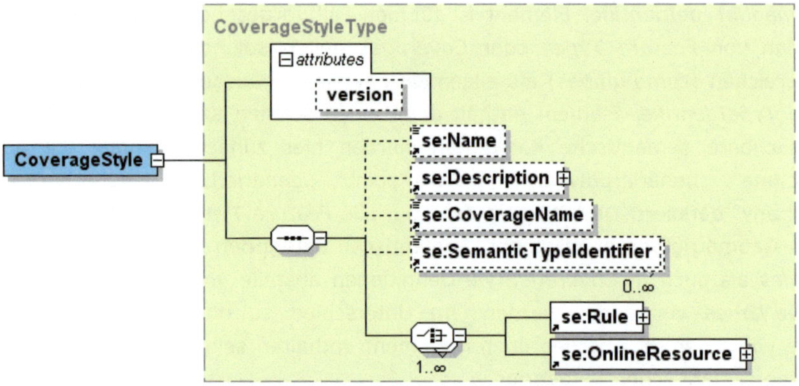

Abbildung 107: *CoverageStyle*-Element des SE-Schemas in der Version 1.1.0. Ein *CoverageStyle* bezieht sich immer auf ein benanntes *Coverage* oder auf einen *SemanticTypeIdentifier* und enthält beliebig viele Regeln oder Referenzen auf ein online zuängliches Regelwerk.

9.5 Rules

Bereits im *UserLayer* oder im *FeatureTypeStyle*- oder *CoverageStyle*-Element konnte die Menge der Geoobjekte, für die eine Zeichenvorschrift gelten soll, über Namen und Filter eingegrenzt werden. Betrachtet man einen *StyledLayerDescriptor* als eine große Verteilungsmaschinerie, dann könnte man sagen: Alle Geoobjekte, die diese Auslese bisher „überlebt" haben, fließen jetzt in eine Serie von *Rule*-Elementen und werden darin auf verschiedene Signaturen verteilt (Abb. 108). Mit *Rule*-Elementen werden die Daten klassifiziert und jeder Klasse eine Signatur zugewiesen. Alle notwendigen Informationen zur Klassenbildung und zu deren Symbolisierung werden innerhalb eines *Rule*-Elements abgelegt. Jede Regel mündet in eine Signatur und jede Signatur ist in eine Regel eingebettet.

In der „Maschinerie" eines Styled Layer Descriptors gibt es verschiedene Schaltstellen, an denen Sie die Objektmenge für eine bestimmte Signatur einschränken können:

- in der Layer-Definition als *LayerFeatureConstraint,*
- in der UserStyle-Definition als *FeatureTypeStyle,*
- innerhalb einer Regel durch OGC-Filter.

Rule-Definitionen werden innerhalb des *FeatureTypeStyle*- bzw. *CoverageStyle*-Elements platziert. Eine Regel bezieht sich deshalb immer auf einen *Feature Type, Coverage*-Namen oder *SemanticTypeIdentifier*.

Die Reihenfolge der Regeln innerhalb eines *FeatureTypeStyles* oder *CoverageStyles* wirkt sich direkt auf die Darstellung des *UserLayers* aus, denn sie werden nacheinander abgearbeitet. Die Resulate werden wie Farbschichten im *„painter's model"* übereinander gelegt. Regeln mit niedriger Darstellungspriorität - wie beispielsweise für die Konturen einer Straße - müssen deshalb im SLD-Dokument vor denen mit hoher Priorität - z. B. für die Straßenfüllung - definiert werden.

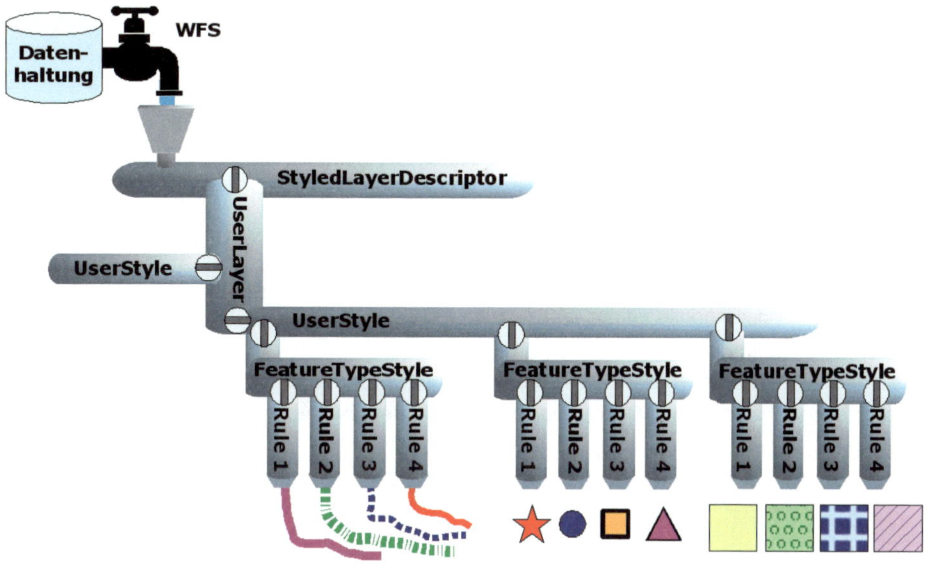

Abbildung 108: Einen *StyledLayerDescriptor* kann man sich wie eine große Verteilungsmaschine vorstellen. Deren Ausgänge sind die Regeln (*Rules*). Hier werden den *FeatureTypes* oder *Coverage*-Wertebereichen schließlich die Farben, Strichstärken, Strichmuster, Schraffuren und Symbole zugefügt.

Eine Regel gilt ja durch ihre Einbettung in einen *FeatureTypeStyle* oder einen *Coverage-Style* bereits nur für einen *FeatureType*, ein *Coverage* oder für semantische Kategorien. Sie kann die in ihr „ankommende" Objektmenge durch *Filter*-Elemente inhaltlich noch weiter reduzieren oder durch die Benennung von Maßstabsgrenzen auf einen Maßstabsbereich einschränken (Abb. 109). Klassifizierungen werden vorgenommen, indem für jede Klasse - und bei Bedarf für jeden Maßstabsbereich - eine eigene Regel aufgestellt wird.

Die Regel kann einen Namen und eine aus *Title* und *Abstract* zusammengesetzte *Description* bekommen. Davon kann der *Title* von einer Clientkomponente als Beschriftung für den Legendeneintrag verwendet werden. Für den grafischen Teil der Legende kann die Regel in einem *LegendGraphic*-Element eine oder mehrere vordefinierte Grafiken als *Graphic*-Elemente (s. u.) mitführen. Und schließlich enthält ein *Rule*-Element immer einen oder mehrere Signaturen in Form von *Symbolizern*. Mehrere *Symbolizer* werden evtl.

notwendig, um zusammengesetzte Signaturen wie Straßenkontur und Straßenfüllung zu erzeugen. Auf die verschiedenen Bestandteile gehen wir gleich noch näher ein.

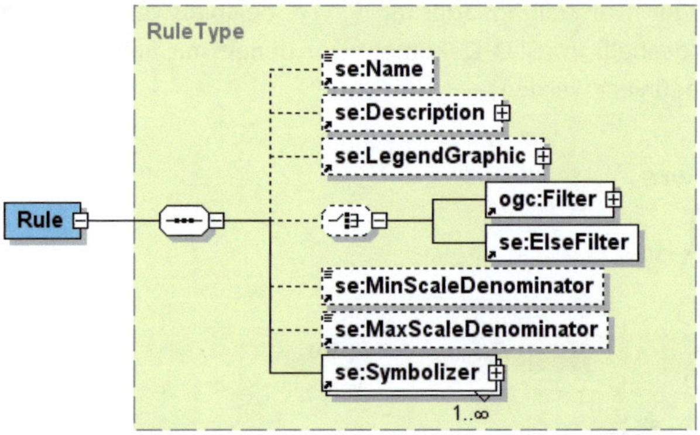

Abbildung 109: *Rule*-Element des SE-Schemas in der Version 1.1.0. Eine *Rule* entspricht einer Klasse in einer Klassifikation und enthält die eigentliche Signatur für diese Klasse. Sie kann auf einen Maßstabsbereich eingeschränkt werden.

Die Struktur des *Rule*-Elements ist in der Vorgängerversion gleich; nur sind hier *Title* und *Abstract* noch nicht zu einer *Description* zusammengefasst (Abb. 110).

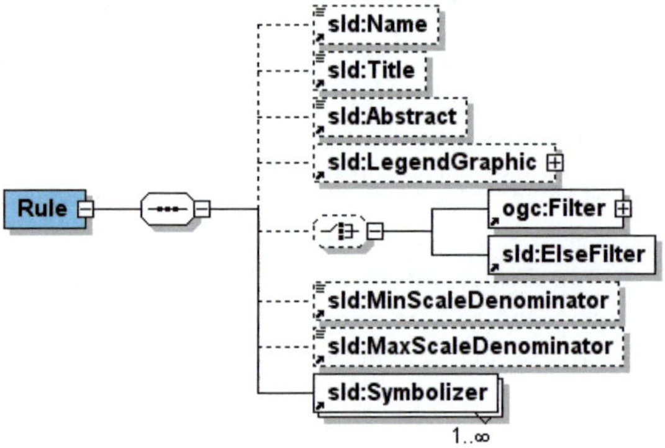

Abbildung 110: *Rule*-Element des SLD-Schemas in der Version 1.0.0. Es entspricht fast ganz dem *Rule*-Element in der Folgeversion.

Eine Regel (Rule) definiert die Gültigkeit einer Signatur für
- einen *Feature Type* oder ein *Coverage*
- oder daraus selektierte *Feature*-Objekte
- in einem Maßstabsbereich.

9.5.1 Maßstabsbereich

Eine Signatur wird auf einen Maßstabsbereich beschränkt, indem die optionalen Elemente **MinScaleDenominator** und **MaxScaleDenominator** mit der unteren und oberen Grenze des Maßstabsbereichs gefüllt werden. Das kleine Beispiel schränkt eine Signatur auf den Bereich 1:1 000 bis 1:5 000 ein.

```
<sld:Rule>
  [...]
  <sld:MinScaleDenominator>1000</sld:MinScaleDenominator>
  <sld:MaxScaleDenominator>5000</sld:MaxScaleDenominator>
  [...]
</sld:Rule>
```

Die verwendeten Werte bezeichnen den Divisor n in einer Maßstabsangabe 1:n. Zum Beispiel meint ein *ScaleDenominator*-Wert von „10000000" einen Maßstab von 1:10 Millionen. Die wissenschaftliche Darstellung „1e7" ist ebenfalls möglich. Das Minimum wird dabei inklusive und das Maximum exklusive des angegebenen Wertes angewandt.

Das Fehlen des *MinScaleDenominators* bedeutet, dass es keinen Minimalmaßstab gibt. Der Standardwert ist 0. Die Regel wird deshalb bei jedem Maßstab angewendet bzw. angezeigt, der kleiner als der Wert des *MaxScaleDenominators* ist. Fehlt der *MaxScaleDenominator*, so gibt es keine obere Grenze und der maximale Anzeigemaßstab ist unendlich. Fehlen beide Elemente, so gibt es keine Einschränkung und die Elemente werden in allen Kartenmaßstäben angezeigt.

Fordert eine Clientkomponente eine Karte an, so muss der Server entscheiden, in welchem Maßstabsbereich diese liegt. Dafür berechnet er den Maßstab anhand des räumlichen Ausschnitts und der geforderten Kartenbreite in Pixeln. Dabei geht er von einer Standardpixelgröße von 0,28 mm aus.

Ein Beispiel: Eine Clientkomponente schickt ein *GetMap*-Request mit der BBOX „2576145, 5617453,2588614,5626805" und den Parametern WIDTH=800 und Height=600. Der Maßstab der Karte berechnet der Server dann folgendermaßen:

```
(2588614 - 2576145) m / 800 pixel / 0.00028 m/pixel = 55665
```

Der resultierende Kartenausschnitt hat also bei angenommener Pixelgröße von 0,28 mm einen Maßstab von 1:55 665 und der Server kann entscheiden, welche Zeichenregel in diesem Maßstabsbereich gilt.

Für die Einordnung in einen Maßstabsbereich wird der berechnete Maßstab (M) auf sechs Nachkommastellen gerundet.

Eine Regel mit den Maßstabsgrenzen 1:20 000 und 1:40 000 trifft zu, wenn

$$20\,000 - 1e^{-6} < M < 40\,000 + 1e^{-6}$$

d. h. $19\,999{,}999999 < M < 40\,000{,}000001$

Der Server muss von einer Standard-Pixelgröße ausgehen, weil er ja nicht weiß, welche Bildschirmauflösung der Benutzer-PC hat. Der tatsächlich resultierende Maßstab der dem Benutzer am Bildschirm angezeigten Karte ist bei anderen Bildschirmauflösungen anders. Das muss ein Admin, der die Maßstabsgrenzen für einen Layer einrichtet, eventuell berücksichtigen. Kann er von anderen Bildschirmauflösungen ausgehen, dann muss er seine Maßstabsgrenzen eventuell umrechnen.

9.5.2 Filter und ElseFilter

Das Element ***Filter*** ist eine XML-Struktur aus der *„OGC Filter Encoding Specification"*. Es tauchte bereits an anderen Stellen in einem SLD auf. OGC-Filter werden in der Kommunikation mit einem *Web Feature Server* verwendet, um dem Server mitzuteilen, welche *Features* er liefern soll. Die Inhalte dieser Norm wurden bereits in Kapitel 6.8 ausführlicher dargestellt.

Die *Filter Encoding Specification* definiert ein XML-Schema, mit dem räumliche und attributive Filterbedingungen – entsprechend der Where-Klausel in der Datenbank-Abfragesprache SQL – in einer XML-Struktur übergeben werden können. Sie liegt in zwei Versionen vor. Standardmäßig bezieht sich die SLD-Version 1.1.0 auf die Filter-Version 1.1.0 und die SLD-Version 1.0.0 auf die Filter-Version 1.0.0. Soll eine andere Version verwendet werden, so muss im Header des SLD-Dokuments der Namensraum für Filterelemente richtig zugeordnet werden.

Auch hier wird ein OGC-Filter verwendet, um die Gültigkeit einer Signatur auf diejenigen *Features* einzuschränken, die räumlichen oder attributiven Filterkriterien genügen. Innerhalb des Elements können beliebig viele klassische Vergleichsoperatoren wie *PropertyIsEqualTo*, *PropertyIsLessThan* o. Ä. eingesetzt werden (Tab. 31). Es können auch die topologischen Vergleichsoperatoren aus der *Simple-Features*-Norm wie *Touches*, *Overlaps* etc., ein Such-Rechteck oder eine Suchdistanz verwendet werden (Tab. 32).

Tabelle 31: Nichträumliche Vergleichsoperatoren für die Spezifizierung von Filtern

Filter-Operator	Math. Formel	Bedeutung
PropertyIsEqualTo	A == V	Der Attributwert entspricht dem Vergleichswert.
PropertyIsNotEqualTo	A != V	Der Attributwert entspricht nicht dem Vergleichswert.
PropertyIsLessThan	A < V	Der Attributwert ist kleiner als der Vergleichswert.
PropertyIsGreaterThan	A > V	Der Attributwert ist größer als der Vergleichswert.
PropertyIsLessThan OrEqualTo	A <= V	Der Attributwert ist kleiner oder gleich dem Vergleichswert.
PropertyIsGreaterThan OrEqualTo	A >= V	Der Attributwert ist größer oder gleich dem Vergleichswert.
PropertyIsLike	A like V	Der Attributwert entspricht der Zeichenfolge.
PropertyIsNull	A == null	Der Attributwert ist leer.
PropertyIsBetween	V1<= A <= V2	Der Attributwert liegt zwischen den Vergleichswerten (Intervallgrenzen inklusive).

Tabelle 32: Räumliche Operatoren für die Spezifizierung von Filtern

Topologische Operatoren aus der Simple Features-Norm	Distanz-Vergleiche	Such-Rechteck
Equals Intersects Disjoint Overlaps Touches Crosses Contains Within	DWithin Beyond	BBOX

Beliebig viele Vergleichsoperatoren können in einem Filter über logische Operatoren wie AND, OR oder NOT verknüpft werden. Dargestellt werden schließlich alle *Feature*instanzen, welche die Filterbedingungen erfüllen.

Inhaltlich entspricht ein OGC-Filter etwa der Where-Klausel in einem Select-Statement der Datenbank-Abfragesprache SQL. Nur dass hier eine XML-Struktur daraus gebaut werden muss. Das ist gewöhnungsbedürftig.

Denn in der XML-Struktur steht ein Operator nicht zwischen seinen Operanden, sondern die Operanden werden zu Kindelementen des Operators.

Das folgende einfache Beispiel selektiert alle Straßen mit mindestens vier Fahrspuren oder einer erlaubten Höchstgeschwindigkeit von mehr als 70 Stundenkilometern.

XML-Beispiel 21: Selektion vierspuriger Straßen in einem Filterelement

```
<Filter>
  <OR>
    <PropertyIsGreaterThanOrEqualTo>
      <PropertyName>Fahrspuren</PropertyName>
      <Literal>4</Literal>
    </PropertyIsGreaterThanOrEqualTo>
    <PropertyIsGreaterThan>
      <PropertyName>vmax</PropertyName>
      <Literal>70</Literal>
    </PropertyIsGreater>
  <OR>
</Filter>
```

Für die Klassifikation anhand numerischer Werteintervalle eignet sich der Vergleichsoperator *PropertyIsBetween*. Er verwaltet in seinen zwei Subelementen *LowerBoundary* und *UpperBoundary* numerische Intervallgrenzen. Dabei werden die Intervallgrenzen in den Wertebereich eingeschlossen. Das Beispiel in Abbildung 111 enthält eine Zeichenregel für alle Verwaltungseinheiten mit einer Bevölkerungsdichte zwischen 2 000 und 3 000 Einwohnern pro Quadratkilometer.

```
<Rule>
  <Description>
    <Title>2000-3000</Title>
  </Description>
  <Filter>
    <PropertyIsBetween>
      <PropertyName>EW_km2</PropertyName>
      <LowerBoundary>
        <Literal>2000</Literal>
      </LowerBoundary>
      <UpperBoundary>
        <Literal>3000</Literal>
      </UpperBoundary>
    </PropertyIsBetween>
  </Filter>
  PolygonSymbolizer>[...fill>#0000CD<...] </PolygonSymbolizer>
</Rule>
```

Abbildung 111: Numerische Klassifikation anhand eines Wertebereichs mit dem Vergleichsoperator *PropertyIsBetween.* Der SLD-Aussschnitt enthält nur eine der vier Klassen und färbt sie dunkelblau ein.

Das ***ElseFilter***-Element ist eigentlich kein Filter, sondern mehr eine Markierung. Es markiert diejenige Regel in einem *FeatureTypeStyle* oder *CoverageStyle,* die für alle übrigen *Features* oder Rasterpixel gelten soll. Für alle diejenigen also, die nicht durch irgendeine andere Regel des übergeordneten *FeatureTypeSyles* oder *CoverageStyles* für diesen Maßstab „erfasst" werden. Für die „Restmenge" also. Dabei werden die Maßstabsbereiche berücksichtigt, wenn sie definiert sind. Deshalb enthält ein *FeatureTypeStyle* oder ein *CoverageStyle* auch höchstens eine *ElseFilter*-Regel pro Maßstabsbereich. Weil das *ElseFilter*-Element nur ein Marker ist, hat es keinen Inhalt. Es wirkt dadurch, dass es vorhanden ist und sorgt dafür, dass die in dieser Regel definierte Signatur auf alle Rest-Objekte angewandt wird.

Ein Objekt, das die Bedingungen mehrerer Regeln erfüllt, wird auch mehrfach dargestellt. Objekte, die keine Regelbedingung erfüllen, werden nicht gezeichnet. Es sei denn, es gibt eine Regel mit *ElseFilter*.

Die *ElseFilter*-Regel weist denjenigen Objekten eines *FeatureTypes* oder Coverages eine Signatur zu, die durch keine andere Regel für den angeforderten Maßstabsbereich erfasst werden. Auch die *ElseFilter*-Regel kann auf einen Maßstabsbereich beschränkt werden.

Die Reihenfolge der Filter- und ElseFilter-Regeln in einem *FeatureTypeStyle* ist nur für die Darstellungsreihenfolge wichtig, nicht für die Selektion.

Hat ein *FeatureTypeStyle* oder *CoverageStyle* Filter-Regeln, aber keine *ElseFilter*-Regel, dann werden die in keiner Regel erfassten Objekte auch nicht dargestellt. Umgekehrt gilt: Wird ein Objekt durch mehrere Regeln erfasst, dann wird es auch mehrfach dargestellt.

Das folgende Beispiel färbt alle EU-Länder rot ein und legt bei den Ländern mit Euro-Währung noch eine Schraffur drüber. Länder außerhalb der EU und ohne Euro werden einfarbig grau dargestellt.

XML-Beispiel 22: *FeatureType-Style* mit zwei Filter-Regeln und einer *ElseFilter*-Regel

```
<FeatureTypeStyle>
  [...]
  <FeatureTypeName>countries</FeatureTypeName>
  <Rule>
    <Filter>
      <PropertyIsEqualTo>
        <PropertyName>istEUMitglied</PropertyName>
        <Literal>1</Literal>
      </PropertyIsEqualTo>
    </Filter>
    <PolygonSymbolizer>...[...einfarbig rot..]...</PolygonSymbolizer>
  </Rule>
  <Rule>
    <Filter>
      <PropertyIsEqualTo>
        <PropertyName>hatEuro</PropertyName>
        <Literal>1</Literal>
      </PropertyIsEqualTo>
    </Filter>
    <PolygonSymbolizer>...[...Schraffur ...]...</PolygonSymbolizer>
  </Rule>
  <Rule>
    <ElseFilter/>
    <PolygonSymbolizer>...[einfarbig grau]...</PolygonSymbolizer>
  </Rule>
</FeatureTypeStyle>
```

9.6 Symbolizer

9.6.1 Überblick und Gemeinsamkeiten

Eingebettet in eine Regel beschreibt ein *Symbolizer*, wie ein Objekt in der Karte letztlich dargestellt wird. Farbfüllung, Strich-, Text- und Punktfarbe, Strichstärke, Texthöhe, Punktgröße, die Art der Flächenfüllung und viele weitere Darstellungsanweisungen werden hier definiert. Ein Symbol wird durch die Festlegung eines *Symbolizer*-Typs und durch die Eingabe von Parametern erzeugt. Aktuell gibt es fünf Arten von *Symbolizern*, die in den nachfolgenden Unterkapiteln näher beschrieben werden:

- *PointSymbolizer* für die Darstellung von Punkten,
- *LineSymbolizer* für die Darstellung von Linien,
- *PolygonSymbolizer* für die Darstellung von Vielecken (Polygonen),
- *TextSymbolizer* für die Darstellung von Beschriftungen,
- *RasterSymbolizer* für die Darstellung von Rasterdaten.

Die fünf *Symbolizer* haben einige gemeinsame Eigenschaften, die hier zunächst vorgestellt werden. Das betrifft die Grundstruktur, einige beschreibende Subelemente und die Verwendung von Maßeinheiten. Außerdem benutzen alle *Symbolizer* beschreibende Bestandteile aus CSS und SVG, zwei gängigen Normen der Webtechnologie.

Die **Grundstruktur** der fünf *Symbolizer* ist gleich: Sie alle beziehen sich auf eine Geometriequelle und kombinieren diese mit Formatierungsanweisungen. Je nach Geometrietyp kommen unterschiedliche Grafik- und Formatierungselemente zum Tragen. Die *Symbolizer*-Typen bestehen deshalb alle aus einem (allerdings optionalen) Subelement namens *Geometry* und typspezifischen weiteren Elementen (Abb. 112).

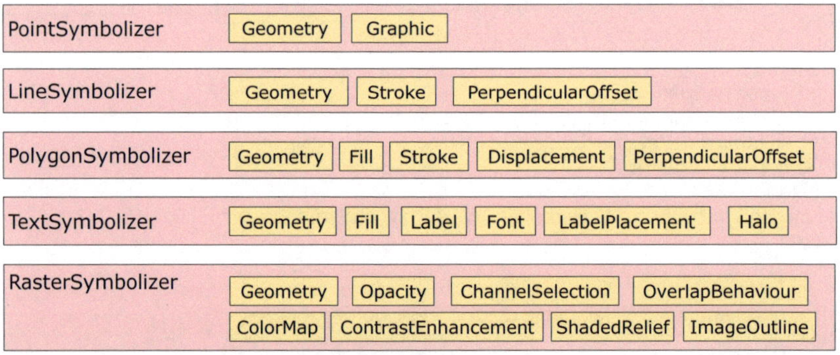

Abbildung 112: Grundstruktur der fünf Symbolizer-Arten. Alle kombinieren ein *Geometry*-Element mit verschiedenen Grafik- und Formatierungselementen.

Das Element ***Geometry*** ist optional. Es benennt die *Geometry Property* des *Feature Types*, die für die Darstellung verwendet wird. Eine *Geometry Property* ist ein Datenfeld des *Feature Types*, das Geometrien enthält. Häufig hat ein *Feature Type* nur eine Geometriespalte. Dann kann das *Geometry* Element im *Symbolizer* auch fehlen, denn der Bezug ist ja durch die Einbettung des Symbolizers in eine Regel oder einen *Feature Type Style* eindeutig.

Manchmal haben *Feature Types* jedoch mehrere geometrische Datenfelder. Nicht selten haben Polygon-*Feature-Types* ein zusätzliches Geometriefeld für den Zentroid, der als Ansatzpunkt für ein Label oder ein Symbol dient. Mit dem *DescribeLayer*-Request können die Namen der Geometrie-Datenfelder eines Layers von einem WFS abgefragt werden.

Gibt es also mehrere Geometrie-Spalten, dann wird im SLD dem Server im *Geometry*-Element mitgeteilt, welches er nun hier verwenden soll. Dafür wird der *Property*-Name als *ogc:PropertyName*-Element im *Geometry*-Element übergeben. Fehlt es im *Symbolizer*, so wird der auf alle Geometrien des *Feature Types* angewandt. Im folgenden Beispiel wird die Geometriespalte Zentroid für die Generierung eines Punktsymbols verwendet:

XML-Beispiel 23: *Geometry*-Element in einem PointSymbolizer

```
<PointSymbolizer>
  <Geometry>
    <ogc:PropertyName>Zentroid</ogc:PropertyName>
  </Geometry>
  <Graphic>
    [...]
  </Graphic>
</PointSymbolizer>
```

Nun würde man erwarten, dass *PointSymbolizer* nur Punktgeometrien, *LineSymbolizer* nur Liniengeometrien und *PolygonSymbolizer* nur Flächengeometrien verarbeiten. Dem ist aber keineswegs so. Vielmehr gibt es zu jedem *Symbolizer*-Typ Regeln für den Fall, dass er andere Geometrietypen als Quelle verwenden soll. Der Server muss dann aus der „falschen" Ausgangsgeometrie einen passenden Geometrietyp herstellen.

Im XSD-Schema erben alle Symbolizer-Arten einige **optionale Eigenschaften** von ihrer gemeinsamen abstrakten Oberklasse *Symbolizer*. Das heißt, die Attribute und Subelemente des *SymbolizerTypes* gelten auch für alle fünf realisierbaren *Symbolizer*-Elementarten. Ein *Symbolizer* kann einen Namen und eine aus *Title* und *Abstract* zusammengesetzte Beschreibung (*Description*) haben. Er kann sich auf einen extern abgelegten und online verfügbaren *BaseSymbolizer* beziehen. Optional wird dem Symbolizer die Versionsnummer des SE-Schemas und im Attribut *uom* eine Maßeinheit mitgegeben (Abb. 113). Das alles gilt übrigens erst ab Version 1.1.0; in der Vorgängerversion gibt es die gemeinsame Oberklasse *Symbolizer* noch nicht.

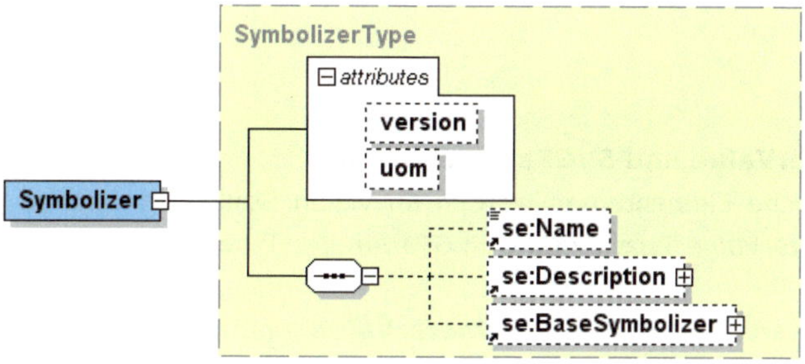

Abbildung 113: Der *SymbolizerType* ist die abstrakte Oberklasse für die fünf verschiedenen Symbolizer.

Hier und da werden in Signaturen beispielsweise für Strichstärken, Schriften, Symbolgrößen und Strichmuster Größenangaben verwendet. Diese müssen natürlich auch eine **Maßeinheit** haben. Standardmäßig werden alle Größenangaben in Pixeln gemessen. Im optionalen Attribut *uom* kann einem Symbolizer jedoch auch eine andere Maßeinheit verordnet werden. Das Attribut stammt aus dem GML-Schema und enthält einen Online-Link auf eine Einheiten-Definition. Empfohlene *uom*-Werte lauten

http://www.opengeospatial.org/se/units/*metre*,
http://www.opengeospatial.org/se/units/*foot* und
http://www.opengeospatial.org/se/units/*pixel*

Andere Maßeinheiten sind grundsätzlich auch möglich, müssen aber irgendwo online definiert sein. Alternativ zu einer URL kann der Attributwert auch aus einem *Uniform Resource Name* bestehen. Die Maßeinheit Pixel ist eigentlich überflüssig, weil sie der Default ist. Von den genannten Einheiten beziehen sich *foot* und *metre* auf das verwendete Koordinatensystem des Layers, die Einheit Pixel dagegen auf die Kartenbreite.

Die Maßeinheit gilt auch in allen Bestandteilen des *Symbolizers.* Ist eine andere Maßeinheit als Pixel definiert und soll ein Subelement sich trotzdem auf Pixel beziehen, so wird dem eigentlichen Wert die Einheit px direkt angefügt.

Im folgenden Beispiel wird die für den *Symbolizer* definierte Maßeinheit *metre* für die Strichbreite der Linie mit der Maßeinheit px (Pixel) überdefiniert:

XML-Beispiel 24: Maßeinheiten in einem Symbolizer

```
<LineSymbolizer uom="http://www.opengeospatial.org/se/units/metre">
  <Stroke>
    [...]
    <SvgParameter name="stroke-width">3px</SvgParameter>
  </Stroke>
</LineSymbolizer>
```

Wenn ein *Symbolizer* nicht explizit eine Maßeinheit definiert, dann gilt für alle Subelemente die Maßeinheit Pixel.

Alternativen sind die Maßeinheiten *foot, metre* und *degree*.

9.6.2 ParameterValue und SVGParameterValue

Zwei grundsätzliche Elementtypen werden an vielen Stellen im Schema verwendet. Das sind der *ParameterValue*-Type und der *SVGParameter*-Type.

Elemente mit Werten vom Typ ***ParameterValue*** enthalten einen Ausdruck vom Typ *ogc:expression. Ogc-Expressions* werden auch in Filtern verwendet und wurden deshalb bereits in Kapitel 6.8 vorgestellt. Der XML-Typ *ogc:expression* ist abstrakt; es kommen also keine *ogc:expression*-Elemente in einem XML-Dokument vor. Es gibt aber verschiedene Elementarten, die diesen Typ repräsentieren und überall dort verwendet werden können, wo der Type *ogc:expression* vorgesehen ist. Das sind die Elementarten *Add*, *Sub*, *Mul* und *Div*, *Literal*, *Function* und *PropertyName*. Mit diesen Elementen kann ein Parameterwert aus einer Zeichenfolge oder Zahl bestehen, eine Berechnung beinhalten, eine Funktion einbeziehen oder ein *Feature*-Attribut referenzieren. Eine *Ogc-Expression* kann auch andere *Ogc-Expressions* enthalten, also verschachtelt werden.

Enthält beispielsweise das Element *Size* eines Punktsymbols nicht einen festen Wert, sondern ein *PropertyName*-Element, so kann die Größe eines Symbols aus einem *Feature*-Attribut heraus abgeleitet werden. Im folgenden Beispiel wird die Größe eines Marker-Symbols vom Inhalt des *Feature*-Attributs Umsatz abhängig gemacht und dabei mit dem Faktor 0,01 multipliziert.

XML-Beispiel 25: Symbolizer mit Größenangabe als Ogc-Expression

```
<PointSymbolizer>
  <Graphic>
    <Mark>
      <WellKnownName>circle</WellKnownName>
      <Size>
        <ogc:Mul>
          <ogc:PropertyName>Umsatz</ogc:PropertyName>
          <ogc:Literal>0.01</ogc:Literal>
        </ogc:Mul>
      </Size>
  </Gaphic>
</PointSymbolizer>
```

Ähnlich, aber doch etwas anders verhält sich das Element ***SVGParameter***. In der Vorgängerversion 1.0.0 heißt es noch *CSSParameter.* Es wird nicht substituiert, sondern taucht unter diesem Namen in *Symbolizern* auf. Es kombiniert ein *name*-Attribut mit einem *ParameterValue*-Inhalt. Der jeweilige Name wiederum ist nicht frei erfunden. Vielmehr stammen diese Parameternamen aus zwei anderen Normen der Webtechnologie: Der **Cascading-Style-Sheets**-Standard spezifiziert Formatierungsanweisungen für HTML-Dokumente in Form interner Style-Anweisungen oder ausgelagerter *Cascading Style Sheets.* Die **Scalable-Vector-Graphics**-Norm standardisiert die Codierung von Vektorgrafiken als XML-Struktur. Die beiden Standards verwenden zum Teil auch die gleichen Termini. Herausgeber beider Industrienormen ist das W3C, ein mächtiges Industriekonsortium ähnlich dem OGC, das sich der Erarbeitung von Normen für die Internettechnologie widmet. Mehr dazu enthalten die Textkästen auf der folgenden Seite.

Cascading Style Sheets (CSS)

Die CSS-Norm steckt heute bereits hinter unzähligen Webseiten, die sogenannte CSS-Stylesheets verwenden. Darin werden Styles, also wiederverwendbare Darstellungsvarianten, für die verschiedensten Komponenten von HTML-Seiten definiert. CSS-Anweisungen gibt es beispielsweise für Farben und Hintergründe, für Textformatierungen, für Umrahmungen, Listen und Tabellen und andere Bestandteile von HTML-Seiten.

Hier ein kleines Beispiel. Die CSS-Style-Definitionen sind rot eingefärbt.

```
<html>
<head>
<!-- Style-Definition -->
<style type="text/css">
    body{background-color:aliceblue;}
    h1{color:royalblue;text-align:left;}
    p{font-family:"Verdana";font-size:24px;}
    p2{font-family:"Verdana";font-size:14px;}
</style>
</head>
<body>
<h1>CSS Beispiel!</h1>
<p>Hallo Welt!</p>
<p2>Erstellt mithilfe des TryIt-Editors<br> auf www.w3schools.com/css</p2>
</body>
</html>
```

Scalable Vector Graphics (SVG)

Weniger verbreitet ist der SVG-Standard des W3C. Er enthält eine Syntax für die Definition von Vektorgrafik in Form einer XML-Struktur. Ein SVG-Dokument enthält deshalb sowohl Koordinatenfolgen als auch Darstellungsanweisungen wie Farben, Strichstärken, Strichmuster etc.

SVG war bisher wenig gebräuchlich, weil Microsofts Internet Explorer SVG nur mit einem Plug-In unterstützte. Das soll sich jedoch ändern. Derzeit sind viele Grafiken im Internet in der von Adobe stammenden, ähnlich strukturierten *Flash*-Sprache definiert. Ob SVG sich durchsetzen wird, ist offen.

Hier ein kleines Beispiel: Die SVG-Datei codiert ein Parkplatz-Symbol.

```
<?xml version="1.0"?>
<!DOCTYPE svg PUBLIC "-//W3C//DTD SVG 1.0//EN"
"http://www.w3.org/TR/2001/REC-SVG-20010904/DTD/svg10.dtd">
<svg width="200" height="200">
  <rect x="5" y="5" width="190" height="190"
     fill="royalblue" stroke="black" stroke-width="5"/>
  <path d="M20,60 100,30 180,60" fill="none" stroke="white" stroke-width="20"/>
  <text x="100" y="180" fill="white" text-anchor="middle" font-family="Arial Narrow"
      font-weight="bold" font-size="160">P</text>
</svg>
```

SVG und CSS arbeiten mit *Keyword-Value*-Paaren. Anweisungen daraus heißen zum Beispiel „fill=red“ oder „font-size=8“ oder auch „style=color:red;“. Das SE-Schema verwendet nun diese *Keywords* wie *fill*, *font-size* oder *color* als *name*-Attribut des

SVGParameter-Elements und den Parameterwert als Elementinhalt. Zum Beispiel wird aus der SVG-Syntax „stroke-width="5"" in einem Symbolizer das Element

```
<SVGParameter name="stroke-width">5</SVGParameter>
```

Der Inhalt eines *SVGParameter*-Elements ist ein Ausdruck vom Typ *ogc:Expression* (Abb. 114). Das bedeutet, dass auch für die Wertzuweisung an die SVG- und CSS-Styling-Parameter auf Berechnungen, Funktionen und Inhalte von *Feature*-Attributen zurückgegriffen werden kann.

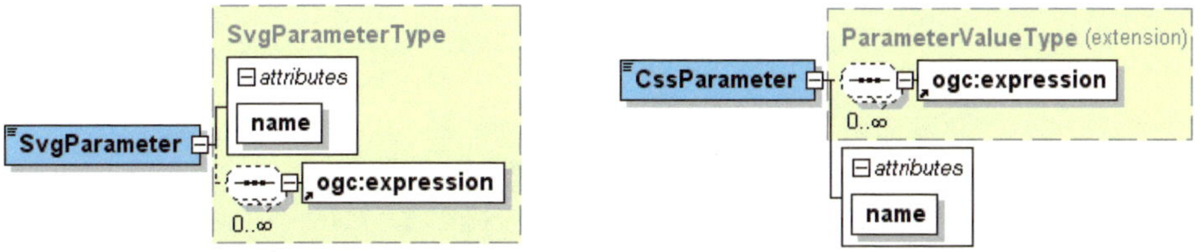

Abbildung 114: Ein *SVGParameter*-Element im SE-Schema 1.1.0 (links) hat einen Namen und enthält einen Ausdruck. Dieser kann eine Zeichenfolge, eine Zahl oder auch ein kleines XML-Fragment sein. In der Vorgängerversion SLD 1.0.0 (rechts) heißt das Element noch *CssParameter*, ist aber sonst gleich.

Verwendet werden die *SVGParameter*-Elemente in den grafischen Elementen wie *Mark*, *Stroke* und *Fill*. Mehrere *Keyword-Value*-Paare werden als Sequenz von *SVGParameter*-Elementen formuliert. Dabei spielt die Reihenfolge der Parameter keine Rolle. Im folgenden Beispiel ist die Breite der roten Linie abhängig von der Anzahl Fahrspuren der Straße.

XML-Beispiel 26: Zwei SVGParameter in einem LineSymbolizer-Element

```
<LineSymbolizer>
  [...]
  <Stroke>
    <SvgParameter name="stroke">#FF0000</SvgParameter>
    <SvgParameter name="stroke-width">
      <ogc:Mul>
        <ogc:PropertyName>Anz_Fahrspuren</ogc:PropertyName>
        <ogc:Literal>2</ogc:Literal>
      </ogc:Mul>
    </SvgParameter>
  </Stroke>
</LineSymbolizer>
```

CSS und SVG sind Industrienormen für die Formulierung von Styling-Information für HTML-Dokumente und für die Codierung von Grafikelementen als XML-Struktur. Die *Symbology-Encoding*-Norm verwendet Ausdrücke daraus in *Symbolizer*-Strukturen in Elementen vom Typ *SvgParameter* bzw. *CssParameter*.

9.6.3 PointSymbolizer

Ein ***PointSymbolizer*** verbindet Punktgeometrien mit einem Symbol. Um Verwechslungen mit den *Symbolizern* zu vermeiden, heißen Symbole hier *Graphic*. Ein *PointSymbolizer* enthält also ein optionales *Geometry*-Element und ein oder mehrere *Graphic*-Elemente. Dazu kommen die geerbten optionalen Elemente und Attribute des allgemeinen *Symbolizer-Types* (Abb. 115). Der Vorgängerversion fehlen die ererbten Teile (Abb. 116).

Ein *PointSymbolizer* kann einer Geometrie mehrere *Graphic*-Elemente zuweisen und damit zusammengesetzte Symbole generieren. Sind die Quellgeometrien keine Punktobjekte, sondern Linien, Flächen oder Rastergeometrien, so wird an ihrer Stelle deren Zentroid oder irgendein anderer repräsentativer Punkt verwendet.

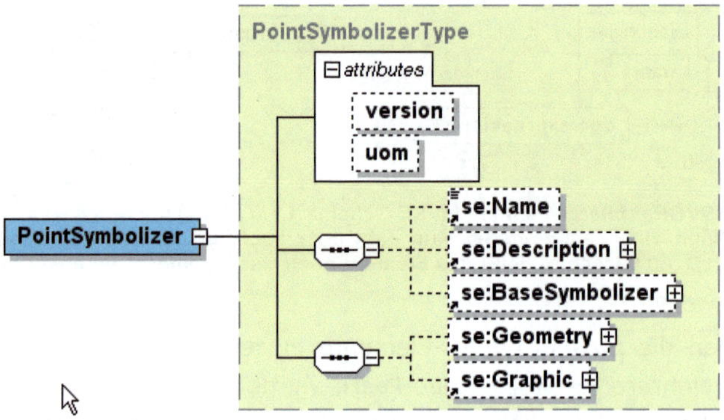

Abbildung 115: *PointSymbolizer*-Element des SE-Schemas in der Version 1.1.0. Der *PointSymbolizerType* erbt eine Reihe von Subelementen und Attributen vom übergeordneten *SymbolizerType*.

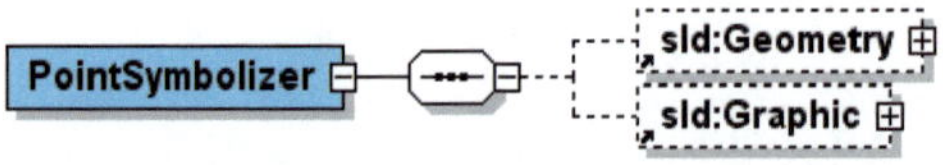

Abbildung 116: *PointSymbolizer*-Element des SLD-Schemas in der Version 1.0.0. Es gibt noch keinen übergeordneten *SymbolizerType*, es fehlt beschreibende Information und externe Referenzen sind noch nicht möglich.

Das ***Graphic***-Element eines *PointSymbolizers* beruht auf einem bereits vorhandenen Symbol und ergänzt dieses durch Eigenschaften wie Größe, Drehwinkel und Transparenz. Ab Version 1.1.0 können auch noch ein Anfasspunkt und ein Versatz festgelegt werden. Das Symbol kann in einer externen Datei abgelegt sein und wird dann über ein *External-Graphic*-Element referenziert (Abb. 117, Abb. 118 und Abb. 119). Alternativ kann es aus einer indexbasierten, ebenfalls online verfügbaren Symbolbibliothek stammen. Das *Mark*-Element enthält dann den Verweis auf die Bibliothek und die Indexnummer. Als dritte Möglichkeit ist es eines von sechs wohlbekannten (*well-known*) Standardsymbolen. Auch diese werden über das *Mark*-Element referenziert. *External Graphic* und *Mark* werden etwas weiter unten erklärt.

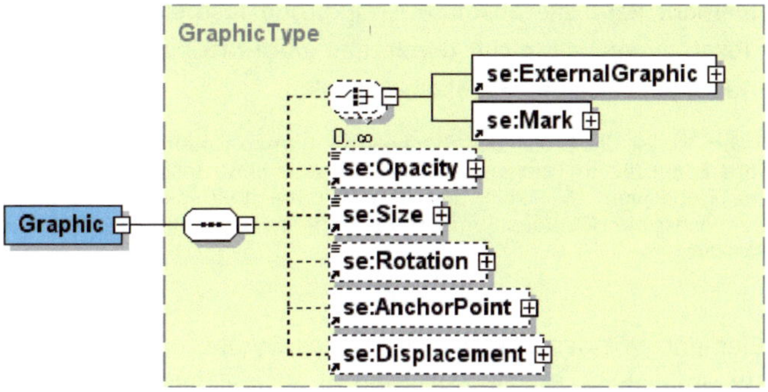

Abbildung 117: *Graphic*-Element des SE-Schemas in der Version 1.1.0. Ein *Graphic*-Element beruht auf einem extern abgelegten Symbol oder einem Standardsymbol (*Mark*) und ergänzt weitere Eigenschaften.

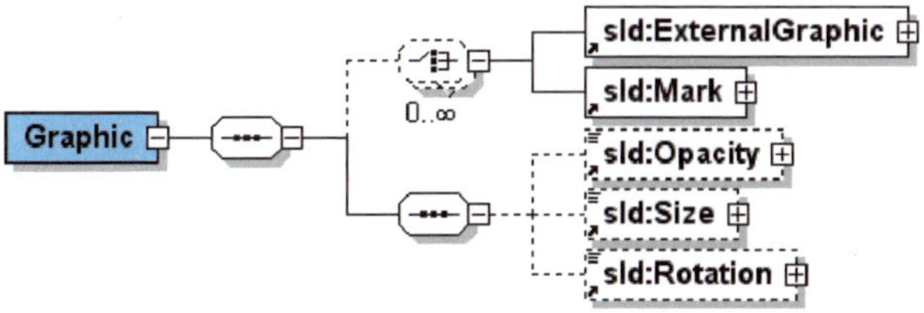

Abbildung 118: *Graphic*-Element des SLD-Schemas in der Version 1.0.0. Die Festlegung eines Anfasspunkts oder eines Versatzes ist noch nicht möglich.

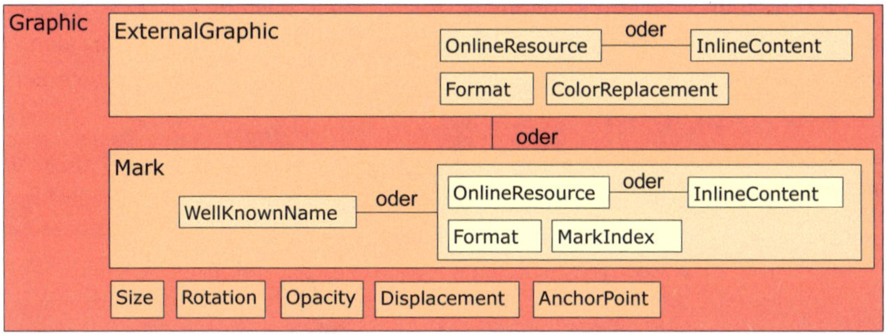

Abbildung 119: Das *Graphic*-Element enthält ein Symbol. Das stammt entweder aus einer externen Bild- oder Vektorgrafik-Datei (*ExternalGraphic*) oder es ist ein *Mark*-Symbol. Dann wiederum ist es entweder ein benanntes Standardsymbol (*WellKnownName*), oder es referenziert über eine Index-Nummer ein Symbol in einer Symbolbibliothek.

Die anderen Bestandteile des *Graphic*-Elements dienen dazu, die referenzierten Grafiken über spezielle Parameter weiter anzupassen: Das ***Opacity***-Element regelt den Grad der Transparenz. Der Parameter kann Werte zwischen 0.0 (voll transparent) und 1.0 (gar keine Transparenz) annehmen. Standardeinstellung ist eine *Opacity* von 1.0.

Über das ***Size***-Element kann die absolute Grafikgröße festgelegt werden. Einheiten sind standardmäßig Pixel, wenn sie nicht durch das *uom*-Attribut des Symbolizers anders definiert sind. Erlaubt sind positive Fließkommazahlen.

Ist keine *Size* definiert, so ist die Größe des Symbols bei Bitmap-Dateiformaten wie bmp, gif oder png die darin festgelegte Bildgröße in Pixeln. Für Vektorformate ohne feste Bildgröße wie z. B. SVG gilt standardmäßig eine Höhe von 16 Pixeln und eine entsprechend skalierte Breite. Wird eine *Size* bestimmt, so wird zunächst die Höhe des Symbols auf die neue Größe umgerechnet und dann die Breite entsprechend mitskaliert.

Das ***Rotation***-Element gibt den Drehwinkel für das Symbol in Dezimalgrad an. Erlaubte Werte sind Fließkommazahlen. Die Drehrichtung ist für positive Werte mit und für negative gegen den Uhrzeigersinn. Ob das Symbol einen Drehpunkt hat, ist formatabhängig; wenn es keinen eigenen hat, wird es um seinen Zentroid gedreht (Abb. 120).

Der ***AnchorPoint*** eines *Graphic*-Elements definiert die Position innerhalb des Symbols, die als Anheftungspunkt dient. Es hat dafür zwei Subelemente *AnchorPointX* und *AnchorPointY.* Beide können Werte zwischen 0.0 und 1.0 annehmen. Gerechnet wird von der linken unteren Ecke des Symbols aus. Mit einem *AnchorPointX*=0 und einem *AnchorPointY*=0 ist also der Anheftungspunkt des Symbols seine linke untere Ecke. Defaultwerte sind jedoch 0.5 und 0.5, sodass ein Symbol standardmäßig seinen Anheftungspunkt in der Mitte hat.

Mit dem ***Displacement***-Element wird ein *Offset* – also ein Versatz – des Symbols von seiner geographischen Platzierung definiert. Auch dieses besteht aus zwei Subelementen *DisplacementX* und *DisplacementY*. Einheiten sind Pixel oder die für den ganzen Symbolizer definierte *uom*-Maßeinheit. Standardmäßig haben beide Subelemente den Wert 0.

Wird das Symbol mit einem *Displacement*-Element verschoben und gleichzeitig in der Größe verändert (*Size*) und/oder rotiert (*Rotation*), dann wird erst vergrößert und gedreht und dann erst die Verschiebung als letzter Schritt ausgeführt.

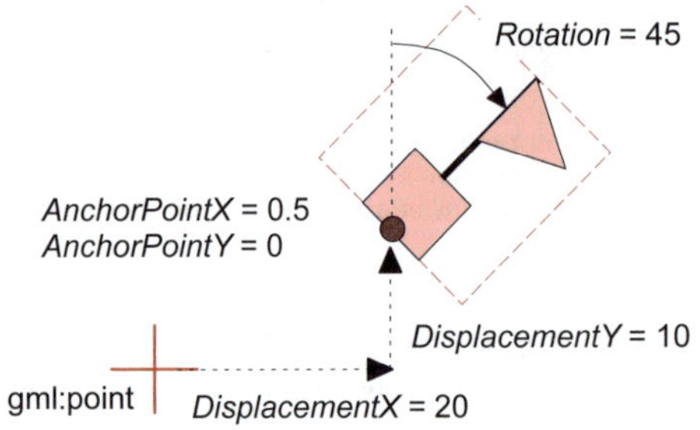

Abbildung 120: Mit den Elementen *DisplacementX|Y*, *AnchorPointX|Y* und *Rotation* wird die relative Lage eines Symbols zu seiner Ausgangsgeometrie verändert.

XML-Beispiel 27: PointSymbolizer mit Drehung und Verschiebung des Symbols

```
<PointSymbolizer version =1.1.0 uom="pixel">
  [...]
  <Graphic>
    <ExternalGraphic>
      <OnlineResource xlink:type="simple" xlink:href="http://MeinServer/.../Einbahnstr.svg"/>
    </ExternalGraphic>
    <Size>10</Size>
    <Rotation>
      <ogc:PropertyName>Winkel</ogc:PropertyName>
    </Rotation>
    <Opacity>0.5</Opacity>
    <AnchorPoint>
      <AnchorPointX>0.5</AnchorPointX>
      <AnchorPointY>0.0</AnchorPointY>
    </AnchorPoint>
    <Displacement>
      <DisplacementX>20</DisplacementX>
      <DisplacementY>10</DisplacementY>
    </Displacement>
  </Graphic>
</PointSymbolizer>
```

Die Parameter *Transparency*, *Size*, *Rotation*, *AnchorPointX|Y* und *DisplacementX|Y* nehmen Fließkommazahlen entgegen. Die Wertzuweisung muss jedoch nicht statisch sein.

Die Elemente sind vom Typ *ParameterValue*. Ihr Inhalt ist damit ein Ausdruck vom Typ *ogc:expression*. Das kann ein Literal, eine Berechnung oder Funktion oder der *PropertyName* eines *Feature*-Attributs sein.

Die drei Felder können auf diese Weise von dem Wert eines *Feature*-Attributs abhängig gemacht werden. Besonders für *Size* und *Rotation* ist das interessant. Die Werte müssen aber natürlich zu den für das Element erlaubten Datentypen passen.

Wir hatten gesehen, dass ein *Graphic*-Element entweder ein extern abgelegtes Symbol oder ein Standard-Marker-Symbol verwendet. Ein externes Symbol wird als Datei in einem Raster- oder Vektorformat wie gif, png oder svg online zugänglich abgelegt. Das *OnlineResource*-Element im ***ExternalGraphic***-Element enthält den Link dorthin. In einem *Format*-Element wird der MIME-Type der Symboldatei abgelegt; das erleichtert dem Server die Arbeit (Abb. 121).

Ein *Graphic*-Element kann auch mehrere *ExternalGraphics* und *Marks* in verschiedenen Formaten enthalten. Das gibt dem Server die Möglichkeit, das am besten unterstützte Format auszuwählen. Sie sollten dann natürlich semantisch äquivalent sein.

Um die Sache noch ein wenig zu verkomplizieren, kann das *ExternalGraphic*-Element anstelle eines Links auch gleich den Inhalt einer entsprechenden Datei enthalten. Dafür ist das *InlineContent*-Element gedacht. Es nimmt 64-bit-codierte binäre Daten oder XML auf und macht in seinem *encoding*-Attribut die Art der Codierung bekannt. Der Inhalt wird vom Server ausgepackt und wie eine Originaldatei verwendet. *InlineContent* gibt es erst ab Version 1.1.0 (Abb. 122).

Bei XML-codiertem Inhalt muss der Anfangs-*Tag* <?xml ...?> weggelassen werden, weil er innerhalb eines anderen *Tags* nicht erlaubt ist.

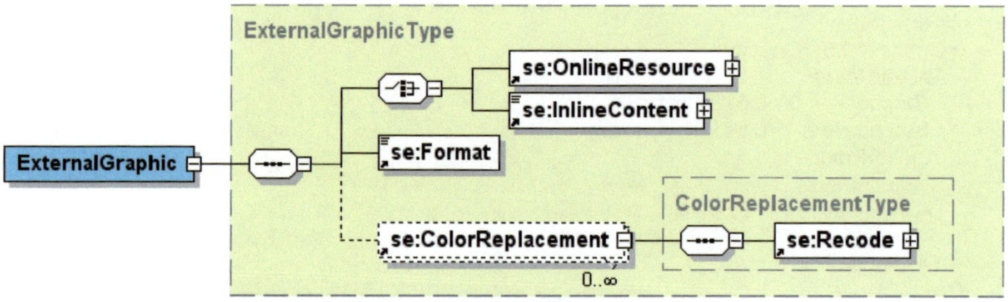

Abbildung 121: *ExternalGraphic*-Element des SE-Schemas in der Version 1.1.0. Eine externe Grafik besteht aus einem Link oder an dessen Stelle einem binären Inhalt.

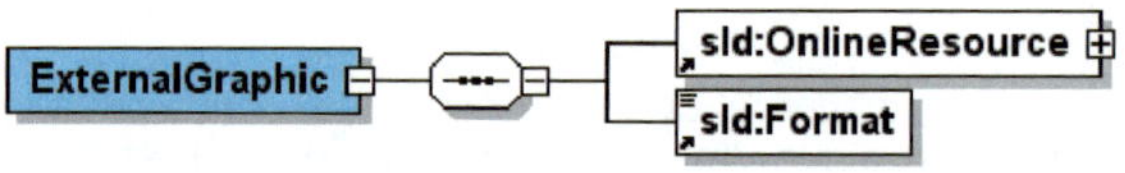

Abbildung 122: *ExternalGraphic*-Element des SLD-Schemas in der Version 1.0.0. *Inline-Content* ist hier noch nicht möglich.

Optional kann im *ColorReplacement*-Element einer *ExternalGraphic* auch noch die Farbzuweisung für das Symbol verändert werden. Dafür wird eine *Recode*-Funktion verwendet, die in Kap. 9.7 erklärt wird. Auch diese Möglichkeit ist neu in Version 1.1.0.

Die Nutzung des *ExternalGraphic*-Elements setzt voraus, dass jedes Symbol als eigene Datei online verfügbar abgelegt ist. Die Alternative dazu sind ***Marker.*** Ein Marker (*Mark*) ist entweder eins von sechs verschiedenen, namentlich bekannten (*well known*) Elementarsymbolen oder - ab Version 1.1.0 - ein Symbol aus einer indexbasierten Symbolbibliothek wie z. B. einem TrueType-Font (Abb. 123 und Abb. 125).

Eine Symbolbibliothek wird im *Mark*-Element in einem *OnlineResource*-Element bekannt gemacht. Alternativ kann auch die ganze Bibliothek als *InlineContent* im *Symbolizer* enthalten sein. Das einzelne Symbol aus der Bibliothek wird über seine Index-Nummer im Subelement *MarkIndex* referenziert. Außerdem muss im obligatorischen Subelement *Format* der MIME-Type der Bibliotheksdatei angegeben werden.

Ist die Bibliothek als *InlineContent* im *Mark*-Element enthalten, dann muss die Art der Codierung als XML oder 64-bit-Binary in Attribut *encoding* des *InlineContents* bekannt gemacht werden.

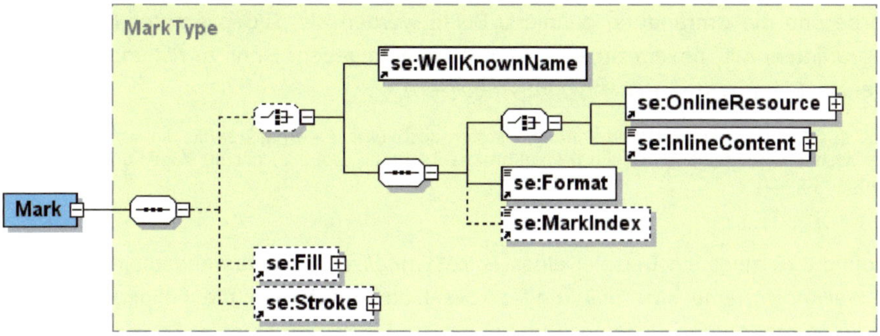

Abbildung 123: *Mark*-Element des SE-Schemas in der Version 1.1.0. Ein *Mark* hat entweder einen *WellKnownName* oder bezieht sich auf einen *MarkIndex* in einer externen *OnlineResource* oder in einer als *InlineContent* eingebundenen Symbolbibliothek.

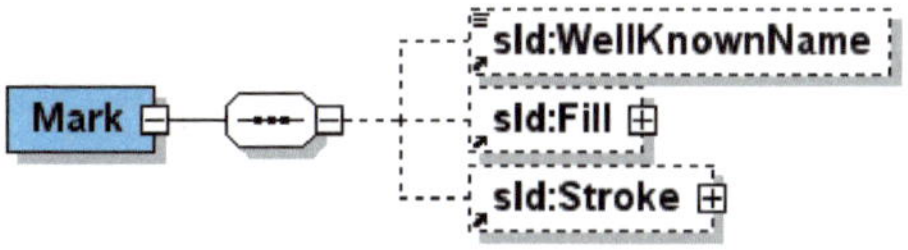

Abbildung 124: *Mark*-Element des SE-Schemas in der Version 1.0.0. Die Verwendung von Symbolbibliotheken ist noch nicht möglich.

Für TrueType-Fonts gibt es keine offizielle MIME-Type-Bezeichnung. Im OpenGIS-Forum wird dafür die Bezeichnung „application/x-font-ttf" empfohlen.

Bei TrueType-Fonts ist auch nicht eindeutig definiert, auf was sich die Index-Nummer beziehen soll. Dazu gibt es einen Diskussionsbeitrag im OGC-Forum zur SLD-Norm.

Die alternativ zur Symbolbibliothek verwendbaren Standardsymbole heißen *circle, square*, *triangle*, *star*, *cross*, *x* und *arrow* (Abb. 125). Sie werden mit ihrem Namen als Inhalt des Elements *WellKnownName* eingebunden (Abb. 126).

Abbildung 125: Die Elementar-Grafiken des SE-Schemas und ihre *WellKnownNames*

Für *Mark*-Punktsymbole sind darüber hinaus noch die Elemente ***Fill*** und ***Stroke*** für die Füllfarbe und die Umrandung definiert. Beide werden als *SVGParameter* (Version 1.0.0: *CSSParameter*) mit hexadezimalem RGB-Code angegeben. Mehr zu *Fill* und *Stroke* finden Sie bei *LineSymbolizern* und *PolygonSymbolizern*.

Enthält das *Graphic*-Element weder einen Marker noch eine *ExternalGraphic*, so wird der Standard-Marker *square* verwendet. Es ist ein 6 Pixel breites Rechteck (*square*) mit 50 %iger grauer Füllung und schwarzem Rand.

Abbildung 126 zeigt ein Beispiel eines *PointSymbolizers*. Es verwendet einen Marker mit dem *WellKnownName star*. *Fill*- und *Stroke*-Elemente färben die Füllung gelb und die Umrandung orange. Ein einzelnes Symbol hat am Bildschirm eine Größe von 15 Pixeln.

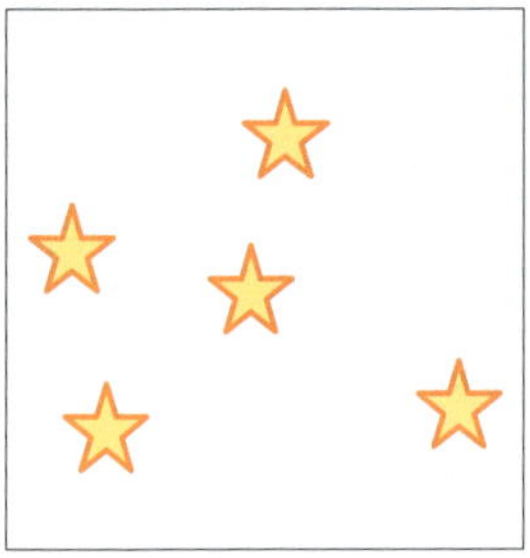

```
<PointSymbolizer>
    <Graphic>
      <Mark>
        <WellKnownName>star</WellKnownName>
          <Fill>
            <SvgParameter name="fill">#FFF570
            </SvgParameter>
          </Fill>
          <Stroke>
            <SvgParameter name="stroke">#FF950E
            </SvgParameter>
          </Stroke>
      </Mark>
      <Size>15</Size>
    </Graphic>
</PointSymbolizer>
```

Abbildung 126: Punktdarstellung mit einem *PointSymbolizer*

Im folgenden Beispiel wird eine Grafik von einem externen Server eingebunden:

XML-Beispiel 28: PointSymbolizer mit Referenz auf ein externes, online verfügbares Symbol

```
<PointSymbolizer>
  <Graphic>
    <ExternalGraphic>
      <OnlineResource xmlns:xlink=“http://www.w3.org/1999/xlink“
        xlink:type=“simple“ xlink:href=“http://webseite-xy.org/symbole/star.svg“/>
      <Format>image/svg+xml</Format>
    </ExternalGraphic>
    <Size>15</Size>
  </Graphic>
</PointSymbolizer>
```

9.6.4 LineSymbolizer

Ein ***LineSymbolizer*** kombiniert Liniengeometrien in einem *Geometry*-Element mit einer Linien-Darstellungsart im Element *Stroke*. Optional kann der Linie auch noch in einem Element namens *PerpendicularOffset* ein seitlicher Versatz mitgegeben werden (Abb. 127). Dazu kommen ab Version 1.1.0 optional die Attribute und beschreibenden Elemente aller Symbolizer-Arten wie *uom*, *version*, *Name* und *Desription* und die optionale Referenz auf einen *BaseSymbolizer*. Sie fehlen noch in der Vorgängerversion (Abb. 128).

LineSymbolizer sind natürlich für Liniengeometrien gedacht, können jedoch auch auf andere Geometrietypen angewandt werden. Sind die Input-Geometrien Punktobjekte, so wird anstelle des Punktes eine beliebig kleine horizontale Linie generiert und dargestellt. Bei Polygongeometrien werden dessen Umringe als Linien ohne Linienenden gezeichnet. Ist die Geometrie eine Rastergeometrie, so wird der *LineSymbolizer* auf den äußeren Rand des Coverages angewandt.

Der Wert im Element ***PerpendicularOffset*** versetzt die tatsächlich gezeichnete Linie um einen bestimmten Betrag gegenüber der Ausgangsgeometrie. Er wird in *uom*-Einheiten des *Symbolizers* gemessen. Der Versatz ist bei positiven Werten in Linienrichtung gesehen nach links, bei negativen Werten nach rechts. Standardwert für den Versatz ist 0.

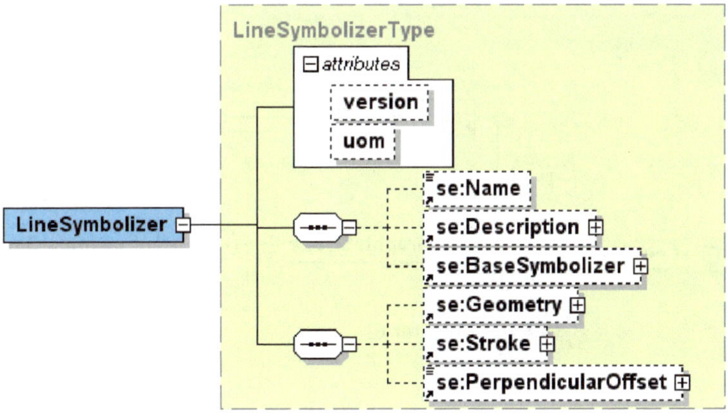

Abbildung 127: LineSymbolizer-Element des SLD-Schemas in der Version 1.1.0

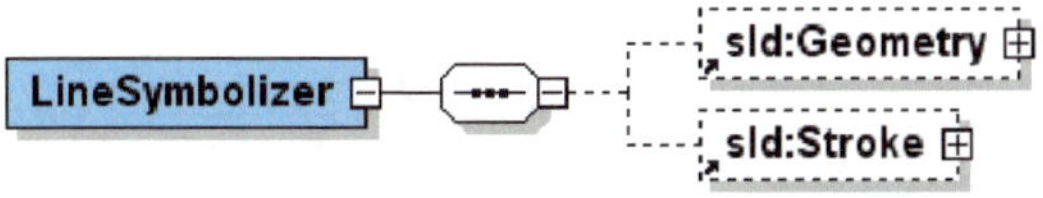

Abbildung 128: LineSymbolizer-Element des SLD-Schemas in der Version 1.0.0

Das Aussehen der Linie wird durch den Inhalt des Elements ***Stroke*** bestimmt (Abb. 129 und Abb. 130). Im einfachen Fall wird die Linie als einfarbiger Strich gezeichnet und in einer Folge von *SVGParameter*-Elementen mit Eigenschaften wie Farbe, Strichstärke und Strichmuster versehen. Die Linie kann aber auch über ein *GraphicFill*-Element mit einem Füllmuster gefüllt oder mithilfe eines *GraphicStroke*-Elements als Kette aneinandergereihter Einzelsymbole dargestellt werden. Version 1.0.0 unterscheidet sich von der aktuellen nur durch geringere Möglichkeiten innerhalb des *GraphicStroke*-Elements (Abb. 131).

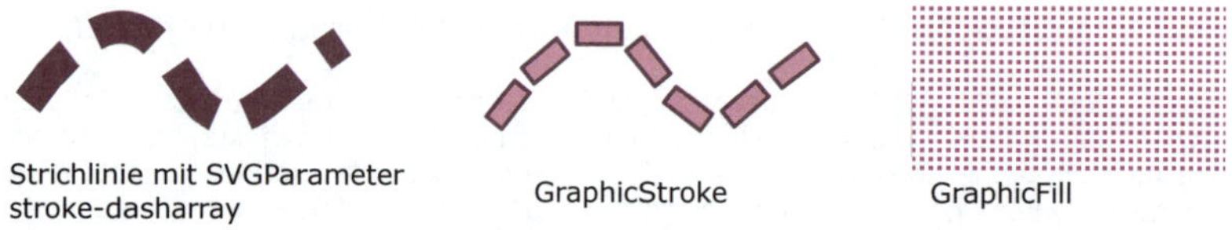

Abbildung 129: Ein *Stroke* kann entweder nur über SVGParameter definiert werden (links), aus einer Aneinanderreihung von Einzelsymbolen bestehen (Mitte) oder ein Füllmuster beinhalten (rechts).

Das *Stroke*-Element ist optional. Fehlt es, so wird gar keine Linie dargestellt. Ist es vorhanden, aber hat keinen Inhalt, so wird ein einfarbiger Strich dargestellt. Hat dieser wiederum gar keine *SVGParameter*-Definitionen, so wird die Standard-Einstellung einer SVG-Linie verwendet, und das ist eine durchgehende schwarze Linie.

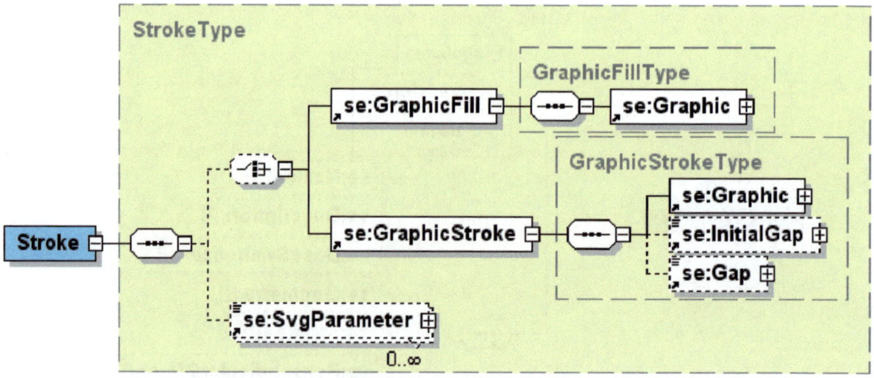

Abbildung 130: *Stroke*-Element des SLD-Schemas in der Version 1.1.0. Eine Liniendarstellung kann ein Füllmuster verwenden (*GraphicFill*) oder Symbole aneinandergereiht wiederholen (*GraphicStroke*). Oder es ist eben einfach ein Strich; dann wird sie durch SVG-Parameter näher charakterisiert.

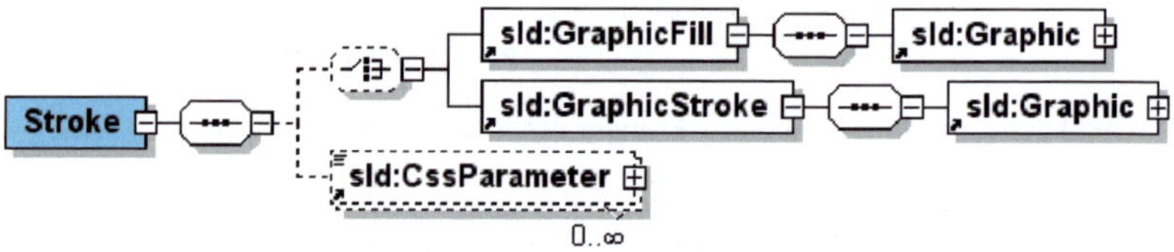

Abbildung 131: *Stroke*-Element des SLD-Schemas in der Version 1.0.0. Für *GraphicStroke*-Elemente können in dieser Version noch keine *Gap*-Abstände definiert werden.

Handelt es sich um eine einfache Strichlinie ohne Symbolreferenzen, so werden deren Eigenschaften in ***SVGParameter***-Elementen definiert (in Version 1.0.0 heißt das Element noch *CSSParameter)*. Die Parameterwerte vom Typ *ogc:expression* können komplexe Ausdrücke enthalten und sich auf *Feature*-Attribute beziehen. Das ermöglicht eine hohe Flexibilität. Eine Übersicht über die für *Stroke*-Elemente erlaubten *SVG-Parameter* und ihre möglichen Werte enthält Tabelle 33 auf Seite 214.

Mit den SVG-Parametern *stroke*, *stroke-opacity* und *stroke-width* werden die wichtigsten Linieneigenschaften Farbe, Transparenz und Linienstärke gesetzt. Abbildung 132 zeigt ein einfaches Beispiel mit einer durchgehenden blauen Linie.

Die Breite einer Linie kann zwar mit Fließkommazahlen angegeben werden, aber Pixelwerte werden bei einer Ausgabe als Bitmap auf ganze Zahlen gerundet. Eine Linie mit einer angegebenen Stärke von 1.2 wird demnach in einem PNG-Kartenbild mit einer Stärke von 1 Pixel dargestellt.

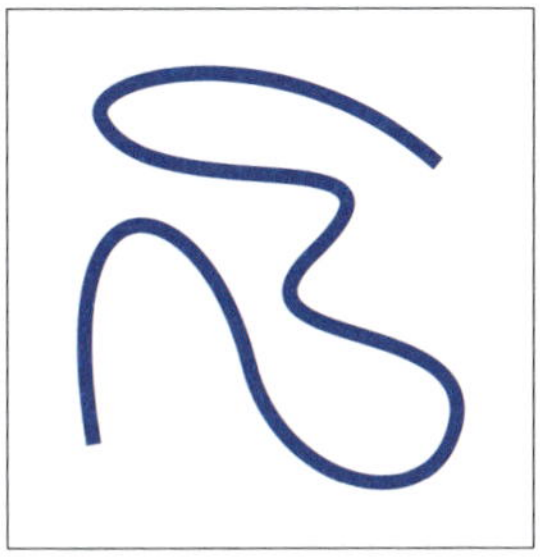

```
<LineSymbolizer>
  <Stroke>
    <SvgParameter
        name="stroke“>#0075FF</SvgParameter>
    <SvgParameter
        name="stroke-width“>6</SvgParameter>
    <SvgParameter
        name="stroke-opacity“>1.0</SvgParameter>
  </Stroke>
</LineSymbolizer>
```

Abbildung 132: Liniensymbolisierung mit angepassten SVG*Parametern* im *LineSymbolizer*

Für eine optimale Darstellung können die Linienverbindungen und Linienenden mit den Parametern *stroke-linejoin* und *stroke-linecap* näher definiert werden. Die Verbindung zwischen zwei Segmenten kann im Parameter *stroke-linejoin* die Werte *mitre*, *round* oder *bevel* annehmen. Offene Linienenden können im Parameter *stroke-linecap* die Werte *butt*, *round* oder *square* enthalten (Abb. 133). Standardwerte gibt es hierfür nicht.

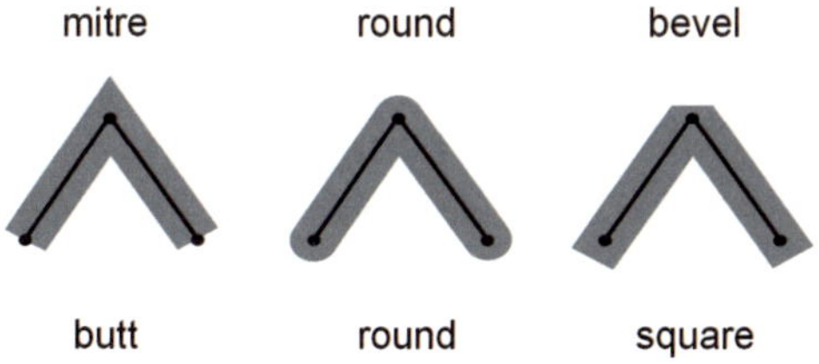

Abbildung 133: SVG-Parameterwerte für Linienverbindungen (oben) und Linien-Endstile (unten)

Strichmuster werden mit *stroke-dasharray* definiert: Das sich wiederholende Muster wird dabei als Folge von Strich- und Zwischenraumlängen angegeben. Potenziell können nicht nur Ganzzahlen, sondern auch Fließkommazahlen verwendet werden, aber es ist serverabhängig, wie diese interpretiert werden. Trennzeichen zwischen den Werten ist das Leerzeichen. Eine Folge aus einer ungeraden Zahl von Elementen wird verdoppelt und dann wiederholt. Einige Beispiele sind in Abbildung 134 dargestellt.

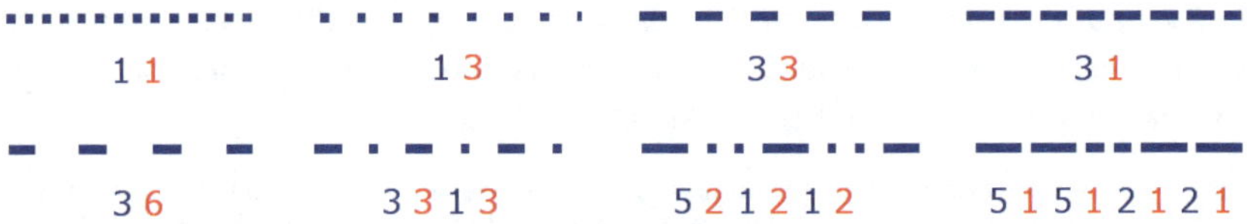

Abbildung 134: Ein *stroke-dasharray*-Strichmuster wird als Zahlenfolge codiert. Ein Code definiert das Grundmuster einer Linie und besteht aus einer Folge von Strichlängen (blaue Zahlen) und den Längen der Zwischenräume (rote Zahlen).

Tabelle 33: SVG-Styling-Parameter des *Stroke*-Elements.

Parameter	Bedeutung	Werte	Default
stroke	Linienfarbe	Farbe als hexadezimaler RGB-Code	#000000 (schwarz)
stroke-opacity	Linientransparenz	Fließkommawert zwischen 0.0 (voll transparent) und 1.0 (nicht transparent)	1.0 (nicht transparent)
stroke-width	Linienstärke	Positiver Fließkommawert in Pixeln oder der Maßeinheit des Symbolizers	1.0
stroke-linejoin	Verbindung zwischen Liniensegmenten	Auswahl aus den Werten *mitre* (eckig), *round* (abgerundet) und *bevel* (kantig)	server-abhängig
stroke-linecap	Linienenden	Auswahl aus den Werten *butt* (gestoßen), *round* (abgerundet) und *square* (eckig)	server-abhängig
stroke-dasharray	Strichmuster	Durch Leerzeichen getrennte Folge von Fließkommawerten für Strichlängen und Zwischenräume in Pixeln oder Einheiten des Symbolizers	kein dasharray
stroke-dashoffset	Startpunkt des Strichmusters	Versatz des Strichmusters als Fließkommawert in Pixeln oder Einheiten des Symbolizers	0

Leider gibt es keine SVG-Parameter für die Gestaltung einer Linie in Längsrichtung, also beispielsweise für die Möglichkeit, einer Straßenfüllung eine andersfarbige Kontur mitzugeben. Dies muss durch Überlagerung mehrerer *LineSymbolizer* innerhalb einer Regel (*Rule*) gelöst werden. Das folgende Beispiel stellt eine Straße mit Außenkontur und gestrichelter Mittelachse als Überlagerung von drei *LineSymbolizern* dar (Abb. 135).

```
<Rule>
[...]
<LineSymbolizer>
  <Stroke>
    <SvgParameter name="stroke">#202020</SvgParameter>
    <SvgParameter name="stroke-width">20</SvgParameter>
  </Stroke>
</LineSymbolizer>
<LineSymbolizer>
  <Stroke>
    <SvgParameter name="stroke">#606060</SvgParameter>
    <SvgParameter name="stroke-width">18</SvgParameter>
  </Stroke>
</LineSymbolizer>
<LineSymbolizer>
  <Stroke>
    <SvgParameter name="stroke">#FFFFFF</SvgParameter>
    <SvgParameter name="stroke-width">2</SvgParameter>
    <SvgParameter name="stroke-dasharray">8 10</SvgParameter>
  </Stroke>
</LineSymbolizer>
</Rule>
```

Abbildung 135: Straßendarstellung durch Überlagerung von drei verschiedenen *LineSymbolizern* aus derselben Basisgeometrie.

Abbildung 136 verdeutlicht den Umgang mit einem ***GraphicFill***-Element. Das Element definiert ein Flächenfüllmuster als vertikale und horizontale Wiederholung eines darin enthaltenen oder referenzierten Grafik-Symbols. Eine Linie mit *GraphicFill* stanzt aus dieser gefüllten Fläche diejenigen Teilflächen aus, die vom Linienverlauf in seiner im SVG-Parameter *Stroke* definierten Linienbreite „bedeckt" werden. Das – mit Absicht für ein besseres Verständnis gemachte und nicht wirklich sinnvolle – Beispiel in Abbildung 136 verwendet als wiederholbares Symbol einen *WellKnownName*-Marker „arrow".

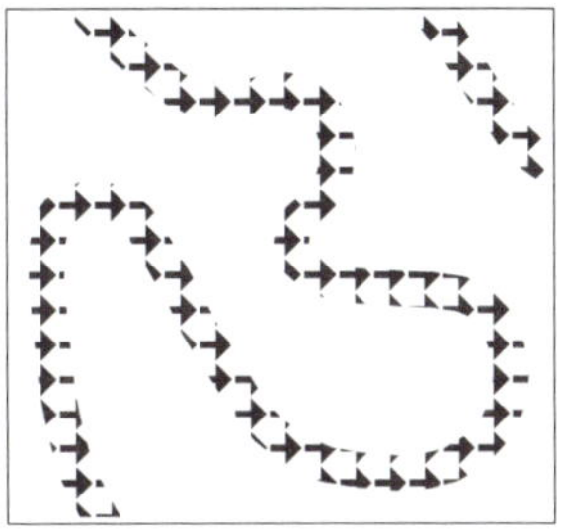

```
<LineSymbolizer>
  <Stroke>
    <GraphicFill>
      <Graphic>
        <Mark>
          <WellKnownName>arrow</WellKnownName>
          <Fill>
            SVGParameter name="fill">
              #303030</SVGParameter>
          </Fill>
        </Mark>
        <Size>10</Size>
      </Graphic>
    </GraphicFill>
    <SvgParameter name="stroke-width">10</SvgParameter>
  </Stroke>
</LineSymbolizer>
```

Abbildung 136: Liniensymbolisierung mittels *GraphicFill*

Auch die Grenzen dieser Methode werden hier deutlich: Die Einzelgrafik „kennt" die Richtung der Linie nicht und wird nicht gedreht. Sinnvoller ist deshalb die Verwendung ungerichteter Symbole. Anwendungsmöglichkeiten finden sich beispielsweise dort, wo vorhandene Objekte durch eine gut sichtbare Linie überlagert werden sollen, die zugleich aber den Blick auf die darunterliegenden Objekte zulässt. Stadt- und Staatsgrenzen wurden in Atlanten früher häufig so gedruckt; die Darstellung von Naturschutzgebietsgrenzen oder Fußgängerzonen in Stadtplänen oder topographischen Karten wäre auch denkbar.

In vielen Fällen ist die Verwendung eines *GraphicStroke*-Elements zweckmäßiger, denn im Unterschied zum *GraphicFill*-Element wird das Einzelsymbol bei dieser Variante mit der Linienrichtung gedreht, also an die Linie geschmiegt (Abb. 137).

Damit das funktioniert, muss das als *Graphic*-Element eingebundene Symbol zwei „HotSpots" haben: zwei Anheftungspunkte, mit denen es auf die Liniengeometrie gezwungen wird. Es gibt dafür jedoch kein Element im Schema. Standardmäßig wird ein Symbol stattdessen mittig angeordnet; die angenommenen „HotSpots" befinden sich vertikal zentriert am linken und rechten Symbolrand.

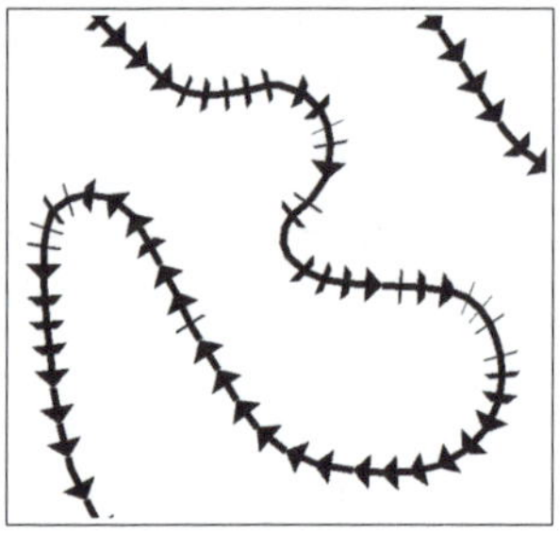

```
<LineSymbolizer>
  <Stroke>
    <GraphicStroke>
      <Graphic>
        <Mark>
          <WellKnownName>arrow</WellKnownName>
          <Fill>
            <SVGParameter name="fill">
                    #303030</SVGParameter>
          </Fill>
        </Mark>
        <Size>10</Size>
      </Graphic>
    </GraphicStroke>
  </Stroke>
</LineSymbolizer>
```

Abbildung 137: Liniensymbolisierung mittels *GraphicStroke*

Ab Version 1.1.0 kann man mit den Elementen *InitialGap* und *Gap* zusätzlich bestimmen, wie weit entfernt vom Linienstartpunkt die erste Grafik beginnen und welchen Abstand die Grafiken voneinander haben sollen. Ohne diese Einstellungen ist der Einsatz von *GraphicStroke* oft unschön. Beide Elemente sind vom Typ *ParameterValue*, können also auch aus *Feature*-Attributen oder Berechnungen gespeist werden.

9.6.5 PolygonSymbolizer

Ein ***PolygonSymbolizer*** stellt Flächengeometrien dar. Er besteht aus einer Flächenfüllung (*Fill*) und einer Umrandung (*Stroke*) (Abb. 138 und Abb. 139). Die Umrandung wird dabei immer über den Flächen liegend gezeichnet.

Sind die darzustellenden Geometrien keine Polygone, so werden sie für die Darstellung in Polygone überführt: Aus Punkten werden dafür kleine quadratische Polygone generiert. Linienzüge werden zu einem Polygon geschlossen, wobei Überkreuzungen irgendwie eliminiert werden. Bei der Übergabe eines Rasterbilds wird dessen Ausdehnung als Polygon dargestellt.

Löcher im Polygon werden dabei nicht gefüllt. Die Ränder des Loches werden wie der äußere Rand des Polygons behandelt. „Inseln" innerhalb der Löcher werden genauso wie das „Festland" dargestellt.

Das *PolygonSymbolizer*-Element hat die üblichen, vom abstrakten *Symbolizer*-Typ geerbten, beschreibenden Eigenschaften *version*, *uom*, *Name*, *Description* und *BaseSymbolizer*. Wie ein Punktobjekt, so kann auch ein Polygon über ein *Displacement*-Element horizontal und vertikal verschoben werden; das Element hat dafür die beiden Subelemente *DisplacementX* und *DisplacementY* und kann Fließkommawerte darin aufnehmen. Von den *LineSymbolizern* her kennen wir schon das Element *PerpendicularOffset*; es versetzt die Umringe eines Polygons bei positiven Werten um den angegebenen Betrag nach außen und bei negativen Werten nach innen.

Displacement und *PerpendicularOffset* enthalten potenziell Ausdrücke vom Typ *ogc:expression*, können also mit Berechnungen oder aus *Feature*-Attributen gespeist werden.

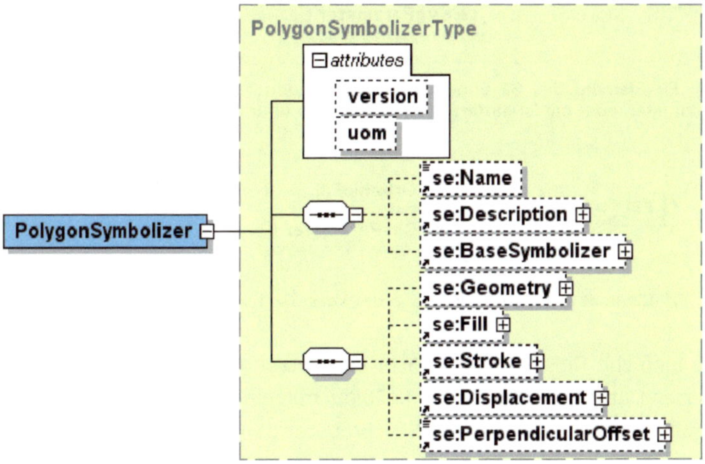

Abbildung 138: *PolygonSymbolizer*-Element des SE-Schemas in der Version 1.1.0

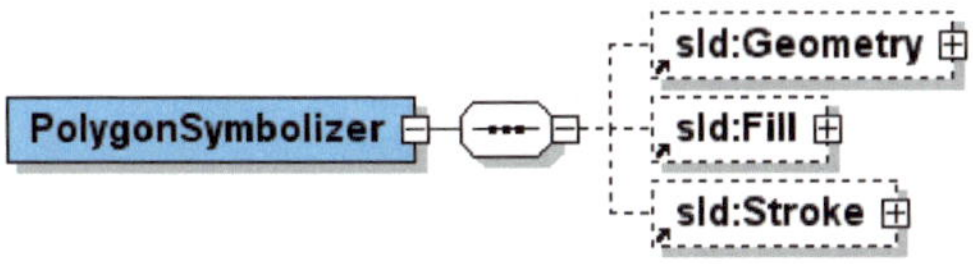

Abbildung 139: *PolygonSymbolizer*-Element des SLD-Schemas in der Version 1.0.0. Es fehlen noch die beschreibenden Eigenschaften, die Referenz auf einen *BaseSymbolizer* sowie *Displacement* und *Offset*.

Die Umrandung der Fläche wird in einem *Stroke*-Element definiert. Dabei können alle Möglichkeiten des *Stroke*-Types und alle *SvgParameter*-Elemente des *Stroke*-Elements genutzt werden, wie wir sie schon vom *LineSymbolizer* her kennen (vgl. S. 211 f.). Fehlt das *Stroke*-Element im *PolygonSymbolizer,* so wird die Fläche ohne Umrandung gezeichnet.

Farbe und Muster der Polygonfläche werden im Subelement ***Fill*** definiert (Abb. 140). Die Fläche kann einfarbig gefüllt werden, bei Bedarf mit einer Transparenz-Einstellung. Das geschieht über die *SvgParameter*-Elemente *fill* und *fill-opacity.* Standardeinstellung ist eine einfarbige Füllung in 50 %igem Grau mit dem Farbwert #808080. Alternativ oder zusätzlich kann die Fläche über ein *GraphicFill*-Element mit einem Füllmuster aus einer sich wiederholenden Grafik gefüllt werden. Die alte Version 1.0.0 unterscheidet sich hier inhaltlich nicht von der aktuellen.

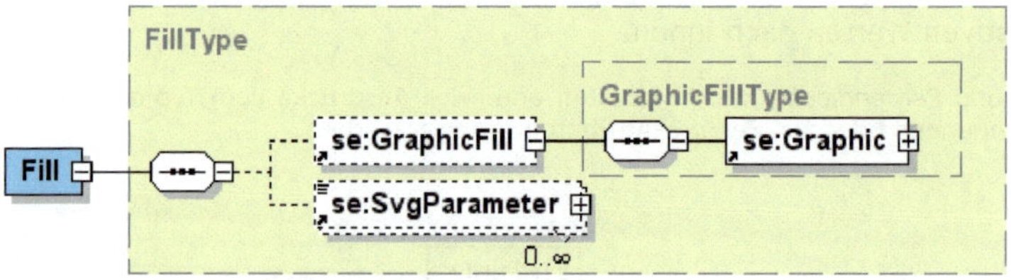

Abbildung 140: *Fill*-Element des SE-Schemas in der Version 1.1.0. Eine Flächenfüllung verwendet ein *GraphicFill*-Füllmuster, oder sie ist einfarbig und wird dann über *SVGParameter*-Elemente definiert.

Abbildung 141: *Fill*-Element des SLD-Schemas in der Version 1.0.0. Es entspricht der Nachfolgerversion.

Das folgende einfache Beispiel verdeutlicht die Nutzung von *Fill* und *Stroke*; hier wird bei einem Gewässer-Datensatz die Fläche hellblau mit einer Transparenz von 50 % und die Umrandung dunkelblau und mit einem Strichmuster dargestellt (Abb. 142).

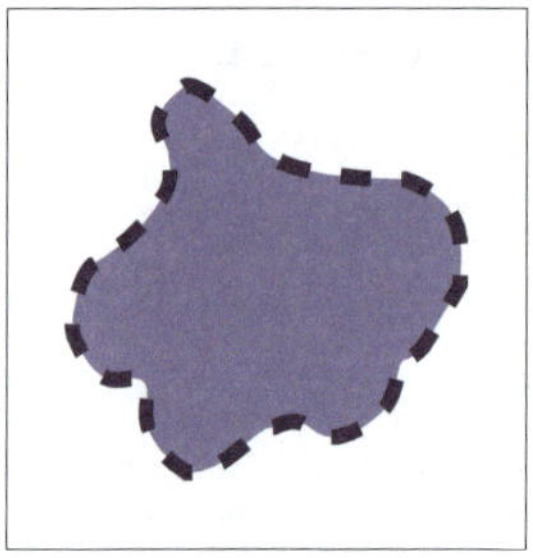

```
<PolygonSymbolizer>
  <Fill>
    <SvgParameter name= "fill">#AAAAFF</SvgParameter>
    <SvgParameter name= "fill-opacity">0.5</SvgParameter>
  </Fill>
  <Stroke>
    <SvgParameter name= "stroke">#000080</SvgParameter>
    <SvgParameter name= "stroke-width">10
    </SvgParameter>
    <SvgParameter name= "stroke-dasharray">40 40
    </SvgParameter>
  </Stroke>
</PolygonSymbolizer >
```

Abbildung 142: *PolygonSymbolizer* mit einfarbiger, halbtransparenter Flächendarstellung (*Fill*) und dunkelblauer Umrandung (*Stroke*) mit Strichmuster-Definition (*stroke-dasharray*).

Füllmuster und Schraffuren werden realisiert, indem ein Grafiksymbol regelmäßig in Zeilen und Spalten angeordnet wiederholt wird. Das einzelne Symbol dafür ist ein einzelnes Element vom Typ *Graphic*. Ein *Graphic*-Element zeigt auf eine extern abgelegte Grafikdatei, referenziert ein Symbol in einer indexbasierten Symbolbibliothek oder verwendet eins der sechs vordefinierten Standard-Markersymbole. Für die Gestaltung des Füllmusters wird das Einzelsymbol in ein *GraphicFill*-Element eingehängt und dieses dem *Fill*-Element zugefügt. Für die Gestaltung komplexerer Flächenfüllungen kann das *GraphicFill*-Element auch mehrere verschiedene *Graphic*-Einzelsymbole referenzieren.

Das *Graphic*-Element wurde bereits ausführlich auf Seite 204 bei den *PointSymbolizern* vorgestellt. Die Größe des Einzelsymbols in der Flächenfüllung wird durch das *Size-Element* darin bestimmt.

XML-Beispiel 29: PolygonSymbolizer mit einem Flächenfüllmuster

```
<PolygonSymbolizer>
  <Fill>
    <GraphicFill>
      <Graphic>
        <ExternalGraphic>
          <OnlineResource xlink:type="simple" xlink:href="laub.png"/>
          <Format>image/png</Format>
        </ExternalGraphic>
        <Size>20</Size>
      </Graphic>
    </GraphicFill>
  </Fill>
</PolygonSymbolizer>
```

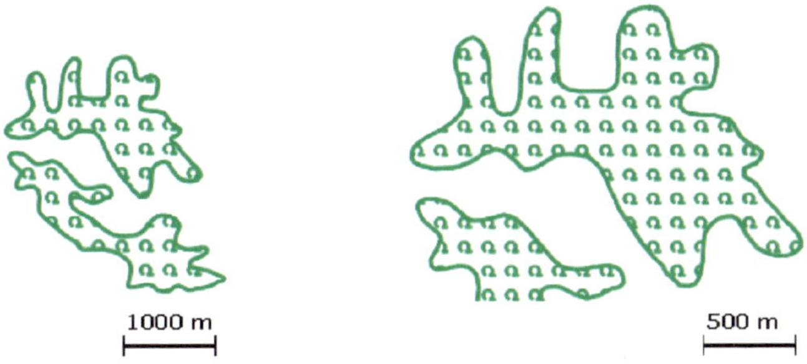

Abbildung 143: Flächendarstellung mit bitmapgenerierter Punktfüllung in zwei Zoomstufen. Das Beispiel verdeutlicht das Problem der Füllmuster mit *GraphicFill*: Sie sind nicht dynamisch skalierbar.

Abbildung 143 verdeutlicht die Schwachstelle der Flächenfüllmuster: Die Größe des eingebundenen Symbols ist im *Graphic*-Element fest definiert und passt sich nicht von selbst dem Ausgabemaßstab an. Das kann bei kleinen Maßstäben dazu führen, dass die Fläche nur noch wenige Symbole enthält. Für gelungene Online-Darstellungen in verschiedenen Maßstäben müssen daher unterschiedliche *PolygonSymbolizer* für die jeweiligen Maßstabsbereiche definiert werden, in denen das Grafik-Symbol im Subelement *Size* eine jeweils adäquate Größe zugewiesen bekommt.

Echte vektorielle Schraffuren sind in der SE-Version 1.1.0 leider noch nicht vorgesehen. Schraffuren können deshalb nur als Füllmuster erzeugt werden. Dafür werden Einzelsymbole verwendet, die in der Wiederholung eine Schraffur bilden. Abbildung 144 zeigt Beispiele dafür und verdeutlicht auch das „Eckenproblem" bei diagonalen Schraffuren, die aus Bitmap-Grafiken zusammengesetzt werden.

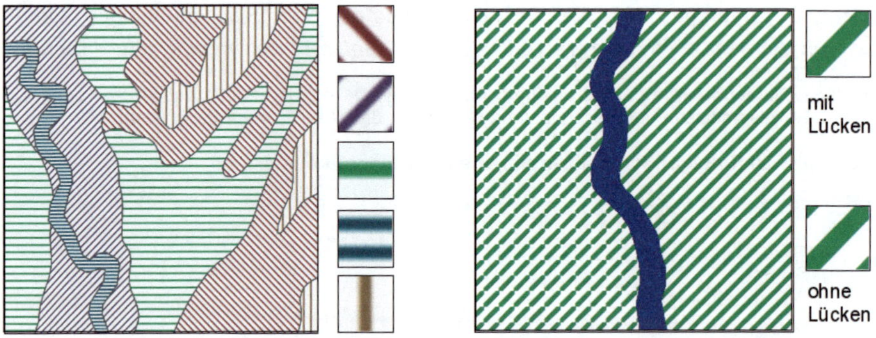

Abbildung 144: Zwei Beispiele für Schraffur-Flächenfüllungen aus Bitmap-Grafiken. Dazu jeweils die Einzelsymbole, aus denen die Schraffur zusammengesetzt ist. Schraffuren geraten nur dann richtig, wenn das Einzelsymbol alle Anschlüsse richtig enthält. Das rechte Bild zeigt einen potenziellen Fehler, wenn bei einer Schrägschraffur die Bitmap nicht alle Ecken richtig berücksichtigt werden.

Die Schrägschraffur auf der linken Seite des Flusses in Abbildung 144 ist fehlerhaft. Wenn man die einzelnen Grafik-Kacheln aneinanderlegt, fehlen Teile der Schraffur in den Ecken, wo der Schraffurstreifen anstößt. Diese Besonderheit der diagonalen Schraffur gilt natürlich nur für Schraffurstreifen mit einer Breite von mehr als einem Pixel. Die Einzelsymbole für die durchgehende Schraffur auf der rechten Flussseite dagegen enthalten die notwendigen Teile des Schraffurstreifens in den vermeintlich „freien" Ecken.

9.6.6 TextSymbolizer

Der ***TextSymbolizer*** ist für die Darstellung von Beschriftungen an Kartenobjekten vorgesehen. Er kombiniert eine Platzierungsgeometrie im Element *Geometry* mit einem Beschriftungstext (*Label*). Dazu kommen Styling-Informationen im Element *Font* und gegebenenfalls ein Versatz im Element *LabelPlacement.* Die Beschriftung kann mit einem *Halo* freigestellt werden. Alternativ kann der umgebende Kasten mit einem *Fill*-Element farblich gestaltet werden. Ergänzend kommen die vom *Symbolizer*-Typ geerbten beschreibenden Eigenschaften wie *Name, Description*, *version* und *uom* und die optionale Referenz auf einen *BaseSymbolizer* dazu (Abb. 145).

Ein *Textsymbolizer* benötigt entweder Punkt- oder Liniengeometrien. Andere Geometrietypen werden nach den für *Point*- oder *Linesymbolizer* geltenden Regeln umgewandelt.

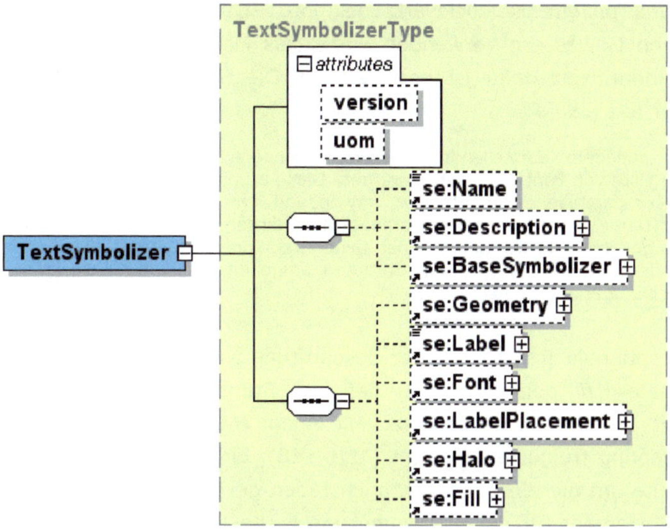

Abbildung 145: *TextSymbolizer*-Element des SE-Schemas in der Version 1.1.0. Ein *Textsymbolizer* kombiniert eine Plazierungsgeometrie mit einem Beschriftungstext im Element *Label* und ergänzt Ausgestaltungsanweisungen wie *Fill*, *Halo* oder *Font*.

In der älteren Version fehlen die beschreibenden Elemente und Attribute des *Symbolizer* Types und die Möglichkeit, einen anderen *Symbolizer* zu referenzieren (Abb. 146).

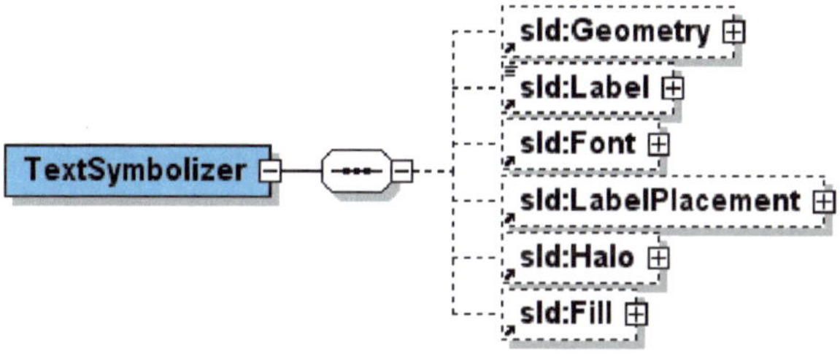

Abbildung 146: *TextSymbolizer*-Element des SLD-Schemas in der Version 1.0.0

Der Beschriftungstext selber ist im Element ***Label*** enthalten. Das Element ist vom Typ *ogc:expression* und kann komplexe Ausdrücke oder komplexe Elemente beinhalten, so lange sie als Ergebnis eine Zeichenfolge (Textstring) liefern. Häufig wird das Element durch den Verweis auf ein *Feature*-Attribut gefüllt. Ist das *Label*-Element leer, so wird kein Text dargestellt.

Das Element ***Font*** enthält optional eine Reihe von *SvgParameter*-Elementen für die Formatierung des Textes. Der Parameter *font-family* bezeichnet die Schriftfamilie wie Arial, Verdana o. Ä. Der Schriftstil (*font-style*) ist „*normal*", „*italic*" oder „*oblique*" (*italic* ist

Kursivschrift und *oblique* ist rückwärts gekippte Schrift, wie sie z. B. häufig für die Beschriftung von Gewässern verwendet wird). Das Maß für die Schriftgröße (*font-size*) sind Pixel; Standardwert dafür ist der Wert 10. Die Schriftart (*font-weight*) ist normal („*normal*") oder fett („*bold*").

Der Font muss auf dem darstellenden Server vorhanden sein. Die *font-family* kann auch als kommagetrennte Liste von Fonts übergeben werden. Diese arbeitet der Server so lange ab, bis er einen Font findet, den er darstellen kann. Bei der Verwendung herstellerspezifischer Fonts kann der *font-family* auch der Name einer Font-Datei vorangestellt werden. Die Textattribute sind für allgemein verbreitete Fonts gedacht. Hat der Server einen benannten Font nicht, kann er auf andere ausweichen. Er muss dann irgendwie sinnvoll mit den Attributen umgehen, auch wenn sie im verwendeten Font anders definiert sind oder anders heißen.

Die Farbe und optionale Transparenz der Beschriftung wird im Element ***Fill*** in den optionalen Svg-Parametern *fill* oder *fill-opacity* definiert. Standardwert für die Textfarbe ist der Wert „#FFFFFF", also die Farbe Schwarz. Mit einem ***Halo***-Element kann die Beschriftung aus ihrer Umgebung freigestellt werden (Abb. 148). Ein Halo ist ein Puffer, der mit einer definierten Breite um die einzelnen Textbuchstaben gezogen wird. Das Halo-Element enthält ein *Fill*-Subelement für die Festlegung von Farbe (*fill*) und Transparenz (*fill-opacity*) des Halos. Standardwert für die Halo-Farbe ist „#000000", also die Farbe Weiß. Sein Subelement ***Radius*** definiert die Größe des Puffers in Pixeln. Das Element kann Fließkommazahlen aufnehmen; es ist aber vom Typ *ParameterValue*, kann also auch einen beliebigen Ausdruck enthalten und damit auch von *Feature*-Attributen abhängig gemacht werden. Standardwert für den Radius ist der Wert 1 (Pixel). Ein Beispiel enthält Abbildung 147.

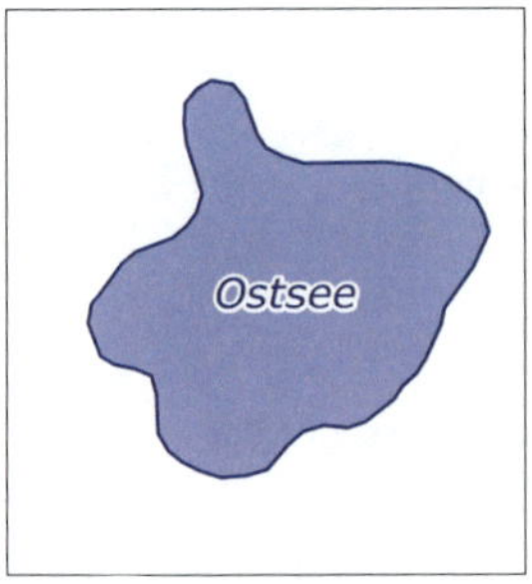


```
<TextSymbolizer>
  <Label>
    <ogc:PropertyName>NAME</ogc:PropertyName>
  </Label>
  <Font>
    <SvgParameter name="font-family">Verdana</SvgParameter>
    <SvgParameter name="font-size">10</SvgParameter>
    <SvgParameter name="font-style">italic</SvgParameter>
  </Font>
  <Halo>
    <Radius>2</Radius>
    <Fill>
      <SvgParameter name="fill">#FFFFFF</SvgParameter>
      <SvgParameter name="fill-opacity">1.0</SvgParameter>
    </Fill>
  <Halo/>
  <Fill>
    <SvgParameter name="fill">#202020</SvgParameter>
  </Fill>
</TextSymbolizer>
```

Abbildung 147: Beschriftung mit einem *Halo* in weißer Farbe

Abbildung 148: ***Halo*****-Element des SE-Schemas in den Versionen 1.1.0 (links) und 1.0.0 (rechts)**

Ein ***LabelPlacement***-Element dient dazu, die Position der Beschriftung in Relation zur Ausgangsgeometrie festzulegen. Ein *LabelPlacement*-Element ist entweder ein *PointPlacement* oder ein *LinePlacement* (Abb. 150 auf Seite 225).

Das ***PointPlacement***-Element definiert im Subelement *AnchorPoint* den Anheftungspunkt innerhalb des Labels.

Der *AnchorPoint* wurde bereits bei den *PointSymbolizern* näher erklärt. Das Element hat zwei Subelemente *AnchorPointX* und *AnchorPointY*. Beide können Werte zwischen 0.0 und 1.0 annehmen. Gerechnet wird von der linken unteren Ecke des Labels aus. Mit einem *AnchorPointX*=0 und einem *AnchorPointY*=0 ist also der Anheftungspunkt des Labels seine linke untere Ecke. Defaultwerte sind jedoch 0.5 und 0.5, sodass ein Label standardmäßig seinen Anheftungspunkt in der Mitte hat.

Der Versatz gegenüber der Ausgangsgeometrie wird im Element *Displacement* festgelegt. Auch dieses hat zwei Kindelemente, *DisplacementX* und *DisplacementY*, für den Versatz in X- bzw. Y-Richtung. Standardmäßig haben beide den Wert 0.

Außerdem kann in einem *PointPlacement*-Element auch noch mit dem Kindelement *Rotation* eine Drehung des Labels bestimmt werden. Die Drehung wird als Fließkommazahl in Dezimalgrad angegeben; positive Werte drehen das Label im Uhrzeigersinn, negative in Gegenrichtung. Der Standardwert für die Drehung ist 0. Das *PointPlacement*-Element ist in den beiden Schemaversionen gleich (Abb. 150 und Abb. 151 auf Seite 225). Ein Beispiel für ein Punkt-Label mit einem Versatz nach rechts enthält Abbildung 149.

Ist kein *PointPlacement* definiert, dann sitzt ein Label zu einer Punktgeometrie horizontal und vertikal zentriert auf dem Ausgangspunkt.

Der Anchorpoint eines Textlabels ist standardmäßig die Mitte des Labels.

Soll die Beschriftung rechts oberhalb der Ausgangsgeometrie sitzen, so müssen *AnchorPointX* und *AnchorPointY* auf 0 gesetzt und *DisplacementX* sowie *DisplacementY* definiert werden.

```
<TextSymbolizer>
  <Label>
    <ogc:PropertyName>NAME</ogc:PropertyName>
  </Label>
  [...]
  <LabelPlacement>
    <PointPlacement>
      <Displacement>
        <DisplacementX>20</DisplacementX>
        <DisplacementY>0</DisplacementY>
      </Displacement>
    </PointPlacement>
  </LabelPlacement>
  <Fill>
    <SvgParameter name="fill">#202020</SvgParameter>
  </Fill>
</TextSymbolizer>
```

Abbildung 149: Label mit horizontalem Versatz

Ein ***LinePlacement***-Element wird verwendet, wenn die Ausgangsgeometrie eine Linie ist. Es regelt die Anordnung des Textes im Verhältnis zu dieser Linie. Standardmäßig wird der Text auf der Ausgangslinie angeordnet. Mit einem *PerpendicularOffset* kann der Text gegenüber der Linie um einen festen Betrag versetzt werden.

Der *PerpendicularOffset* ist eine Fließkommazahl oder ein Ogc-Ausdruck, kann also auch aus einer Berechnung oder einem *Feature*-Attribut gefüllt werden.

Das SE-Schema in der Version 1.1.0 erlaubt noch einige weitere Möglichkeiten des *Line-Placements* (Abb. 150): Mit dem Wert *„true"* im Element *IsRepeated* wird eine Beschriftung entlang einer Linie wiederholt. Dann sollten in den Elementen *InitialGap* und *Gap* auch der Startabstand vom Beginn der Linie und der Abstand zwischen den Beschriftungen festgelegt werden. Das Element *IsAligned* hat standardmäßig den Wert *„true"* und bewirkt die Ausrichtung der Beschriftung entlang der Geometrielinie; wird es auf *„false"* gestellt, wird die Beschriftung horizontal angeordnet. Das Element *GeneralizeLine* enthält ebenfalls boolesche Werte und steht standardmäßig auf *„false"*. Der Wert *„true"* ist eine Anweisung für den Server, dass er die Beschriftungslinie vereinfachen soll; wie er das macht, ist allerdings seine Sache.

InitialGap und *Gap* erwarten Fließkommazahlen oder eine *Ogc-Expression. IsRepeated*, *IsAligned* und *GeneralizeLine* sind vom Datentyp *boolean*, können also die Werte *true* oder *false* annehmen. Alle fünf Elemente fehlen noch in der Vorgängerversion des Schemas (Abb. 151).

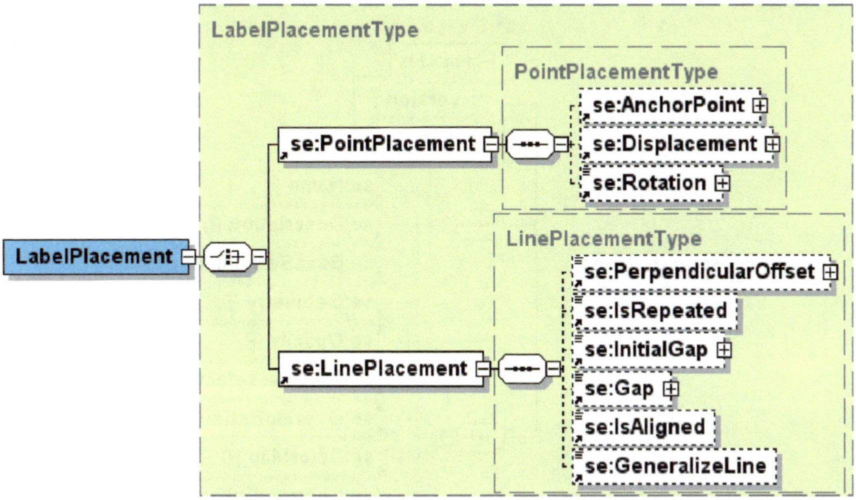

Abbildung 150: *LabelPlacement*-Element des SE-Schemas in der Version 1.1.0. Ein *LabelPlacement* ist entweder ein *PointPlacement* oder ein *LinePlacement.* In beiden Fällen geht es um die Anordnung der Beschriftung im Verhältnis zur Ursprungsgeometrie.

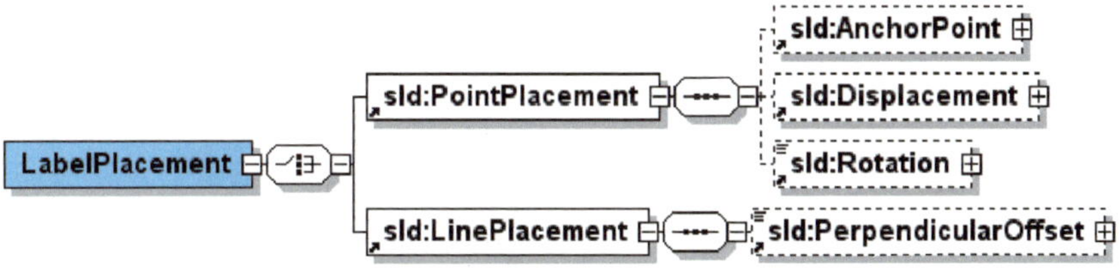

Abbildung 151: *LabelPlacement*-Element des SLD-Schemas in der Version 1.0.0. Es fehlen noch einige Möglickeiten des *LinePlacements.*

9.6.7 RasterSymbolizer

Der *RasterSymbolizer* visualisiert Rasterdaten wie z. B. Satellitenbilder, Digitale Höhenmodelle oder andere *Coverages*. Das Element enthält wie alle anderen *Symbolizer* die allgemeinen beschreibenden Attribute und Kindelemente wie *version*, *uom*, *Name* und *Description* und die potenzielle Referenz auf einen *BaseSymbolizer* (Abb. 152). In der Vorgängerversion fehlen diese vom *Symbolizer-Type* geerbten Bestandteile noch (Abb. 153). Das *Geometry*-Element erwartet eine Rasterdatenquelle.

Für andere Geometrietypen bietet der Standard diesmal keine Umwandlungsregeln; man geht davon aus, dass der Fall nicht eintritt. Fehlt das *Geometry*-Element, wird die Default-Rasterdatenquelle des Layers verwendet.

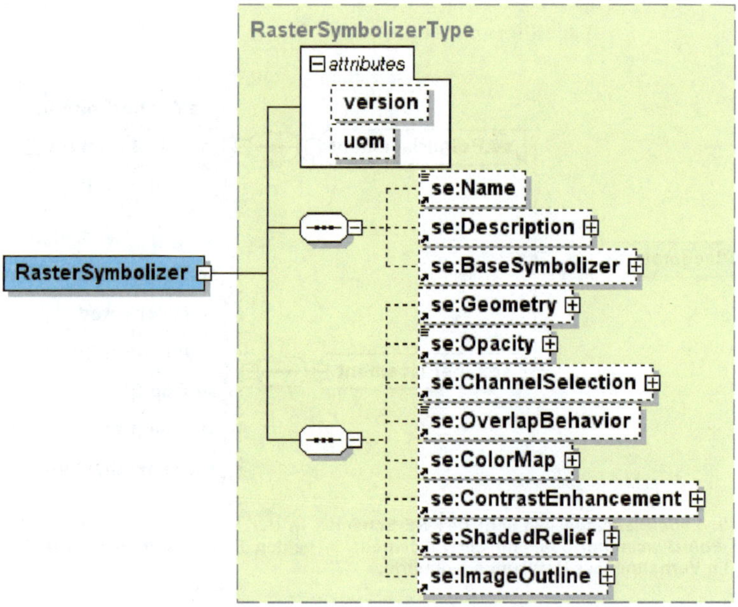

Abbildung 152: ***RasterSymbolizer*****-Element des SE-Schemas in der Version 1.1.0**

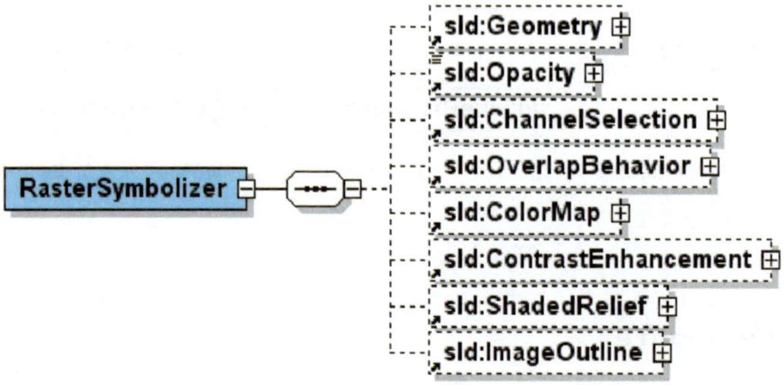

Abbildung 153: ***RasterSymbolizer*****-Element des SLD-Schemas in der Version 1.0.0**

Mit dem Element ***Opacity*** kann eine Transparenz festgelegt werden. Alle übrigen Kindelemente sind etwas komplexer.

Das Element ***ChannelSelection*** ordnet die Bildkanäle der Datenquelle den Farbkanälen Rot, Grün und Blau für die Darstellung zu. Alternativ kann auch ein einzelner Bildkanal für eine Darstellung in Graustufen ausgewählt werden. Es gibt für jeden Farbkanal der Darstellung ein Subelement; sie heißen *RedChannel*, *GreenChannel*, *BlueChannel* und

GrayChannel (Abb. 154). Jedes von ihnen bekommt im *SourceChannelName* den Namen des Bildkanals zugewiesen (in der Regel werden die einzelnen Bildkanäle einfach nummeriert sein, z. B. „1“, „2“, ...). Ein Beispiel zeigt Abbildung 155. Optional kann hier auf jeden Kanal auch noch auch eine Kontrastverbesserung (*ContrastEnhancement*, s. u.) angewendet werden.

Das *ChannelSelection*-Element der Vorgängerversion ist in gleicher Weise zusammengesetzt und deshalb hier nicht noch einmal gesondert abgebildet.

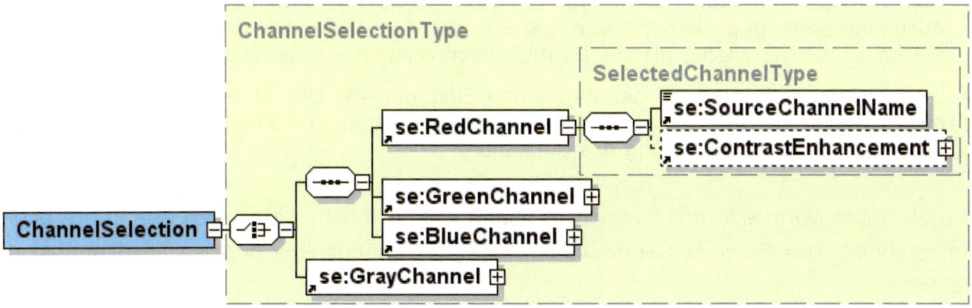

Abbildung 154: Das *ChannelSelection*-Element des SE-Schemas in der Version 1.1.0. In diesem Element werden die Bildkanäle der Rasterdatenquelle den Farbkanälen der Darstellung zugewiesen. Alle Subelemente gehören dem *SelectedChannel*-Type an, auch wenn er hier nur einmal gezeigt wird.

Abbildung 155 zeigt ein Landsat-Satellitenbild, das mittels *ChannelSelection* in klassischen Falschfarben dargestellt wird.

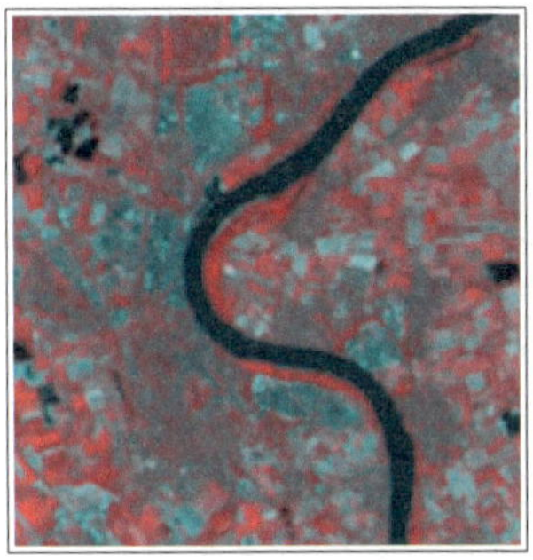

```
<RasterSymbolizer>
  <Opacity>1</Opacity>
  <ChannelSelection>
    <RedChannel>
      <SourceChannelName>4</SourceChannelName>
    </RedChannel>
    <GreenChannel>
      <SourceChannelName>3</SourceChannelName>
    </GreenChannel>
    <BlueChannel>
      <SourceChannelName>2</SourceChannelName>
    </BlueChannel>
  </ChannelSelection>
  <ContrastEnhancement>
    <Normalize/>
  </ContrastEnhancement>
</RasterSymbolizer>
```

Abbildung 155: *RasterSymbolizer* für ein Landsat-Satellitenbild in Falschfarbendarstellung

Das ***ContrastEnhancement***-Element enthält Anweisungen und Parameter für die Kontrastverstärkung. Es kann ein direktes Kind des *RasterSymbolizer*-Elements sein und wirkt dann auf das gesamte Bild. Alternativ kann es im *ChannelSelection*-Element auf jeden einzelnen Bildkanal angewendet werden. Drei verschiedene Methoden stehen dafür zur Verfügung (Abb. 156). Alle drei beruhen auf den Helligkeitswerten der Rasterpixel.

- Die *Normalize*-Methode streckt die Helligkeitswerte linear. Das dunkelste Pixel wird schwarz, das hellste weiß. Die Pixel mit Helligkeitswerten dazwischen werden auf der damit gebildeten linearen Scala angeordnet.
- Die *Histogram*-Methode verwendet die Häufigkeitsverteilung der Helligkeitswerte im Ausgangsraster und bemüht sich darum, bei der Neuverteilung auf die Skala von Schwarz bis Weiß wieder gleiche Häufigkeitsverteilungen zu erzeugen.
- Die *GammaValue*-Methode benötigt einen Eingabewert. Der Standardwert ist 1.0 und bewirkt keine Veränderung. Werte über 1.0 führen zu einer Aufhellung, Werte unterhalb von 1.0 zu einer Abdunkelung des Bildkanals.

Die Elemente *Normalize* und *Histogram* haben keinen Inhalt. Sie wirken durch ihre bloße Anwesenheit. Das Element *GammaValue* dagegen benötigt eine positive Fließkommazahl als Inhalt.

In der Vorgängerversion hat das *ContrastEnhancement*-Element die gleiche Struktur und ist deshalb nicht noch einmal abgebildet.

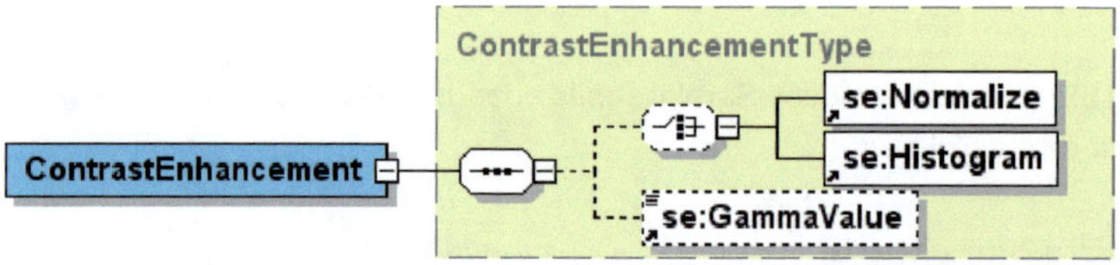

Abbildung 156: *ContrastEnhancement*-Element des SE-Schemas in der Version 1.1.0

Das ***ColorMap***-Element ordnet den Pixelwerten der Rasterdatenquelle neue Farben zu. Es verwendet dafür die in Version 1.1.0 neu definierten *Symbology-Encoding*-Funktionen. Wahlweise kann eine *Categorize*-Funktion oder eine *Interpolate*-Funktion in das *ColorMap*-Element eingebaut werden (Abb. 157). Mehr zu deren Funktionsweise enthält das nächste Kapitel. Ein Beispiel zeigt Abbildung 159.

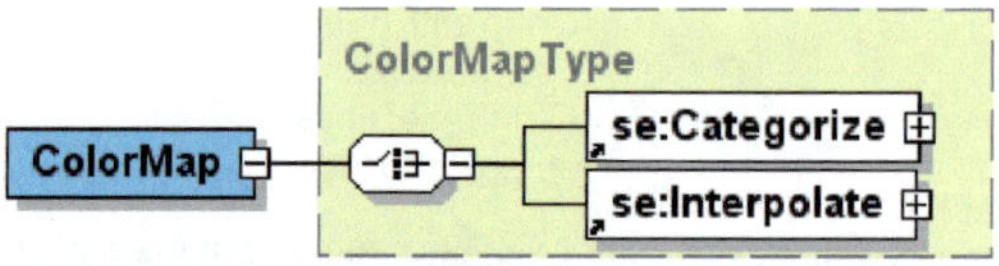

Abbildung 157: *ColorMap*-Element des SE-Schemas in der Version 1.1.0. Das *ColorMap*-Element verwendet wahlweise eine *Categorize*- oder eine *Interpolate*-Funktion.

In der Version 1.0.0 wurde für jeden Farbwert ein *ColorMapEntry*-Element angelegt (Abb. 158). Diesem wurden in vier Subelementen die notwendigen Pixeleigenschaften zugewiesen: Das Attribut *quantity* ordnete die *ColorMapEntry* einem Pixelwert zu. Er galt als Untergrenze für das Werteintervall bis zur nächsten *ColorMapEntry*. Das *color*-Attribut verwaltete den Farbwert dafür. Die Transparenz konnte im Attribut *Opacity* festgelegt werden. Eine Legendenbeschriftung wurde bei Bedarf im *label*-Attribut hinterlegt. Für eine korrekte Farbzuweisung und Farbinterpolierung sollten die Einträge der Farbpalette in aufsteigender Rangfolge der Klassenuntergrenzen im *quantity*-Attribut angegeben werden.

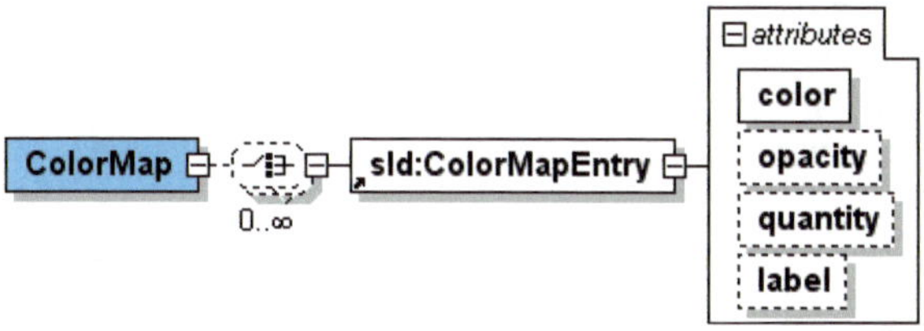

Abbildung 158: *ColorMap*-Element des SLD-Schemas in der Version 1.0.0. Die Farbzuordnung geschieht über eine geordnete Liste von *Quantity-Color*-Zuordnungen in *ColorMapEntry*-Elementen. Funktionen gibt es in dieser Version noch nicht.

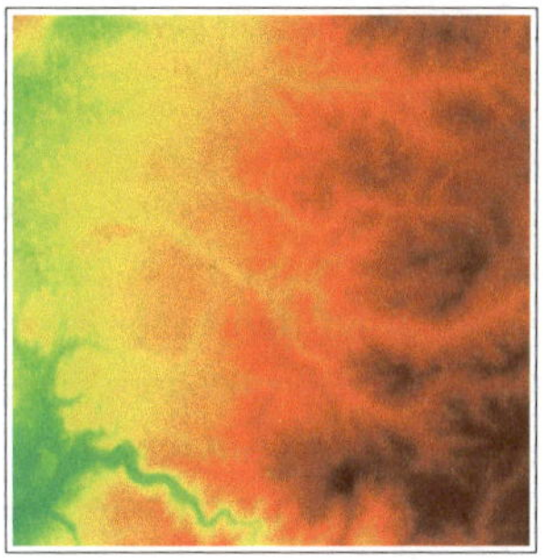

```
<RasterSymbolizer>
  [...]
  <ColorMap>
    <Categorize fallbackValue="#AAFFAA">
      <LookupValue>Rasterdata</LookupValue>
      <Value>#000000</Value>
      <Threshold>-500</Threshold>
      <Value>#AAFFAA</Value>
      <Threshold>0</Threshold>
      <Value>#00FF00</Value>
      <Threshold>1000</Threshold>
      <Value>#FFFF00</Value>
      <Threshold>1200</Threshold>
      <Value>#FF7F00</Value>
      <Threshold>1400</Threshold>
      <Value>#BF7F3F</Value>
      <Threshold>1600</Threshold>
      <Value>#000000</Value>
      <Threshold>2000</Threshold>
    </Categorize>
  </ColorMap>
</RasterSymbolizer>
```

Abbildung 159: *RasterSymbolizer* mit *ColorMap* für ein Digitales Geländemodell. Der *Symbolizer* verwendet die Funktion *Categorize*. Mehr zu *Symbology-Encoding*-Funktionen enthält Kapitel 9.7.

Die Geometrie eines *RasterSymbolizers* kann auch aus mehreren Rastergrids bestehen, beispielsweise aus einem Mosaik von Satellitenbildern. Dann kann es sein, dass diese sich räumlich überlappen. Das Element ***OverlapBehavior*** regelt, wie damit umgegangen wird. In der Version 1.1.0 des SE-Schemas enthält es dafür einen von vier möglichen Schlüsselworten aus einer Enumeration. Die Vorgängerversion sieht dafür noch vier verschiedene Subelemente vor (Abb. 160).

- Mit der Methode *LATEST_ON_TOP* liegt das zuletzt erzeugte Bild oben.
- Mit der Methode *EARLIEST_ON_TOP* liegt das zuerst erzeugte Bild oben.
- Bei der Methode *AVERAGE* werden die Pixelwerte aus beiden Bildern gemittelt. Das kann zu verwaschenen Ergebnissen führen, wenn die beiden Bilder nicht genau richtig georeferenziert übereinander liegen.
- Die Methode *RANDOM* überlässt es dem Zufall, welches Bild oben liegen soll. Die Methode soll (laut Spezifikation) möglicherweise schneller sein als alle anderen.

Abbildung 160: *OverlapBehavior*-Element des SE/SLD-Schemas in den Versionen 1.1.0 (links) und 1.0.0 (rechts). Die Neufassung hat zu einer Vereinfachung geführt. Die bisherigen vier Kindelemente des *OverlapBehavior*-Elements sind zu Einträgen in einer Enumeration für das vereinfachte Element geworden.

Das Element ***ShadedRelief*** versieht den Rasterlayer zusätzlich mit einer Reliefschummerung (Abb. 161). Es ist dem Server überlassen, wie er diese erzeugt. Das Kindelement *BrightnessOnly* definiert jedoch, ob die Schummerung auf den Layer dieses Rastersymbolizers oder auf alle anderen angewandt wird: Hat es den Wert 0 oder „*false*", so wird die Schummerung aus dem aktuellen Layer generiert. Enthält es dagegen den Wert 1 oder „*true*", dann bilden die Helligkeitswerte aller bisher erzeugten Rasterlayer darunter zusammen das Ausgangsraster für die Schummerung. Defaultwert ist 0 bzw. „*false*"; standardmäßig wird also der aktuelle Layer geschummert. Das Element *ReliefFactor* enthält einen numerischen Faktor für die künstliche Überhöhung der Schummerung. Einen Standardwert gibt es hierfür nicht; er ist serverabhängig.

Der Faktor 55 soll bei Geländemodellen zu brauchbaren Ergebnissen führen. Die Struktur des *ShadedRelief*-Elements ist in der Vorgängerversion gleich; deshalb wird es hier nicht gesondert dargestellt.

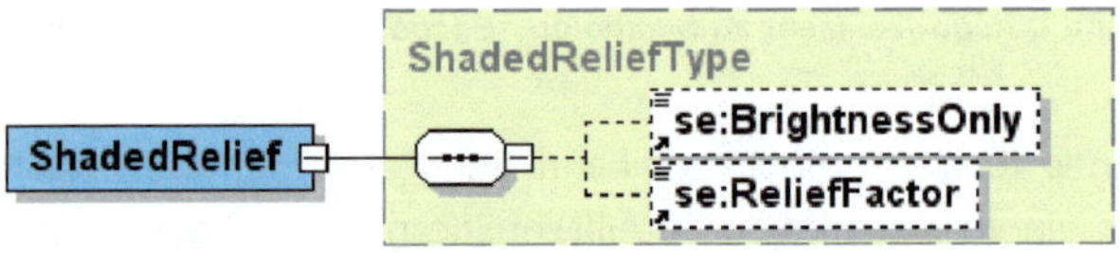

Abbildung 161: *ShadedRelief*-Element des SE-Schemas in der Version 1.1.0. *BrightnessOnly* regelt, ob die Helligkeiten der übrigen Rasterlayer Ausgangspunkt der Schummerung sein sollen; der *ReliefFactor* enthält einen Wert für die Überhöhung.

Schließlich kann der dargestellte Rasterlayer in seiner Gesamtheit auch noch mit einem Umring versehen werden. Das kann dann sinnvoll sein, wenn sich verschiedene Rasterlayer, wie z. B. Satellitenbild-Szenen, räumlich überlappen. Dafür wird dem Rasterlayer noch ein ***ImageOutline***-Element zugefügt; es enthält entweder einen *LineSymbolizer* oder einen *PolygonSymbolizer* (Abb. 162).

Soll beispielsweise in Übersichts-Maßstäben oder für bestimmte Zwecke ausschließlich der Umring verschiedener Rasterquellen dargestellt werden, dann kann die *Opacity* des *RasterSymbolizers* auf 0 gestellt werden. Damit wird erreicht, dass nur der im *ImageOutline* definierte Line- oder *PolygonSymbolizer* sichtbar wird.

Auch dieses Element ist in der Vorgängerversion bereits in gleicher Struktur vorhanden.

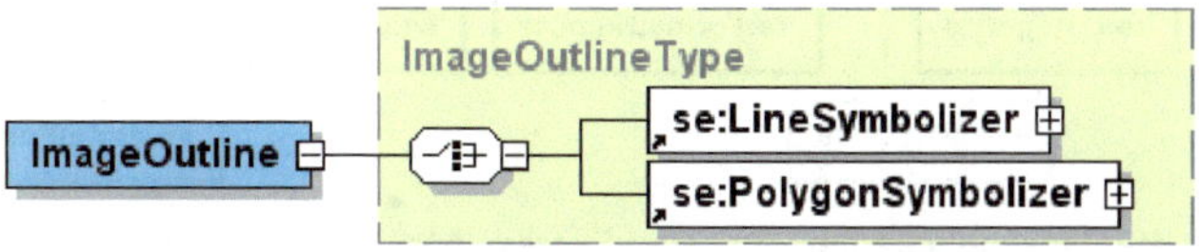

Abbildung 162: *ImageOutline*-Element des SE-Schemas in der Version 1.1.0. Es stellt die Ausdehnung des Rasterlayers als Umring oder Flächenelement dar. Seine Struktur ist in der Vorgängerversion gleich.

9.7 Symbology-Encoding-Funktionen

Symbology-Encoding-Funktionen gibt es erst ab der SLD-/SE-Version 1.1.0. Es sind Spezialisierungen des im *Filter-Encoding*-Schema definierten Typs *ogc:Expression* (Abb. 163). Sie können überall dort in einem *Styled Layer Descriptor* verwendet werden, wo ein Element vom Typ *ParameterValue* solche Ausdrücke enthalten kann, also beispielsweise in allen *SvgParameter*-Elementen. Häufig geht es dann darum, Signaturen oder Textlabel attributabhängig auszugestalten. Die im SE-Schema definierten Funktionen gehören zwei großen Gruppen an: Die Funktionen *Categorize*, *Interpolate* und *Recode* dienen dazu, kontinuierliche Werte in symbolisierbare Einheiten umzuwandeln. Alle anderen Funktionen dienen der Bearbeitung von Textstrings und werden vor allem bei der Befüllung des *Label*-Elements in Textsymbolizern verwendet.

Das SE-Schema definiert zunächst einen abstrakten Typ namens *FunctionType*. Er enthält das Attribut *fallbackValue*, das in allen SE-Funktionen enthalten ist. Der Wert dieses Attributs wird anstelle des Funktionsergebnisses als Standardwert verwendet, wenn der Server die Funktion nicht unterstützt.

Ein Server ist auch dann SE-Schema-konform, wenn er nicht alle Funktionen des Schemas unterstützt. Wenn er sie allerdings implementiert hat, dann müssen sie auch in der Weise funktionieren, wie sie hier definiert sind. Die Funktionen sind für die Verwendung in *Symbolizer*-Elementen gedacht; ein Server muss sie nicht in anderen Kontexten (z. B. in Filter-Ausdrücken bei der Definition von *UserLayern*) auswerten.

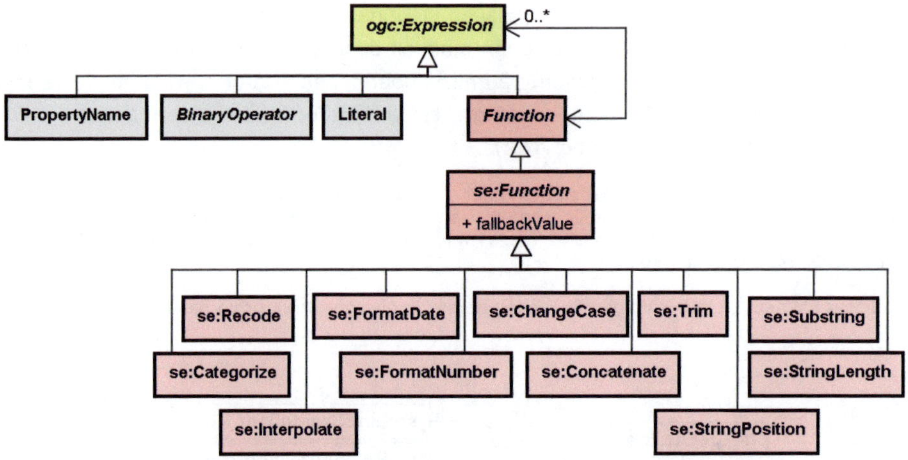

Abbildung 163: UML-Klassendiagramm für *Ogc-Expressions*. Die im *Symbology-Encoding*-Schema definierten elf Funktionen (rosa) sind Spezialisierungen des Typs *ogc:Expression*. Der abstrakte Typ *se:Function* enthält das allen SE-Funktionen gemeinsame Attribut *fallbackValue*.

9.7.1 Formatierungsfunktionen

Formatierungsfunktionen bringen Zahlen, Zeichenketten oder Datumsangaben in eine leserliche Form, z. B. um die Beschriftung in einem *TextSymbolizer* anzupassen.

Die Funktion ***FormatNumber*** verbindet einen numerischen Wert im Kindelement *NumericValue* – der vom Typ *ogc:expression* ist und deshalb beispielsweise aus einem *Feature*-Attribut stammt – mit einem Formatierungsmuster im Kindelement *Pattern* (Abb. 164).

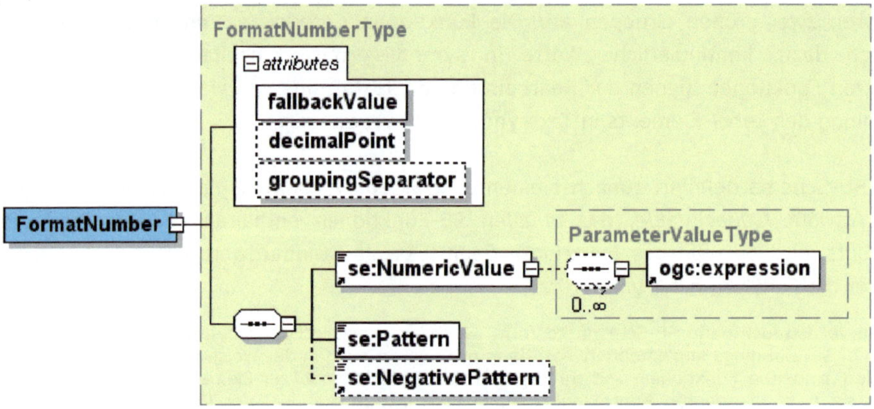

Abbildung 164: *FormatNumber*-Funktion des SE-Schemas

Optional kann für negative Zahlen im Kindelement *NegativePattern* ein anderes Formatierungsmuster bestimmt werden. Fehlt Letzteres, dann wird negativen Zahlen einfach ein Minuszeichen vorangestellt. Das Formatierungsmuster im Element *Pattern* oder *NegativePattern* setzt sich aus verschiedenen Platzhaltern zusammen (Tab. 34).

Tabelle 34: Platzhalter in Formatierungsmustern für Zahlenwerte

Zeichen	Bedeutung
#	Ziffer; wird weggelassen wenn irrelevant (führende/anhängende Nullen)
0	Ziffer; wird nicht weggelassen
.	Dezimaltrennzeichen
,	Gruppierungstrennzeichen
E	Exponentzeichen
-	Minuszeichen
'	Anführungszeichen (für Zusatzzeichen)

Das Dezimaltrennzeichen und das 1 000er-Gruppierungszeichen werden in den optionalen Attributen *decimalPoint* und *groupingSeparator* festgelegt. Tabelle 35 enthält einige Beispiele für Formatierungsmuster mit einem Punkt als Dezimaltrennzeichen und einem Komma als Gruppierungszeichen.

Tabelle 35: Beispiele für die Formatierung von Zahlenwerten
(mit dem Punkt als Dezimaltrennzeichen und Komma als Gruppierungszeichen)

Originalzahl	Formatierungsmuster	Formatierte Zahl
12.3	00.00	12.30
12.3	##,###.##	12.3
12345.6789	##,###.##	12,345.68
-111.1	Pattern: #.00 NegativePattern: nicht definiert	-111.10
-111.1	Pattern: #.00 NegativePattern: #.00(-)	111.10(-)
9876.54321	0.00E00	9.88E03
0.00000123	0.0E#	1.2E-6
2001.1002	#.#' Meter'	2001.1002 Meter
19.90	'€ '#.00	€ 19.90

Die *FormatNumber*-Funktion weist einem Zahlenwert ein Formatierungsmuster zu.

Für Datumsangaben steht eine weitere Funktion namens ***FormatDate*** zur Verfügung. Sie verbindet eine Datums- oder Zeitangabe – möglicherweise wieder aus einem *Feature*-Attribut – im Kindelement *DateValue* mit einem Formatierungsmuster im Element *Pattern* (Abb. 165).

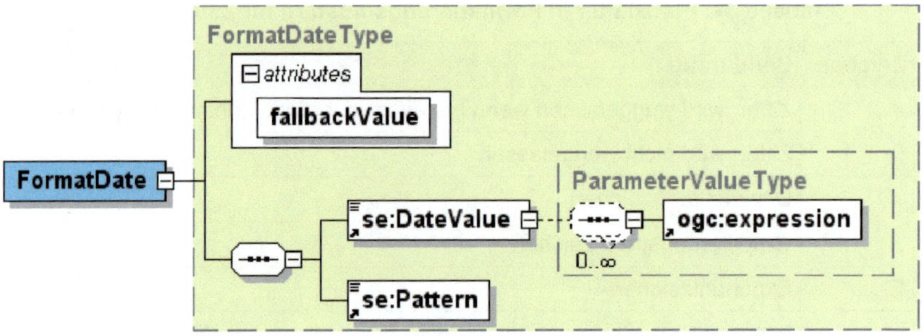

Abbildung 165: *FormatDate*-Funktion des SE-Schemas

Die Werte im Element *DateValue* sind nur dann als Datums- oder Zeitangaben interpretierbar, wenn sie dort bereits in standardisierter Form enthalten sind. Mögliche Datentypen dafür sind die ISO-8601-Typen *dateTime*, *time*, *date*, *gYearMonth*, *gMonthDay*, *gDay*, *gMonth* oder *gYear* oder der gml-Typ *TimeInstant*. Ein *Web Feature Server* wird in der Regel korrekt dafür sorgen, wenn das zugrunde liegende *Feature*-Attribut beispielsweise aus einem Datumsfeld einer relationalen Datenbank stammt. Beispiele für ISO-8601-Formate enthält Kapitel 7.6.

Tabelle 36 enthält die möglichen Platzhalter für Datumsformatierungen. Fehlt das *Pattern*-Element, so wird die Datums- oder Zeitangabe in der Standardformatierung „YYYY-MM-DDThh:mm:ss" ausgegeben (das „T" darin steht für „TIME" und trennt das Datum von der Tageszeit).

Das *Pattern* im folgenden Beispiel wandelt die Datumsangaben aus dem *Feature*-Attribut „Probedatum" in die Form „11.10.2009-8:30:25" um. Weitere Beispiele enthält Tabelle 37.

XML-Beispiel 30: Formatierung eines Datums mit einer Formatierungsfunktion

```
<FormatDate>
  <DateValue>
    <ogc:PropertyName>Probedatum</ogc:PropertyName>
  <DateValue>
    <Pattern>DD.MM.YYYY-h:mm:ss</Pattern>
</FormatDate>
```

Tabelle 36: Platzhalter für die Formatierung von Datums- und Zeitangaben

Zeichen	Bedeutung
YYYY	Jahreszahl aus vier Ziffern
YY	Jahreszahl aus zwei Ziffern (nur Jahr und Jahrzehnt)
M	Monatsangabe aus einer Ziffer ohne führende Null
MM	Monatsangabe aus zwei Ziffern
MMM	Monat als Buchstabenkürzel (z. B. „DEC"). Codes für Sprachvarianten nach ISO 639 können angehängt werden: MMMde ergibt „OKT" statt „OCT".
MMMMM	Monat ausgeschrieben (z. B. „December"). Codes für Sprachvarianten nach ISO 639 können angehängt werden: MMMMMde ergibt „Oktober" statt „October".
D	Tagesdatum aus einer Ziffer ohne führende Null
DD	Tagesdatum aus zwei Ziffern
h	Stunde ohne führende Null
hh	Stunde mit führender Null
m	Minute ohne führende Null
mm	Minute mit führender Null
s	Sekunde ohne führende Null
ss	Sekunde mit führender Null
a	Platzhalter für „pm" bzw. „am"
. / : -	Punkt, Slash, Doppelpunkt und Minuszeichen können als Trennzeichen eingesetzt werden und gelten so, wie sie sind (buchstäblich).
\	Der Backslash wird einem Zeichen vorangestellt, das ohne Umwandlung buchstäblich verwendet werden soll.
z	Zeitzone (wenn verfügbar), z. B. CEST (Central Europe Summer Time)

Tabelle 37: Beispiele für die Formatierung von Datums- und Zeitangaben

Datums- oder Zeitwert	Formatierungsmuster	Ergebnis
2009-07-03	D.M.YY	3.7.09
2009-07-03	DD.MM.YY	03.07.09
2009-07-03	DD.MM.YYYY	03.07.2009
2009-10-03T14:30	DD.MM.YY:hh.mm	03.07.09:14.30

Mit der FormatDate-Funktion werden Datums- und Zeitangaben aus entsprechenden Datenfeldern in eine definierte Ausgabeform gebracht.

Für die **Bearbeitung von Textstrings** gibt es eine ganze Reihe von Funktionen: *ChangeCase, Trim*, *StringLength*, *StringPosition, Substring* und *Concatenate*. Ihre Namen sind im Grund schon selbsterklärend; trotzdem folgen hier noch die notwendigen Details.

Alle sechs Funktionen verwalten den zu bearbeitenden TextString in einem *StringValue*-Element. Es ist vom Typ *ParameterValue* und enthält den TextString entweder direkt als Literal oder in Form einer *ogc:expression*, die sich wieder auf ein *Feature*-Attribut beziehen kann. Bei allen sechs Funktionen wird der *ogc:expression*-Ausdruck erst ausgewertet, bevor die Funktion auf ihn angewendet wird.

Die ***ChangeCase***-Funktion ändert Klein- in Großbuchstaben und umgekehrt. Dem *ChangeCase*-Element kann in einem *direction*-Attribut die Richtung der Änderung mitgegeben werden (Abb. 166). Der Attributwert *toUpper* wandelt den Textstring in Großbuchstaben um; die Richtung *toLower* bewirkt die Umwandlung in Kleinbuchstaben. Ist das Attribut nicht enthalten, wird in Großbuchstaben umgewandelt.

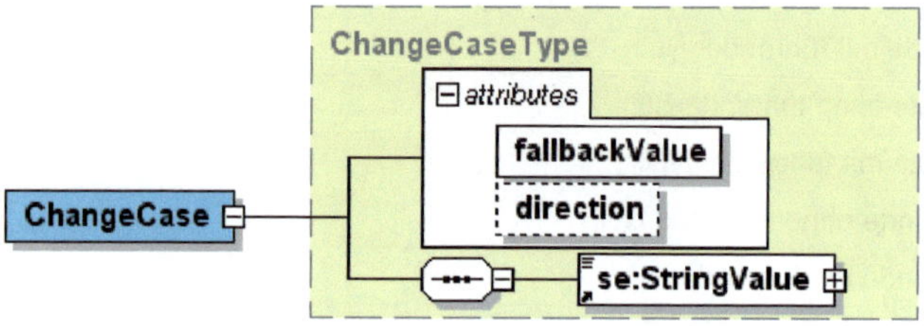

Abbildung 166: *ChangeCase*-Funktion des SE-Schemas

Die Funktion ***Trim*** entfernt führende oder schließende Zeichen aus einer Zeichenfolge. Das zu entfernende Zeichen wird im Attribut *stripOffChar* benannt. Standardmäßig ist es das Leerzeichen. Im Attribut *stripOffPosition* wird mitgeteilt, wo abgeschnitten werden soll. Das Attribut kann einen von drei möglichen Werten enthalten: Der Wert *leading* bewirkt die Entfernung führender Zeichen, der Wert *trailing* das Abschneiden schließender Zeichen und *both* bewirkt beides; standardmäßig wird vorn gekürzt (Abb. 167).

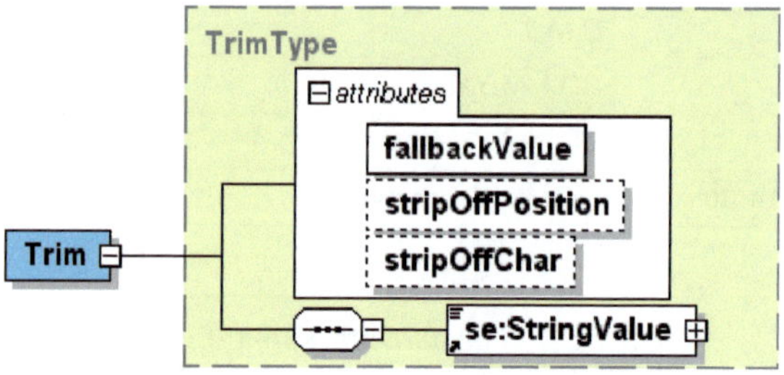

Abbildung 167: *Trim*-Funktion des SE-Schemas

Die Länge einer Zeichenfolge wird mit der Funktion ***StringLength*** ermittelt. Sie benötigt keine Attribute oder weiteren Kindelemente (Abb. 168).

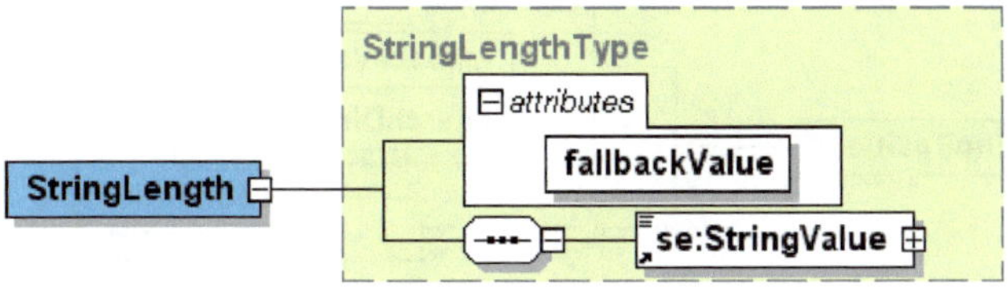

Abbildung 168: *StringLength*-Funktion des SE-Schemas

Die Funktion ***Substring*** schneidet aus einem Textstring eine Zeichenfolge heraus. Dessen Startposition wird im Element *Position* angegeben. Die Länge des Teil-Strings wird im Element *Length* bestimmt (Abb. 169).

Alle drei Kindelemente nehmen Ausdrücke vom Typ *ogc:expression* auf, können also auf *Feature*-Attribute oder Berechnungen zurückgreifen. Damit die Funktion greifen kann, muss ggf. natürlich als erstes die Input-Zeichenfolge im Element *StringValue* ermittelt werden. Der Positionsindex beginnt mit der Zahl 1. Ist die Position nicht angegeben, wird die Position 1 verwendet. Ist keine Länge angegeben, so wird der Rest der Zeichenfolge ab der gewünschten Position ausgegeben.

Potenziell können Fehler entstehen, wenn beispielsweise die Länge des Substrings länger als der Inputwert ist oder wenn in den Elementen *Position* oder *Length* eine Null oder ein negativer Wert landet. Server müssen tolerant damit umgehen: Ist der Eingabewert kürzer als die angeforderte Länge, wird eben der verfügbare Rest ausgegeben. Bei Werten gleich oder kleiner null in den Elementen *Position* oder *Length* gibt die Funktion als Ergebnis eine leere Zeichenfolge zurück.

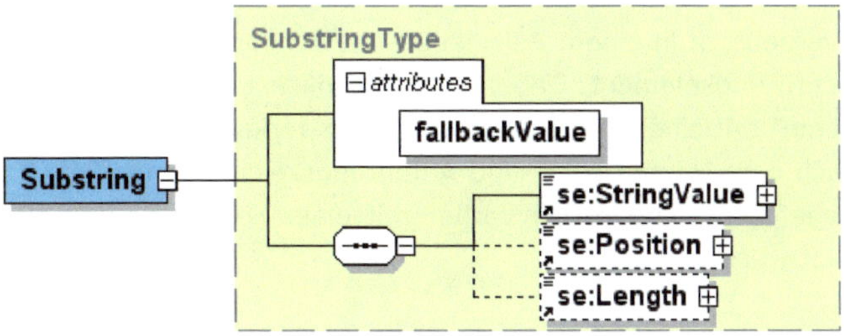

Abbildung 169: *Substring*-Funktion des SE-Schemas. Alle Argumente der Funktion sind vom Typ *ogc:expression*, auch wenn das hier nur für den *StringValue* gezeigt wird.

Die Funktion ***StringPosition*** ermittelt die Position einer Teilzeichenfolge innerhalb der Inputzeichenfolge. Der zu suchende Teilstring wird im Subelement *LookupString* übergeben (Abb. 170). Über das Attribut *searchDirection* kann die Suchrichtung festgelegt werden: Mit dem Wert *frontToBack* wird von vorn nach hinten gesucht, mit dem Wert *backToFront* in umgekehrter Richtung. Standardeinstellung ist die Vorwärtssuche. Kann die Teilzeichenfolge nicht gefunden werden, dann wird der Wert 0 zurückgegeben.

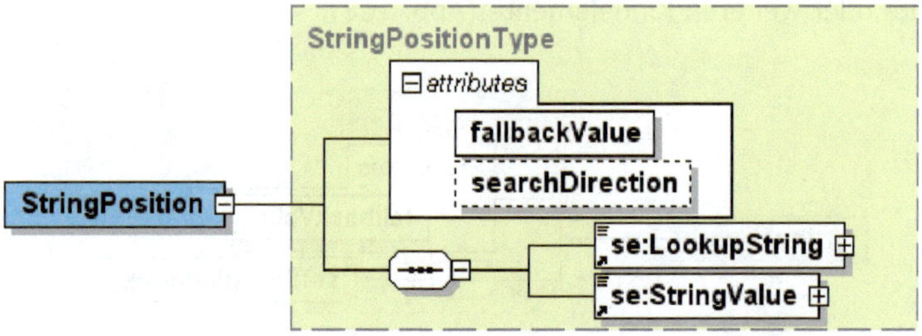

Abbildung 170: Die *StringPosition*-Funktion des SE-Schemas ermittelt die Position einer Teil-Zeichenfolge im Element *LookupString* innerhalb der Eingabe-Zeichenfolge im Element *StringValue*. Beide Kindelemente sind vom Typ *ParameterValue*, können also eine *Ogc-Expression* enthalten.

Die Funktion ***Concatenate*** schließlich verkettet alle ihr übergebenen Zeichenfolgen in der Reihenfolge ihrer Nennung (Abb. 171).

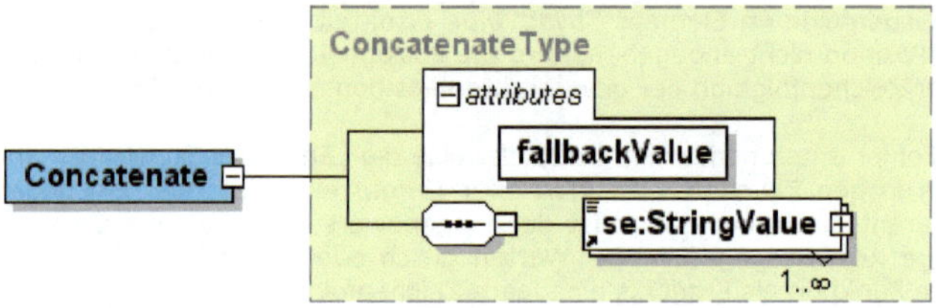

Abbildung 171: Die *Concatenate*-Funktion des SE-Schemas verkettet eine Folge von Textstrings.

Abbildung 172 verdeutlich in einem Beispiel die Verwendung von Text- und Zahlenfunktionen für ein Beschriftungselement. Dabei werden zunächst die Inhalte der Feature-Attribute „Art" und „Name" mit einer *Concatenate*-Funktion verknüpft. Als Literale werden außerdem vor und nach dem Namen Leer- und Anführungszeichen eingefügt. Dahinter wird die Bettenanzahl angefügt, nachdem sie vorher mit einer *FormatNumber*-Funktion in runde Klammern gesetzt wurde.

Die sechs Funktionen *ChangeCase, Trim*, *StringLength*, *StringPosition, Substring* und *Concatenate* dienen der Bearbeitung von Textstrings.

Beispielsweise können mit einer *Concatenate*-Funktion die Inhalte mehrerer Feature-Attribute zu einer Beschriftung zusammengeführt werden.

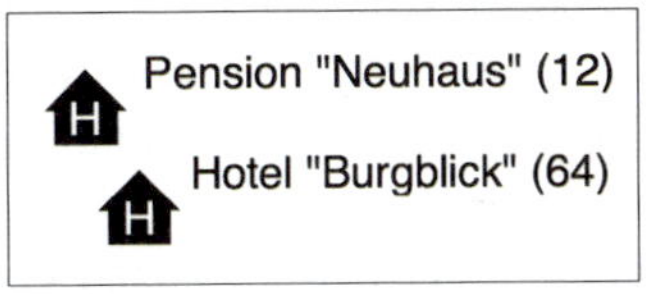

Art	Name	Betten
Pension	Neuhaus	12
Hotel	Burgblick	64
...	...	...

```
<Label>
  <Concatenate fallbackValue="">
    <StringValue>
      <ogc:PropertyName>Art</ogc:PropertyName>
    </StringValue>
    <StringValue>
      <ogc:Literal> „</ogc:Literal>
    </StringValue>
    <StringValue>
      <ogc:PropertyName>Name</ogc:PropertyName>
    </StringValue>
    <StringValue>
      <ogc:Literal>“ </ogc:Literal>
    </StringValue>
    <StringValue>
      <FormatNumber fallbackValue="">
        <NumericValue>
          <ogc:PropertyName>Betten</ogc:PropertyName>
        </NumericValue>
        <Pattern>'('###')'</Pattern>
      </FormatNumber>
    </StringValue>
  </Concatenate>
</Label>
```

Abbildung 172: Beispiel für die Verwendung von Funktionen in einem Beschriftungselement

9.7.2 Transformationsfunktionen

Transformationsfunktionen bilden Werte aus einer Eingangsskala auf eine neue Skala ab. Sie wandeln Werte aus einer kontinuierlichen Skala in diskrete Werte um oder zwingen sie auf Wertebereiche, die für eine Symbolisierungsregel verwendet werden können. Das *Symbology-Encoding*-Schema definiert dafür die drei Transformationsfunktionen *Categorize*, *Interpolate* und *Recode* (Abb. 173).

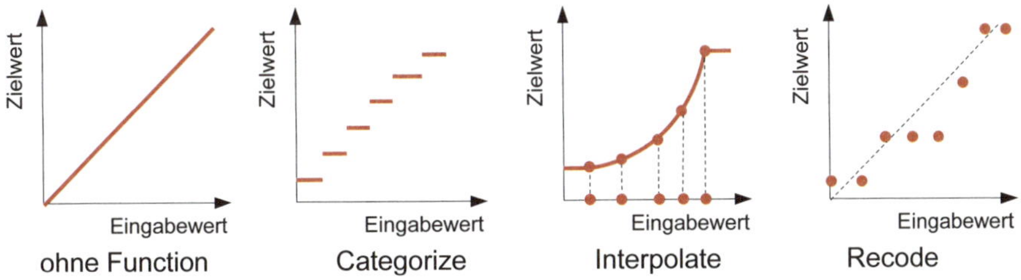

Abbildung 173: Die drei Funktionen des SE-Schemas bilden die Eingabewerte auf neue diskrete Werte oder eine Interpolationsfunktion ab.

Alle drei Transformationsfunktionen verwalten den Eingangswert in einem Element namens *LookupValue*. Es ist vom Typ *ParameterValue*, kann also beliebige Ogc-Ausdrücke aufnehmen und wird sich in den meisten Fällen auf ein *Feature*-Attribut oder eine Rasterdaten-Ebene beziehen. Wie alle Funktionen des SE-Schemas halten die drei Funktionen im Attribut *fallbackValue* einen Standardwert vor, der im Fehlerfall oder bei ungültigen Eingabewerten zurückgegeben wird.

Die ***Categorize***-Funktion überführt kontinuierliche in diskrete Werte, indem sie die Eingangswerte in Klassen einteilt. Die Funktion kann für das *ColorMap*-Element eines *RasterSymbolizers* ebenso verwendet werden wie für die klassifizierte Einfärbung von Vektorelementen oder beispielsweise für die Zuweisung attributabhängiger Schriftgrößen, Symbolgrößen oder Linienbreiten.

Das *Categorize*-Schema ordnet den Eingangsdaten im *LookupValue*-Element mindestens einen Klassenwert in einem *Value*-Element zu. Ein solcher Klassenwert kann eine Zahl, ein Textstring, ein Farbwert wie „#00FFFF", das Ergebnis einer Funktion oder sonst irgendein anderer Ausdruck sein (Abb. 174).

Wird die Funktion als *ColorMap* innerhalb eines Rastersymbolizers verwendet, so wird der Wert des Elements *LookupValue* auf „Rasterdata" gesetzt.

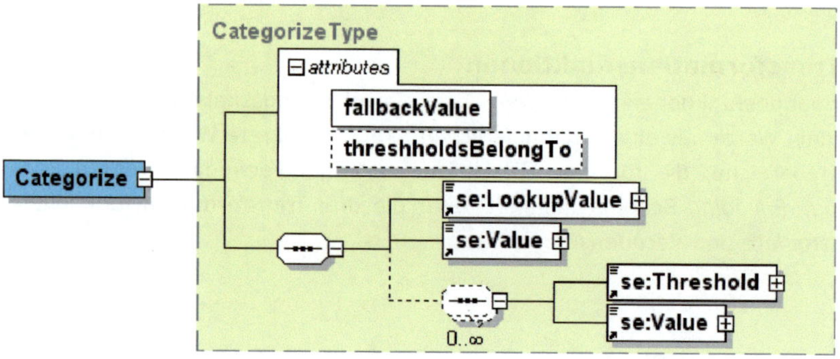

Abbildung 174: Die *Categorize*-Funktion des SE-Schemas klassifiziert die Eingabewerte im *LookupValue*-Element. Klassenintervalle werden durch Schwellenwerte (*Threshold*) definiert; der neue Wert für die jeweilige Klasse wird in einem *Value*-Element zugewiesen.

Weitere Klassen werden gebildet, indem in einem *Threshold*-Element der Klassen-Schwellwert und in einem *Value*-Element dazu die Klasse definiert wird. Auf jedes *Threshold*-Element folgt immer ein *Value*-Element. Diese Paare aus *Threshold* und *Value* werden dem *Categorize*-Element in einer geordneten Folge zugefügt. Die Schwellenwerte müssen in aufsteigender Reihenfolge in der Liste vorkommen, damit der Server einen Wert in das passende Intervall einordnen kann. Das erste Intervall reicht von $-\infty$ bis zum ersten Schwellenwert, das letzte vom letzten Schwellenwert bis $+\infty$. Das Attribut *threshholdsBelongTo* mit den möglichen Werten *„preceeding“* oder *succeeding“* bestimmt für die gesamte Liste, ob die Schwellenwerte zur jeweils vorhergehenden oder zur folgenden Klasse gehören. Standardmäßig gehören sie zur nachfolgenden Klasse.

In den folgenden beiden Beispielen wird die Anwendung von *Categorize* innerhalb eines *LineSymbolizers* (a) und eines *RasterSymbolizers* (b) gezeigt.

Im ersten Fall sollen Straßenachsen anhand der Anzahl täglich passierender Fahrzeuge mit unterschiedlichen Linienbreiten dargestellt werden. Die Symbolisierung wird folgendermaßen gestuft: 5 000 oder weniger = 1 Pixel, 5 001 bis 15 000 = 2 Pixel, 15 001 bis 40 000 = 3 Pixel, 40 001 bis 75 000 = 4 Pixel, 75 001 und mehr = 5 Pixel.

Der *RasterSymbolizer* soll Werte zwischen −100 % und +100 % in einer Farbskala von Dunkelrot bis Violett darstellen: kleiner als −75 = dunkelrot, −75.0 bis −50,001 = rot, −50 bis −25,001 = orange, −25 bis −0,001 = gelb, 0 bis 24,999 = hellblau, 25 bis 49,999 = blau, 50 bis 74,999 = dunkelblau, 75 und mehr = violett.

XML-Beispiel 31: Categorize-Funktion in einem Linesymbolizer und einem Rastersymbolizer

a) Categorize Vektordaten

```
<SvgParameter name="stroke-width">
  <Categorize fallbackValue="1"
              thresholdBelongsTo="preceding">
    <LookupValue>
      <ogc:PropertyName>
            Fahrzeuge
      </ogc:PropertyName>
    </LookupValue>
    <Value>1</Value>
    <Threshold>5000</Threshold>
    <Value>2</Value>
    <Threshold>15000</Threshold>
    <Value>3</Value>
    <Threshold>40000</Threshold>
    <Value>4</Value>
  <Threshold>75000</Threshold>
    <Value>5</Value>
  </Categorize>
</SvgParameter>
```

b) Categorize Rasterdaten

```
<ColorMap>
  <Categorize>
    <LookupValue>
          Rasterdata</LookupValue>
    <Value>#AA0000</Value>
    <Threshold>-75</Threshold>
    <Value>#FF0000</Value>
    <Threshold>-50</Threshold>
    <Value>#FF9900</Value>
    <Threshold>-25</Threshold>
    <Value>#FFFF00</Value>
    <Threshold>0</Threshold>
    <Value>#00AAFF</Value>
    <Threshold>25</Threshold>
    <Value>#0033FF</Value>
    <Threshold>50</Threshold>
    <Value>>#0000AA</Value>
    <Threshold>75</Threshold>
    <Value>#330088</Value>
  </Categorize>
</ColorMap>
```

Die *Categorize*-Funktion weist allen Eingabewerten oberhalb definierter Schwellwerte einen explizit deklarierten neuen Wert zu.

Mit der ***Interpolate***-Funktion (Abb. 175) sollen kontinuierliche Datenwerte nicht wie bei der Kategorisierung in diskrete Werte, sondern in eine neue, ebenfalls kontinuierliche Skala übertragen werden. Das Ergebnis besteht also nicht aus Klassen, sondern aus einer für die Symbolisierung brauchbaren, ebenfalls kontinuierlichen Kontrollvariable. So kann z. B. eine Symbolgröße dynamisch an *Feature*-Attributwerte angepasst werden.

Für die Interpolation wird eine Folge von Interpolationspunkten festgelegt. Jeder Interpolationspunkt (*InterpolationPoint*) besteht aus einem numerischen Referenzwert (*Data*) im Skalenbereich der Inputwerte und einem neuen Wert (*Value*). Interpolationspunkte müssen entsprechend ihrer *Data*-Werte aufsteigend angeordnet werden. Die Eingabewerte aus dem Element *LookupValue* werden dazwischen interpoliert und erhalten ihren neuen Wert durch Interpolation zwischen den *Value*-Werten. Dabei werden *Lookup*-Werte kleiner als der kleinste bzw. größer als der größte Interpolationspunkt jeweils den Grenzwerten zugeschlagen. Im Attribut *mode* kann für die Funktion eine Interpolationsart gewählt werden; erlaubte Arten sind linear (*linear*), Kosinus (*cosine*) und kubisch (*cubic*). Das Attribut *method* definiert dagegen, ob die Zielwerte numerisch sind (*numeric*) oder einen Farbgradienten definieren (*color*). Soll die Funktion für die Zuordnung von Farbwerten verwendet werden, muss das sonst optionale Attribut *method* den Wert „*color*" erhalten.

Auch bei dieser Funktion wird der Wert des *LookupValue*-Elements auf „Rasterdata" gesetzt, wenn die Funktion als *ColorMap* innerhalb eines Rastersymbolizers verwendet wird.

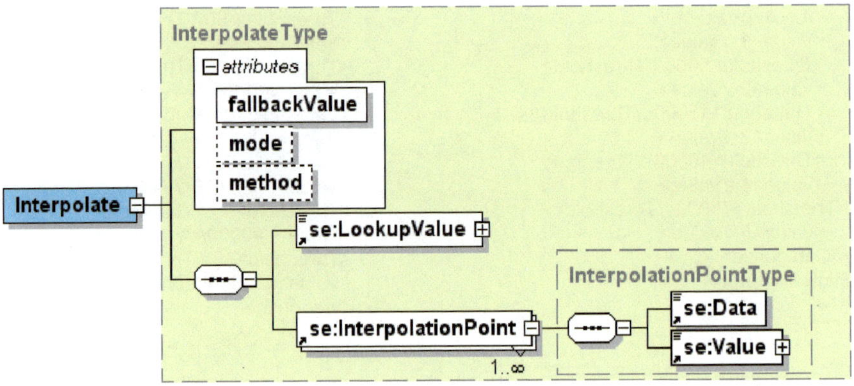

Abbildung 175: *Interpolate*-Funktion des SE-Schemas

Das folgende Anwendungsbeispiel macht die Größe eines Kreissymbols abhängig von der Einwohnerzahl einer Stadt. Städte mit 25 000 Einwohnern oder weniger werden mit einer Größe von 1 Pixel dargestellt. Alle darüber liegenden Einwohnerzahlen werden linear interpoliert mit einer Größe zwischen 1 Pixel und 15 Pixeln symbolisiert.

XML-Beispiel 32: Interpolate-Funktion in einem PointSymbolizer

```
<Graphic>
  <Mark>
    <WellKnownName>circle</WellKnownName>
    <Fill>
      <SvgParameter name="fill">#FF0000</SvgParameter>
    </Fill>
  </Mark>
  <Size>
    <Interpolate fallbackValue="0">
    <LookupValue>
      <ogc:PropertyName>Einwohnerzahl</ogc:PropertyName>
    </LookupValue>
    <InterpolationPoint>
      <Data>25000</Data>
      <Value>1</Value>
    </InterpolationPoint>
    <InterpolationPoint>
      <Data>1000000</Data>
      <Value>15</Value>
    </InterpolationPoint>
    </Interpolate>
  </Size>
</Graphic>
```

Die *Interpolate*-Funktion verwendet beliebig viele Datenpunkte, um dazwischen liegenden Eingabewerten einen interpolierten Ausgabewert zuzuweisen.

Die ***Recode***-Funktion schließlich weist diskreten Werten auch wieder diskrete Werte zu (Abb. 176). Die neuen Werte können auch andere Datentypen sein. Beispielsweise können Zahlwerte in Text oder Textinhalte in Farbwerte umgewandelt werden.

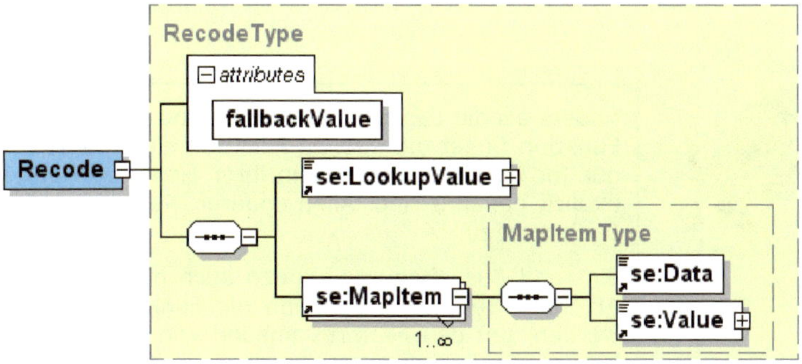

Abbildung 176: Die *Recode*-Funktion verwendet eine Liste von *MapItems* als Dictionary, in welchem sie neue Werte für diskrete Werte im *LookupValue*-Element nachschlägt.

Auch diese Funktion enthält eine Liste von Klassen; hier heißen sie *MapItem*. Sie enthalten den Nachschlagewert in einem *Data*-Element und den neuen Wert in einem *Value*-Element. Anders als bei den vorherigen Funktionen bilden die Klassen jedoch keine Intervalle, sondern ein neuer Wert wird nur zugewiesen, wenn der *Lookup*-Wert mit dem *Data*-Wert in einem *MapItem* identisch ist.

Das folgende Beispiel zeigt die Zusammenfassung von Nutzungsklassen für eine vereinfachte Beschriftung in einem *TextSymbolizer*.

XML-Beispiel 33: Recode-Funktion in einem Textsymbolizer

```
<Label>
  <Recode fallbackValue="">
    <LookupValue>
      <ogc:PropertyName>Landnutzung</ogc:PropertyName>
    </LookupValue>
    <MapItem>
      <Data>Wiese</Data>
      <Value>Gruenland</Value>
    </MapItem>
    <MapItem>
      <Data>Weide</Data>
      <Value>Gruenland</Value>
    </MapItem>
    <MapItem>
      <Data>Laubwald</Data>
      <Value>Wald</Value>
    </MapItem>
    <MapItem>
      <Data>Nadelwald</Data>
      <Value>Wald</Value>
    </MapItem>
    <MapItem>
      <Data>Mischwald</Data>
      <Value>Wald</Value>
    </MapItem>
    </Recode>
  </Label>
```

Anders als die *Categorize*-Funktion und die Interpolate-Funktion findet die *Recode*-Funktion einen neuen Wert nur für Eingabewerte, die in ihrer Liste aus *MapItems* explizit genannt sind. Allen anderen weist sie den *Fallback*-Wert zu.

Ein- und Ausgabewerte können auch nichtnumerischer Art sein. Beispielsweise kann die Funktion verwendet werden, um den *Features* anhand von Attributinhalten bestimmte Farbcodes zuzuweisen.

9.8 Ein SLD-Beispiel

In diesem Abschnitt wird die Verwendung verschiedener SLD-Bausteine beispielhaft an einem syntaktisch vollständigen SLD-Dokument dargestellt. Im Anschluss an das XML-Beispiel werden die einzelnen Teile des SLD-Standardgerüsts erläutert. Das Dokument definiert eine Ebene der Karten in Abbildung 177, nämlich die Ortspunkte und ihre Beschriftungen.

Die Daten für das Beispiel stammen aus dem *OpenStreetMap*-Datenbestand. Aus Platzgründen wird hier aus dem gesamten SLD nur die Kartenebene „OSM Places" betrachtet. Sie enthält Ortssymbole und Ortsnamen.

Der *Styled Layer Descriptor* für dieses Beispiel enthält Regeln für zwei verschiedene Maßstabsebenen: Im Übersichtsmaßstab (in Abb. 177 links) werden nur Ortspunkte vom Typ „city" mit einem roten Kreis symbolisiert und mit ihrem Namen beschriftet. Im Detail-Maßstab 0 bis 1:100 000 (in Abb. 177 rechts) haben die Ortspunkte vom Typ „city" kein Symbol mehr, sondern nur eine Beschriftung. Zusätzlich wird hier aber auch für die Ortspunkte vom Typ „town" eine Beschriftung generiert.

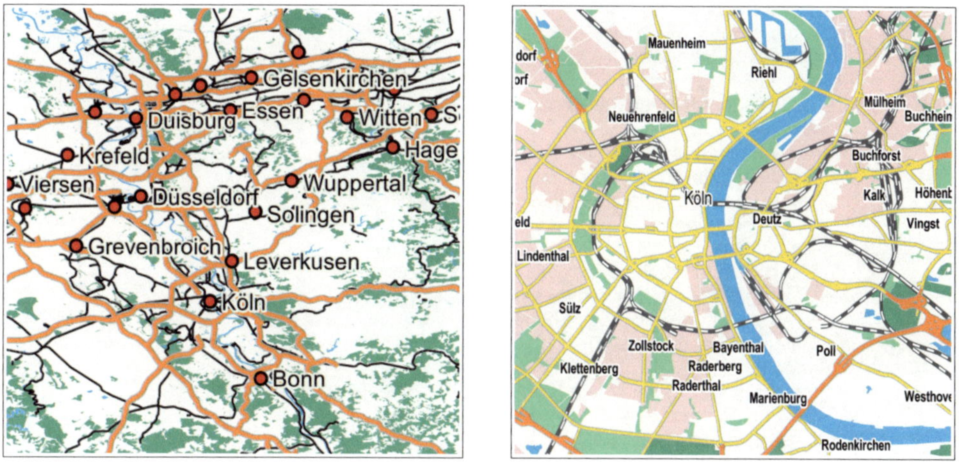

Abbildung 177: Karten des Anwendungsbeispiels in zwei verschiedenen Zoomstufen. Im Übersichtsmaßstab (links) werden nur die Großstädte („cities") mit einem roten Symbol dargestellt. In größeren Maßstäben (rechts) werden auch Städte und Stadtteile („towns") beschriftet, aber erhalten kein Symbol.

XML-Beispiel 34: SLD-Anwendungsbeispiel OSM-Places

```
<?xml version="1.0" encoding="UTF-8"?>
<StyledLayerDescriptor version="1.1.0" xsi:schemaLocation="http://www.opengis.net/sld
   StyledLayerDescriptor.xsd" xmlns="http://www.opengis.net/sld"
   xmlns:ogc="http://www.opengis.net/ogc" xmlns:xlink="http://www.w3.org/1999/xlink"
   xmlns:se="http://www.opengis.ne/se" xmlns:xsi="http://www.w3.org/2001/XMLSchema-instance">
<!-- --------------------Layer OSM PLaces -------------------- -->
```

```
  <NamedLayer>
    <se:Name>OSMPlaces</se:Name>
    <UserStyle>
      <se:FeatureTypeStyle>
<!-- -------------- Cities im Maßstabsbereich 0 – 100.000 ------------ -->
        <se:Rule>
          <se:Name>Grossstadt1</se:Name>
          <se:Description>
            <se:Title>Grossstadt bis Massstab 1:100.000</se:Title>
          </se:Description>
          <ogc:Filter>
            <ogc:PropertyIsEqualTo>
              <ogc:PropertyName>type</ogc:PropertyName>
              <ogc:Literal>city</ogc:Literal>
            </ogc:PropertyIsEqualTo>
          </ogc:Filter>
          <se:MaxScaleDenominator>100000</se:MaxScaleDenominator>
          <se:TextSymbolizer>
            <se:Label>
              <ogc:PropertyName>name</ogc:PropertyName>
            </se:Label>
            <se:Font>
              <se:SvgParameter name="font-family">Arial</se:SvgParameter>
              <se:SvgParameter name="font-size">12</se:SvgParameter>
            </se:Font>
            <se:Halo/>
          </se:TextSymbolizer>
        </se:Rule>
<!-- -------------- Cities im Maßstabsbereich 100.001 – ∞ ------------ -->
        <se:Rule>
          <se:Name>Grossstadt2</se:Name>
          <se:Description>
            <se:Title>Grossstadt ab Massstab 1:100.001</se:Title>
          </se:Description>
          <ogc:Filter>
            <ogc:PropertyIsEqualTo>
              <ogc:PropertyName>type</ogc:PropertyName>
              <ogc:Literal>city</ogc:Literal>
            </ogc:PropertyIsEqualTo>
          </ogc:Filter>
          <se:MinScaleDenominator>100001</se:MinScaleDenominator>
          <se:PointSymbolizer>
            <se:Graphic>
              <se:Mark>
                <se:WellKnownName>circle</se:WellKnownName>
                <se:Fill>
                  <se:SvgParameter name="fill">#AA0000</se:SvgParameter>
                </se:Fill>
                <se:Stroke>
                  <se:SvgParameter name="stroke">#000000</se:SvgParameter>
                  <se:SvgParameter name="stroke-width">1</se:SvgParameter>
                </se:Stroke>
              </se:Mark>
              <se:Size>8.0</Size>
            </se:Graphic>
          </se:PointSymbolizer>
```

```
          <se:TextSymbolizer>
            <se:Label>
              <ogc:PropertyName>name</ogc:PropertyName>
            </se:Label>
            <se:Font>
              <se:SvgParameter name="font-family">Arial</se:SvgParameter>
              <se:SvgParameter name="font-size">12</se:SvgParameter>
            </se:Font>
            <se:LabelPlacement>
              <se:PointPlacement>
                <se:AnchorPoint>
                  <se:AnchorPointX>0</se:AnchorPointX>
                  <se:AnchorPointY>0.5</se:AnchorPointY>
                </se:AnchorPoint>
                <se:Displacement>
                  <se:DisplacementX>5</se:DisplacementX>
                  <se:DisplacementY>0</se:DisplacementY>
                </se:Displacement>
              </se:PointPlacement>
            </se:LabelPlacement>
            <se:Halo>
              <se:Radius>2</se:Radius>
              <se:Fill>
                <se:SvgParameter name="fill">#FFFFFF</se:SvgParameter>
                <se:SvgParameter name="fill-opacity">1.0</se:SvgParameter>
              </se:Fill>
            </se:Halo>
          </se:TextSymbolizer>
        </se:Rule>
<!-- --------------Towns  im Maßstabsbereich 0 – 100.000 ------------- -->
        <se:Rule>
          <se:Name>Stadt</se:Name>
          <se:Description>
            <se:Title>Stadt bis Massstab 1:100.000</se:Title>
          </se:Description>
          <ogc:Filter>
            <ogc:Or>
              <ogc:PropertyIsEqualTo>
                <ogc:PropertyName>type</ogc:PropertyName>
                <ogc:Literal>town</ogc:Literal>
              </ogc:PropertyIsEqualTo>
              <ogc:PropertyIsEqualTo>
                <ogc:PropertyName>type</ogc:PropertyName>
                <ogc:Literal>suburb</ogc:Literal>
              </ogc:PropertyIsEqualTo>
            </ogc:Or>
          </ogc:Filter>
          <se:MaxScaleDenominator>100000</se:MaxScaleDenominator>
          <se:TextSymbolizer>
            <se:Label>
              <ogc:PropertyName>name</ogc:PropertyName>
            </se:Label>
            <se:Font>
              <se:SvgParameter name="font-family">Arial</se:SvgParameter>
              <se:SvgParameter name="font-weight">bold</se:SvgParameter>
              <se:SvgParameter name="font-size">10</se:SvgParameter>
```

```
              </se:Font>
              <se:Halo>
                <se:Radius>2</se:Radius>
                <se:Fill>
                  <se:SvgParameter name="fill">#FFFFFF</se:SvgParameter>
                  <se:SvgParameter name="fill-opacity">1.0</se:SvgParameter>
                </se:Fill>
              </se:Halo>
            </se:TextSymbolizer>
          </se:Rule>
        </se:FeatureTypeStyle>
      </UserStyle>
    </NamedLayer>
  </StyledLayerDescriptor>
```

Die gesamte Stil-Codierung wird in das Wurzelelement *StyledLayerDescriptor* eingeschlossen. Ausgenommen davon ist die *Header*-Zeile mit Metainformationen über das Dokument selbst. Der Start-*Tag* des Wurzelelements enthält zum einen die Angabe zur verwendeten SLD-Version; zum anderen die verschiedenen Namensräume (vgl. Kap. 1.2).

Das nachfolgende *NamedLayer*-Element zeigt an, dass es sich um einen *Layer* handelt, der bereits in der Konfiguration des WMS benannt wurde; das Element *Name* enthält den zugehörigen Namen und ist obligatorisch. Es ist im *Symbology-Encoding*-Schema definiert und wird deshalb durch das vorangestellte Präfix „se:" qualifiziert.

Durch Verwendung eines *UserStyle* wird festgelegt, dass kein in der WMS-Konfiguration vordefinierter Kartenstil verwendet wird, sondern ein eigener, im Folgenden zu definierender.

Ein Name für den Stil (*Name*) ist nur dann zwingend notwendig, wenn der Stil noch einmal aus einem anderen SLD heraus oder aus einer Konfigurationsdatei aus referenziert wird. In dem Dokument, das darauf referenziert, wird dieser Stil dann allerdings zum *NamedStyle*. Wenn das der Fall ist, muss der Name des Stils einzigartig im SLD sein.

Der *FeatureTypeStyle* signalisiert, dass man sich ab jetzt auf der Ebene der *Features* bewegt. Er gilt in diesem Beispiel zunächst für alle *Feature Types* des Layers. Für die Darstellung werden drei Regeln (*Rules)* festgelegt. Wie die Elemente *Name* und *Title* zeigen, sind die ersten beiden Regeln für die Darstellung der Großstädte („cities") in zwei verschiedenen Maßstabsbereichen zuständig. Die dritte Regel gibt die Darstellungsanweisungen für kleinere Städte („towns"). Das Element *Title* wird bei der Bildung von Legenden zur Bezeichnung des Legendenelements herangezogen.

In jeder Regel (Element *Rule*) werden zunächst über OGC-Filter die Geoobjekte ausgewählt, die mit der anschließend definierten Signatur dargestellt werden sollen. Das Namensraumpräfix "ogc" zeigt hierbei die Elemente aus dem *Filter-Encoding*-Schema an. *PropertyIsEqualTo* ist ein Vergleichsoperator, in dem mit *PropertyName* das zu klassifizierende Attribut bestimmt wird, während das Element *Literal* den gewünschten Attributwert enthält. Werte werden in einem *OGC-Filter* – anders als z. B. in SVG-Parametern – immer in Literal-Elemente eingeschlossen. Im Beispiel wählen wir das *Feature*-Attribut „type" und als Attributwert „city" bzw. in der dritten Regel den Wert „town" aus.

Min- und *MaxScaleDenominator* setzen die Maßstabsbereiche fest, in denen die Regeln jeweils angewendet werden sollen. In unserem Beispiel werden Regel 1 und 3 bis zum Maßstab 1:100 000 und Regel 2 ab Maßstab 1:100 000 angewandt.

Nach der Festlegung der Maßstabsbereiche erfolgt das eigentliche Styling, d. h. die Zuweisung von Signaturen über entsprechende Parameter. Die erste Regel („Grossstadt1") beinhaltet die Signaturen und Beschriftungen für Großstädte in großen Maßstäben bis 1:100 000. Die Regel beinhaltet lediglich einen *TextSymbolizer*, d. h. es wird kein Symbol in der Karte dargestellt. Im Element *Label* wird das gewünschte Attribut festgelegt, das für die Beschriftung verwendet werden soll. Das eingebettete Element *PropertyName* entstammt wieder der *Filter-Encoding*-Spezifikation, weshalb der entsprechende Namensraum „ogc" vorangestellt ist. Mit den beiden *SvgParametern* im Element *Font* werden die Schriftart und -größe festgelegt. Als Letztes wird zur besseren Lesbarkeit um die Beschriftung noch ein *Halo* (Schriftschatten, Freistellung der Schrift) ohne weitere Einstellungen gelegt.

Für kleinmaßstäbliche Darstellungen der Großstädte wird die Regel „Grossstadt2" angewendet. Hier wird zunächst mittels eines *PointSymbolizers* und dessen Kindelements *Graphic* ein Kartensymbol definiert. Da nur ein simples Kreissymbol gezeichnet werden soll, bietet es sich an, auf vordefinierte *Marks* zurückzugreifen. Innerhalb von *Mark* legt *WellKnownName* das gewünschte Symbol fest (hier ein Kreis); anschließend werden mit *Fill* und *Stroke* – genauer gesagt in den jeweiligen Kindelementen *SvgParameter* – die Füllung und Umrandung definiert. Mit *Size* wird außerdem noch die Größe des Standardsymbols (*Mark*) angegeben. Im *TextSymbolizer* der Regel ist ein *LabelPlacement*-Element eingefügt, um die Platzierung der Beschriftung so einzustellen, dass die Punktsymbole nicht verdeckt werden. *PointPlacement* legt dabei die Ausrichtung am Punkt fest. Zunächst wird mit *AnchorPoint* der Ankerpunkt der Beschriftung definiert: im Beispiel in X-Richtung 0 und in Y-Richtung 0.5, d. h. der Text wird in mittlerer Texthöhe am linken Textrand verankert. Anschließend wird die Beschriftung (genauer: der Beschriftungsankerpunkt) mittels Verschiebung (*Displacement*) um 5 Pixel in X-Richtung verschoben. Ansonsten würde die Schrift mitten im Symbol beginnen und dieses überdecken.

Zuletzt definiert die Regel „Stadt" die Darstellung von Städten oder Stadtteilen. Der Filter zur Auswahl der entsprechenden Features enthält deshalb den logischen Operator *OR*, der die eigentlichen Vergleichsoperatoren verknüpft.

9.9 Konformitätsanforderungen

Die Norm unterscheidet zwei Stufen der Konformität – *basic* und *full* – und differenziert außerdem zwischen *Feature Styling* und *Coverage Styling* (Abb. 178). Wie bei allen XML-Codierungsnormen ist eine Grundbedingung für Dokumente nach diesem Schema, dass sie erfolgreich gegen das Schema validiert werden können.

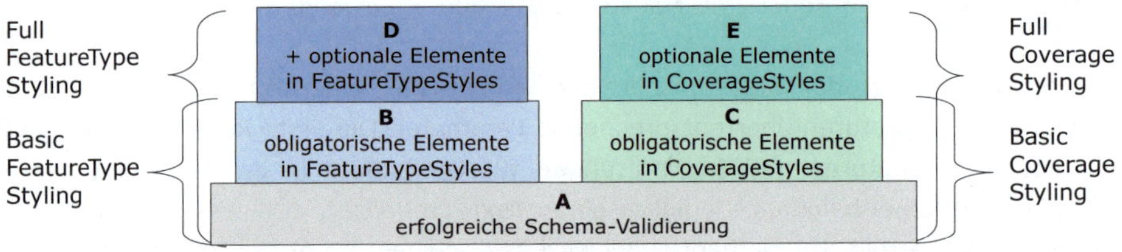

Abbildung 178: Die Konformitätsanforderungen unterscheiden zwischen minimalen und vollen Implementierungen und zwischen *FeatureStyling* und *CoverageStyling*. Alle Implementierungen müssen ihre Dokumente erfolgreich gegen das Schema validieren.

Die Spezifikation definiert in ihrem Anhang fünf Konformitätsklassen A bis E. Die Anforderungen dafür sind allerdings sehr allgemein gehalten (Tab. 38). Klasse A ist bereits erfüllt, wenn das Dokument gegen das Schema validiert werden kann. Konformität in der Klasse B – *Basic Feature Styling* – wird erreicht, wenn Vektordaten über *FeatureTypeStyle*-Elemente erfolgreich visualisiert werden können und dabei alle obligatorischen Bestandteile des Schemas verwendet werden. Entsprechend ist die Konformität für die Klasse C – *Basic Coverage Styling* – an die erfolgreiche Visualisierung von Rasterdaten über obligatorische *CoverageStyle*-Elemente gebunden.

Tabelle 38: Konformitätsanforderungen an SE-Komponenten

Klasse	Name	Test	Prüfaufgabe
A	Basic Schema Conformance	A.2	• Validierbarkeit des SE-Dokuments gegen das Schema
B	Basic Feature Styling Functionality	A.3	• Generierung einer grafischen Ausgabe mithilfe von FeatureTypeStyle-Elementen mit allen obligatorischen Bestandteilen
C	Basic Coverage Styling Functionality	A.3	• Generierung einer grafischen Ausgabe mithilfe von CoverageStyle-Elementen mit allen obligatorischen Bestandteilen
D	Full Feature Styling Functionality	A.4	• Generierung einer grafischen Ausgabe mithilfe von FeatureTypeStyle-Elementen mit allen, auch nicht obligatorischen Bestandteilen
E	Full Coverage Styling Functionality	A.5	• Generierung einer grafischen Ausgabe mithilfe von CoverageStyle-Elementen mit allen, auch nicht obligatorischen Bestandteilen

Die Konformitätsklassen D und E stehen für volle Funktionalität und sind dann erfüllt, wenn die Visualisierung von Vektor- bzw. Rasterdaten mit allen, auch den optionalen Elementen erfolgreich ist. Implementierungen, die das erfüllen, dürfen die Prädikate *„Full Feature Styling"* und *„Full Coverage Styling"* für sich beanspruchen.

Die *Symbology-Encoding*-Funktionen (Kap. 9.7) sind nicht in den Konformitätsanforderungen enthalten. Normenkonformität wird also auch ohne Implementierung dieser Funktionen erreicht.

Die *Symbology-Encoding*-Norm unterscheidet zwischen minimaler und voller Implementierung sowie zwischen *FeatureStyling* und *CoverageStyling*.

Eine minimale (basic) Implementierung setzt nur die obligatorischen Elemente um. „Full" darf sich eine Software nennen, die auch die optionalen Elemente verarbeitet.

Die Validierung der SE-Dokumente gegen das Schema ist Voraussetzung für alle Implementierungen.

Die SE-Functions sind in den Konformitätsanforderungen auch für die *„full"*-Variante ausdrücklich nicht enthalten; es ist kein höheres Konformitätsniveau für Implementierungen mit Funktionen definiert.

Literatur zu SLD und *Symbology Encoding*

Einen Überblick über Web Mapping mit OpenSource-Komponenten geben die Autoren Mitchell, Christl und Emde in ihrem Buch „Web Mapping mit OpenSource GIS Tools ([MITCH 08]).

Stefan Schulze bewertet in seiner Diplomarbeit „Anwendungen der SLD-Spezifikation des OGC" die Praxistauglichkeit der SLD-Norm und verschiedener Software-Implementierungen ([SCHULZE 06]). Abstract online unter: *http://geoinformatik.htw-dresden.de* >> Abschlussarbeiten

Inzwischen gibt es eine Reihe von Erweiterungsvorschlägen für das SE-Schema. Sie definieren spezielle Symbolizer für die Bedürfnisse der thematischen Kartographie:

Dietze, L. und Zipf, A. (2007): Extending OGC Styled Layer Descriptor (SLD) for Thematic Cartography. Vorschlag der Arbeitsgruppe Kartographie der Universität Heidelberg für einen ThematicSymbolizer ([DIE_ZI 07]). Online verfügbar unter *http://www.geog.uni-heidelberg.de* >> Forschung >> Geoinformatik >> Publikationen

Sae-Tang, A. und Ertz, O. (2007): Towards Web Services Dedicated to Thematic Mapping. Vorschlag aus der Hochschule für Technik und Wirtschaft Waadt für einen ThematicSymbolizer als Präsentation und Aufsatz im Tagungsband der FOSS4G 2007 ([SAE_ERTZ 07]):
http://www.osgeo.org/journal >> Volume 3 FOSS4G 2007 Proceedings
http://2007.foss4g.org/presentations >> Wednesday

Auch die QGIS-Mapserver-Arbeitsgruppe der ETH Zürich hat einen zusätzlichen Diagram-Symbolizer vorgeschlagen: Iosifescu-Enescu, I. und Hugentobler, M. (2008): Publishing web maps with QGIS mapserver. Vortrag auf der FOSS4G 2008 ([IOSI 08]). Abstract hier:
http://foss4g.org/index.php/foss4g/2008/paper/view/157

Rita, E., Borbinha, J. und Martins, B. (2010): Extending SLD and SE for cartograms. Vorschlag für einen CartogramSymbolizer aus dem INESC-ID-Institut in Lissabon ([INESC 10]):
http://www.gsdi.org >> Past GSDI Conferences >> GSDI 12 Singapore / Proceedings >> Session 8.4

Links zum SLD-Schema und *Symbology Encoding*

Öffentlich verfügbare Tutorials, Vorträge oder Lehrmaterialien zum Thema SLD und SE sind leider noch rar. Deshalb enthält die Liste ausnahmsweise (die Buchreihe ist softwareneutral) auch einige wenige Links in Seiten verschiedener OpenSource-Projekte und Hersteller, die SLD und SD bereits implementiert haben.

Die Originaltexte sind auf der Standards-Homepage des OGC verfügbar:
http://www.opengeospatial.org/standards

Die Schemata gibt es - nach Registrierung - auf der Network-Homepage des OGC:
http://www.ogcnetwork.net

Zu SLD gibt es ein öffentliches Diskussionsforum in der Homepage des OGC:
http://www.ogcnetwork.net/forum >> SLD

Im OpenSource-Projekt Mapserver gibt es eine SLD-Einführung und -referenz:
http://mapserver.org/ogc >> SLD

Das Geoserver-Projekt hat in seiner Homepage unter dem Stichwort „Styling" eine SLD-Einführung, eine SLD-Referenz und ein SLD-Cookbook:
http://docs.geoserver.org >> *User Manual* >> *Styling*

Eine Einführung und zahlreiche Beispiele für SLD-WMS Anfragen findet man auf der ArcGIS-Server-Hilfeseite:
http://webhelp.esri.com/arcgisserver/9.3/java/index.htm >> Publishing services >> Types of Services >> OGC Services >> WMS Services
>> Using Styled Layer Descriptors with WMS services und
>> WMS Styled Layer Descriptor (SLD) samples

SLD- und SE-Online-Hilfe des OpenSource-Projekts Deegree:
http://wiki.deegree.org/deegreeWiki/HowToSLD

Ein Werkzeug zum Konvertieren von Stylinginformationen aus dem ESRI ArcMap Softwarepaket in eine SLD 1.0.0 Datei (ArcGISMap To SLD Converter) findet sich in der Website der Univ. Mainz:
http://apps.geoinform.fh-mainz.de/arcmap2sld

Ein freier SLD 1.0.0 Editor ist der AtlasStyler im Geopublishing Framework:
http://www.geopublishing.org/AtlasStyler

Verschiedene OpenSource Desktop GIS-Editoren für SLD-Dokumente finden Sie zum Beispiel hier:
QGIS: *http://www.qgis.org*
OpenJump: *http://www.openjump.org*
uDIG: *http://udig.refractions.net*

WMS-Dienste, die SLD-Verarbeitung anbieten, sind auch noch rar. Einer davon ist der freie Germany-Webdienst der Wheregroup. Die Service-Metadaten dazu finden Sie im Portal des OpenSource-Projekts Mapbender:
http://www.mapbender.org/WMS_Capabilities_Document_of_Germany_Free_Data

Links zu CSS und SVG

Der CSS2-Standard des W3C ist heute aus der Webtechnologie nicht mehr wegzudenken. Er standardisiert die Syntax für Darstellungsvorschriften für HTML-Dokumente und CSS-Stylesheets.

Das W3C-Konsortium unterhält eine CSS-Homepage unter der Adresse
http://www.w3.org/Style/CSS

Die CSS-Norm in der Version 2.1 finden Sie online unter:
http://www.w3.org/TR/CSS2

Auch in der Selfhtml-Dokumentation, dem wichtigsten Online-Nachschlagewerk zu HTML, gibt es einen Bereich über CSS-Stylesheets:
http://de.selfhtml.org/css

Eine deutschsprachige Online-Referenz unterhält Maik Ritter auf der Seite
http://www.css4you.de

Die Seite HTML.Net von Andreas Astrup, Joachim Cohn Jacobsen und Jonas Astrup enthält ein HTML- und ein CSS-Tutorial
http://de.html.net

SVG ist eine Norm des W3C für die Definition von Vektorgrafiken als XML-Struktur. Das W3C-Konsortium unterhält eine SVG-Homepage. Sie ist ein guter Ausgangspunkt für weitere Informationen:
http://www.w3.org/Graphics/SVG

Die SVG-Norm in der Version 1.1 ist hier online verfügbar:
http://www.w3.org/TR/SVG11

Das SLD-Schema und das *Symbology-Encoding*-Schema codieren zusammen die Darstellung der Kartenebenen, die ein SLD-WMS ausliefern soll.

Von diesen beiden – erst in der Version 1.1.0 voneinander getrennten – Schemata dient das SLD-Schema der Zuordnung von Darstellungs-Stilen zu Kartenebenen. Beide können je nach Angebot des WMS vordefiniert sein oder als benutzerdefinierte Layer und Stile von der Clientkomponente spezifiziert werden.

Das *Symbology-Encoding*-Schema enthält Elemente für den Aufbau von Zeichenregeln. Regeln bieten die Möglichkeit, Layer weiter anhand von Objekteigenschaften zu filtern und den gefilterten Objektmengen grafische Gestaltungen zuzuweisen.

Verschiedene Arten von Symbolizer-Elementen dienen der Gestaltung von Punkten, Linien, Flächen und Beschriftungen und der Darstellung von Rasterdatenquellen. Spezielle Funktionen können für Klassifizierungen und für die Modifizierung attributabhängiger Gestaltungselemente eingesetzt werden.

10 Anwendungsfälle für WMS und SLD

10.1 Beispiel Klärwerksplan

Es handelt sich bei diesem Beispiel um ein fiktives. Es fußt zwar auf praktischen Erfahrungen aus der Arbeitswelt, ist aber dennoch konstruiert. Es soll einige Möglichkeiten des *Web Mappings* ohne und mit *Styled Layern* veranschaulichen. UML-Sequenzdiagramme zeigen die Interaktionen zwischen den beteiligten Softwarekomponenten.

Praktiker aus der Wasserwirtschaft mögen uns fachliche Vereinfachungen nachsehen. Ob das gezeichnete Entwässerungsnetz so funktionieren würde, sei dahingestellt, denn darum geht es nicht. Es geht ausschließlich darum, Ihnen ein einfaches Beispiel zu liefern, in das Sie sich hineindenken können.

Wir nehmen in diesem Beispiel Folgendes an: Zwei benachbarte Gemeinden leiten ihre Abwässer in ein gemeinsames Klärwerk ein. Jede der Gemeinde hat ein Kanalinformationssystem, in dem es sein Kanalnetz auch bereits digital verwaltet. Herr Tüftel ist GIS-Admin des für das Klärwerk zuständigen Wasserverbands. Er ist vom Klärwerksleiter Herrn Saubermann gebeten worden, ihm einen digitalen Kanalplan über das gesamte Einzugsgebiet zu liefern, der die Kanalnetze aus beiden Gemeinden abbildet.

Wir spielen dieses fiktive Beispiel in vier Varianten durch. Sie illustrieren vier Möglichkeiten, *Web Mapping* mit und ohne SLD einzusetzen. Weitere Varianten werden hier nicht mehr durchgespielt, obwohl noch viele Kombinationsmöglichkeiten denkbar wären.

10.1.1 Variante 1: Einfacher WMS mit NamedLayer und NamedStyle

Herr Tüftel ist in einer glücklichen Lage, denn beide Gemeinden betreiben einen WMS-Webserver und können ihr Kanalnetz darüber zur Verfügung stellen. Herr Tüftel holt sich also zunächst beide Netzpläne zusammen mit einem geeigneten Kartenhintergrund in einen Viewer (Abb. 179). Beim Einladen eines WMS fragt ihn der Viewer zunächst nach der Serveradresse, sendet dann ein *GetCapabilities*-Request dorthin und wertet die Antwort aus. Herr Tüftel merkt das daran, dass sein Viewer ihm jetzt die verfügbaren Layer der Gemeinden anbietet. Er entscheidet sich erst einmal für die übergeordneten Gruppenlayer. Sie heißen bei der Gemeinde Ahausen „knetz" und in der Gemeinde Bdorf „kanal". Sein Viewer ermittelt noch hinter den Kulissen das Koordinatensystem, Höhe, Breite und Eckkoordinaten seines Kartenfensters und generiert aus all dem automatisch seine WMS-Anfragen. Sie lauten zum Beispiel:

```
http://www.Ahausen.de/cgi-bin/kanal?Service=WMS&Version=1.3.0&Request=
GetMap&Layers=knetz&Styles=&bbox=2516700,5713456,2517900,5714156&CRS=
EPSG:31466&width=1200&height=700&format=image/png&transparency=TRUE

http://www.Bdorf.de/cgi-bin/wms?Service=WMS&Version=1.3.0&Request=
GetMap&Layers=kanal&styles=&bbox=2516700,5713456,2517900,5714156&CRS=
EPSG:31466&width=1200&height=700&format=image/png&transparency=TRUE
```

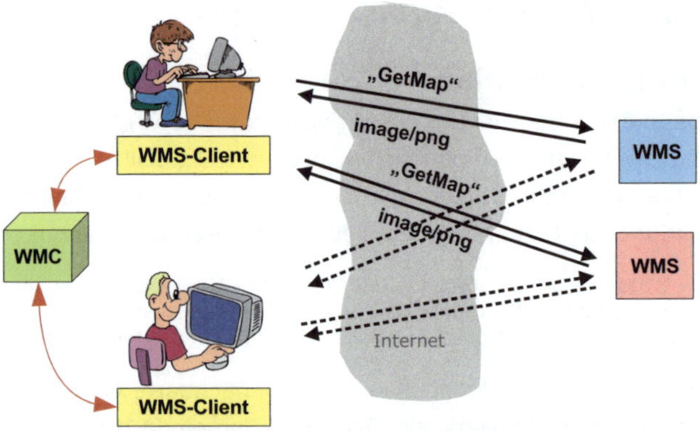

Abbildung 179: Herr Tüftel holt die beiden Kanalnetze als WMS-Layer in einem Viewer zusammen. Die Layerdefinitionen übergibt er als *Web-Map-Context*-Struktur an seinen Kollegen im Klärwerk. Der kann die Layer in seinem Viewer aufrufen, ohne die WMS-Serveradressen zu kennen.

Zum Glück können beide kommunalen WMS das Bild mit Transparenz liefern, sodass die Topographie darunter auch sichtbar wird. Weil Herr Tüftel keinen bestimmten Darstellungsstil angefordert hat, wird von den WMS jeweils eine Standard-Darstellung geliefert.

Herr Tüftel schaut erst einmal, was die WMS „normalerweise" liefern. Er muss dafür die Namen der Layer kennen, die er anfordern möchte. Er befasst sich hier aber noch nicht mit Darstellungsstilen. Seine Requests enthalten noch keinen *Style*-Parameter. Deshalb bekommt er jeweils die Standard-Darstellung zurückgeliefert.

Herr Tüftel speichert seine Themenliste als Viewerprojekt ab. Die Projektdatei enthält seine WMS-Layer in Form einer genormten *Web-Map-Context*-Struktur (WMC) (vgl. Kap. 11). Das ist eine XML-Struktur, mit der WMS-Abfragen mitsamt ihrer Abfrageparameter gespeichert werden können. Die Projektdatei reicht er weiter an den Klärwerksleiter. Weil dessen Viewer ein genormtes WMC-Dokument auswerten kann, wird er ihm die WMS-Layer richtig anzeigen. Herr Saubermann braucht sich dann um Adressen und Layernamen der Gemeinde-WMS nicht zu kümmern; er interessiert sich ja auch nur für die Inhalte. Bei der Benutzung fragt der Klärwerks-Viewer die *Web Map Server* direkt an (Abb. 180).

Herr Tüftel ist allerdings gar nicht zufrieden, stellen doch die beiden Gemeinden ihr Kanalnetz nicht nur völlig unterschiedlich, sondern auch noch schwer lesbar dar (Abb. 181). Während bei Gemeinde Bdorf die Regen- und Schmutzwasserkanäle farblich unterschieden sind, ist bei Gemeinde Ahausen die Art des Kanals gar nicht erkennbar.

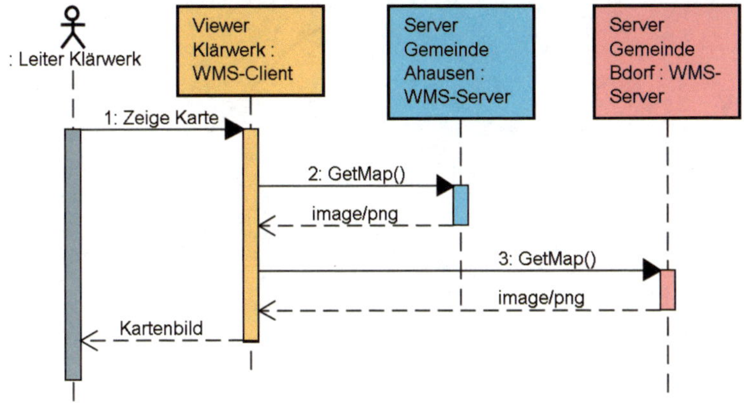

Abbildung 180: Im ersten Szenario fragt Herrn Tüftel's Viewer die Web Mapping Server der beiden Gemeinden an. Die Datenquellen für die WMS spielen für ihn dabei keine Rolle.

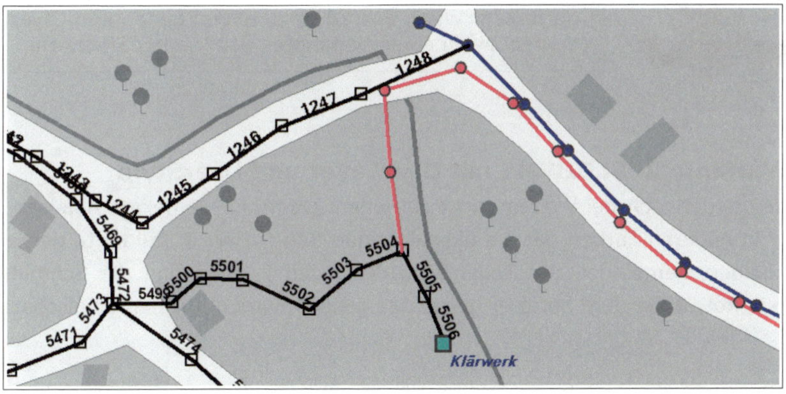

Abbildung 181: Leider stellen die beiden Gemeinden ihr Kanalnetz in ihrem jeweiligen WMS völlig unterschiedlich dar: Gemeinde Ahausen in schwarz mit Haltungsnummern, Gemeinde Bdorf farbig und ohne Beschriftung.

Herr Tüftel kennt sich aber aus und schaut sich erst einmal die Service-Metadaten des Kanalservices der Gemeinde Ahausen an. Und siehe da: Der Layer wird nicht nur standardmäßig in Schwarz-Weiß-Fassung angeboten, sondern es gibt auch einen optionalen Stil namens „farbig". Herr Tüftel ändert also seine WMS-Anfrage, indem er in das Request den Namen des Darstellungsstils einbaut (Abb. 182):

```
http://www.Ahausen.de/cgi-bin/kanal?Service=WMS&Version=1.3.0&Request=
GetMap&Layers=knetz&styles=farbig&bbox=2516700,5713456,2517900,5714156&
CRS=EPSG:31466&width=1200&height=700&format=image/png&transparency=TRUE
```

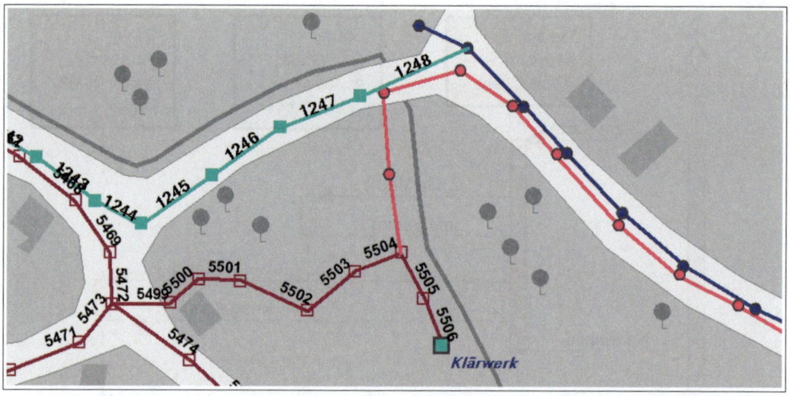

Abbildung 182: Herr Tüftel hat den Kanal-WMS der Gemeinde Ahausen im Stil „farbig" angefordert. Leider sind die Farben und die verwendeten Symbole nicht dieselben wie im WMS aus Gemeinde Bdorf.

Herr Tüftel verwendet hier noch Funktionalitäten eines „normalen" WMS. Er fordert zu einem benannten Layer (*namedLayer*) einen benannten Stil (*namedStyle*) an.

10.1.2 Variante 2: SLD-WMS mit UserLayer und UserStyle

Herr Tüftel ist dennoch bei Weitem nicht zufrieden. Denn die Gemeinde Ahausen stellt ihr Kanalnetz in anderen Farben dar als die Gemeinde Bdorf. Herr Tüftel hätte gerne einheitlich aus beiden Gemeinden die Regenwasserleitungen in Blau und die Schmutzwasserleitungen in Rot; außerdem hätte er gerne das gleiche Symbol für die Kanalschächte. Was also tun?

Herr Tüftel schaut noch einmal in die Service-Metadaten beider WMS-Dienste. Und er hat Glück (das Beispiel liegt noch ein bisschen in der Zukunft), denn tatsächlich bieten beide Gemeinden die verschiedenen Ebenen ihrer WMS-Karten auch als einzelne benannte Layer an. Und beide WMS sind auch noch SLD-fähig! Was für hervorragende Voraussetzungen! Wenn er also dem Server der Gemeinde Ahausen einen SLD für die Darstellung der Kanalhaltungen und Schächte schickt, sollte es doch möglich sein, diese auch in Rot und Blau zurückzubekommen?

Zunächst mal muss er dafür die Regen- und Schmutzwasserkanäle aus der Gemeinde Ahausen als getrennte eigene Layer einladen. Zum Glück sieht der WMS-Server das vor. Als Nächstes geht es um die Generierung der Darstellungsvorschrift. Herr Tüftel ist gut ausgestattet (unser Beispiel eilt ja der Wirklichkeit etwas voraus!). Deshalb kann seine Viewer-Anwendung *Styled-Layer-Deskriptoren* generieren und an einen WMS senden. Für ihn fühlt sich das ganz „normal" an, denn der Viewer bietet ihm einen Dialog zum Definieren von Farbe, Strichstärke und Strichart des jeweiligen Layers. Die Viewersoftware wandelt das in einen gültigen *Styled Layer Descriptor* um. Der müsste ungefähr so aussehen:

XML-Beispiel 35: Darstellung einer Regenwasserhaltung durch eine rote durchgezogene Linie

```xml
<StyledLayerDescriptor version="1.1.0">
  <UserStyle>
    <se:Name>SKanalStyle</se:Name>
    <se:FeatureTypeStyle>
      <se:Rule>
        <ogc:Filter>
          <ogc:PropertyIsEqualTo>
            <ogc:PropertyName>kanalart</ogc:PropertyName>
            <ogc:Literal>R</ogc:Literal>
          </ogc:PropertyIsEqualTo>
        </ogc:Filter>
        <se:LineSymbolizer>
          <se:Stroke>
            <se:SvgParameter name="stroke">#0075A0 </se:SvgParameter>
            <se:SvgParameter name="stroke-width">3</se:SvgParameter>
          </se:Stroke>
        </se:LineSymbolizer>
      </se:Rule>
    </se:FeatureTypeStyle>
  </UserStyle>
</StyledLayerDescriptor>
```

Probeweise fügt Herr Tüftel diese SLD-Struktur an sein HTTP-*GetMap*-Request an. Aus der Layerliste der Gemeinde Ahausen beschränkt er sich auf den Layer „SKanal", der die Schmutzwasserleitungen enthält. Dann referenziert er im Styles-Parameter des *GetMap*-Requests den von ihm im SLD definierten Stil „SKanalStil". Die gesamte Zeichenfolge fügt er in die Adresszeile seines Internet-Browsers ein. Die Umcodierung der Sonderzeichen übernimmt der Browser:

```
http://www.Ahausen.de/cgi-bin/kanal?Service=WMS&Version=1.3.0&Request=
GetMap&Layers=SKanal&Styles=SKanalStil&bbox=2516700,5713456,2517900,57
14156&CRS=EPSG:31466&width=1200&height=700&format=image/png&transparen
cy=TRUE&SLD_Body=<?xml version="1.0" encoding="UTF-8"?><StyledLayer
Descriptor version="1.1.0"><UserStyle><se:Name>SKanalStyle</se:Name>
<se:FeatureTypeStyle><se:Rule><ogc:Filter><ogc:PropertyIsEqualTo><ogc:
PropertyName>kanalart</ogc:PropertyName><ogc:Literal>R</ogc:Literal></
ogc:PropertyIsEqualTo></ogc:Filter><se:LineSymbolizer><se:Stroke><se:
SvgParameter name="stroke">#0075A0</se:SvgParameter><se:SvgParameter
name="stroke-width">3</se:SvgParameter></se:Stroke></se:LineSymbolizer>
</se:Rule></se:FeatureTypeStyle></UserStyle></StyledLayerDescriptor>
```

Testweise schickt er es ab. Und erhält auch richtig die Schmutzwasserkanäle der Gemeinde Ahausen als rote Linie zurück. Auf gleiche Weise kann Herr Tüftel natürlich auch noch die Regenwasserkanäle in Blau anfordern. Auch die Kanalschächte sind als benannte Layer vorhanden und er kann die Darstellungsvorschrift entsprechend überdefinieren.

Natürlich sind die Schnittstellen nicht dafür gemacht, dass ein Tüftler die Anfragen manuell zusammenbaut. Vielmehr gehen wir davon aus, dass Herrn Tüftels Viewer ihm ordentliche Masken für die Definition von Zeichenstilen bereitstellt, daraus dann eine SLD-Struktur zusammenbaut und diese in das *GetMap*-Request eingebettet an die *Web Map Server* sendet.

Indem Herr Tüftel den SLD direkt an sein *GetMap*-Request anhängt und das an den WMS sendet, benutzt er das HTTP-GET-Verfahren. Das funktioniert aber nicht mehr mit größeren SLD-Strukturen. SLD-Client-Komponenten werden den zusammengebauten SLD eher mit der HTTP-POST-Methode an die dafür vorgesehene WMS-URL übersenden.

Herr Tüftel kombiniert hier einen benannten Layer (einen *NamedLayer)* – den Layer SKanal – mit einem von seiner Viewersoftware zusammengebauten, benutzerdefinierten Stil (*UserStyle*).

Jetzt fehlt ihm zu seinem Glück noch die Beschriftung der Kanalschächte mit ihrer Schachtnummer. Die Gemeinde Ahausen hatte in ihrem vordefinierten Gruppenlayer „knetz" die Haltungsnummern vorgesehen, aber nicht die Schachtnummern. Außerdem kommt der vordefinierte Stil ja schon nicht mehr infrage. Zum Glück sind die Möglichkeiten dieser beiden (zukünftigen) kommunalen WMS noch nicht ausgeschöpft. Sie bieten nämlich beide zu ihren Layern auch das *DescribeLayer*-Request an. Das gibt Herrn Tüftel die Möglichkeit, sich über die Datenquellen hinter den Kartenebenen zu informieren. Natürlich probiert er das sofort aus:

```
http://www.Ahausen.de/cgi-bin/kanal?Service=WMS&request=DescribeLayer
&version=1.3.0&sld_version=1.1.0&layers=haltung,schacht

http://www.Bdorf.de/cgi-bin/wms?Service=WMS&Version=1.3.0&Request=Des
cribeLayer&sld_version=1.1.0&layers=RHaltung,RSchacht,SHaltung,SSchacht
```

Die Recherche in den Metadaten fördert zutage, dass beide Gemeinden ihre Daten aus einer *Web-Feature-Server*-Datenquelle ziehen. Nur sind in der Gemeinde Ahausen alle Kanäle in einem *Feature Type* „Haltungen" versammelt (die Kanalrohre heißen in der Wasserwirtschaft „Haltung"), während der Server der Gemeinde Bdorf zwischen den *Feature Types* „SKanal" und „RKanal" unterscheidet. Eine *DescribeFeatureType*-Anfrage an die *Web Feature Server* gibt genauere Auskunft über die verfügbaren Datenfelder der verschiedenen *Feature Types*. Zusammen gibt das Herrn Tüftel die Möglichkeit, über *Styled-Layer-Descriptor*-Regeln zielgenau und differenziert Regen- und Schmutzwasserschächte und -haltungen vom jeweiligen *Feature* Server anzufordern und vom WMS so darstellen zu lassen, wie er das gerne hätte.

Herr Tüftel baut also mithilfe von Abfragemasken seines Viewers eine Reihe von regelbasierten *Styled-Layer-Descriptoren* zusammen. Damit kann er Schächte und Haltungen nicht nur getrennt anfordern, sondern auch mit ihrer Nummer beschriften. Die SLD-Struktur wird dadurch ziemlich lang und er kann es nicht mehr über das HTTP-GET-Verfahren ausprobieren. Der Server akzeptiert zum Glück auch HTTP-POST-Anfragen. Herrn Tüftels Viewer-Anwendung muss dafür das *GetMap*-Request ebenfalls in eine XML-Struktur umwandeln und diese an die POST-Adresse des Servers senden (Abb. 183 u. Abb. 184). In das *GetMap*-XML bettet sie den zusammengebauten SLD ein. Das Ergebnis ist wie gewünscht: Kanäle und Schächte aus beiden Gemeinden werden in gleicher Weise symbolisiert (Abb. 185).

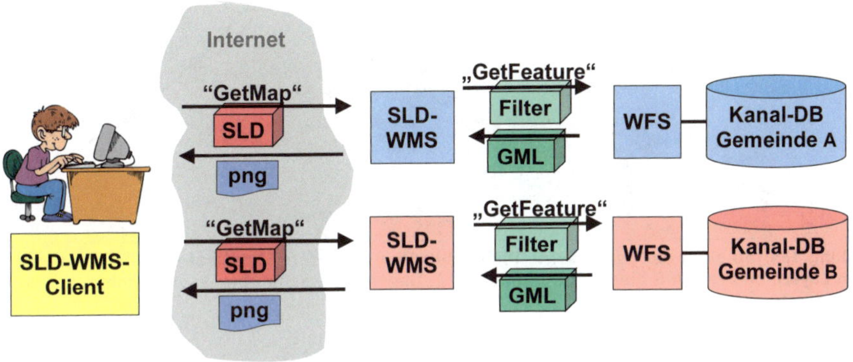

Abbildung 183: Da in diesem fiktiven Beispiel die *Web Map Server* der beiden Gemeinden das SLD-Profil erfüllen und Information über die dahinter liegenden Datenquellen ausgeben, kann Herr Tüftel seine Abfrage- und Darstellungsvorschriften als SLD-Struktur an die *Web Map Server* senden. Diese geben den darin formulierten Filter bei der Abfrage der dahinter liegenden *Web Feature Server* weiter.

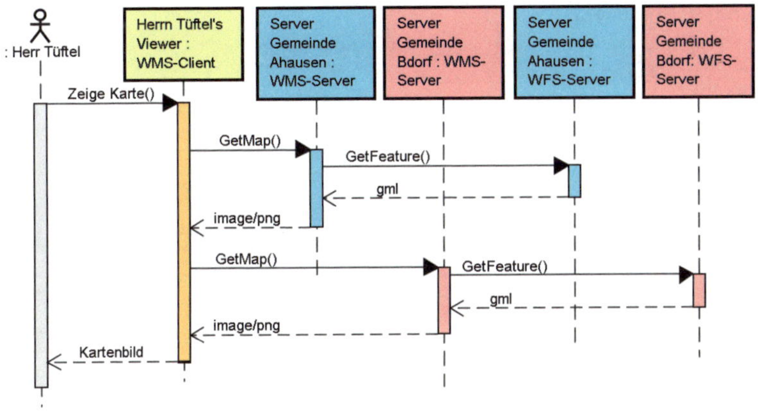

Abbildung 184: UML-Sequenzdiagramm für die Variante 2. Die *Web Map Server* der Gemeinden fragen die dahinter liegenden *Web Feature Server* an und übermitteln den vom Viewer erhaltenen Filter.

Natürlich macht Herr Tüftel auch dies alles nicht manuell. Seine Viewer-Anwendung wird ihm Formulare für die Generierung von Darstellungsvorschriften zur Verfügung stellen und sie automatisch in eine SLD-Struktur verwandeln. Die darin enthaltenen Klassifizierungen baut sie als Regeln in die SLD-Struktur ein. Weil die Datenquellen *Web Feature Server* sind, enthalten die Darstellungsregeln standardisierte OGC-Filterelemente. Auch muss Herr Tüftel gar nicht mehr mitbekommen, dass sein Viewer das Ganze dann über das HTTP-POST-Verfahren an die WMS sendet, und dass die WMS die Filterdefinitionen in die Anfragen an die dahinter liegenden *Web Feature Server* weiterleiten (Abb. 183 und Abb. 184). Das interessiert ihn auch gar nicht. Er möchte ja nur, dass es funktioniert.

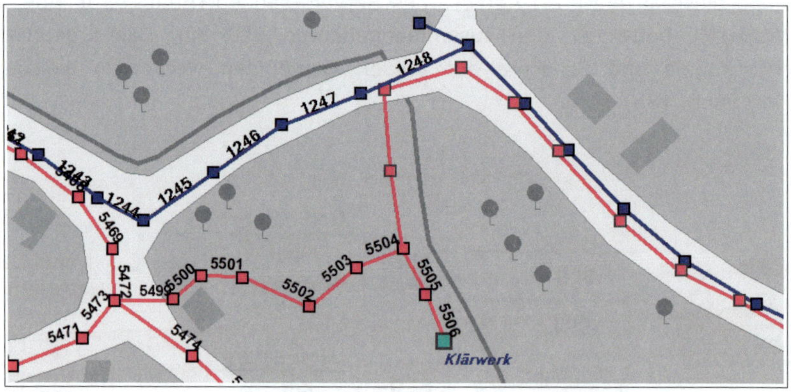

Abbildung 185: So sieht der gewünschte Plan schließlich aus. Herr Tüftel hat mithilfe von benutzerdefinierten Layern beiden WMS dieselbe Darstellung für Regen- und Schmutzwasserschächte und -haltungen abgerungen.

Hinter den Kulissen würde die *GetMap*-Abfrage für die Regenwasserhaltungen und -schächte aus der Gemeinde Ahausen etwa so aussehen (Abb. 186, XML-Beispiel 36):

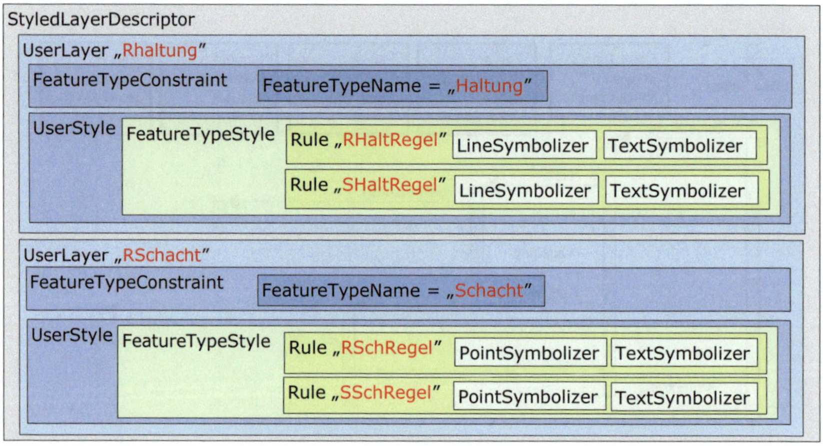

Abbildung 186: Struktur des XML-Beispiels 36: *Styled Layer Descriptor* für die Darstellung von Kanalhaltungen und Schächten aus der Gemeinde Ahausen.

In dieser Variante bekommen die SLD-fähigen WMS der beiden Gemeinden *GetMap*-Anfragen mit *Styled Layer Descriptors*. Darin werden Herrn Tüftels eigene Klassifizierungen (*UserLayer*) mit seinen Darstellungsvorschriften (*UserStyles*) kombiniert und zur Darstellung an die WMS geschickt.

XML-Beispiel 36: *GetMap*-Request mit *Styled Layer Descriptor* und OGC-Filter

```
<?xml version="1.0" encoding="UTF-8"?>
<!-- GetMap-Request -->
<GetMap xmlns="http://www.opengis.net/sld" xmlns:gml="http://www.opengis.net/gml"
xmlns:ogc="http://www.opengis.net/ogc" xmlns:ows="http://www.opengis.net/ows"
xmlns:se="http://www.opengis.net/se" xmlns:wms="http://www.opengis.net/wms"
xmlns:xsi="http://www.w3.org/2001/XMLSchema-instance"
xsi:schemaLocation="http://www.opengis.net/sld GetMap.xsd" version="1.3.0">
<!-- Styled Layer Descriptor -->
  <StyledLayerDescriptor version="1.1.0">
<!--Linien-Layer Regenwasserhaltungen  -->
    <UserLayer>
      <se:Name>RHaltung</se:Name>
      <RemoteOWS>
        <Service>wfs</Service>
        <se:OnlineResource xlink:type="simple“ xlink:href="http://www.Ahausen.de/cgi-bin/wfs“/>
      </RemoteOWS>
      <LayerFeatureConstraints>
        <FeatureTypeConstraint>
          <FeatureTypeName>Haltung</FeatureTypeName>
        </FeatureTypeConstraint>
      </LayerFeatureConstraints>
      <UserStyle>
        <se:FeatureTypeStyle>
          <se:Rule>
            <se:Name>RHaltung</se:Name>
            <se:Description>
              <se:Title>Haltung Regenwasser</se:Title>
            </se:Description>
            <ogc:Filter>
              <ogc:PropertyIsEqualTo>
                <ogc:PropertyName>kanalart</ogc:PropertyName>
                <ogc:Literal>R</ogc:Literal>
              </ogc:PropertyIsEqualTo>
            </ogc:Filter>
<!-- Haltungssymbol-->
            <se:LineSymbolizer>
              <se:Stroke>
                <se:SvgParameter name="stroke“>#0075A0</se:SvgParameter>
                <se:SvgParameter name="stroke-width“>3</se:SvgParameter>
              </se:Stroke>
            </se:LineSymbolizer>
<!-- Haltungsbeschriftung-->
            <se:TextSymbolizer>
```

```
                <se:Geometry>
                  <ogc:PropertyName>GEOM</ogc:PropertyName>
                </se:Geometry>
                <se:Label>
                  <ogc:PropertyName>Haltungsnr</ogc:PropertyName>
                </se:Label>
                <se:Font>
                  <se:SvgParameter name="font-family">Verdana</se:SvgParameter>
                  <se:SvgParameter name="font-size">10</se:SvgParameter>
                  <se:SvgParameter name="font-style">italic</se:SvgParameter>
                </se:Font>
                <se:LabelPlacement>
                  <se:LinePlacement>
                    <se:PerpendicularOffset>3</se:PerpendicularOffset>
                    <se:IsRepeated>1</se:IsRepeated>
                    </se:Gap>100</se:Gap>
                  </se:LinePlacement>
                </se:LabelPlacement>
                <se:Fill>
                  <se:SvgParameter name="fill">#202020</se:SvgParameter>
                </se:Fill>
              </se:TextSymbolizer>
            </se:Rule>
            [... zweite Regel für Schmutzwasserhaltungen ...]
          </se:FeatureTypeStyle>
        </UserStyle>
      </UserLayer>
<!-- Ende Layer Haltungen-->
<!-- Punkt-Layer Schächte-->
      <UserLayer>
        <se:Name>RSchacht</se:Name>
        <RemoteOWS>
          <Service>wfs</Service>
          <se:OnlineResource xlink:type="simple“ xlink:href="http://www.Ahausen.de/cgi-bin/wfs“/>
        </RemoteOWS>
        <LayerFeatureConstraints>
          <FeatureTypeConstraint>
            <FeatureTypeName>Schacht</FeatureTypeName>
          </FeatureTypeConstraint>
        </LayerFeatureConstraints>
        <UserStyle>
          <se:FeatureTypeStyle>
            <se:Rule>
              <se:Name>RSchacht</se:Name>
              <se:Description>
                <se:Title>Schacht Regenwasser</se:Title>
              </se:Description>
              <ogc:Filter>
                <ogc:PropertyIsEqualTo>
                  <ogc:PropertyName>schachtart</ogc:PropertyName>
                  <ogc:Literal>R</ogc:Literal>
                </ogc:PropertyIsEqualTo>
              </ogc:Filter>
<!-- Schachtsymbol-->
              <se:PointSymbolizer>
                <se:Geometry>
```

```
              <ogc:PropertyName>GEOM</ogc:PropertyName>
            </se:Geometry>
            <se:Graphic>
              <se:Mark>
                <se:WellKnownName>square</se:WellKnownName>
                  <se:Fill>
                       <se:SvgParameter name="fill">#D09E00</se:SvgParameter>
                  </se:Fill>
                  <se:Stroke>
                       <se:SvgParameter name="stroke">#802E00</se:SvgParameter>
                  </se:Stroke>
              </se:Mark>
              <se:Size>5</se:Size>
            </se:Graphic>
          </se:PointSymbolizer>
<!-- Schachtbeschriftung-->
          <se:TextSymbolizer>
            <se:Geometry>
              <ogc:PropertyName>GEOM</ogc:PropertyName>
            </se:Geometry>
            <se:Label>
              <ogc:PropertyName>Schachtnr</ogc:PropertyName>
            </se:Label>
            <se:Font>
              <se:SvgParameter name="font-family">Verdana</se:SvgParameter>
              <se:SvgParameter name="font-size">10</se:SvgParameter>
              <se:SvgParameter name="font-style">italic</se:SvgParameter>
            </se:Font>
            <se:LabelPlacement>
              <se:PointPlacement>
                <se:Displacement>
                  <se:DisplacementX>5</se:DisplacementX>
                  <se:DisplacementY>5</se:DisplacementY>
                </se:Displacement>
              </se:PointPlacement>
            </se:LabelPlacement>
            <se:Fill>
              <se:SvgParameter name="fill">#202020</se:SvgParameter>
            </se:Fill>
          </se:TextSymbolizer>
        </se:Rule>
        [... zweite Regel für Schmutzwasserschächte ...]
      </se:FeatureTypeStyle>
    </UserStyle>
  </UserLayer>
</StyledLayerDescriptor>
<!--Rest des GetMap-Requests-->
  <CRS>EPSG:31466</CRS>
  <BoundingBox crs="EPSG:31466">
    <ows:LowerCorner>2516700,5713456</ows:LowerCorner>
    <ows:UpperCorner>2517900,5714156</ows:UpperCorner>
  </BoundingBox>
  <Output>
    <Size>
      <Width>1200</Width>
      <Height>700</Height>
```

```
    </Size>
    <wms:Format>image/png</wms:Format>
    <Transparent>TRUE</Transparent>
  </Output>
  <Exceptions>XML</Exceptions>
</GetMap>
```

> Leider ist das noch etwas theoretisch. Es gibt Desktop-Anwendungen, die *Styled Layer-Deskriptoren* erzeugen können. Es gibt auch Mapserver-Komponenten, die SLD-Anfragen verarbeiten können. Aber in der Praxis werden diese Möglichkeiten noch wenig genutzt.

10.1.3 Variante 3: Kaskadierender WMS

Im nächsten Schritt möchte Herr Tüftel die erarbeiteten Sichten seinen Kollegen im Klärwerk zur Verfügung stellen. Die haben aber nur einfache Viewer mit maximal einfacher WMS-Client-Funktionalität. Deshalb stellt er ihnen diese Sichten über einen eigenen *Web Map Server* bereit. Seine *Map-Server*-Software kann die von seinem Viewer zusammengebauten SLD-Klassifizierungen auch gleich für die Konfiguration verwenden. Die Vieweranwendung im Klärwerk fragt jetzt nur noch seinen Mapserver an und erhält ein integriertes Kartenbild, in dem sowohl der Kartenhintergrund als auch die Schächte und Kanalhaltungen aus den beiden Gemeinden enthalten sind (Abb. 187 u. Abb. 188).

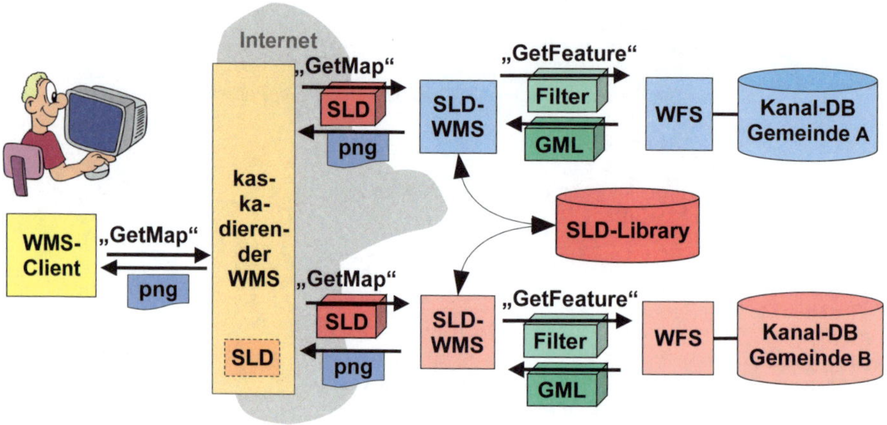

Abbildung 187: Ein kaskadierender WMS verwendet Kartenbilder aus dahinter liegenden WMS und reicht sie an seine eigenen Klienten weiter. Der Viewer des Klärwerk-Leiters kommuniziert nur noch mit einem WMS. Der verarbeitet die zugelieferten Layer in ein neues Gesamt-Kartenbild und liefert dieses aus.

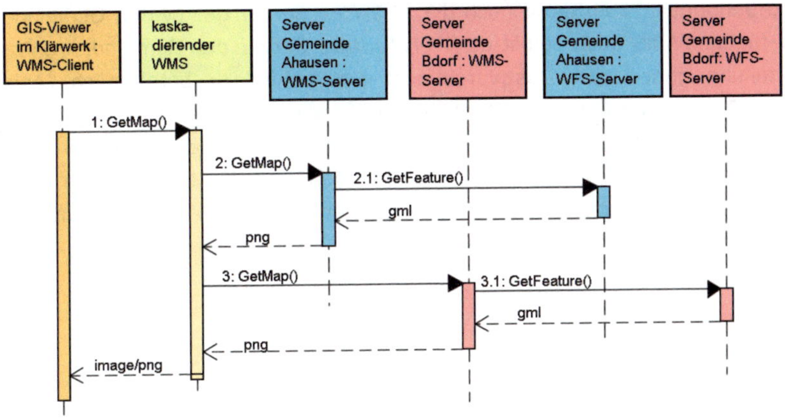

Abbildung 188: UML-Sequenzdiagramm für die Variante mit kaskadierendem WMS. Die Viewer-Anwendung im Klärwerk fragt nur Herrn Tüftels kaskadierenden WMS an und bekommt eine integrierte Karte zurück.

Ein *Web Map Server*, der Kartenbilder von anderen WMS anfordert und an seine eigenen Clients weiterreicht, agiert als sogenannter ***kaskadierender WMS*** (*cascading WMS*). Er muss die zugelieferten Einzellayer in der richtigen Reihenfolge in ein neues Bild zusammenrechnen. Dabei sollte er auch in der Lage sein, Transparenzen richtig auszuwerten.

10.1.4 Variante 4: SLD-WMS mit externer Style Library

Wir gehen noch etwas weiter in die Zukunft. Die Fachverbände der Abwasserwirtschaft haben sich – nehmen wir in diesem fiktiven Beispiel an – auf neue, automatisch leicht zu verarbeitende, *Symbology-Encoding*-konforme und für die Online-Visualisierung geeignete neue Zeichenvorschriften geeinigt. Der Fachverband stellt sie in Form einer *Styled-Layer-Descriptor*-Bibliothek über das Internet bereit. Herr Tüftel muss sie also nicht mehr selbst definieren, auch nicht mehr über seinen Viewer zusammenbauen lassen. Wir nehmen vielmehr an, dass er seinem Viewer (vielleicht ist es auch eine „Fachschale") einen Vorrat an externen, über das Internet zugänglichen Symbolbibliotheken bekannt machen kann.

Statt also seinen Layern Stile wie „Durchgezogene Linie, blau, Strichstärke 8px" zuzuordnen, stellt er einen Bezug zu der externen Symbolbibliothek her und wählt daraus fachspezifische Stile wie "Schmutzwasserhaltung" oder "Regenwasserhaltung". Wahrscheinlich werden diese noch weiter differenziert sein, aber hier soll das als Annahme reichen. Er braucht also nur noch *Feature Types* aus den *Web-Feature-Server*-Datenquellen der beiden Gemeinden mit Referenzen auf Symbole in der fachspezifischen, online verfügbaren Symbolbibliothek zu verknüpfen (Abb. 189). Herr Tüftel kann sich sicher sein, dass gleiche Kanalarten nun auch gleich aussehen und eine genormte Darstellung haben.

Und wozu benötigt er überhaupt noch die *Web Map Server* der beiden Gemeinden? Kann sein SLD-fähiger WMS doch selbst die *Web Feature Server* der Gemeinden anfragen und die Darstellung generieren. Das vereinfacht die Architektur beträchtlich (Abb. 189 u. Abb. 190). Dafür müssen im Gegenzug größere Datenmengen durch die Leitung geschoben werden (GML ist sehr umfangreich). Nur mit schnellen Leitungen wird das hinreichend performant sein. Halten sich die Gemeinden mit ihren *Web Feature Servern* auch noch an eine fachspezifische Standard-Nomenklatur für die Layer, dann reduziert sich sein *GetMap*-Request möglicherweise wieder auf ein HTTP-GET-fähiges Maß:

```
http://www.Ahausen.de/cgi-bin/kanal?Service=WMS&Version=1.3.0&Request=
GetMap&Layers=SKanal&Styles=SKanal&bbox=2516700,5713456,2517900,571415
6&CRS=EPSG:31466&width=1200&height=700&format=image/png&transparency=
TRUE&SLD=http://fachverband.server.de/styles/kanal.sld
```

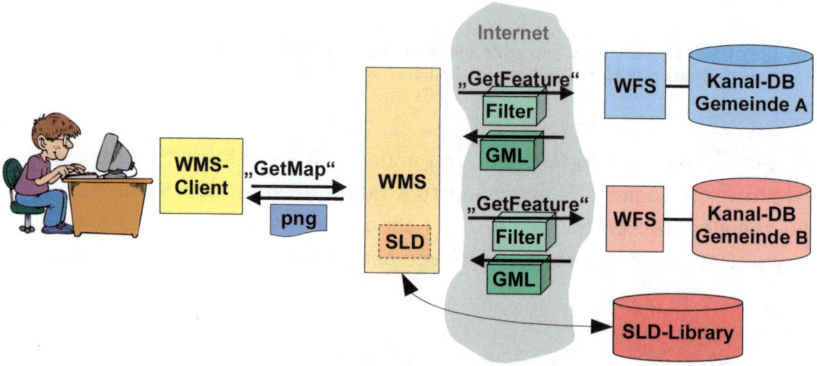

Abbildung 189: Darstellungsregeln können als SLD in externen Bibliotheken abgelegt werden. Der SLD-fähige WMS des Herr Tüftel kann die *Web Feature Server* der Gemeinden auch direkt anfragen.

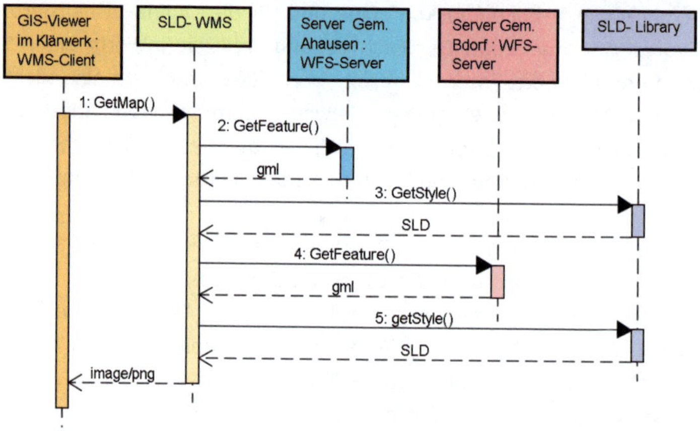

Abbildung 190: UML Sequenz-Diagramm der Variante 4. Herrn Tüftels WMS holt sich die Darstellungsstile aus einer externen *SLD*-Bibliothek und die Geodaten dazu direkt von den Datenservern der Gemeinden.

10.1.5 Fazit

In den Varianten 1 bis 4 sind nur einige Möglichkeiten des Zusammenspiels verschiedener Servicekomponenten skizziert. Das Repertoire an Grundbausteinen ist eigentlich überschaubar. Die Kombinationsmöglichkeiten sind dagegen zahlreich.

Ein *Web Map Server* generiert ein Bild. Verfügt er zusätzlich über *Styled-Layer-Descriptor*-Funktionalität, dann kann ein *NamedLayer* oder ein auf einer Filterabfrage beruhender *UserLayer* mit einer Darstellungsoption versehen werden, die der WMS darstellt. Eine Layerdefinition mit Zeichenvorschrift, ein SLD, kann lokal gespeichert, an einen Service versandt oder in Bibliotheken abgelegt werden.

Die ursprüngliche Problematik unseres Beispiels bestand darin, dass semantisch gleichartige Layer von verschiedenen WMS unterschiedlich dargestellt wurden. Dieses Problem konnte durch die Verwendung von SLD mit benutzerdefinierten Darstellungsvorschriften gelöst werden. Daten aus verteilten Datenquellen wurden so über den individuell gestalteten SLD in gleichartiger Darstellung geliefert. Mit online verfügbaren SLD-Bibliotheken können fachspezifische Darstellungsvorschriften zentral abgelegt, verwaltet und genutzt werden.

Ein *Web-Map-Context*-Dokument enthält alle notwendigen Informationen zur Wiederherstellung einer WMS-Karte und kann ebenfalls lokal gespeichert, für den Transport zwischen verschiedenen Anwendungen verwendet oder versandt werden.

WMS-Funktionalität ohne SLD entsprechend der Variante 1 bieten inzwischen fast alle großen Softwarehersteller für ihre Produkte an. Das SLD-Profil wird bisher noch wenig, aber doch zunehmend genutzt. Die technischen Möglichkeiten einer WMS-SLD-WFS-Architektur werden durch die ständige Erweiterung und Verbesserungen seitens des OGC immer umfangreicher. Mit WMS-, SLD- und WMC-Funktionalität können Webanwendungen für die Aufgabe der benutzerdefinierten Visualisierung bereits einfache Desktop-GIS ersetzen. Mithilfe neuer Spezifikationen wie z. B. der des *Web Processing Service* (WPS) werden sie auch bald auf analytischem Gebiet in der Lage sein, weitere Aufgaben von Desktop-GIS zu übernehmen.

Was braucht man, um gleichartige Inhalte aus verschiedenen Datenquellen in einheitlicher Darstellung zur Anzeige zu bringen?

Web Map Server, kaskadierende WMS, *Styled Layer Descriptoren*, *Web Feature Server* und *Style Libraries* sind Komponenten solcher Architekturen. Wie diese Bausteine zusammengesetzt werden, hängt von Voraussetzungen und Bedürfnissen ab. Datenmodelle und ihre Normung sowie physikalische Aspekte wie Leitungsgeschwindigkeiten und Serverkapazitäten spielen dabei eine Rolle.

10.2 SLD in der Planung

10.2.1 Das Projekt XPlanung

Das Baugesetzbuch der Bundesrepublik Deutschland schreibt für die verschiedenen Verwaltungsebenen von der Kommune bis zum Bundesland die Erarbeitung verschiedener Planwerke vor. Über diese wird letztlich geregelt, was in Deutschland wo und wie gebaut werden darf. Alle diese Planwerke vom Bebauungsplan bis zum Regionalplan enthalten zwar jede Menge Rauminformationen, wurden aber bisher eher selten als systematische Geodatenstruktur erfasst und geführt.

Die Erzeugung dieser Planwerke erfolgt auch heute noch häufig mit Grafik-Software oder in CAD-Systemen. Inzwischen werden zwar auch zunehmend GIS-Systeme für die Planerzeugung eingesetzt. Dennoch stand bisher meist der ausgedruckte farbige Plan im Vordergrund, nicht die automatische Verarbeitung des Datenbestands. Das führte zu uneinheitlichen und nicht selten auch unsauberen Datenebenen (Abb. 191). Der Datenaustausch erforderte deshalb – wenn er überhaupt gewagt wurde – reichlich manuelle Arbeit für die Angleichung der Datenstruktur oder eine nachträgliche Georeferenzierung. Nachdigitalisierungen waren nicht selten die Folge. An Analyse war gar nicht zu denken.

Abbildung 191: Drei verschiedene Möglichkeiten, einen Bebauungsplan in einem CAD-System zu gliedern. In der Realität herrschen wohl vor allem Mischungen dieser und anderer Konzepte vor.

Das Projekt XPlanung zielt auf die Behebung dieser Mängel durch die Definition eines einheitlichen Datenmodells für die Planwerke der Raumordnung und Bauleitplanung. Eine einheitliche Datenstruktur für die jeweilige Planebene vereinfacht den Datenaustausch zwischen Nachbarkommunen ebenso wie den zwischen Behörden verschiedener Verwaltungsebenen. Sie ermöglicht die Zusammenführung „benachbarter" Pläne in Auskunftssystemen, die analytische Auswertung – beispielsweise Bilanzierung – und die automatische Weiterverarbeitung. Langfristig zielt das Projekt darauf ab, die gesamten Prozesse der Planerstellung, Öffentlichkeitsbeteiligung, Bereitstellung und Fortschreibung auf Basis des Normmodells elektronisch abzubilden.

Die grafische Darstellung von Bebauungs- und Flächennutzungsplänen wird durch die Planzeichenverordnung aus dem Jahr 1990 ([PLANZV 90]) genormt. Sie ist ein Signaturenkatalog, dessen Verwendung für diese Planarten verbindlich ist. Das *Web*

Mapping mit *Styled Layer Descriptoren* bietet nun die Möglichkeit, Signaturenkataloge maschinenlesbar zu beschreiben und sie in digitalen Auskunftssystemen auf passende Geodatenquellen anzuwenden. Voraussetzung ist natürlich eine „ordentliche" genormte Strukturierung der Quelldaten. Dann können Planinhalte auch über kommunale Grenzen hinweg zusammengeführt und angezeigt werden. Die Erarbeitung des maschinenlesbaren Signaturenkatalogs und deren Normung als „elektronische Planzeichenverordnung" (ePLANZV) ist ein weiteres Ziel des XPlanung-Projekts.

XPlanung ist ein Projekt mit vielen Beteiligten aus Planungsabteilungen der öffentlichen Verwaltung sowie aus Forschung und Entwicklung. Im Rahmen verschiedener eGoverment-Initiativen des Bundes wie „Deutschland Online (DO)" und „Media@Komm-Transfer" wurde ein Datenmodell entworfen, getestet und stufenweise weiterentwickelt. Bereits in der Phase der Proberealisierungen wurde es zum Modellprojekt der Initiative GDI-DE. Es ist auch Teil der XÖV-Standardentwicklung, die sich um Normen für die Automatisierung von Verwaltungsvorgängen bemüht. Inzwischen gibt es zahlreiche Vorträge, Veröffentlichungen und Abschlussarbeiten zu dem Thema; ausführliche Listen dazu werden im Wiki des Projekts geführt (s. Linkliste).

Die Geodateninfrastruktur Deutschland (GDI-DE) ist eine Kooperation zwischen Bund, Ländern und Kommunen in Deutschland. Ziel der Kooperation ist die Vernetzung und Erschließung der auf den verschiedenen Ebenen vorgehaltenen Geoinformation. Die GDI-DE hat ein Lenkungsgremium und eine Geschäftsstelle. Sie führt unter anderem Modellprojekte durch; das Projekt XPlanung ist eines davon.

Deutschland Online (DO) ist eine gemeinsame Initiative von Bund, Ländern und Kommunen. Ihr Ziel ist die Entwicklung und Verbesserung elektronischer Abläufe zwischen den Verwaltungsebenen. Ein Teil dieses Vorhabens ist die Erarbeitung von XML-Standards für die öffentliche Verwaltung (XÖV).

Zunächst wurde von der Kernarbeitsgruppe ein semantisches Datenmodell für Bebauungs- und Flächennutzungspläne erarbeitet. Das Modell ist in UML dokumentiert und auf der Implementierungsebene in Form von XSD-Schemata konkretisiert. Die Schemata sind Anwendungsprofile – also Spezialisierungen – des Standard-Geometrieformats GML und wurden zunächst BPlanGmL und FPlanGML genannt. In einer der Folgeversionen wurde ein gemeinsames Basisschema entwickelt und alles in ein gemeinsames Fachschema namens XPlanGML überführt.

Nach Fertigstellung einer ersten Version XPlanGML 1.2 geschahen probeweise Realisierungen in Berlin und Hamburg. Dazu wurden zwei Werkzeuge entwickelt:

- Das Werkzeug XplanGML-Toolbox dient der Übernahme existierender Alt-Planwerke in das neue Datenmodell.
- Die Xplanung Publishing Platform (X3P) dient der Visualisierung fertiger Planwerke über ein Web-Auskunftssystem.

Die X3P-Plattform ist ein OpenSource-WMS-Server, der auf die verordnungskonforme Darstellung der Planinhalte spezialisiert ist. Technisch nimmt er die Signaturen der Planzeichenverordnung in Form von *Styled-Layer-Descriptor*-XML entgegen. Eine der Fragen bei den Realisierungen war also, ob sich die Darstellungsvorschriften der Planzeichenverordnung über die *Styled-Layer-Descriptor*-Syntax vollständig und korrekt abbilden lassen.

Die Realisierungen geschahen noch mit der Version 1.0 des *Styled-Layer-Descriptor*-Standards. Durch die Aufteilung der Norm in eine Erweiterung des WMS-Standards einerseits und die *Symbology-Encoding*-Spezifikation andererseits wird nach Einschätzung der Projektgruppe die Abbildung der Planzeichenverordnung dadurch nicht beeinträchtigt, vielmehr wahrscheinlich verbessert.

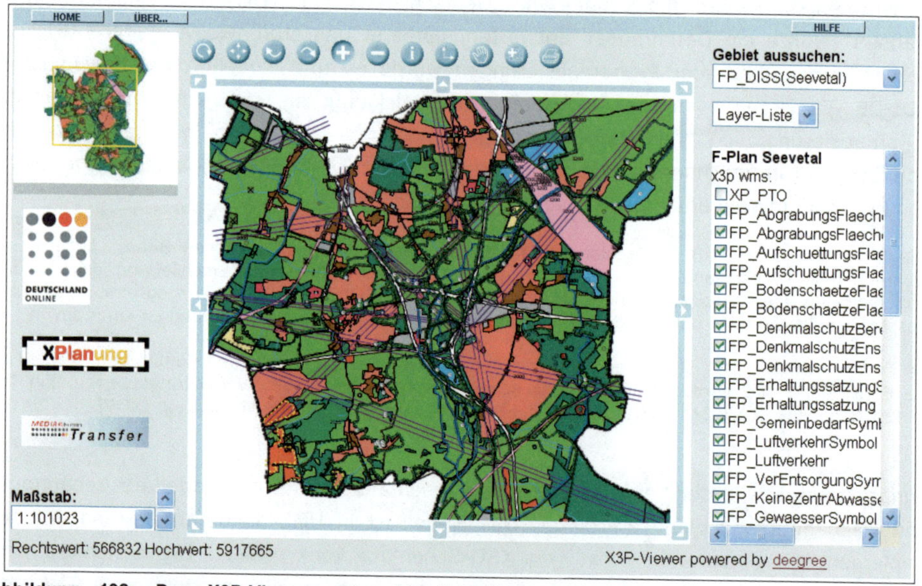

Abbildung 192: Der X3P-Viewer unter http://x3p.deegree.org/x3p mit einem Blick auf einen Flächennutzungsplan der Gemeinde Seevetal bei Hamburg (Download 19.11.2009).

In den Modellprojekten erwies sich die Überführung von Altplänen aus vorhandenen GIS-projekten oder CAD-Zeichnungen wie erwartet als manuell aufwendig. Die Visualisierungen über *Styled Layer Descriptoren* wurden als grundsätzlich gut tauglich beurteilt, auch wenn sich die Planzeichenverordnung im Detail noch nicht ganz vollständig umsetzen ließ ([XPLAN 07A]).

Die Bewertung der Modellversuche führte zu einer Empfehlung für die Fortführung des Projekts und die Weiterentwicklung des Modells ([XPLAN 07M]). Seither wurde das Schema überarbeitet und inhaltlich erweitert. Der aktuelle Stand im März 2010 ist die XPlanGML-Version 4. Sie enthält auch Modelle für die Bereiche der Landschaftsplanung und der Regionalplanung. Die Version 4 ist in Vorbereitung. Eine Reihe von Softwareherstellern bietet auch bereits Fachanwendungen für die Generierung von XPlanGML-Daten an. Das Projekt XPlanung ist also aus den Kinderschuhen heraus.

10.2.2 Visualisierungen mit SLD

Die Planzeichenverordnung definiert Zeichenstile für die flächigen, linienförmigen und punktförmigen Objekte eines Bebauungsplans oder Flächennutzungsplans: Im Prinzip geht es ja bei diesen Planarten darum, den Flächeneinheiten unterschiedliche Nutzungen zuzuweisen und diese darzustellen. In farbigen Plänen werden die Hauptnutzungsarten der Flächen vor allem durch Farben symbolisiert. Einige Nutzungsarten benötigen auch Schraffuren oder andere Flächen-Füllmüster. Für spezielle Zuweisungen benötigt die Umrandung der Fläche spezifische Strichmuster. Zuletzt können Nutzungsarten auch durch punktförmige Symbole in der Mitte der Fläche dargestellt werden. Darüber hinaus kann ein Bebauungsplan zusätzliche Beschriftungen aufweisen (Abb. 193).

Die Farben sind in der Planzeichenverordnung nicht eindeutig – beispielsweise über RGB-Werte – definiert. Das führt zwangsläufig zu unterschiedlichen Ausprägungen derselben Planart.

Abbildung 193: Einige Beispiele aus der Planzeichenverordnung ([PLANZV 90]). Ihre Signaturen verwenden für die Kennzeichnung von Flächen farbige Füllungen, Schraffuren und andere Füllmuster, komplizierte Umgrenzungen sowie Punktsymbole und Beschriftungen in der Flächenmitte.

Eines der Ziele von XPlanung ist die Umsetzung der Signaturen der Planzeichenverordnung in einen maschinenlesbaren Signaturenkatalog. Das geschah in den ersten Proberealisierungen in Form von *Styled-Layer*-Deskriptoren (SLD); in Zukunft werden das *Symbology-Encoding*-XML-Fragmente sein (SE).

In einem SLD-Dokument werden Zeichenvorschriften als Regeln definiert und bestimmten Datenquellen zugeordnet. Ist die Datenquelle für den darstellenden Kartenlayer ein *Web Feature Service* (WFS), dann können sich die Darstellungsregeln auf *Feature Types* des WFS beziehen. Diese Methode ist in der X3P-Plattform realisiert worden.

Schwierigkeiten bei der maschinellen Umsetzung machen die zum Teil recht spezifisch gestalteten Strichmuster der Flächenumrandung. Alles, was über ein einfaches Strichmuster hinaus geht, kann über die *Symbology-Encoding*-Norm nur definiert werden, indem man die Linie aus kleinen Einzelgrafiken zusammensetzt. Das gibt jedoch immer unschöne Ausgestaltungen der Ecken (Abb. 194).

Ein anderes Problem ist mehr konzeptioneller Art: Die Vorschriften der Planzeichenverordnung sind für Pläne auf Papier und in festem Maßstab gemacht. Soll die eigentliche Information des Plans in Online-Diensten auch in anderen Maßstäben transportiert werden, so müssen die Informationsebenen für verschiedene Maßstäbe differenziert gestaltet werden. Die Kennzeichnung von Nutzungen über die Randsignatur der Fläche ist dafür nur eingeschränkt geeignet. Auch die Beschriftung von Flächen über ein explizit in der Flächenmitte platziertes Symbol ist in Online-Diensten problematisch. Zu groß ist die Wahrscheinlichkeit, dass es unlesbar klein oder aber gerade aus dem Ausschnitt gerutscht ist.

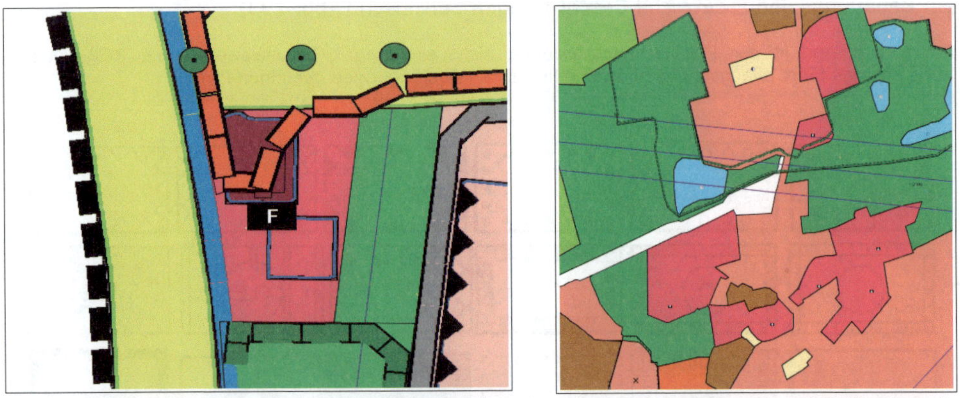

Abbildung 194: Ausschnitte aus einem mit X3P visualisierten Flächennutzungsplan der Stadt Hamburg. In den Ecken machen die automatisch generierten Signaturen noch Probleme. Die Umrandung aus Dreiecken im linken Bild kann nur als Folge von kleinen Dreiecksbildern generiert werden. Im rechten Bild sind Symbole in den Flächen im gewählten Maßstab nicht mehr erkennbar (Screenshots aus dem X3P-Viewer unter http://x3p.deegree.org/x3p am 19.11.09).

Nicht alle Details der für die manuelle Planerstellung gedachten Planzeichenverordnung sind also umsetzbar. Im Rahmen des Projekts XPlanung wird deshalb unter dem Stichwort „ePlanzV" eine neue Ausgabe der Planzeichenverordnung für elektronische Verarbeitungen eingefordert.

In der Vergangenheit spielte bei der manuellen Planerstellung ja auch der Arbeitsaufwand für die Zeichner eine Rolle. Flächenmuster oder die Wiederholung der Nutzungssymbole in regelmäßigen Abständen hätten sehr viel Arbeit bedeutet. Im Zeitalter der elektronisch generierten Pläne wird ein Umdenken und die Anpassung der Signaturen erforderlich, aber auch möglich.

Literatur zum Thema XPlanung

Die Planzeichenverordnung für Bauleitpläne ([PLANZV 90]) ist in manchen Textsammlungen zum Baugesetzbuch enthalten, beispielsweise im Taschenbuch „Baugesetzbuch" aus der Reihe Beck-Texte im dtv.

Für die Verwendung in Landschaftsplänen hat das Bundesamt für Naturschutz eine Sammlung von Planzeichen für die örtliche Landschaftsplanung herausgegeben ([PLANZ_LP]).

Der ausführliche Abschlussbericht der Projektgruppe zu den Pilotrealisierungen im Rahmen des GDI-DE-Modellprojekts ([XPLAN 07A]) ist verfügbar unter *http://www.xplanung.de* oder *http://www.gdi-de.org*

Die kurze Managementfassung des Abschlussberichts ([XPLAN 07M]) ist verfügbar unter *http://www.xplanung.de* oder *http://www.gdi-de.org*

Einen Überblick über das Projekt gab die Projektgruppe im Jahr 2007 in der Zeitschrift Flächenmanagement und Bodenordnung ([BE_KR 07])

Einen neueren Überblick gibt Nico Mühl in seiner Abschlussarbeit „XPlanung – Der Weg zum Ziel" ([MÜHL 09]). Sie ist hier online verfügbar: *http://www.unigis.ac.at/club/bibliothek*

Weitere Vorträge und Arbeiten sind im XPlan-Wiki zitiert und zum Teil verlinkt: *http://www.xplanungwiki.de/index.php/Studentische_Abschlussarbeiten*

Jede Menge Literaturhinweise und Vorträge finden sich auch in der Homepage der Projektgruppe Geo-Informationssysteme im Karlsruhe Institute of Technology (Link s. u.).

Links zu XPlanung

Homepage der Initiative GDI-DE:
http://www.gdi-de.org

Homepage der Initiative Deutschland Online:
http://www.do-geodaten.nrw.de/index.html

Homepage des Projekts XPlanung mit Datenmodellen, Objektartenkatalogen, Testdatensätzen und Berichten:
http://www.xplanung.de

XPlan-Wiki mit Informationen über Termine, Software, Veröffentlichungen u. a.:
http://www.xplanungwiki.de

Die Homepage der Projektgruppe Geo-Informationssysteme im Karlsruhe Institute of Technology führt ebenfalls zu weiteren Informationen:
http://www.iai.fzk.de >> Methodische Schwerpunkte >> Web-basierte Informationssysteme >> Weitere Informationen >> Geo-Informationssysteme >> Veröffentlichungen

X3P-Viewer mit Beispielen aus Hamburg und Seevetal:
http://x3p.deegree.org/x3p

XPlanung ist ein Gemeinschaftsprojekt verschiedener öffentlicher Verwaltungen mit Hochschulen und Dienstleistern.

Ziel ist die Umsetzung der Planzeichenverordung in ein standardisiertes Objektmodell als Grundlage für die automatisierte Verarbeitung, Analyse und Bereitstellung von Planinhalten nach den Bestimmungen des Baugesetzbuchs.

Nach mehreren Jahren der Entwicklung und Pilotrealisierungen hat das Modell seinen Weg in Softwareprodukte und in die produktive Anwendung gefunden.

11 Web-Map-Context-Dokumente

11.1 Überblick und Anwendungsbereiche

Die *Web-Map-Context*-Spezifikation (WMC) ist eine Ergänzung zu den *Web-Map-Server*-Normen. Anders als diese dient sie jedoch nicht der Kommunikation zwischen einer Clientkomponente und einem Server, sondern der Speicherung von Kartenansichts-Definitionen für die Wiederverwendung in derselben oder einer anderen Clientanwendung.

Ein *Web-Map-Context*-Dokument speichert all diejenigen Informationen, die ein Nutzer oder eine Clientkomponente benötigen, um eine über die WMS-Schnittstelle angeforderte Kartenansicht in gleicher Weise wiederherzustellen. „Das ist doch ganz einfach, da muss man doch nur das *GetMap*-Request speichern", werden Sie sagen. Im Prinzip funktioniert das auch ähnlich, nur dass die Request-Parameter hier nicht als HTTP-URL, sondern als XML-Dokument abgelegt werden. Außerdem werden auch gleich Teile der Service-Metadaten der angefragten Kartenlayer mitgespeichert. Ein solches *Context*-Dokument enthält also die Definition für eine einzelne Kartenansicht als XML-Struktur mit einem Wurzelelement namens *ViewContext* (Abb. 195). Dagegen verwaltet ein *ContextCollection*-Dokument eine Liste von Verweisen auf *Context*-Dokumente, funktioniert also wie ein Katalog von Kartenansichten. Sein Wurzelelement heißt *ViewContextCollection* (Abb. 196).

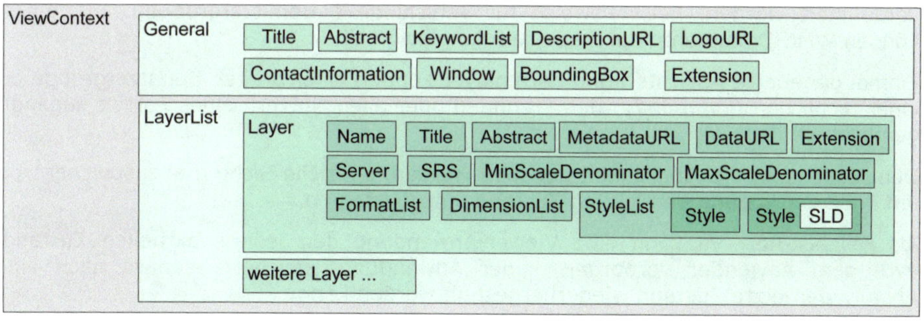

Abbildung 195: Ein *ViewContext* besteht aus einer *General-Section* mit allgemeiner Metainformation sowie einer *LayerList* mit Informationen zu jedem einzelnen Kartenlayer.

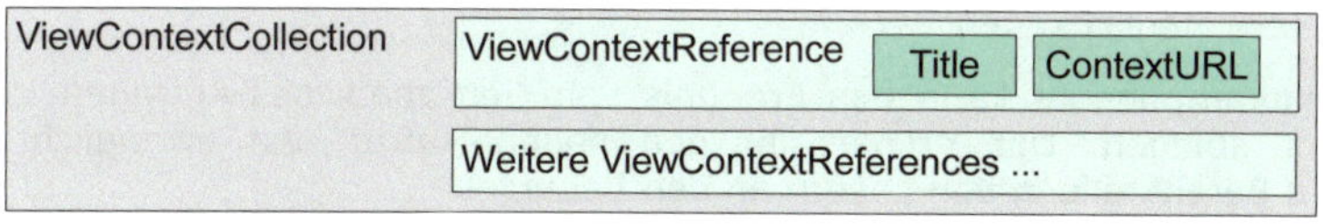

Abbildung 196: Das *ViewContextCollection*-Element enthält eine Liste von *ViewContext*-Referenzen. Jede Referenz besteht aus einem *Title* und einem Verweis auf ein online verfügbares Dokument.

Oftmals wird im Zusammenhang mit Web-Map-Context-Dokumenten auch vereinfacht von *„Context Documents"* gesprochen.

Die Spezifikation schlägt die Dateiendungen *.cml für *ViewContext*-Dokumente und *.ccml für *ContextCollection*-Dokumente vor.

Das bedeutet: Eine Clientkomponente kann mehrere WMS-Kartenlayer in ein ***Context-Dokument*** speichern und sie daraus wieder aufrufen. In der Praxis sind damit eine Reihe von Anwendungsfällen denkbar:

- Vieweranwendungen, die ausschließlich WMS-Kartenlayer enthalten, können ihre Layerliste standardisiert als Projekt speichern und wieder aufrufen.
- Kartenlayer können zwischen WMC-kompatiblen Anwendungen transportiert und ausgetauscht werden. Das können auch Anwendungen verschiedener Leistungsfähigkeit sein; beispielsweise kann eine in einem Webviewer „erworbene" Kartensicht auf ein Desktop-Produkt übertragen werden, oder eine in einem Desktop-GIS generierte Sicht auf einen Mapserver.
- Eine Kartenansicht kann als WMC-Dokument per E-Mail oder MMS versandt und vom Empfänger neu aufgerufen werden.
- Für WMS-Vieweranwendungen können Standardansichten (sog. „Default-Startups") vordefiniert werden, beispielsweise für verschiedene Benutzergruppen. In dem Fall können WMC-Dokumente durchaus sehr langlebig sein.
- Einmal generierte Ansichten und Kartenlayer können einer breiten Benutzergruppe oder einer fachlichen *Community*, den Freunden oder allen Nutzern eines Portals zugänglich gemacht werden.
- Dem User kann die Möglichkeit gegeben werden, spezielle Sichten abzuspeichern oder am Ende der Sitzung den letzten Zustand aufzubewahren.
- Als Fallback-Reserve kann eine Viewer-Anwendung den jeweils aktuellen Zustand – evtl. dem Anwender verborgen – der Anwendung speichern, sodass nach einem Absturz der letzte Zustand wiederhergestellt werden kann.

Ein *Web-Map-Context*-Dokument geht jedoch auch etwas darüber hinaus und speichert Teile der Service-Metadaten gleich mit, wie z. B. deren Angebot an Koordinatensystemen oder Ausgabeformaten. Das erspart der Clientkomponente die *GetCapabilities*-Abfrage und eröffnet weitere Möglichkeiten:

- Eine Clientkomponente kann das Ergebnis von *GetCapabilities*-Anfragen in ein WMC-Dokument ablegen. Das erspart ihr den neuen Aufruf und ermöglicht evtl. eine schnellere Bereitstellung von Layern an den Benutzer.
- Die Clientkomponente kann dem User eine gespeicherte Ansicht in verschiedenen Koordinatensystemen oder in verschiedenen Ausgabeformaten anbieten.

Dagegen ist ein ***ContextCollection***-Dokument ein Katalog mit beliebig vielen Referenzen auf einzelne *Context*-Dokumente. Damit wird Weiteres möglich:

- Eine Anwendung kann dem User verschiedene Kartenansichten zur Auswahl anbieten.
- In einem Portal können mehrere Kartenansichten verwaltet und unterschiedlichen Benutzern zugänglich gemacht werden.
- Wie in einer Projektverwaltung kann eine Anwendung verschiedene Kartenansichten des Benutzers speichern.

Innerhalb einer Hersteller-„Landschaft" geht das natürlich auch ohne Norm. Die Standardisierung sorgt dafür, dass mit unterschiedlichen Werkzeugen generierte Kartensichten ausgewertet und wiederverwendet werden können.

Weitere Anwendungsmöglichkeiten werden sich vor allem dann eröffnen, wenn das *Web Mapping* mit *Styled Layer Descriptor* verbreiteter wird. Ein WMC-Dokument kann auch einen Verweis auf einen SLD transportieren. Damit können dann auch individuell in Klassifizierung, Farbgebung, Beschriftung und Symbolik voll ausgestaltete Kartenlayer abgelegt, gespeichert und transportiert werden. Desktop-GIS und Web-Anwendungen werden näher zusammenrücken.

Die zum Redaktionszeitpunkt aktuelle und hier vorgestellte Version der *Web-Map-Context*-Spezifikation ist die Version 1.1.0. Sie bezieht sich auf die WMS-Versionen 1.0.0, 1.1.0 und 1.1.1 (Abb. 197).

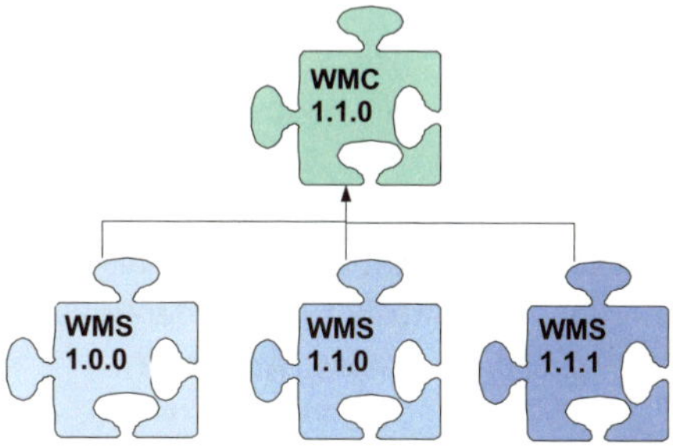

Abbildung 197: Die *Web-Map-Context*-Spezifikation in der Version 1.1.0 bezieht sich auf die WMS-Normen 1.0.0, 1.1.0 oder 1.1.1.

Kann eine Komponente, die WMC 1.1.0 „beherrscht", auch Kartenansichten speichern, die über die WMS-1.3.0-Schnittstelle generiert wurden? Es ist nicht verboten, das zu tun. Sie muss dann aus der WMS-1.3.0-Terminologie in eine WMS 1.1.0-Terminologie übersetzen. Beispielsweise muss sie verstehen, dass der Parameter CRS in WMS 1.3.0 dasselbe meint wie der Parameter SRS in den früheren Versionen. Wie sie damit umgeht, ist ihr überlassen. Ob das Ergebnis interoperabel ist und von einem Produkt eines anderen Herstellers dann richtig ausgewertet wird, ist dahingestellt. Wir können davon ausgehen, dass WMC-Dokumente mit Bezügen auf WMS 1.0.0, 1.1.0 und 1.1.1 interoperabel verwendbar sind; bei Dokumenten mit Bezug auf einen WMS 1.3.0 gibt es dafür einfach keine Garantie.

Zu der WMC-Spezifikation in der Version 1.1.0 ([WMCD 1.1]) gibt es ein Corrigendum ([WMCD 1.1C]) aus dem Jahr 2008. Es korrigiert fehlerhafte URLs und inhaltlich die Multiplizitäten der Kindelemente im Layer-Type. In den Abbildungen und im Text wurden diese Korrekturen bereits berücksichtigt.

Korrigiert wurde der Pfad zum Context-Referenzschema. In der ursprünglichen Fassung der Version 1.1.0 lautete er *„http://www.opengeospatial.net/context"*. Korrigiert lautet der Verweis nun *"http://www.opengis.net/context"*. Das unter *schemas.opengis.net/context/1.1.0* liegende *Context.xsd*-Schema wurde bereits korrigiert. Deshalb bilden auch unsere Schema-Abbildungen den korrigierten Zustand ab. Weiterhin wurde nur noch die URL für die Definition des XML-xLink-Typs korrigiert; sie ist in unseren Beispielen und im Anhang korrekt zitiert.

Ein *Web-Map-Context-Dokument* speichert WMS-Anfrageparameter. Die Spezifikation sieht aber den späteren Ausbau des Schemas auf die Parameter anderer OpenGIS-Webserver vor, zum Beispiel für Anfragen an *Web Feature Server*.

11.2 Das Context-Schema

Ein *Context*-Dokument enthält eine einzelne, aus einem oder mehreren Layern bestehende Kartenansicht. Es dient beispielsweise zur Verwaltung des aktuellen Arbeitsstands in einer Vieweranwendung, für die Definition einer Start-Kartenansicht in einer Portallösung oder für den Transport einer Kartengestaltung vom Desktop-Produkt des Administrators zu einem Web Map Server.

Die Wurzel des Dokuments ist ein *ViewContext*-Element. Es enthält zwei Hauptbestandteile: eine *General Section* mit Metadaten und allgemeinen Parametern der gesamten Kartensicht und eine *LayerList* mit Informationen zu den einzelnen Layern. Immer muss dem *ViewContext* im Attribut *version* die Versionsnummer des WMC-Schemas und für Referenzierungen im Attribut *id* ein Identifikator mitgegeben werden, der in einer *Context-Collection* eindeutig sein muss (Abb. 198).

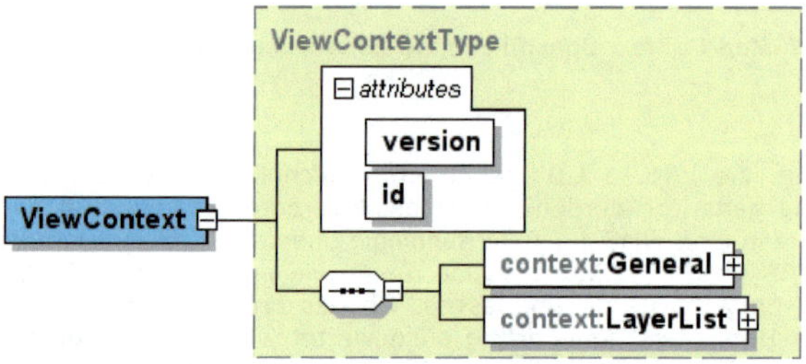

Abbildung 198: *ViewContext*-Element des *Context*-Schemas in der Version 1.1.0. Ein *ViewContext* hat eine *General-Section* und eine Layerliste und im Attribut *id* einen im Dokument eindeutigen Identifkator.

Der allgemeine Teil ist in einem obligatorischen ***General***-Element in einer ganzen Reihe von Kindelementen enthalten (Abb. 199): Da ist zunächst einmal ein ebenfalls obligatorisches *Title*-Element, das – wie alle *Title*-Elemente in OpenGIS-Schemata – einen für den menschlichen Benutzer sinnvollen Namen enthält. Optional sind dagegen ein *Abstract*-Element für die Verwaltung einer Kurzbeschreibung und ein *KeywordList*-Element für die Auflistung von Schlagwörtern.

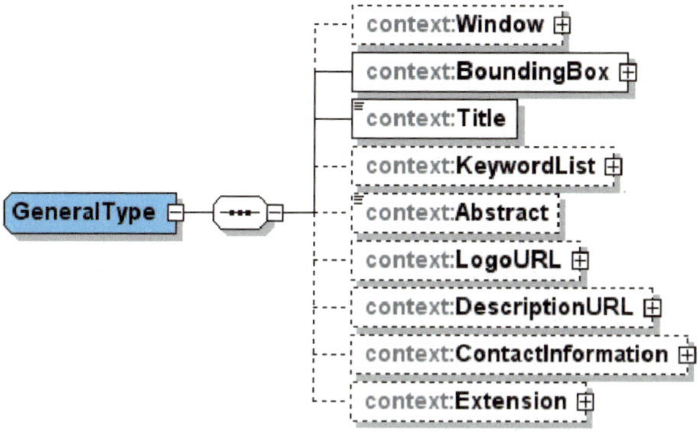

Abbildung 199: Die *General*-Section eines *ViewContext*-Dokuments enthält allgemeine Informationen zur gesamten Kartenansicht.

Drei weitere optionale Elemente dienen der Verwaltung von Metainformationen: Im *ContactInformation*-Element können Name, Adresse, Telefonnummer und E-Mail-Adresse des Dokument-Erstellers festgehalten werden (Abb. 200). Ein *LogoURL*-Element verwaltet optional den Pfad zu einer Bilddatei – beispielsweise mit einem Firmenlogo oder einer statischen Übersichtskarte – und in den Attributen *width*, *height* und *format* die Breite und Höhe in Pixeln sowie den MIME-Type der Bilddatei. Ein gleich strukturiertes, ebenfalls optionales Element namens *DescriptionURL* enthält bei Bedarf den Pfad zu einer online verfügbaren weiteren Beschreibung.

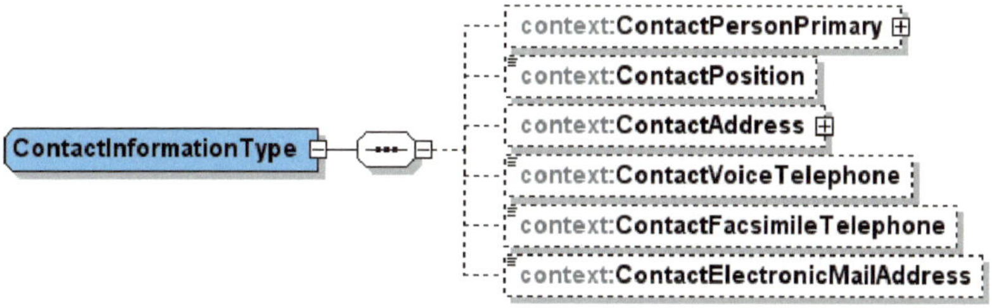

Abbildung 200: Das *ContactInformation*-Element in der *General*-Section eines *ViewContext* verwaltet Informationen über den Ersteller des *Context*-Dokuments.

Auch das *DescriptionURL*-Element verfügt über die optionalen Attribute *width*, *height* und *format* und kann deshalb genauso wie *LogoURL* für die Referenzierung einer Bilddatei oder anderer Mediendateien eingesetzt werden.

Die Größe der Kartenansicht wird in einem *Window*-Element festgehalten; es hat die zwei Subelemente *Width* und *Height* für die Breite und Höhe der Karte in Pixeln. Das *Window*-Element ist optional. Fehlt es oder entsprechen Höhe und Breite der Karte nicht dem Bildschirmfenster der Clientkomponente, so ist es deren Aufgabe, die Karte richtig einzupassen. Zwingend notwendig ist dagegen natürlich die Angabe des räumlichen Ausschnitts in einem *BoundingBox*-Element.

Das *BoundingBox*-Element hat die Struktur wie im WMS 1.1.1-Metadaten-Schema. Es verwaltet eine Koordinatensystem-Referenz im Attribut *srs* und die vier Eckkoordinaten des Ausschnitts in den Attributen *minx*, *miny*, *maxx* und *maxy*.

Schließlich gibt es in der *General-Section* noch ein *Extension*-Element. Es ist ein nicht weiter strukturierter Container für optionale zusätzliche Herstellerinformationen, die allerdings nur innerhalb einer Produktlandschaft zum Tragen kommen sollen. Weil es unstrukturiert und nicht näher definiert ist, ist es nicht interoperabel und kann für den Austausch zwischen verschiedenen Systemen nicht verwendet werden.

Die *General*-Section eines *Context*-Dokuments enthält überwiegend optionale Metainformationen wie einen Titel, Beschreibungen, Kontaktinformationen und Elemente für die Verwaltung online zugänglicher Logos, Übersichtskarten oder anderer Mediendateien.

Vor allem aber – und unverzichtbar – enthält sie die Definition des räumlichen Ausschnitts der Kartenansicht in einem *BoundingBox*-Element.

Der meist umfangreichere Teil eines *ViewContextes* ist die ***LayerList-Section***. Sie enthält eine Liste aller verwendeten Layer und ähnelt der *Layers-Section* der WMS-Service-Metadaten. Sie entspricht dem Inhaltverzeichnis (*Table of Contents*, TOC) einer Viewer-Anwendung.

Die Kartenebenen in der *LayerList* werden in der Reihenfolge aufgeführt, in der sie auch übereinander gezeichnet werden. Ein Layer kann auch mehrfach mit unterschiedlichen Eigenschaften vertreten sein. Die *LayerList* enthält auch Layer, die im Viewer-Projekt eingeladen, aber gerade auf „nicht sichtbar" geschaltet waren. Dafür wird dann im betreffenden *Layer*-Element das obligatorische Attribut *hidden* auf *„true"* gesetzt; die Standardeinstellung ist *„false"*. Das Attribut *queryable* bekommt den Wert *„true"*, wenn der Layer mit einem *GetFeatureInfo*-Request abfragbar ist (Abb. 201).

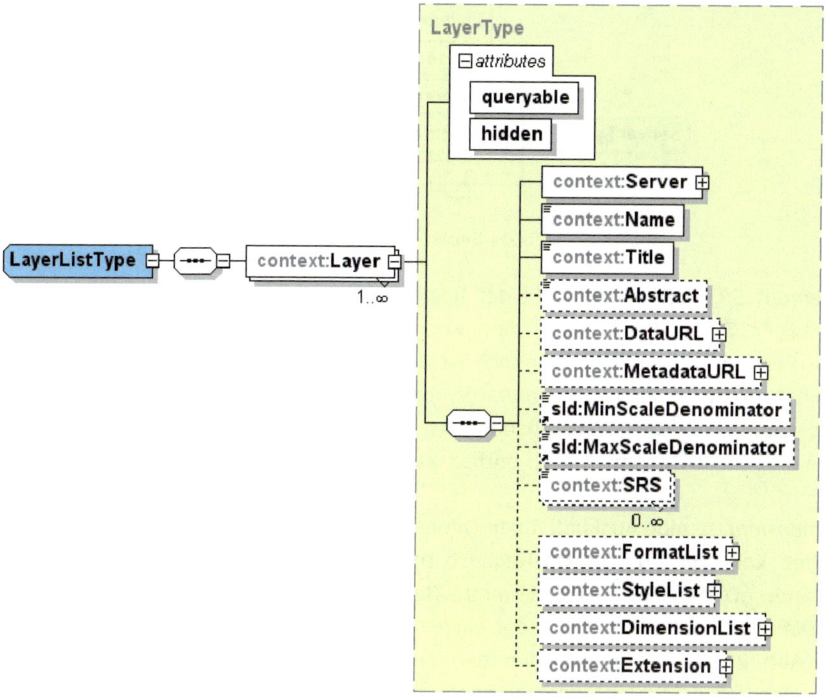

Abbildung 201: Die Layer-Liste in einem *ViewContext* ist eine Folge von 1-n *Layer*-Elementen mit zahlreichen Eigenschaften.

Jeder einzelne Layer erhält einen Namen (*Name*) und einen *Title* sowie optional eine Kurzbeschreibung im Subelement *Abstract*. Alle drei können aus den Service-Metadaten des WMS-Servers übernommen werden. Weitere online verfügbare Metadaten können in einem *MetadataURL*-Element referenziert werden. Ein *DataURL*-Element enthält den Link zur Datenquelle des Layers, z. B. dem zugrunde liegenden WFS oder WCS. Beide sind optional. Wie bereits in der *General*-Section, so gibt es auch für jeden Layer ein optionales unstrukturiertes *Extension*-Element für herstellerspezifische Inhalte. Es ist jedoch nur innerhalb der gleichen Produktlandschaft auswertbar und nicht interoperabel, kann also für Transportzwecke nur eingeschränkt eingesetzt werden.

Die Information über den WMS-Server ist in einem *Server*-Element versammelt und beinhaltet neben der URL des Servers im Element *OnlineResource* in den Attributen *service*, *version* und *title* den Servertyp (vorläufig ist das immer „WMS"), die Version der WMS-Norm und – optional – den für den menschlichen Benutzer aussagefähigen Titel des Servers aus den Service-Metadaten (Abb. 202).

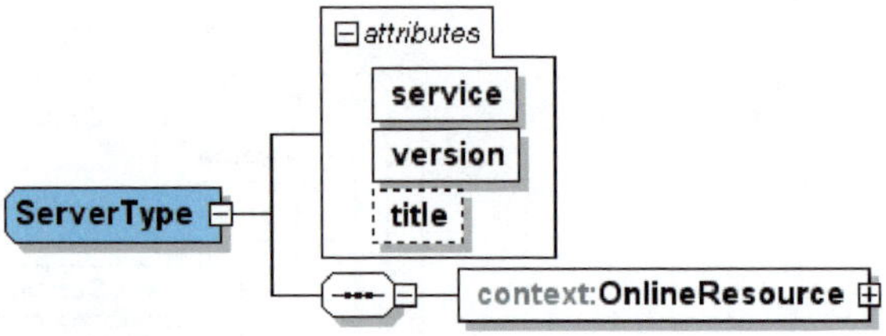

Abbildung 202: Das Server-Element im Context-Schema

Das Element *SRS* enthält die Liste der beim Server verfügbaren Koordinatensysteme für diesen Layer. Eines davon sollte dem Koordinatensystem des Kartenausschnitts in der *General Section* entsprechen. Dennoch ist das Element optional. Die Elemente *MinScale-Denominator* und *MaxScaleDenominator*, beide ebenfalls optional, enthalten die Unter- und die Obergrenze des Maßstabsbereichs, in dem dieser Layer angezeigt werden soll. Mehr zu den Scale-Denominatoren enthält Kapitel 7.3.2.

Die *DimensionList* gibt Auskunft über Dimensions-Einschränkungen des aktuellen Layers. Ein Layer kann ja im *GetMap*-Request mit den Parametern TIME, ELEVATION oder DIM_<AndereDimension> auf bestimmte Bedingungen eingeschränkt werden. Diese sind in der *DimensionList* enthalten. Jeder einzelne *Dimension*-Eintrag hat eine Reihe von Attributen (Abb. 203). Sie entsprechen den Einträgen im entsprechenden Element in den Service-Metadaten. Neu ist das Element *userValue*; es enthält den im *GetMap*-Request tatsächlich angeforderten Wert der Dimension. Hat das Attribut *current* den Wert „true", so wurde die Dimension bei der Kartenerstellung verwendet und für die korrekte Wiederherstellung des Kartenlayers muss der Dimensionparameter berücksichtigt werden.

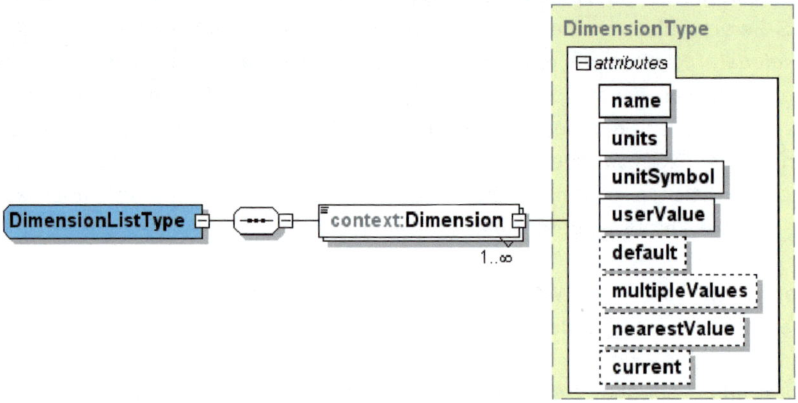

Abbildung 203: Die *DimensionList* des *Context*-Schemas listet die Einschränkungen auf, denen der jeweilige Layer unterliegt.

In ähnlicher Weise enthält das Element *FormatList* die aus den Service-Metadaten ermittelten verfügbaren Übergabeformate für den Layer als Liste der MIME-Type-Bezeichnungen. Mindestens ein *Format*-Element muss die Liste aufweisen. Dessen Attribut *current* hat den Wert 1, wenn das Format dasjenige ist, das bei der Erstellung des *Context*-Dokuments verwendet wurde (Abb. 204).

Abbildung 204: Die *FormatList* in einem *ViewContext* enthält die Liste der beim Server verfügbaren Übergabeformate und markiert im Attribut *current* das aktuell verwendete.

Schließlich kann jeder Layer eine *StyleList* verwalten. Sie listet die für diesen Layer verfügbaren Stile auf. Auch jedes *Style*-Element hat ein Attribut namens *current*. Das wird auf den Wert 1 gesetzt, wenn dieser Stil der aktuell verwendete ist.

Ein Stil kann ein im WMS vordefinierter benannter Stil sein (*namedStyle*). Dann hat das Style-Element zwingend die Kindelemente *Name* und *Title* sowie optional einen *Abstract*. Ein optionales *LegendURL*-Element kann auf ein online verfügbares Legendenbild verweisen (Abb. 205).

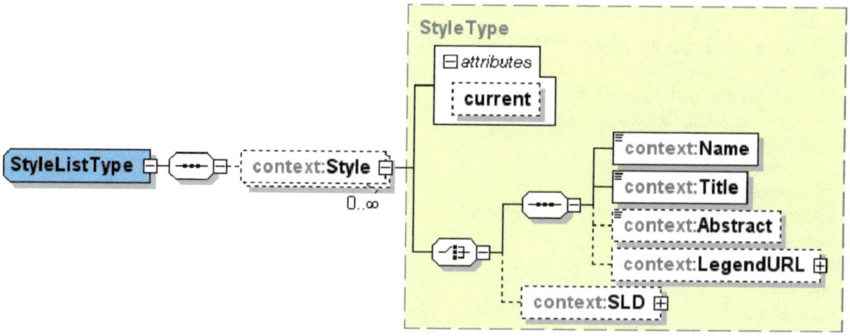

Abbildung 205: Das *StyleList*-Element des *Context*-Schemas enthält Informationen über die verfügbaren Stile für diesen Layer.

Alternativ kann dem Stil im Element SLD ein *StyledLayerDescriptor* zugewiesen werden. Darin muss der verwendete Stil definiert sein. Der SLD kann online verfügbar irgendwo extern liegen und wird dann in einem *OnlineResource*-Element referenziert. Das *Online-Resource*-Element kann jedoch auch auf einen im selben *Context*-Dokument enthaltenen SLD verweisen. Als zweite Möglichkeit kann ein SLD an dieser Stelle - in das *Style*-Element - als *StyledLayerDescriptor*-Element komplett eingebaut werden. In jedem Fall muss sich der Name des übergeordneten *Style*-Elements als *NamedStyle* oder *UserStyle* im SLD wiederfinden, damit eine Darstellungsanweisung zugeordnet werden kann. Als dritte Möglichkeit kann auch einfach nur ein *FeatureTypeStyle*-Element eingebettet werden, das dann die Zeichenregeln für den übergeordneten *Style* enthält (Abb. 206).

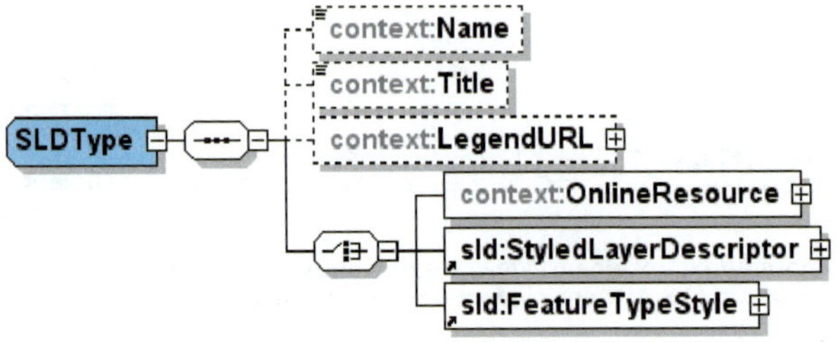

Abbildung 206: *SLD*-Element des *Context*-Schemas

Das folgende Beispiel beschränkt sich hauptsächlich auf die erforderlichen Elemente:

XML-Beispiel 37: Web Map Context-Dokument

```
<?xml version="1.0" encoding="utf-8" standalone="no" ?>
<ViewContext version="1.1.0" id="web_map_context"
  xmlns="http://www.opengeospatial.net/context" xmlns:xlink="http://www.w3.org/1999/xlink"
  xmlns:xsi="http://www.w3.org/2001/XMLSchema-instance"
  xsi:schemaLocation="http://www.opengeospatial.net/context context.xsd">
<!-- General Section -->
  <General>
    <Window width="500" height="300" />
    <BoundingBox SRS="EPSG:4326" minx="-180.0" miny="-90.0" maxx="180.0" maxy="90.0"/>
    <Name>WebMapContext</Name>
    <Title>Web Map Context</Title>
    <KeywordList>
      <Keyword>Beispiel</Keyword>
    </KeywordList>
    <Abstract>Web Map Context-Beispieldokument</Abstract>
  </General>
<!-- Layers Section -->
  <LayerList>
    <Layer queryable="1" hidden="0" current="1">
      <Server service="OGC:WMS" version="1.1.0">
        <OnlineResource xlink:type="simple" xlink:href="http://mapserverxy.org/wms"/>
      </Server>
      <Name>Map:Default</Name>
      <Title>Beispielkarte</Title>
      <FormatList>
        <Format current="1">image/png</Format>
        <Format current="0">image/jpeg</Format>
      </FormatList>
      <StyleList>
        <Style current="1">
          <Name>default</Name>
          <Title>default</Title>
```

```
        <LegendURL width="16" height="16" format="image/png">
          <OnlineResource xlink:type="simple" xlink:href="..."/>
        </LegendURL>
      </StyleList>
    </Layer>
  </LayerList>
</ViewContext>
```

11.3 Das Context-Collection-Schema

Context-Collection-Dokumente oder kurz *ContextCollections* enthalten Listen von *Context*-Dokumenten, sind also Kataloge von Kartenansichten. Eine Anwendung kann die *ContextCollection* beispielsweise als ein Menü aus voreingestellten Startansichten repräsentieren. Umgekehrt kann eine *ContextCollection* natürlich auch zur Speicherung verschiedener durch den Nutzer selbst gestalteter Kartenansichten verwendet werden.

Das Wurzelelement *ViewContextCollection* muss neben der Versionsnummer des WMC-Schemas mindestens ein *ViewContextReference*-Element enthalten. Zu jedem *View-ContextReference*-Element muss auch wieder die Version des WMC-Schemas bekannt gemacht werden (Abb. 207). Jeder Listeneintrag hat im Attribut *id* einen in der Liste eindeutigen Identifikator. Das Kindelement *Title* enthält einen Namen für die Kartenansicht, der beispielsweise in Auswahllisten angezeigt werden kann. Das Element *ContextURL* schließlich enthält den Link auf das *Context*-Dokument. (Abb. 208).

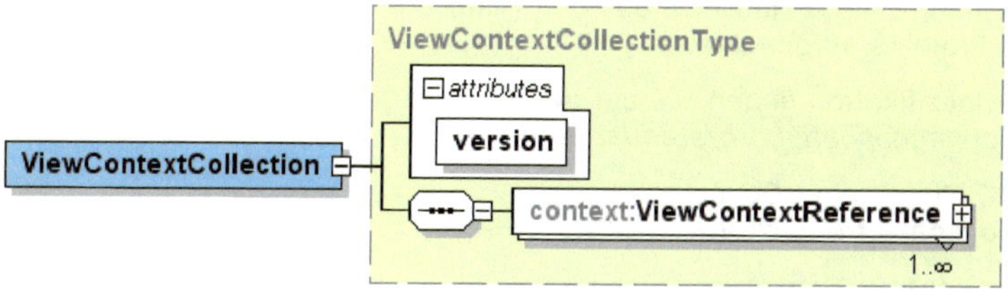

Abbildung 207: Eine *ViewContextCollection* enthält mindestens eine Referenz auf ein *Context*-Dokument.

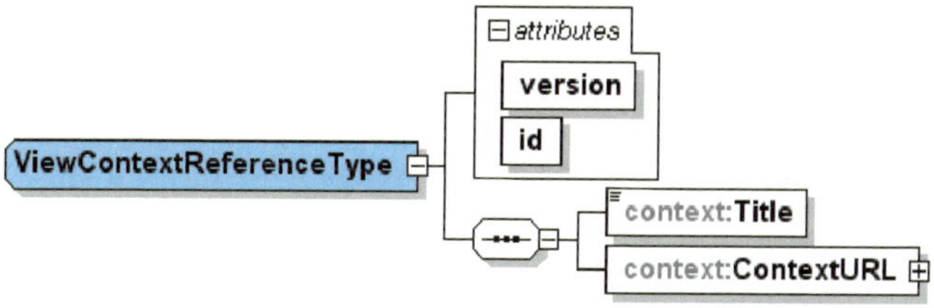

Abbildung 208: Eine *ViewContext*-Referenz besteht aus einer Verweis-URL und einem Titel dazu.

Das folgende Beispiel enthält Referenzen auf zwei verschiedene *Context*-Dokumente.

XML-Beispiel 38: ViewContextCollection-Dokument

```
<?xml version="1.0" encoding="utf-8" standalone="no"?>
<ViewContextCollection version="1.1.0"
  xmlns="http://www.opengeospatial.net/context"
   xmlns:xlink="http://www.w3.org/1999/xlink"
   xmlns:xsi="http://www.w3.org/2001/XMLSchema-instance"
   xsi:schemaLocation="http://www.opengeospatial.net collection.xsd">
  <!-- Liste der Context-Referenzen -->
  <ViewContextReference version="1.0.0" id="eos_data">
    <Title>EOS Data Gateways</Title>
    <ContextURL>
      <OnlineResource xlink:type="simple" xlink:href="..."/>
    </ContextURL>
  </ViewContextReference>
  <ViewContextReference version="0.1.2" id="world_topo">
    <Title>World Topography</Title>
    <ContextURL>
      <OnlineResource xlink:type="simple" xlink:href="..."/>
    </ContextURL>
  </ViewContextReference>
</ViewContextCollection>
```

Links zu Web-Map-Context-Dokumenten

Auch zu Web-Map-Context-Schema und -Dokumenten gibt es kaum produktunabhängige Informationen im Web. Deshalb haben wir auch hier ausnahmsweise Hinweise aus den Hilfeseiten eines OpenSource-Projekts aufgenommen.

Die Original-Spezifikation finden Sie auf der Homepage des OGC:
http://www.opengeospatial.org/standards/wmc

Auch zu WMC gibt es ein OGC-Forum:
http://www.ogcnetwork.net/forum >> WMC

In den Hilfeseiten des Mapservers gibt es eine Einführung in WMC:
http://mapserver.org/ogc/mapcontext.html

Der „Geodatenserver" des Regionalverbands Ruhr hat eine Projekt-Speicherungsfunktion, die (allerdings sehr herstellerspezifische) WMC-Dokumente erzeugt:
http://www.metropoleruhr.de/regionalverband-ruhr >> Geodatenserver

Ein *Context*-Dokument speichert alle notwendigen Informationen für die Wiederherstellung einer nutzergenerierten Kartenansicht in einer hard- und softwareunabhängigen Form.

ContextCollection-Dokumente sind Listen von Online-Verweisen auf Context-Dokumente. Sie dienen als Katalog verschiedener benannter Kartenansichten.

12 Spezifikationen für 3D-Ansichten

Die Spezifikationen des OGC für 3D-Visualisierungsdienste befinden sich noch auf der Ebene von *Discussion Papers* und haben bisher noch nicht die Hürde zum offiziellen Standard geschafft. Die Entwürfe bilden z. B. die Diskussionsgrundlage in verschiedenen Arbeitsgruppen des *OGC Technical Committee*. Sie sollen im Folgenden kurz vorgestellt werden. Dabei wird nicht allzu sehr auf die Details der Entwürfe eingegangen, da sich noch zahlreiche Änderungen auf dem Weg zum Standard ergeben können.

Da verschiedene Nutzungsanforderungen im Bereich der 3D-Visualisierung unterschiedliche technische Lösungen erfordern, bestehen zwei alternative Konzepte für die Realisierung von 3D-Visualisierungsdiensten. Einerseits ein einfacher Dienst (*Web View Service*, WVS), der lediglich fertig gerenderte Bilder an den Client liefert. Andererseits mit dem *Web 3D Service* (W3DS) ein Dienst, der 3D-Szenen in Form echter 3D-Grafikformate an den Client sendet, der diese Daten dann selbst rendern muss, dafür aber alle Interaktionsmöglichkeiten mit den Objekten in der Szene hat.

Mit beiden Diensten ist mehr möglich als eine reine Geländedarstellung. So ist die Integration weiterer 3D-Modelle wie z. B von Gebäuden, Bäumen oder Landmarken möglich. Wie bei WMS-Diensten können bei entsprechendem Serviceangebot mehrere Kartenebenen in benutzerdefinierbaren Darstellungen angefordert werden. Der User definiert die Perspektive über verschiedene Parameter und erhält entweder die entsprechende 3D-Szene in einem 3D-Grafikformat im Fall des W3DS oder eine Ansicht der 3D-Szene als Bild im Fall des WVS.

12.1 Web View Service (WVS)

Ein Web View Service [WVS] liefert Bilder, welche die Ansicht einer dreidimensionalen Szene repräsentieren (Abb. 206). Die Visualisierung dreidimensionaler Modelle stellt relativ hohe Ansprüche an die Ressourcen eines Systems. Die Berechnung der dreidimensionalen Szene erfolgt hier auf dem WVS-Server. Es werden nur die Bilddaten an den Client geliefert, wodurch die Ansprüche an die Ausstattung des Clients gering gehalten werden können. Durch dieses *Fat-Server-/Thin-Client*-Konzept können auch Endgeräte mit geringer Ausstattung wie z. B. Mobiltelefone diesen Service nutzen.

Der Diskussionsentwurf für die WVS-Spezifikation baut unter anderem auf der *Web-Terrain-Server*-Spezifikation (WTS) ([WTS 0.3]) und dem OGC-internen Diskussionspapier für einen *Web Perspective View Service* (WPVS) ([WPVS 1.0]) auf und löst diese beiden Entwürfe ab. Ein WTS/WPVS ist z. B. auch über das Angebot des Bundes und vieler Länder verfügbar (Abb. 209).

Abbildung 209: Bildschirmfoto des Terrain-Viewers in der Internetanwendung Topographisches Informationsmanagement Nordrhein-Westfalen (www.tim-online.nrw.de).

Neben der Darstellung der 3D-Szenen im „normalen" farbigen RGB-Format (*Color Layer*) können die Bilder noch weitere Informationen in unterschiedlichen Ebenen (*Layern*) beinhalten (Abb. 210). Jedem Pixel werden dabei entsprechende Informationen zugewiesen. Dadurch können die Ansichten clientseitig modifiziert werden.

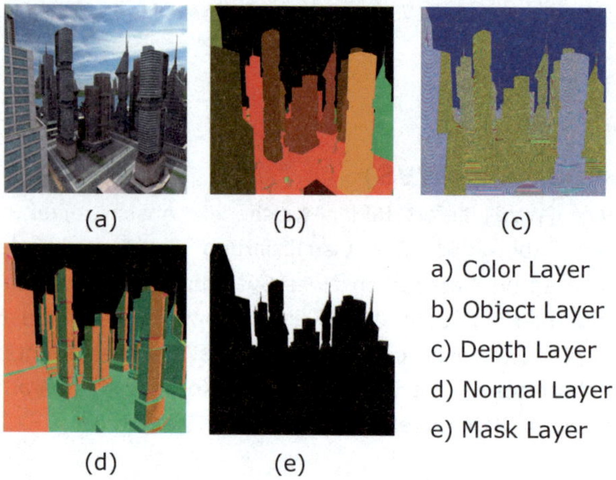

Abbildung 210: Informationsebenen eines Web View Service (aus [WVS 0.3]. Copyright © 1.2.2010 Open Geospatial Consortium, Inc. All Rights Reserved).

Die Distanz zur virtuellen Kamera (*Depth Layer*) (Abb. 210) kann für unterschiedliche visuelle Effekte (z. B. Veränderung der Schärfentiefe) genutzt werden. Jedem Pixel kann eine im Bereich des WVS eindeutige Objekt-ID für das Objekt zugeordnet werden, das es repräsentiert (*Object ID-Layer*). Sie kann z. B. zum Einfärben von Objekten genutzt werden. Mittels des Normalvektors (*Normal Layer*), der jeweils senkrecht auf der Fläche steht, können weitere unterschiedliche visuelle Effekte wie Glanzlichter oder zusätzliche Lichtquellen erzeugt werden. Über einen *Mask Layer* können Pixel identifiziert werden, welche keine Objekte repräsentieren und damit den ungenutzten Bildbereich bilden.

Neben der *GetView*-Anfrage, welche die eigentliche Darstellung der Ansicht generiert, kann ein WVS noch eine Reihe weiterer optionaler Operationen bereitstellen. Tabelle 39 gibt einen Überblick in Kurzform.

Tabelle 39: Operationen eines *Web View Service*

E/O: E = erforderlich (*mandatory*), O = optional.

Operation	E/O	Beschreibung
GetCapabilities	E	Anfrage nach den Metadaten eines Web View Service mit Informationen zu Kartenebenen, Projektionsparametern etc.
GetView	E	Anforderung einer 3D-Ansicht einer 3D-Szene in einem Bildformat.
GetFeatureInfo	O	Anfrage nach den Metadaten der selektierten Objekte in einer 3D-Ansicht.
GetPosition	O	Anfrage nach der 3D-Koordinate einer spezifizierten 2D-Koordinate in der 3D-Ansicht.
GetIdentifier Mapping	O	Anfrage nach den *Feature-Identifiern* zu einer Liste von *Object-Identifiern* oder umgekehrt.
GetMeasurement	O	Anfrage nach der Berechnung von Distanzen und Flächen.
GetCamera	O	Diese Anfrage unterstützt die serverseitige Navigation innerhalb einer 3D-Szene. Aus vom Nutzer ausgewählten 2D-Koordinaten in der 3D-Ansicht einer Szene werden neue Kameraeinstellungen berechnet und einzelne Bilder so an den Client geliefert, dass eine flüssige Darstellung entsteht.
GetLayerInfo	O	Anfrage nach den Metadaten zu einer selektierten Kartenebene.
GetLegendGraphic	O	Anfrage nach einer Kartenlegende.

Auf die optionalen Operationen soll hier nicht näher eingegangen werden, da sich noch zahlreiche Änderungen auf dem Weg zum Standard ergeben werden. Im Folgenden wird jedoch die obligatorische *GetView*-Anfrage näher beschrieben, um einen Überblick über die Möglichkeiten dieses Dienstes zu geben.

Die 3D-Ansicht wird spezifiziert durch:

- Projektionstyp und Parameter,
- geographische Objekte und Phänomene,
- Zeichenvorschriften (Styling),
- Basisinformationen zur Darstellung (z. B. das Ausgabeformat).

Die Perspektive einer digitalen Ansicht kann über die Projektionstypen und deren Parameter festgelegt werden. Die geometrische Projektion ist eine Abbildung der Punkte eines dreidimensionalen Raumes auf die Punkte einer Ebene. Bei der **orthografischen Projektion** handelt es sich um eine Parallelprojektion. Der Standpunkt des Betrachters liegt entsprechend im Unendlichen und die Projektionsstrahlen verlaufen parallel zueinander. Die Projektionsrichtung steht dabei senkrecht auf der Projektionsebene. Die Größe des Objektbilds ist unabhängig von der Entfernung des Betrachters vom Objekt (Abb. 211a).

Bei der **perspektivischen Projektion** (Zentralprojektion) schneiden sich alle Projektionsstrahlen in einem Projektionszentrum. Deshalb ist die Größe eines Objektbilds abhängig von der Entfernung zwischen Objekt- und Bildebene (Abb. 211b). Die perspektivische Ansicht entspricht unserem Alltagsempfinden. Sowohl die perspektivische Projektion als auch die orthografische Projektion werden bisher vom WVS unterstützt.

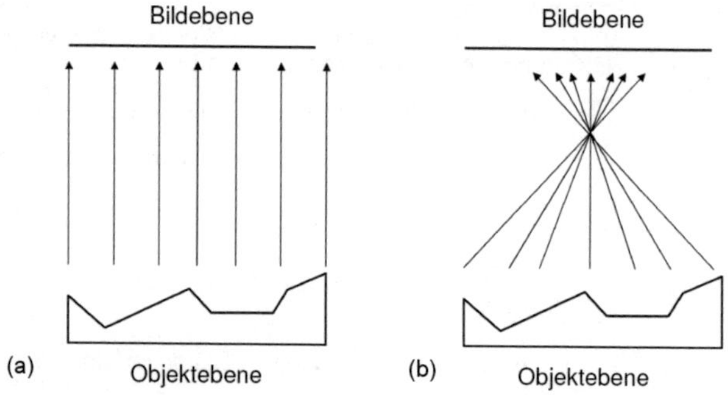

Abbildung 211: Unterstützte WVS-Projektionstypen: orthografische Projektion (a), perspektivische Projektion (b). Bei der orthografischen Projektion spielt der Abstand der Bildebene vom Objekt keine Rolle für die Größe der Objektabbildung. Bei der perspektivischen ist ein Objekt umso kleiner, je entfernter es ist.

Für die Generierung von orthografischen oder perspektivischen Ansichten sind eine ganze Reihe von Parametern notwendig, deren Werte als geordnete Liste im PROJECTION-Parameter in das *GetView*-Request eingebaut werden (Tab. 40). Abbildung 212 veranschaulicht ihre Bedeutung. Davon sind die Definition des Punktes, an dem sich die virtuelle Kamera befindet (Point of Camera: POC), und des Blickmittelpunkts (Point Of Interest: POI) obligatorisch. Alle weiteren Parameter sind optional und bei fehlenden Parameterangaben werden Standardeinstellungen verwendet.

Der sichtbare Bereich zwischen der vorderen Clipping-Ebene (NEARPLANE) und der hinteren Clipping-Ebene (FARPLANE) wird als *Frustum* (Pyramidenstumpf) bezeichnet. Die Ausdehnung des Frustums kann bei der perspektivischen Projektion durch die Angabe der Sichtfelds in horizontaler Richtung (FOVX) und vertikaler Richtung erfolgen (FOVY). Das Sichtfeld beschreibt hier den Bildwinkel der virtuellen Kamera (Angaben in Grad). Bei der orthografischen Projektion kann die Ausdehnung des *Frustums* durch die Parameter LEFT, RIGHT, BOTTOM und TOP beschrieben werden. Dabei handelt es sich um die Entfernung von der Blickachse zu der linken, rechten, oberen und unteren Ebene des *Frustums*. Die Angaben sind in der Einheit des entsprechenden Referenzsystems zu übergeben.

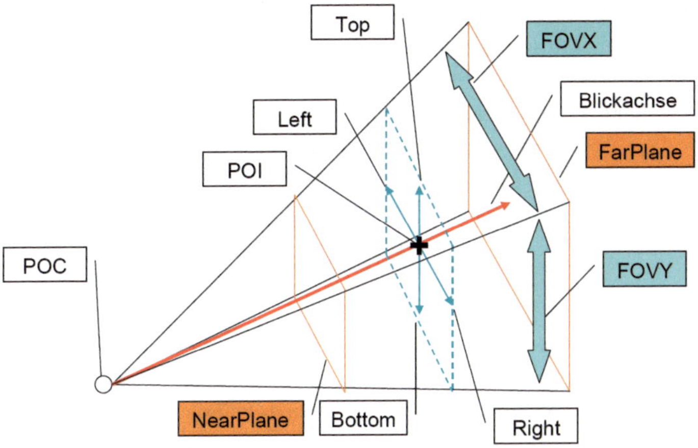

Abbildung 212: Darstellung der einzelnen Projektionsparameter: POC = Point Of Camera, POI = Point Of Interest, FOV = Field Of View.

Tabelle 40: Projektionsparameter der perspektivischen (PP) und der orthografischen Projektion (OP) im *GetView*-Request

E/O: E = erforderlich (*mandatory*), O = optional.

Parameter	Typ	E/O	Beschreibung
POC	PP,OP	E	Point Of Camera, Position der virtuellen Kamera (XYZ-Koordinate), Augenpunkt des Betrachters.
POI	PP,OP	E	Point of Interest (POI), Blickmittelpunkt (XYZ-Koordinate).
Up	PP,OP	O	Normalenvektor, Neigung der Kamera senkrecht zur Betrachtungsrichtung (Querneigungswinkel), (XYZ-Koordinate).
FOVX	PP	O	Field of View (Sichtfeld) in horizontaler Richtung; Bildwinkel der virtuellen Kamera in X-Richtung (Gradangabe).
FOVY	PP	O	Field of View (Sichtfeld) in vertikaler Richtung, Bildwinkel der virtuellen Kamera in Y-Richtung (Gradangabe).
NEARPLANE	PP,OP	O	Vordere Clipping-Ebene, welche im Nahbereich den Sichtbereich der Szene begrenzt (Angabe in der Einheit des Referenzsystems).
FARPLANE	PP,OP	O	Hintere Clipping-Ebene, welche in der Ferne den Sichtbereich der Szene begrenzt (Angabe in der Einheit des Referenzsystems).
LEFT	OP	O	Distanz vom POI zur linken Grenze des Sichtvolumens (Frustum), (Angabe in der Einheit des Referenzsystems).
RIGHT	OP	O	Distanz vom POI zur rechten Grenze des Sichtvolumens (Frustum), (Angabe in der Einheit des Referenzsystems).
BOTTOM	OP	O	Distanz vom POI zur unteren Grenze des Sichtvolumens (Frustum), (Angabe in der Einheit des Referenzsystems).
TOP	OP	O	Distanz vom POI zur oberen Grenze des Sichtvolumens (Frustum), (Angabe in der Einheit des Referenzsystems).

Neben den obligatorischen Parametern SERVICE, VERSION und REQUEST muss eine *GetView*-Anfrage eine ganze Reihe von weiteren HTTP-Parametern übermitteln (Tab. 41):

Tabelle 41: HTTP-Anfrageparameter des WVS-*GetView*-Requests

E/O: E = erforderlich (*mandatory*), O = optional.

Parameter	E/O	Beschreibung
SERVICE	E	Service-Typ, hier immer: WVS
REQUEST	E	Operation, hier immer: GetScene
VERSION	E	Version des Dienstes
CRS	E	Referenzsystem (z. B. ESPG:31467)
BOUNDINGBOX	O	Kommaseparierte Folge der Eckkoordinaten des räumlichen Ausschnitts der Szene (xmin,ymin,zmin,xmax,ymax,zmax)
SPATIAL-SELECTION	O	Methode für den Umgang mit Objekten am Rand des Ausschnitts; erlaubte Methoden sind *overlaps*, *contains_center* und *cut*
TIME	O	Datums- und Zeitangabe in ISO-8601-Format für die Bereitstellung realistischer Beleuchtungsverhältnisse
LAYERS	E	Kommaseparierte Liste der darzustellenden Kartenebenen
STYLES	O	Kommaseparierte Liste der Styles für jede Kartenebene
IMAGESTYLES	O	Kommaseparierte Liste der Styles für die 3D-Ansicht (z. B. Foggy, Illustrative)
SLD	O	Referenz auf ein Styled-Layer-Descriptor-Dokument
SLD_BODY	O	Direkt in das Request eingebaute Styled-Layer-Descriptor-Struktur
BACKGROUND	O	Identifikator für den Hintergrund; es kann sich z. B. um ein Bild oder eine Farbe handeln
BACKGROUND-COLOR	O	Hintergrundfarbe der 3D-Ansicht in Hexadezimalcode
TRANSPARENT-BACKGROUND	O	*True*, wenn der Hintergrund transparent erscheinen soll
PORTRAYALS	E	Das Keyword PORTRAYALS= leitet die Liste der Portrayals-Parameter aus Tabelle 42 ein; ein Beispiel lautet: PORTRAYALS=WIDTH=1024;HEIGHT=1024;PROJECTIONS=Perspective,202000,3310000,200,202000,3305000,200,0,0,1,60,,0.01,1000.0; IMAGELAYERS=COLOR,DEPTH;FORMATS=image/jpeg,image/png%3Bmode=32bit;QUALITIES=100,100
EXCEPTIONS	O	Format des Fehlerprotokolls; erlaubte Werte sind INIMAGE, BLANK oder XML, Standardeinstellung ist XML

Der BOUNDINGBOX-Parameter definiert den dreidimensionalen räumlichen Ausschnitt der Szene. Da die 3D-Objekte sich auch nur teilweise innerhalb der 3D-BoundingBox befinden können, kann über den Parameter SPATIALSELECTION festgelegt werden, wie mit diesen Objekten umgegangen werden soll. Diese können entweder komplett dargestellt werden (falls sie sich innerhalb der *BoundingBox* befinden), diese schneiden (*overlaps*), oder an den Rändern der *BoundingBox* abgeschnitten werden (*cut*). Des Weiteren gibt es noch die Möglichkeit, alle Objekte zu berücksichtigen, deren Mittelpunkt sich innerhalb der *BoundingBox* befindet (*contains_center*).

Durch den Parameter TIME können realistische Beleuchtungsverhältnisse auf Basis des Datums und der Uhrzeit simuliert werden.

Die gewünschten Ansichtslayer und ihre Darstellungsstile werden in den Parametern LAYERS und STYLES jeweils als Liste übergeben. Alternativ kann auch ein *Styled Layer Descriptor* referenziert oder eingebaut werden; dafür ist ein erweiterter 3D-*Styled-Layer-Descriptor* notwendig (Kapitel 12.3).

Der Parameter PORTRAYALS bündelt die Merkmale für die Ausgabe wie Breite und Höhe der Ansicht, die gewünschten Informationsebenen, die Ausgabeformate und ihre Qualitäten (Tab. 42). Der darin enthaltene Parameter PROJECTIONS übermittelt eine Werteliste für die in Tabelle 40 erklärten Parameter der perspektivischen oder orthografischen Projektion.

Tabelle 42: Portrayals-Parameter des *GetView*-Requests

E/O: E = erforderlich (*mandatory*), O = optional.

Parameter	E/O	Beschreibung
WIDTH	E	Breite des Ausgabebildes in Pixeln.
HEIGHT	E	Höhe des Ausgabebildes in Pixeln.
PRO-JECTIONS	E	Geordnete kommaseparierte Werteliste. Sie beginnt mit dem Keyword für die Art der Projektion (Perspective oder Orthographic). Es folgen die Werte für die Projektionsparameter aus Tabelle 40. Ein Beispiel: „Perspective,202000,3310000,200,202000,3305000,200,0,0,1,60,,0.01,1000.0".
IMAGE-LAYERS	E	Kommaseparierte Liste der zu verwendenden ImageLayer. Mögliche Werte sind COLOR, OBJECTID, DEPTH, NORMAL und MASK.
FORMATS	E	Kommaseparierte Liste der Formate für die ImageLayer als MIME-Type-Bezeichnungen.
QUALITIES	O	Kommaseparierte Liste von Qualitätsangaben als Integerwerte zwischen 0 und 100 für die ImageLayer und deren Formate, in passender Reihenfolge.

Durch eine optionale *GetCamera*-Anfrage unterstützt der WVS auch eine serverseitige Navigation. Der Nutzer hat die Möglichkeit – beispielsweise durch eine Selektion in der Ansicht –, eine Liste von 2D-Koordinaten zu übergeben. Auch der Typ der Navigation kann festgelegt werden. Ist z. B. der Typ auf *GoTo* gesetzt, werden nacheinander die selektierten Koordinaten angesteuert. Auf Basis der Koordinatenliste und des Navigationstypen können neue Kameraeinstellungen berechnet werden und es wird eine entsprechende Bildsequenz an das Ausgabegerät geliefert. Können die Bilder dabei flüssig übertragen werden, erhält der Nutzer den Eindruck, sich in der 3D-Szene zu bewegen.

Der *Web View Service* liefert Ansichten einer dreidimensionalen Szene in einem Bildformat. Da die komplexen Berechnungen auf dem Server erfolgen und nur Bilder ausgeliefert werden, können auch Endgeräte mit geringen Leistungsmerkmalen (z. B. Mobiltelefone) auf diesen Service zugreifen.

12.2 Web 3D Service (W3DS)

Der *Web 3D Service* (W3DS) ([W3DS 0.4]) ist ein Dienst, der entsprechend einer Anfrage eine 3D-Szene erzeugt. Während der *Web View Service* eine Ansicht einer 3D-Szene als Bild auf eine Anfrage hin zurückgibt, liefert der W3DS den 3D-Szenengraphen selbst. Dieser kann dann interaktiv vom Nutzer erkundet werden. Der W3DS ist somit die Ergänzung des WVS zu einer echten 3D-Darstellung. Als Ausgabeformate dienen übliche 3D-Formate wie X3D, KML oder VRML.

Es existieren bereits Realisierungen des W3DS-Diskussionsentwurfs [ZIPF_BA 97]. Eine Implementierung der W3DS-Spezifikation bildet die Kernkomponente der auf OGC Diensten basierenden 3D-Geodateninfrastruktur der Stadt Heidelberg. Abb. 213 zeigt einen Bildschirmdruck aus der Anwendung.

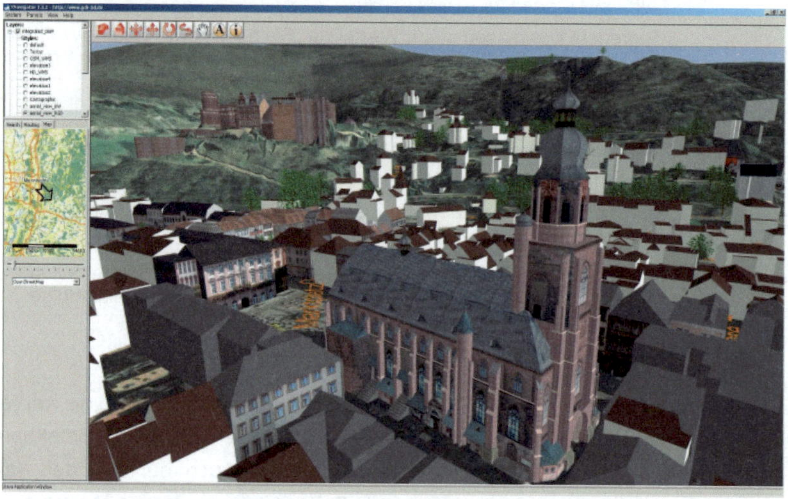

Abbildung 213: Bildschirmfoto der Geodateninfrastruktur 3D der Stadt Heidelberg (www.gdi-3d.de)

Der 3D-Service wird von der Stadt Heidelberg bereits zur Stadtplanung eingesetzt. Dem normalen Nutzer ist die interaktive Erkundung der Stadt Heidelberg über den Link *www.GDI-3D.de* ebenfalls möglich.

Eine weitere Implementierung zeigt, dass das Konzept auch zur Realisierung sehr großflächiger Angebote möglich ist. Mit OSM-3D.org steht ein W3DS-Dienst zur Verfügung, der auf Landnutzungsdaten von OpenStreetMap (OSM) in Kombination mit Geländedaten von SRTM (Shuttle Radar Topographic Mission) basiert und aktuell mehrere ganze Staaten (Deutschland und Schweiz) sowie umliegende Gebiete von Süddänemark bis Norditalien umfasst. In erstaunlicher Geschwindigkeit hat die OpenStreetMap-Gemeinde bereits eine große Menge an Geodaten zusammengetragen, sodass das OSM-3D-Portal mehrere Millionen Gebäude , POI (Points of Interest) und Straßen umfasst. In der Homepage des Projekts ist ein Viewer-Client verfügbar, der entweder heruntergeladen oder als Applet gestartet werden kann. Er greift auf einen W3DS-Dienst zu. In der jeweiligen Szene kann der Benutzer navigieren, sowie weitere OGC-Dienste aufrufen. Abbildung 214 zeigt eine Situation daraus.

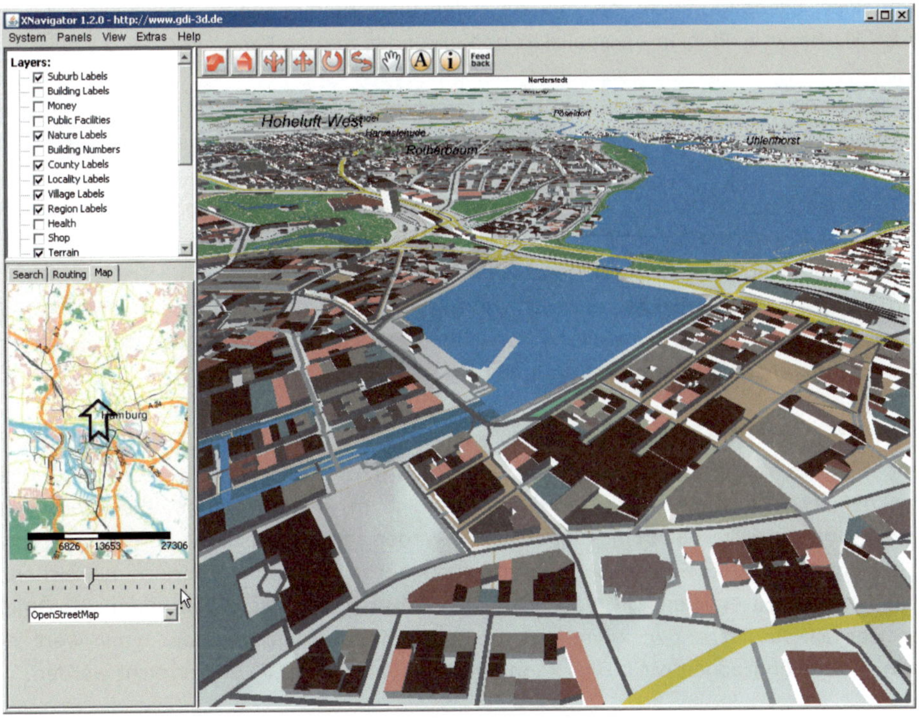

Abbildung 214: Bildschirmdruck aus dem XNavigator, dem 3D-Viewer für OpenStreetMap 3D, mit Blick auf die Hamburger Alster. Der Viewer ist zugänglich unter www.osm-3d.org.

Tabelle 43 gibt einen Überblick über die Operationen eines W3DS.

Tabelle 43: Operationen eines *Web 3D Service*

E/O: E = erforderlich (*mandatory*), O = optional.

Operation	Beschreibung	E/O
GetCapabilities	Anfrage nach den Metadaten eines Web-3D-Service mit Informationen zu Kartenebenen, Projektionsparametern, etc.	E
GetScene	Anforderung einer 3D-Szene in einem 3D-Format (VRML, X3D, etc.).	E
GetFeatureInfo	Anfrage nach den Metadaten der selektierten Objekte in einer 3D-Szene.	O
GetLayerInfo	Anfrage nach den Metadaten zu einer selektierten Kartenebene.	O
GetTile	Anforderung einer Kachel (Tile) eines in quadratische Kacheln unterteilten Datensatzes.	O

Im Folgenden wird näher auf die obligatorische *GetScene*-Anfrage eingegangen, um die Funktionsweise dieses Dienstes zu erläutern. Als Antwort auf ein *GetScene*-Request erhält man einen Szenengraphen, der mittels einer Viewerkomponente – beispielsweise mit einem 3D-Browser-Plug-In – visualisiert und erkundet werden kann.

Tabelle 44 gibt einen Überblick über die Parameter der W3DS *GetScene*-Anfrage. Nur die für diesen Dienst spezifischen Parameter werden im Folgenden etwas näher erläutert.

Im Gegensatz zum WVS sind beim W3DS die Angaben zur Generierung einer Perspektive (Parameter VIEWPOINTS*)* nicht obligatorisch. Üblicherweise wird vom Client zunächst eine Standardperspektive verwendet. Dann kann sich der User frei in der 3D-Szene bewegen. Wurde eine VIEWPOINTS-Liste erstellt, wird der erste *Viewpoint* von einem W3DS-konformen Clienten als aktuelle Einstellung verwendet. Die einzelnen Parameter zur Erzeugung eines *Viewpoints* sind ausführlich in Kapitel 12.1 erklärt.

Die Angabe eines rechteckigen Koordinatenausschnitts im Parameter BOUNDINGBOX ist bei der *GetScene*-Anfrage obligatorisch. Dadurch wird die Größe der 3D-Szene in XY-Richtung definiert. Die Angabe der Koordinaten erfolgt im Referenzsystem. Die Koordinaten der 3D-Objekte sollten allerdings verschoben werden, da sie in einigen Referenzsystemen (CRS) sonst zu viele Stellen hätten, um auch noch im Submeterbereich hinreichende Genauigkeiten zu erzielen. Die Verschiebung wird erreicht, indem von jedem 3D-Objekt von der X-Koordinate der xmin-Wert und von der Y-Koordinate der ymin-Wert der *BoundingBox* abgezogen wird. Dies kann über den Parameter OFFSET erreicht werden.

Durch die Angaben MINHEIGHT und MAXHEIGHT können die darzustellenden 3D-Objekte entsprechend ihrer Höhe selektiert werden. Der Parameter TIME ermöglicht es, entsprechend der Datums- und Uhrzeitangabe realistische Beleuchtungsverhältnisse zu erzeugen. Des Weiteren kann der Hintergrund (BACKGROUND) über vordefinierte Bezeichner festgelegt werden, die über ein W3DS-*GetCapabilities*-Request erfragt werden können. Für die Layerdefinition kann der Client neben den LAYERS-Listen auch STYLES-Listen übersenden oder mit der im folgenden Kapitel vorgestellten Erweiterung des SLD-WMS auch 3D-SLD-Dokumente übermitteln.

Tabelle 44: HTTP-Anfrageparameter des W3DS-*GetScene*-Requests

E/O: E = erforderlich (*mandatory*), O = optional.

Parameter	E/O	Beschreibung
SERVICE	E	Service-Typ; hier immer: W3DS
REQUEST	E	Name der Operation; hier immer: GetScene
VERSION	E	Versionsnummer des Dienstes
CRS	E	Identifikator für das Koordinaten-Referenzsystem
FORMAT	E	Ausgabeformat für die Szene (X3D, VRML etc.)
TIME	O	Datum und Uhrzeit in ISO-8601-Format für die Bereitstellung realistischer Beleuchtungsverhältnisse
MINHEIGHT	O	Unteres vertikales Limit der 3D-Szene im Referenzsystem
MAXHEIGHT	O	Oberes vertikales Limit der 3D-Szene im Referenzsystem
BOUNDINGBOX	E	Eck-Koordinaten des Kartenausschnitts in Einheiten des Referenzsystems und in der Folge xmin,ymin,xmax,ymax
LAYERS	O	Kommaseparierte Liste der gewünschten Kartenebenen
STYLES	O	Kommaseparierte Liste der Darstellungsstile für die gewünschten Kartenebenen
SPATIAL-SELECTION	O	Methode für den Umgang mit Objekten am Rand des Ausschnittes; erlaubte Methoden sind *overlaps*, *contains_center* und *cut* (s. Kap. 12.1)
LODS	O	Kommaseparierte Liste der angefragten Detailstufen (Level of Details) für die Kartenebenen
LODSELECTION	O	Methode für den Umgang mit den Detailstufen; erlaubte Werte sind *equals*, *equals_or_smaller* und *combined*
OFFSET	O	Offset-Vektor (Achsversatz) als Folge x,y,z in Einheiten des Referenzsystems
BACKGROUND	O	Identifikator für den Hintergrund; es kann sich z. B. um ein Bild oder eine Farbe handeln
LIGHT	O	*True* für die Generierung realistischer Beleuchtungsverhältnisse auf Basis des TIME-Parameters
VIEWPOINTS	O	Geordnete kommaseparierte Werteliste; sie beginnt mit dem Namen des Viewpoints; es folgen die Werte für die Projektionsparameter POI, POC, UP und FOV aus Tabelle 40
EXCEPTIONS	O	Format des Fehlerprotokolls; Standardeinstellung ist text/xml

Detaillierte 3D-Modelle erfordern den Transport großer Datenmengen an den Client. Um trotzdem eine performante Anwendung zu gewährleisten, werden häufig verschiedene Detailstufen (LODs, *Levels Of Detail*) eines 3D-Modells generiert. In Abhängigkeit von der Entfernung zur virtuellen Kamera können dann unterschiedliche Detailstufen des Objekts bereitgestellt werden. Im Nahbereich wird somit ein detailliertes Modell visualisiert, während in der Ferne weniger detaillierte Modelle mit einer entsprechend geringeren Dateigröße visualisiert werden. Da in der Ferne die Details eines Modells vom Nutzer nicht registriert werden können, kommt es zu keinen Informationsverlusten bei deutlich geringerem Datenübertragungsvolumen (vgl. Abb. 216 auf Seite 301).

Der W3DS-Entwurf unterstützt dieses Konzept. Über den Parameter LODS kann eine Liste übergeben werden, die für jede Kartenebene eine bestimmte Detailstufe anfordert. Über den Parameter LODSELECTION kann weiterhin festgelegt werden, wie die Detailstufen dargestellt werden sollen. Bei der Methode *equals* werden die Objekte nur dann in eine 3D-Szene integriert, wenn die angefragte Detailstufe auch existiert. Ist die Methode auf *equals_or_smaller* gesetzt, werden Objekte in die 3D-Szene integriert, wenn die angefragte Detailstufe existiert. Ist diese nicht vorhanden, so wird auf die nächst niedrigere Detailstufe der Objekte zurückgegriffen. Mit der Methode *combined* werden alle vorhandenen Detailstufen eines Objekts in die 3D-Szene integriert und in Abhängigkeit von ihrer Distanz zur virtuellen Kamera (*POC*) visualisiert. Dies wird bisher nur durch das X3D-Format unterstützt.

Der Parameter VIEWPOINT übermittelt die gewünschte Position der angenommenen Kamera und den Öffnungswinkel, mit der auf die Szene geschaut wird (Abb. 215). Der Inhalt des Parameters ist eine kommaseparierte Werteliste aus den Projektionsparametern POI, POC, UP und FOV. Sie haben dieselbe Bedeutung wie beim Web View Service (vgl. Tabelle 40 auf Seite 293).

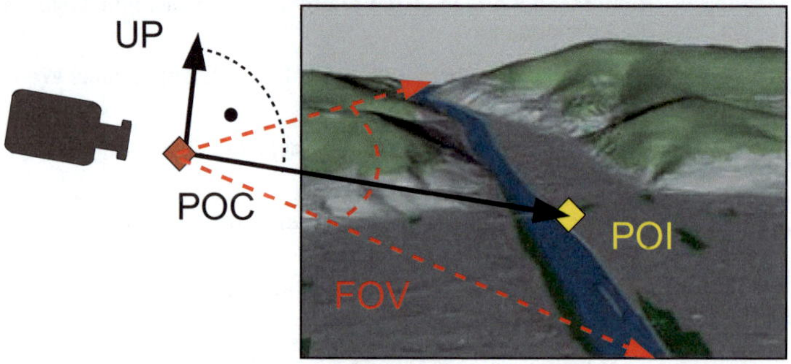

Abbildung 215: Parameter für die Definition des Viewpoints für eine 3D-Ansicht oder 3D-Szene. POI=Point of Interest, POC=Point of Camera, UP=Normalenvektor auf der Blickrichtung, FOV = Field of View (Öffnungswinkel).

Grundsätzlich ist es wesentlich schneller, auf vorprozessierte gekachelte Daten zuzugreifen, da die Berechnungszeiten entfallen. Dazu werden von einem Datensatz quadratische Kacheln (*Tiles*) in mehreren Größen und Detailstufen erzeugt. Die einzelnen Kacheln können durch die Nummer der Zeilen und Spalten der Matrix aufgerufen werden. Zurzeit wird gerade an einer entsprechenden Erweiterung der WMS-Spezifikation gearbeitet (*Tiled WMS*, Kapitel 13.1). Vor allem bei komplexen Daten und Berechnungen ist dieses Vorgehen sinnvoll. Dazu gibt es in dem W3DS-Spezifikationsentwurf die *GetTile*-Anfrage. Bei dieser werden u. a. als obligatorische Parameter die Detailstufe (TILELEVEL), die Spalte (TILECOL) und die Zeile (TILEROW) der angeforderten Kachel übergeben. Der Client hat so die Möglichkeit, effizient die Detailstufen eines Objekts in Abhängigkeit von der Distanz zur virtuellen Kamera zu visualisieren. Die höchstaufgelöste Detailstufe wird nur in unmittelbarer Nähe zu virtuellen Kamera visualisiert (Abb.216).

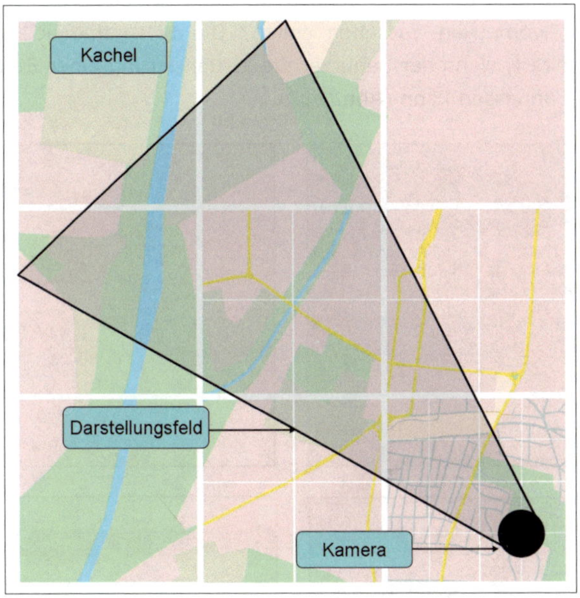

Abbildung 216: Visualisierung von gekachelten Detailstufen eines 3D-Modells in Abhängigkeit von der Distanz zur virtuellen Kamera (Aufsicht).

Bei größerer Entfernung nimmt der Detaillierungsgrad entsprechend ab, und die Größe der Kacheln nimmt zu. Der Speicherverbrauch und die Prozessierungszeit beim Rendern der 3D-Szenen, welches auf dem Clienten stattfindet, werden durch dieses Konzept ebenfalls minimiert. Einmal übertragene Kacheln können in einem Cache vorgehalten und bei erneuter Anfrage wiederverwendet werden.

Der *Web 3D Service* liefert einen dreidimensionalen Szenengraphen in einem 3D-Format. Dieser kann vom Nutzer interaktiv erkundet werden.

Das erfordert auf der Client-Seite Anwendungen mit entsprechender Funktionalität.

12.3 3D-SLD

Ein W3DS gibt eine 3D-Szene aus, die der Benutzer mithilfe eines passenden Viewers betrachten kann. Wäre es nicht schön, wenn der Anwender ebenso wie beim SLD-WMS Einfluss auf die Gestaltung der Szene nehmen könnte - indem er dem W3DS übermittelt, wie die einzelnen Geometrien aussehen sollen? Die Einsatzmöglichkeiten eines W3DS werden enorm erweitert, wenn der Benutzer die Visualisierung einer Szene an seine spezifischen Bedürfnisse anpassen kann (Abb. 217).

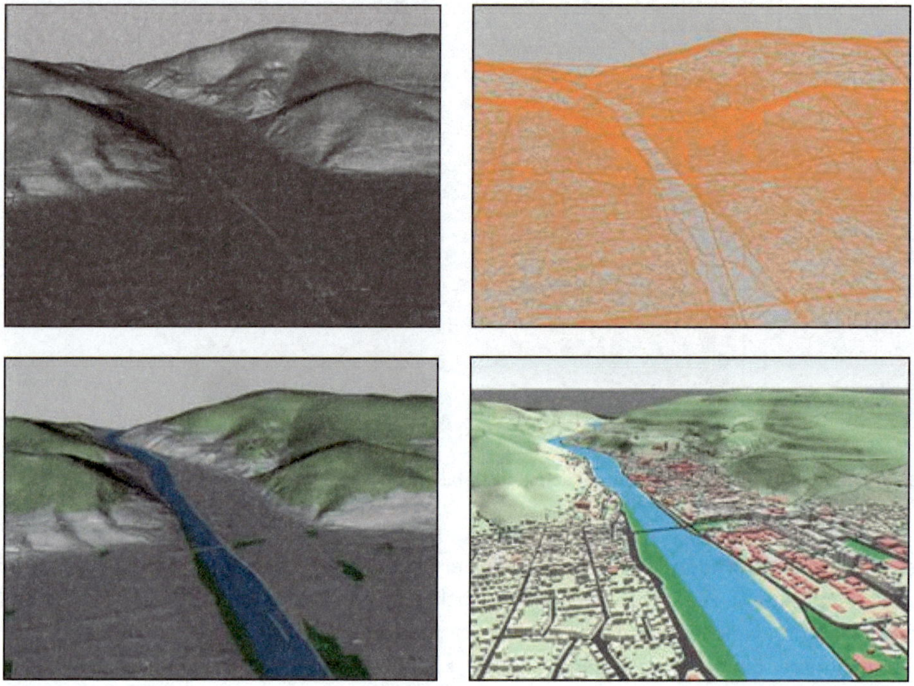

Abbildung 217: Dieselbe Szene in vier verschiedenen Darstellungsvarianten: Einheitlich grau (oben links), beschränkt auf Linienelemente (oben rechts), mit regelbasierter Einfärbung der Fluss-, Wald- und Wiesenflächen (unten links) sowie regelbasiert eingefärbt mit Hervorhebung der öffentlichen Gebäude (unten rechts).

Vor allem im Hinblick auf interoperable Web-Lösungen sollte es dem Benutzer gegeben sein, das Styling eines W3DS selbst anzupassen. In einer dezentralen interoperablen Architektur könnten mehrere unabhängige W3DS ein gleichartig visualisiertes Modell zurücksenden. Ähnlich wie im Kanal-Beispiel des Kapitels 10 könnten mit einer 3D-SLD-Norm Szenen aus unterschiedlichen Datenquellen in einheitlicher Gestaltung zusammengesetzt werden (Abb. 218).

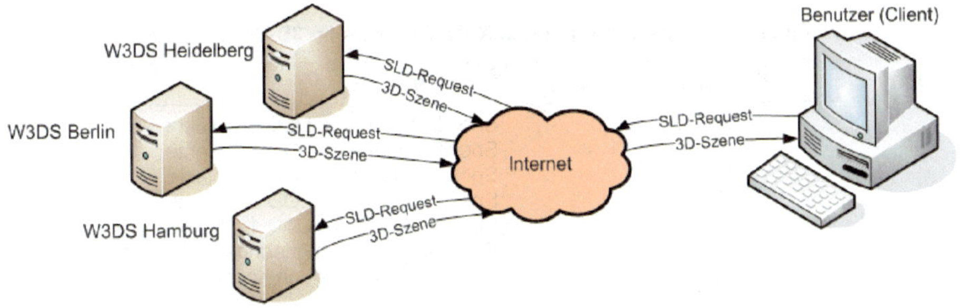

Abbildung 218: W3DS-Server mit 3D-SLD-Profil würden es dem Benutzer ermöglichen, aus verschiedenen Diensten eine gleichartig visualisierte 3D-Szene zusammenzusetzen.

Das Diskussionspapier zum „3D-Symbology Encoding" ([3D-SE]) schlägt also Normen-Erweiterungen vor, mit denen in Zukunft das Konzept der benutzerdefinierten Darstellungen auch für 3D-Modelle eingesetzt werden kann. Der Entwurf enthält Vorschläge für die Erweiterung des *Symbology-Encoding*-Schemas (SE 1.1.0) und für ein SLD-Profil für die W3DS-Schnittstelle.

Die benutzerdefinierte Gestaltung einer Szene soll nach dem gleichen Muster wie bei einem SLD-WMS funktionieren. Die *GetScene*-Operation eines W3DS wird dafür im SLD-W3DS um den Parameter SLD bzw SLD_BODY erweitert, mit dem ein SLD übergeben werden kann. Als weitere Ergänzungen der Schnittstelle sind eine *GetFeatureInfo-* und eine *DescribeLayer*-Operation vorgesehen; außerdem definiert der Entwurf ein Schema für HTTP-POST-Übergaben des *GetScene*-Requests.

Für den *Styled Layer Descriptor* wird das vorhandene SLD-Schema verwendet, in den jedoch das neue 3D-SE-Schema eingebunden wird. Es erweitert das bisherige SE-Schema um einige Gestaltungselemente. Das sind im gegenwärtigen Entwurf:

- die Einschränkung der Ebenen auf *Levels of Detail*,
- ein *Surface Symbolizer* für die Ausgestaltung von Geländeoberflächen,
- ein *Solid Symbolizer* für die Gestaltung von Gebäudeoberflächen,
- Elemente für die Definition von Materialeigenschaften und des Schattenwurfs,
- über der Szene schwebende Plakate (*billboards*) als Punktsignaturen,
- die Verwendung von 3D-Grafiken in der Ansicht und in der Legende,

- wohlbekannte 3D-Standardformen wie Kugel, Zylinder, Kegel und Kubus,
- die Rotation von Elementen um drei Achsen,
- die Ausweitung der Elemente Displacement und Positions um eine Z-Richtung,
- die Darstellung linienförmiger Elemente (z. B. von Buslinien) als Röhren.

Die Tabelle 45 zeigt die derzeit vorgesehenen Erweiterungen im Einzelnen.

Tabelle 45: Erweiterungen des Rule-Elements im 3D-SE-Schema

Element	Extension	Function
Rule	LOD_0 LOD_1 LOD_2 LOD_3 LOD_4 Lowest_LOD Top_LOD	Spezifikationen für LOD 0-Objekte Spezifikationen für LOD 1-Objekte Spezifikationen für LOD 2-Objekte Spezifikationen für LOD 3-Objekte Spezifikationen für LOD 4-Objekte Spezifikationen den niedrigsten LOD des Servers Spezifikationen für den höchsten LOD
SolidSymbolizer (neu)	 Geometry CoverFill VolumeFill	Symbolizer für 3D-Objekte Geometriedefinition Oberflächengestaltung Gestaltung des Objektinneren
SurfaceSymbolizer (neu)	 SurfaceSymbology Contour Elevation Slope Aspect Fill	Symbolizer für Geländeoberflächen Art der kartografischen Gestaltung Konturlinien Höhenstufung Hangneigung Hangrichtung Flächenfüllung
PointSymbolizer	Graphic_3D ExternalGraphic_3D Format_3D OnlineResource Mark_3D WellKnownName Fill Opacity Size Rotation3D	3D-Objekte als Punktsignaturen Referenz auf ein extern abgelegtes 3D-Objekt Dateiformat Link zum externen 3D-Objekt 3D-Standardobjekt Bekannter Name dafür Gestaltung des Objekts Transparenzeinstellung Größe 3D-Rotation
	BillboardPlacement (s. u.)	Über der Szene schwebende Plakate
LineSymbolizer	Pipe Radius CssParameter	Röhrendarstellung für Linien Radius der Röhre Farbe der Röhre
	Billboardplacement (s. u.)	Plakat-Beschriftung für linienförmige Objekte
PolygonSymbolizer	BillboardPlacement …	Plakat-Beschriftung für flächenförmige Objekte
TextSymbolizer	Depth	Raumtiefe des Textes
RasterSymbolizer	BillboardPlacement	Plakatbeschriftung für Rasterpixel

Element	Extension	Function
LabelPlacement	Billboardplacement AnchorPoint Displacement Rotation	Plakat-Beschriftung für linienförmige Objekte Anheftungspunkt des Plakats Versatz von der Ausgangsgeometrie Rotation des Plakats
Fill	Material DiffuseColor AmbientIntensity SpecularColor Shininess Transparency EmissiveColor	Definition des Oberflächenmaterials Farbe der diffusen Reflexion Intensität der diffusen Reflexion Farbe der direkten Reflexion Intensität der direkten Reflexion Transparenz Farbe des abgestrahlten Lichts
PointPlacement	Rotation3D Rotation_X Rotation_Y Rotation_Z	3D-Rotation Rotation um die X-Achse Rotation um die Y-Achse Rotation um die Z-Achse
AnchorPoint	AnchorPointZ	Koordinaten des Anheftungspunkts in Z-Richtung
Displacement	DisplacementZ	Versatz in Z-Richtung
LegendGraphic	Graphic_3D ExternalGraphic_3D Format_3D OnlineResource Mark_3D WellKnownName Fill Opacity Size Rotation3D	3D-Legende Extern abgelegte 3D-Legendengrafik Dateiformat Link zur 3D-Legendengrafik 3D-Standardgrafik Bekannter Name Aussehen Transparenz Größe 3D-Rotation

Eine erste Implementierung wurde im Projekt 3D-Geodateninfrastruktur der Stadt Heidelberg realisiert ([NEU_Zi 08]). Für die einzelnen Ebenen der Szene (Gelände, Gebäude und weitere 3D-Objekte) können unterschiedliche Zeichenvorschriften verwendet werden. Objekte in den verschiedenen Ebenen können auch anhand ihrer Eigenschaften gefiltert und visualisiert werden; beispielsweise ist es möglich, Gebäude nach ihrer Nutzung unterschiedlich einzufärben (Abb. 219).

Der Entwurf für einen 3D-*Symbology-Encoding*-Standard enthält zwei Teile:

Die Definition eines SLD-Profils für die *GetScene*-Schnittstelle eines *Web 3D Service* und

eine Erweiterung des 2D-*Symbology-Encoding*-Standards um Schemaelemente, die für 3D-Visualisierungen notwendig sind.

Abbildung 219: Bildschirmfoto der Geodateninfrastruktur 3D der Stadt Heidelberg. Die Gebäude wurden ihrer Höhe entsprechend unterschiedlich eingefärbt via 3D-SE.

Literatur zu OpenGIS-Standards für 3D-Ansichten

Die Arbeitsgruppe der Univ. Heidelberg berichtet in der Zeitschrift GIS Business über den aktuellen Stand der Standardentwürfe ([3D_Standards]).

Links zu den OGC-Spezifikationsentwürfen für 3D-Ansichten

Die drei Standard-Entwürfe sind über die Standards-Seiten in der Homepage des OGC in der Kategorie Discussion Papers zu finden:
http://www.opengeospatial.org/standards/dp
>>Web View Service Discussion Paper
>>Draft for Candidate OpenGIS® Web 3D Service Interface Standard
>>3D-Symbology Encoding Discussion Draft

Homepage des Projekts Geodateninfrastruktur 3D (W3DS):
http://www.gdi-3d.de

Ein Ausgangspunkt für weitere Informationen zum W3DS ist das W3DS-Wiki der Universität Heidelberg:
http://www.w3ds.org

Entsprechend die Web-View-Service-Homepage des Hasso Plattner Instituts:
http://www.webviewservice.org/

Homepage von OpenStreetmap-3D:
http://www.osm-3d.org

3D-Geodateninfrastruktur der Stadt Heidelberg:
http://www.heidelberg-3d.de

Einen Terrain-Viewer erreicht man, indem man im Geoviewer der Bundesanstalt für Kartographie und Geoinformation (BKG) den 3D-Button anklickt:
http://geoportal.bkg.bund.de

Mit gleicher Technik, aber etwas schneller zu erreichen ist der Terrain-Viewer im Tim-online-Portal von Geobasis NRW:
www.tim-online.nrw.de

Für dreidimensionale Ansichten sind zum Zeitpunkt der Redaktion zwei Spezifikationsentwürfe beim OGC anhängig:

Der *Web View Service* liefert dreidimensional wirkende Ansichten als zweidimensionales Bild aus. Der Benutzer kann die Ansichtshöhe und den Blickwinkel definieren.

Ein *Web 3D Service* dagegen soll dreidimensionale Szenen ausliefern. Sie enthalten dreidimensionale Objekte und können mit einem 3D-fähigen Betrachter erkundet werden.

Für die benutzerdefinierte Gestaltung der 3D-Objekte ist unter dem Begriff 3D-SLD ein Vorschlag zur Erweiterung des *Symbology Encodings* in der Diskussion.

13 Weitere Spezifikationsentwürfe

Es gibt noch einige Entwürfe, die in einem direkten Zusammenhang mit *Portrayal Services* stehen und auf die hier in aller Kürze eingegangen werden soll. Entwürfe, die es nicht über eine sehr frühen Vorentwurf hinaus geschafft haben und auch nicht weiterverfolgt wurden, werden nicht behandelt. Es wird auch kein Anspruch auf Vollständigkeit erhoben; vielmehr soll ein Einblick in die aktuellen Diskussionen im OGC bezüglich der *Portrayal Services* gegeben werden.

13.1 Tiled WMS

Im *Tiled WMS Discussion Paper* ([T-WMS]) wird eine Erweiterung des WMS vorgeschlagen, die einen schellen Zugriff auf vor-prozessierte gekachelte Karten erlauben wird. Die Erweiterung definiert eine neue Operation namens *getTile* für einen WMS. Bei der jetzigen WMS-Spezifikation wird bei jeder *GetMap*-Anfrage eine Karte individuell erstellt. Somit ist der WMS zwar sehr flexibel, allerdings auf Kosten der Performanz. Inzwischen ist es möglich, über einen *Tile-Cache* die erstellten Karten im Speicher vorzuhalten. Dann können diese bei einer erneuten identischen Anfrage eines Clients direkt ohne weiteres Rendering zurückgegeben werden. Allerdings müssten dann die Parameter der Client-Anforderung identisch sein, was bei den nahezu unendlichen Möglichkeiten nicht praktikabel ist. Stattdessen bekommt der Client auf ein *GetTile*-Request hin eine bereits vor-gerenderte Karte geliefert. Die Kacheln hält der Server in vordefinierten Größen und Skalen vor. Über die Parameter SCALE (Maßstab), TILEROW (Matrix Zeile) und TILECOL (Matrix Spalte) lassen sich die gewünschten Kacheln abfragen. Die dazu benötigten Informationen wie verfügbare Kachel-Sets, Maßstäbe, Referenzsysteme usw. müssen zunächst über einen *Describe-Tile-Request* beim Service erfragt werden.

Erst kurz vor der Drucklegung ist der Diskussionsentwurf zum Tiled WMS zum Implementierungsstandard avanciert. Für eine ausführliche Einarbeitung war es leider zu spät. Die Norm heißt jetzt *Web Map Tile Service* ([WMTS 1.0]) und ist auf der Homepage des OGC in der Rubrik Standards verfügbar. Der Standard definiert die Operationen *GetTile* und *GetFeatureInfo* für die Protokolle HTTP, SOAP und HTTP REST.

13.2 WMS – Unterstützung von SOAP und WSDL

Für die *Orchestrierung (Zusammenspiel) von Web Diensten sind Standards erforderlich, damit diese kommunizieren können. Bei dem Erweiterungsvorschlag „WMS – Unterstützung von* SOAP und WSDL" für die WMS-Spezifikation [WMS SW] geht es darum, die weitverbreiteten IT-Standards SOAP und WSDL für die Orchestrierung von Webdiensten zu unterstützen. Die *Web Service Description Language* (WSDL) ist eine Beschreibungssprache für Webdienste auf Basis von XML. *SOAP* ist ein Netzwerkprotokoll zum Austausch dieser XML-Dateien. Bisher lassen sich OGC-Dienste nur sehr aufwendig in die Orchestrierung von Webdiensten einbinden. Durch den Erweiterungsvorschlag soll Abhilfe geschaffen werden.

13.3 WMS Animation Extension

Mit der „OGC Web Map Service - Proposed Animation Service Extension" ([WMS ANNI]) soll die WMS-Spezifikation so erweitert werden, dass auch Zeitreihen von Geodaten dargestellt werden können. Als Zeitreihe bezeichnet man die zeitliche Abfolge von Daten, in diesem Fall von Karten. Zeitreihen eignen sich besonders gut zur Landschafts- und Siedlungsdokumentation, da Änderungen vom Nutzer sehr effektiv nachvollzogen werden können.

13.4 Geo Video Web Service

Durch den *Geo Video Web Service* (GVS) ([GEOVideo]) sollen Videodaten und beschreibende Informationen (Kameraeigenschaften, GPS Daten etc.) über eine Standardschnittstelle zur Verfügung gestellt werden. Die vom Dienst übertragenen Daten können dann beispielsweise mit dem *Windows Media Player* dargestellt werden. Es können dann neben archiviertem Videomaterial aus einer GVS-Datenbank auch Live-Aufnahmen geliefert werden.

13.5 Web Map Services – Profile for EO Products

Durch dieses Profil wird die interaktive Visualisierung und Evaluation von Fernerkundungsdaten (*Earth Observation data*, EO) auf Basis eines *Web Mapping Service* unterstützt. Es handelt sich dabei nicht um eine Erweiterung oder Anpassung des bestehenden WMS-Standards. Vielmehr wird hier definiert, wie Datenanbieter einen *Web Mapping Service* in standardisierter Weise nutzen können, um ihre Daten anzubieten. Bis jetzt gibt es keine einheitliche Interpretation des WMS-Standards. Anbieter von Fernerkundungsdaten haben oft sehr große Datensätze, die aus sehr vielen einzelnen Datensätzen bestehen. Als Kennung des WMS-Parameters *layer* könnten die IDs der einzelnen Datensätze dienen. In einer anderen Interpretation würden alle Datensätze mit der gleichen Produktspezifikation eine gemeinsame Kennung als Bezeichner bekommen. Die Selektion der einzelnen Datensätze könnte dann durch den Aufnahmezeitpunkt erfolgen (*acquisition time*). Beide Interpretationen sind derzeit gültig, aber nicht miteinander kompatibel. Das *Web Map Services Profile for EO Products* ([WMS EO]) wurde entwickelt, um Datenanbietern eine standardisierte Interpretation des WMS-Standards anzubieten.

Links zu weiteren Portrayal Diskussionsentwürfen des OGC

Die Spezifikation für den Web Map Tile Service ist über die *Standards-Seite der OGC-Homepage als OGC-Standard erreichbar:* *http://www.opengeospatial.org/standards* >> Web Map Tile Service

Die übrigen genannten Diskussionsentwürfe sind größtenteils in den Standards-Seiten in der Homepage des OGC im Bereich „*Discussion Papers*" zu finden (Stand März 2011):

http://www.opengeospatial.org/standards
>> Discussion Papers >> Wrapping OGC HTTP-GET/POST Services with SOAP
>> Discussion Papers >> WMS - Proposed Animation Service Extension
>> Discussion Papers >> Geo Video Web Service

Den Diskussionsentwurf zum Anwendungsprofil für Earth Observation findet man unter den Best-Practise-Dokumenten:

http://www.opengeospatial.org/standards
>> Best Practises >> Web Map Services - Application Profile for EO Products (0.3.3)

Die Nasa stellt bereits einen TiledWMS zur Verfügung:
http://wms.jpl.nasa.gov/tiled.html

Verschiedene Ergänzungen und Erweiterungen für das Web Mapping sind als Diskussionspapiere im Arbeitsprogramm des OGC:

Mit dem *TiledWMS* geht es um die Performanzverbesserung des Web Mappings durch Verwendung vorgerechneter Kartenkacheln.

SOAP- und WSDL-Unterstützung sollen für eine bessere Integration der OpenGIS-Dienste in allgemeine Webservice-Architekturen sorgen.

Eine *Animation Service Extension* für den WMS schlägt die Ausgabe von Kartenfolgen für die Darstellung zeitlicher Veränderungen vor.

Der *GeoWeb Video Service* soll Videodaten und notwendige Metainformationen standardisiert bereitstellen.

Das WMS-Profil für *Earth-Observation*-Produkte schlägt spezielle Vereinbarungen für die WMS-Schnittstelle für Anbieter und Nutzer von Luftbildern und Fernerkundungsdaten vor.

14 Anhang

14.1 Erläuterungen

Der Anhang enthält tabellarische Übersichten über die Request-Parameter des Web Map Service und des WMS-SLD-Profils. Die zugehörigen XSD-Schemata sind hier ebenfalls als Tabellen wiedergegeben. Der Anhang referiert zum „normalen" WMS die Schemata für das WMS-Metadaten-Dokument und für Fehlermeldungs-Reports. Zum SLD-Profil gehören XML-Schemata für die WMS-Metadaten-Erweiterung und XML-Schemata für die Antwort des Servers auf ein DescribeLayer-Request. Vor allem aber werden hier die beiden großen Schemata *Styled Layer Descriptor* und *Symbology Encoding* vollständig in tabellarischer Form referiert. Am Schluss finden sich die Übersichten für *Web-Map-Context*-Dokumente.

In den Übersichtstabellen zu HTTP-Requestparametern haben obligatorische Parameter einen dunkleren Feldhintergrund als optionale. In der Spalte E/O stehen die Kürzel „E“ für „erforderlich“ und „O“ für „optional“. Die Spalte „Werte" enthält Beispielwerte und gegebenenfalls – farbig abgehoben – Standardwerte (*Defaults*) oder obligatorische Wertzuweisungen. Referiert wird die im Text behandelte aktuelle Version der Schnittstelle; auf Differenzen zur Vorgängerversion wird hingewiesen.

Die XSD-Schemata werden hier nicht im Original, sondern in Form übersichtlicher und kommentierter Tabellen wiedergegeben. Gelegentlich kostet das den Preis einer Vereinfachung der XSD-Syntax; Kommentare stellen aber dann den Sachverhalt inhaltlich richtig. Im Laufe der Jahre hat sich auch die Art des Schemaaufbaus gewandelt: Während das WMS-Metadatenschema noch fast ohne *XML-Type*-Definitionen auskommt, definiert das *Symbology-Encoding*-Schema alle Elementstrukturen über *XML Types*. Wir haben uns jeweils an den Schemaaufbau des Originals gehalten. Referiert werden die aktuellen Versionen. Für die Schematabellen gilt Folgendes:

- Die Reihenfolge der Elemente entspricht der Reihenfolge im jeweiligen Originalschema. In der Regel werden dabei die Äste des hierarchischen Baums verfolgt, d. h. es werden erst die Zweige eines Astes abgearbeitet, bis ein neuer Ast verfolgt wird.
- Die Farbe des Feldhintergrunds hat keine Bedeutung, sondern sie dient nur der Differenzierung der Zeilen.
- Die Spalte „Bestandteil“ enthält entweder einen Attribut- oder einen Elementnamen; dabei sind Attributnamen kursiv gesetzt.
- Haben einfache Elemente Restriktionen oder Erweiterungen ihres XML-Datentyps, dann enthält die Spalte „Bestandteil" eine Formel wie z. B. „> xsd:string <“. Sie steht für den Textknoteninhalt des Elements, also für den Eintrag zwischen dem öffnenden und dem schließenden *Tag*.
- Die Spalte „M“ enthält die Multiplizität des jeweiligen Elements: Bei Attributen wird hier zwischen „E“ für „erforderlich“ und „O“ für „optional“ unterschieden; Kindelemente haben Multiplizitäten wie „1", „0-1" oder „0-n".

- Gelegentlich gibt es gegenseitige Abhängigkeiten, wie z. B. ein entweder - oder (im Originalschema ein *Choice Tag*); sie werden dann durch Fußnoten erläutert.
- Die Spalte „Beschreibung" enthält eine Erläuterung und gegebenenfalls in roter Farbe Defaultwerte oder obligatorische Wertzuweisungen.

Viele Elemente in den bearbeiteten Schemata sind komplexe Elemente, setzen sich also aus mehreren Kindelementen zusammen, manchmal ergänzt durch einige Attribute. Am Ende der Äste stehen jedoch einfache Elemente, die einem Standard-XML-Datentyp wie „string" oder „integer" angehören. Gelegentlich gibt es einfache Elemente (*simpleTypes*) mit Wertrestriktionen oder gemischte Elemente, die außer ihrem Textknoteninhalt noch ein Attribut haben.

Selten werden einige besondere XML-Datentypen verwendet: Der Datentyp *xsd:token* nimmt Zeichenketten aus Buchstaben und Ziffern auf, erlaubt aber zum Beispiel keine Leerzeichen oder Kommata im Wert. Der Datentyp *QName* enthält einen durch ein Namensraum-Präfix qualifizierten und in diesem Namensraum gültigen Namen. Und der Datentyp *xsd:any* steht für einen beliebigen XML-Inhalt, der an dieser Stelle eingefügt werden kann.

Von Fall zu Fall werden in den Schemata Elemente aus anderen Schemata benötigt. Ihre Namensräume und Schema-Orte werden jeweils im Vorspann genannt. In allen Schemata bezieht sich der Namensraum xsd auf die XML-Spezifikation des W3C. Der Namensraum xlink wird für Link-Datentypen benötigt und bezieht sich auf ein xlink-Schema im OpenGIS-Schemabaum:

```
xmlns:xsd =   „http://www.w3.org/2001/XMLSchema"
xmlns:xlink =  "http://www.w3.org/1999/xlink"
               schemaLocation = "http://schemas.opengis.net/xlink/1.0.0/xlinks.xsd""
```

14.2 Operationen eines „normalen" WMS ohne SLD-Profil

Tabelle 46: Parameter der *GetCapabilities*-Operation

Parameter	Beschreibung	E/O	Werte
SERVICE	Service-Art; hier immer: WMS	E	WMS
REQUEST	Operation; hier immer: GetCapabilities	E	GetCapabilities
VERSION	Version der WMS-Norm	E	1.3.0
UPDATE-SEQUENCE	Sequenznummer oder Änderungsdatum der Service-Metadaten als Integer- oder String-Wert	O	2010-01-21, 46
FORMAT	Ausgabeformat der Service-Metadaten als MIME-Type-Bezeichnung (**ab Version 1.3.0**)	O	text/blank Default ist text/xml

Tabelle 47: Parameter der *GetMap*-Operation

Parameter	Beschreibung	E/O	Werte
SERVICE	Service-Typ; hier immer: WMS	E	WMS
REQUEST	Operation; hier immer: GetMap	E	GetMap
VERSION	Version der WMS-Norm	E	1.3.0
LAYERS	Kommagetrennte Liste eines oder mehrerer Ebenen, ohne Leerzeichen	E	layer1,layer2,layer3
STYLES	Kommagetrennte Liste vordefinierter Styletypen. Der Style an Position x wird dabei dem Layer an Position x zugeordnet. Liste ohne Leerzeichen	E	stil1,stil3
CRS	Koordinatensystem (**ab Version 1.3.0. Bis Version 1.1.1 „SRS"**)	E	EPSG:4326
BBOX	Kommagetrennte Folge der Koordinaten der linken unteren und rechten oberen Ecke des Kartenausschnitts	E	-180,-90,180,90
WIDTH	Breite der auszugebenden Karte in Pixeln	E	800
HEIGHT	Höhe der auszugebenden Karte in Pixeln	E	600
FORMAT	Ausgabeformat der Karte als MIME-Type-Bezeichnung	E	image/png
TRANSPARENT	Wenn *True*, dann wird der Hintergrund transparent geschaltet, wenn das Ausgabeformat das erlaubt	O	True/False
BGCOLOR	Hintergrundfarbe der Karten-Bitmap in Hexadezimal-Schreibweise	O	#FF0000 (rot) Default ist #FFFFFF (weiß)
EXCEPTIONS	Ausgabeformat für Fehlermeldungen des WMS als MIME-Type-Bezeichnung	O	text/blank Default ist text/xml
TIME	Zeitangabe für Layer, die eine zusätzliche Zeit-Wertachse anbieten. Datums- oder Zeitangabe nach dem WMS-Profil des ISO-8601-Formats	O	2009-10-11
ELEVATION	Höhenangabe für Layer, die eine zusätzliche Höhen-Dimension anbieten, als Koordinatenwert der z-Achse des vertikalen Koordinatensystems	O	1000
DIM_<Name>	Wert einer weiteren, in den Service-Metadaten bekannt gemachten Werteachse. Name wie dort veröffentlicht	O	Ngesamt

Tabelle 48: Parameter der GetFeatureInfo-Operation

Parameter	Beschreibung	E/O	Werte
SERVICE	Art des angefragten Dienstes	E	WMS
REQUEST	Anfrage-Operation	E	GetFeatureInfo
VERSION	Anfrage-Version (z. B. 1.3.0)	E	1.3.0
[GetMap-Request-Teil]	GetMap-Parametersequenz, mit der die Karte generiert wurde, über die nun eine GetFeatureInfo-Anfrage erfolgen soll (ohne Request- und Version-Parameter)	E	
QUERY_-LAYERS	Kommagetrennte Liste der Ebenen, die für die Anfrage ausgewertet werden sollen	E	layer2,layer3
I	Spalten-Koordinate im Bildkoordinatensystem (in Pixeln); Integerwert zwischen 0 und WIDTH-1	E	400
J	Reihen-Koordinate im Bildkoordinatensystem (in Pixeln); Integerwert zwischen 0 und HEIGHT-1	E	200
INFO_-FORMAT	Ausgabeformat der Anfrage als MIME-Type-Bezeichnung	O	text/blank Default ist text/xml
FEATURE_-COUNT	Maximale Anzahl von Features pro Ebene; positiver Integerwert	O	Default ist 1
EXCEPTIONS	Format, in dem Ausnahmen ausgegeben werden	O	text/blank Default ist text/xml

14.3 Operationen eines SLD-WMS

Tabelle 49: Zusätzliche Parameter der GetMap-Operation für die SLD-Übergabe

Parameter	Beschreibung	E/O	Werte
SLD	URL zu einem zugehörigen SLD-Dokument	O*	http://meinServer/meinSLD.xml
SLD_BODY	Komplettes SLD-Dokument (Alternative zu Parameter SLD)	O*	<?xml version="1.0"...
REMOTE_-OWS_URL	Link zur WebFeatureServer- oder WebCoverageServer-Datenquelle	O	Beispiel: http://ein.map.server
REMOTE_-OWS_TYPE	Typ des Datenservers (WFS oder WCS)	O	WFS oder WCS

* Es muss entweder der Parameter SLD oder der Parameter SLD_BODY enthalten sein.

Tabelle 50: Parameter der DescribeLayer-Operation

Parameter	Beschreibung	E/O	Werte
SERVICE	Service-Art; hier immer: WMS	E	WMS
REQUEST	Anfrage-Operation; hier immer: DescribeLayer	E	DescribeLayer
VERSION	Version der WMS-Schnittstelle (**ab SLD-Version 1.1.0**)	E	1.3.0
SLD_VERSION	Version des SLD-Profils (**ab SLD-Version 1.1.0**)	E	1.1.0
LAYERS	Kommaseparierte Liste der Ebenen, zu denen Informationen gewünscht werden	E	layer1,layer2

Tabelle 51: Parameter der GetLegendGraphic-Operation

Parameter	Beschreibung	E/O	Werte
SERVICE	Service-Typ; hier immer: WMS (**ab SLD-Version 1.1.0**)	E	WMS
REQUEST	Anfrage-Operation; hier immer: GetLegendGraphic	E	GetLegendGraphic
VERSION	Version der WMS-Schnittstelle	E	1.3.0
SLD_VERSION	Version des SLD-Profils (**ab SLD-Version 1.1.0**)	E	1.1.0
LAYER	Name der Ebene, für den eine Legendengrafik erzeugt werden soll	E	layer2
FORMAT	Ausgabeformat der Legendengrafik (MIME-Typ)	E	image/jpeg
STYLE	Name des Stils, der verwendet werden soll. Fehlt der Parameter, wird der Defaultstyle verwendet	O	stil2b
RULE	Name der zu verwendenden Darstellungsregel	E	graustufen
SCALE	Standardisierte Maßstabszahl. Divisor in einer 1:x-Maßstabsangabe	E	25000 (für Maßstab 1:25 000)
WIDTH	Breite der Legendengrafik in Pixeln	E	60
HEIGHT	Höhe der Legendengrafik in Pixeln	E	60
SLD	Link zu einem SLD-Dokument	O*	http://meinServer/meinSLD.xml
SLD_BODY	Komplettes SLD-Dokument (Alternative zu Parameter SLD)	O*	<?xml version="1.0 encoding="UTF-8"?><StyledLayerDescriptor> ... </StyledLayerDescriptor>
FEATURE-TYPE	Feature Type, für den die Legendengrafik erzeugt werden soll, falls der Layer mehrere enthält	O	strassen
NAMESPACE	Namensraum für den Feature Type, wenn FEATURETYPE-Parameter gesetzt (**ab SLD-Version 1.1.0**)	O	nrwtopo

Parameter	Beschreibung	E/O	Werte
COVERAGE	Coverage, für das die Legendengrafik erzeugt werden soll, falls die Ebene mehrere Coverages enthält (**ab SLD-Version 1.1.0**)	O	hoehe
REMOTE_-OWS_URL	Link zu WebFeatureServer- oder WebCoverage-Server-Datenquelle (**ab SLD-Version 1.1.0**)	O	http://ein.wfs.server
REMOTE_-OWS_TYPE	Typ der Datenquelle (WFS oder WCS), (**ab SLD-Version 1.1.0**)	O	WFS oder WCS
EXCEPTIONS	Ausgabeformat für Fehlermeldungen als MIME-Type-Bezeichnung	O	text/blank Default ist text/xml

* Es muss entweder eine Layerliste, der Parameter SLD oder der Parameter SLD_BODY enthalten sein.

Tabelle 52: Parameter der GetStyles-Operation (nur SLD bis Version 1.0.0)

Parameter	Beschreibung	E/O	Werte
SERVICE	Service-Typ; hier immer: WMS	E	WMS
REQUEST	Anfrage-Operation; hier immer: GetStyles	E	GetStyles
VERSION	Versionsnummer der Schnittstelle	E	1.0.0
SLDVER	Version des SLD-Profils. Standardmäßig gilt die höchste vom Server unterstützte Version	O	1.0.0
LAYERS	Kommagetrennte Liste der Ebenen, die zur Anfrage heran-gezogen werden sollen	E	layer1,layer2

Tabelle 53: Parameter der PutStyles-Operation (nur SLD bis Version 1.0.0)

Parameter	Beschreibung	E/O	Werte
SERVICE	Service-Typ; hier immer: WMS	E	WMS
REQUEST	Anfrage-Operation; hier immer: PutStyles	E	PutStyles
VERSION	Versionsnummer der Schnittstelle	E	1.0.0
MODE	Gewünschter Ersetzungs-Modus	E	InsertAndReplace oder ReplaceAll
SLD	Link zu einem online verfügbaren SLD-Dokument	O*	http://meinServer/meinSLD.xml
SLD_BODY	Komplettes „in-line“ SLD-Dokument	O*	<?xml version="1.0 encoding="UTF-8"?><StyledLayerDescriptor> ...

* Es muss entweder der Parameter SLD oder der Parameter SLD_BODY enthalten sein.

14.4 Das WMS-Schema

14.4.1 Das WMS-Metadaten-Dokument

Namensraum: xmlns:wms="http://schemas.opengis.net/wms"
Schema-Location: http://schemas.opengis.net/wms/1.3.0/capabilities_1_3_0.xsd

Tabelle 54: WMS_Capabilities-Schema

Element	Bestandteil und Datentyp	M	Beschreibung
WMS_Capabilities <complexType>			Wurzelelement des Metadaten-Dokuments
	version type = string	O	Version des WMS-Schemas: „1.3.0“
	updateSequence type = string	O	Laufende Nummer, Version oder Datum des Metadaten-Dokuments
	wms:Service	1	*Service*-Sektion der Metadaten mit allgemeinen Informationen
	wms:Capability	1	*Capability*-Sektion der Metadaten mit Informationen zu den verfügbaren Operationen und Kartenebenen
Service <complexType>			Die *Service*-Sektion der Service-Metadaten
	<!-- Die Service-Sektion enthält allgemeine Informationen zum Dienst und zum Dienstanbieter-->		
	wms:Name	1	Service-Typ; hier immer „WMS“
	wms:Title	1	Bezeichnung des Dienstes in Benutzeroberflächen
	wms.Abstract	0-1	Kurzbeschreibung für Benutzeroberflächen
	wms:KeywordList	0-1	Schlagwortliste zum Dienst
	wms:OnlineResource	1	Link-Adresse (URL) des Dienstes
	wms:ContactInformation	0-1	Kontaktinformationen des Dienstanbieters
	wms:Fees	0-1	Ggf. Gebühren für die Nutzung
	wms:AccessConstraints	0-1	Ggf. Nutzungsbeschränkungen
	wms.LayerLimit	0-1	Maximale Zahl der Layer im GetMap-Request
	wms:MaxWidth	0-1	Maximale Ausgabebreite der Karte in Pixeln
	wms:MaxHeight	0-1	Maximale Ausgabehöhe der Karte in Pixeln
Name type = xsd:string			Name für Referenzen, nicht für den Benutzer
Title type = xsd:string			Bezeichnung für die Ausgabe an den Benutzer
Abstract type = xsd:string			Kurzbeschreibung für den Benutzer oder Admin
KeywordList <complexType>			Liste von Schlagwörtern
	wms:Keyword	0-n	Einzelnes Schlagwort in der Liste
Keyword <complexType>			Schlagwort

Element	Bestandteil und Datentyp	M	Beschreibung
	vocabulary type = string	O	Beliebiges Vokabular, aus dem das Schlagwort stammt, z. B. „ISO 19115:2003"
	> xsd:string <	E	Der Textknoten des Elements enthält das eigentliche Schlagwort
OnlineResource <complexType>			Codierung für einen Online-Link
	xlink:simpleLink	E	Die allgemeine Attributgruppe „simpleLink" definiert eine URL
	<!-- Die Attributgruppe besteht aus dem Attribut xlink:type="simple" und dem Attribut xlink:href = <MeineURL>. Der Wert des href-Attributs ist die URL des Links. Ein Beispiel: <OnlineResource xlink:type="simple" xlink:href="http://www.meinserver.de/wms" /> -->		
ContactInformation <complexType>			Kontaktinformationen des Dienstanbieters
	wms:ContactPersonPrimary	0-1	Name und Institution einer Kontaktperson
	wms:ContactPosition	0-1	Job-Bezeichnung für die Kontaktperson
	wms:ContactAddress	0-1	Postadresse des Kontakts
	wms:ContactVoiceTelephone	0-1	Telefonnummer des Kontakts
	wms:ContactFacsimile-Telephone	0-1	Faxnummer des Kontakts
	wms:ContactElectronic-MailAddress	0-1	E-Mail-Adresse des Kontakts
ContactPersonPrimary <complexType>			Name und Institution einer Kontaktperson
	wms:ContactPerson	1	Name der Kontaktperson
	wms:ContactOrganisation	1	Name der Institution der Kontaktperson
ContactPerson type = xsd:string			Name einer Kontaktperson
ContactOrganisation type = xsd:string			Name der Institution einer Kontaktperson
ContactPosition type = xsd:string			Job-Bezeichnung für eine Kontaktperson
ContactAddress <complexType>			Postadresse einer Kontaktperson
	wms:AddressType	1	Art der Adresse, z. B. „postalisch"
	wms:Address	1	Straße und Hausnr., ggf. Gebäudebezeichnung
	wms:City	1	Ortsname
	wms:StateOrProvince	1	Bundesland
	wms:PostCode	1	Postleitzahl
	wms:Country	1	Staat
AddressType type = xsd:string			Art einer Adresse, z. B. „postal" oder „postalisch"
Address type = xsd:string			Straße und Hausnr., ggf. Gebäudebezeichnung
City type = xsd:string			Ortsname
StateOrProvince type = xsd:string			Bundesland

Element	Bestandteil und Datentyp	M	Beschreibung
PostCode type = xsd:string			Postleitzahl
Country type = xsd:string			Staat
ContactVoiceTelephone type = xsd:string			Telefonnummer der Kontaktperson
ContactFacsimileTelephone type = xsd:string			Faxnummer der Kontaktperson
ContactElectronicMailAddress type = xsd:string			E-Mail-Adresse der Kontaktperson
Fees type = xsd:string			Gebühren für die Nutzung
AccessConstraints type = xsd:string			Nutzungsbeschränkungen
LayerLimit type = xsd:positiveInteger			Maximale Zahl der Layer im GetMap-Request
MaxWidth type = xsd:positiveInteger			Maximale Ausgabebreite der Karte in Pixeln
MaxHeight type = xsd:positiveInteger			Maximale Ausgabehöhe der Karte in Pixeln
Capability <complexType>			Die Capabilities-Sektion der Service-Metadaten
	<!-- Die Capabilities-Sektion informiert über die Operationen und Layer des Dienstes. -->		
	wms:Request	1	Liste der verfügbaren Operationen
	wms:Exception	1	Liste der Dateiformate für Fehlermeldungen
	wms:_Extended-Capabilities	0-n	Platzhalter für Erweiterungen; wird beispielsweise beim SLD-WMS durch das Element UserDefined-Symbolization ersetzt.
	wms:Layer	0-1	Liste der verfügbaren Layer
Request <complexType>			Liste verfügbarer Operationen
	wms:GetCapabilities	1	Informationen zur GetCapabilities-Operation
	wms:GetMap	1	Informationen zur GetMap-Operation
	wms:GetFeatureInfo	0-1	Informationen zur GetFeatureInfo-Operation
	wms:_ExtendedOperation	0-n	Platzhalter für weitere Operationen, beispielsweise für die DescribeLayer- oder GetLegendGraphic-Operation eines SLD-WMS
GetCapabilities type = wms:OperationType			Informationen zur GetCapabilities-Operation
GetMap type = wms:OperationType			Informationen zur GetMap-Operation
GetFeatureInfo type = wms:OperationType			Informationen zur GetFeatureInfo-Operation
_ExtendedOperation type = wms:OperationType (*abstract*)			Platzhalter für entsprechende Informationen zu weiteren Operationen wie z. B. DescribeLayer
OperationType <complexType>			Informationen zu einer angebotenen Operation

Element	Bestandteil und Datentyp	M	Beschreibung
	wms:Format	1-n	Liste der verfügbaren Ausgabeformate für diese Operation
	wms:DCPType	1-n	Liste der Softwaresysteme (Distributed Computing Platforms), in denen diese Operation gilt. Enthält derzeit nur: „wms:HTTP“
Format type = xsd:string			MIME-Type-Bezeichnung für ein Dateiformat
DCPType <complexType>			Softwaresystem, für das eine Schnittstelle gilt
	wms:HTTP	1	Informationen zu einer HTTP-Schnittstelle
HTTP			Verfügbare HTTP-Methoden einer Operation
	wms:Get	1	Informationen zur HTTP-GET-Methode
	wms:Post	0-1	Informationen zur HTTP-POST-Methode
Get <complexType>			Informationen zu einem HTTP-GET-Request
	wms:OnlineResource	1	URL-Präfix für das HTTP-GET-Request
Post <complexType>			Informationen zu einem HTTP-POST-Request
	wms:OnlineResource	1	URL-Präfix für das HTTP-POST-Request
Exception <complexType>			Informationen zu Fehlermeldungen des Dienstes
	wms:Format	1-n	Liste der Formate für Fehlermeldungen
_ExtendedCapabilities (abstract)			Platzhalter für weitere Inhalte
	N. N.		Das Metadaten-Dokument kann beliebige weitere Inhalte aufnehmen; z. B. enthält ein SLD-WMS das zusätzliche Element UserDefinedSymbolization
Layer <complexType>			Informationen zu einer Kartenebene
	queryable type = boolean	O	Bei *true* kann der Layer mit dem GetFeatureInfo-Request abgefragt werden; Default=0 (*false*)
	cascaded type = nonNegativeInteger	O	Kaskadierungsstufe. Wird mit jeder Kaskadierung um eins hochgezählt; Default=0 (*false*)
	opaque type = boolean	O	Bei *true* ist der Layer flächendeckend und Transparenzschaltung überflüssig; Default=0 (*false*)
	noSubsets type = boolean	O	Bei *true* wird nur die volle Ausdehnung geliefert, keine Ausschnitte; Default=0 (*false*)
	fixedWidth type = nonNegativeInteger	O	Bei fester Kartengröße (noSubsets=*true*) Breite der lieferbaren Karte
	fixedHeight type = nonNegativeInteger	O	Bei fester Kartengröße (noSubsets=*true*) Höhe der lieferbaren Karte

Element	Bestandteil und Datentyp	M	Beschreibung
	wms:Name	0-1	Name des Layers im GetMap-Request. Layer ohne Namen sind erlaubt, können aber nicht angefordert werden
	wms:Title	1	Bezeichnung des Layers für Benutzeroberflächen
	wms:Abstract	0-1	Kurzbeschreibung für Benutzeroberflächen
	wms:KeywordList	0-1	Schlagwort-Liste zum Layer
	wms:CRS	0-n	Verfügbare Ausgabe-Koordinatensysteme
	wms:ExGeographic-BoundingBox	0-1	Räumliche Ausdehnung in geografischen Dezimalgrad-Koordinaten auf WGS84
	wms:BoundingBox	0-n	Liste umgebender Rechtecke in Koordinaten verschiedener CRS in der Reihenfolge der CRS-Liste
	wms:Dimension	0-n	Liste weiterer verfügbarer Werteachsen
	wms:Attribution	0-1	Informationen und Präsentationselemente zum Daten-Provider; z. B. Provider-Logos oder -namen.
	wms:AuthorityURL	0-n	Name und Link zur Institution, auf die sich der folgende Identifier bezieht
	wms:Identifier	0-n	Code für den Layerinhalt nach der in AuthorityURL genannten Institution, z. B. für eine Objektklasse
	wms:MetadataURL	0-n	Link zu weiteren standardisierten Metadaten zu diesem Layer
	wms:DataURL	0-n	Link zu weiteren Informationen zur Datenquelle für den Kartenlayer
	wms:FeatureListURL	0-n	Link zu einer Liste der Features in diesem Layer
	wms:Style	0-n	Liste vordefinierter Darstellungsstile für den Layer
	wms:MinScaleDenominator	0-1	Untere Maßstabsgrenze für den Layer
	wms:MaxScaleDenominator	0-1	Obere Maßstabsgrenze für den Layer
	wms:Layer	0-n	Eingeschachtelte Kind-Layer; diese haben die gleiche Struktur wie dieser Vater-Layer
CRS type = xsd:string			Koordinatensystemreferenz als URL oder URN
Ex_GeographicBoundingBox <complexType>			Koordinaten des umgebenden Rechtecks in geografischen Koordinaten
	wms:westBoundLongitude type = wms:longitudeType	1	Rechtswert der linken unteren Ecke
	wms:eastBoundLongitude type = wms:longitudeType	1	Rechtswert der rechten oberen Ecke
	wms:southBoundLatitude type = wms:latidudeType	1	Hochwert der linken unteren Ecke

Element	Bestandteil und Datentyp	M	Beschreibung
	wms:northBoundLatitude type = wms:latidudeType	1	Hochwert der rechten oberen Ecke
longitudeType <simpleType>			Type-Definition für die Angabe der geogr. Länge
	> xsd:double <		Geografische Länge in Dezimalgrad im Intervall [-180 180]
latitudeType <simpleType>			Type-Definition für die Angabe der geogr. Breite
	> xsd:double <		Geografische Breite in Dezimalgrad im Intervall [-90 90]
BoundingBox <complexType>			Räumliche Ausdehnung eines Kartenlayers in Form eines umgebenden Rechtecks
	CRS type = string	E	Referenzsystem der BoundingBox-Koordinaten
	minx type = double	E	Rechtswert der linken unteren Ecke der Box
	miny type = double	E	Hochwert der linken unteren Ecke der Box
	maxx type = double	E	Rechtswert der rechten oberen Ecke der Box
	maxy type = double	E	Hochwert der rechten oberen Ecke der Box
	resx type = double	O	Auflösung des Kartenlayers in x-Richtung
	resy type = double	O	Auflösung des Kartenlayers in y-Richtung
Dimension <complexType>			Informationen über eine weitere Werteachse für einen Kartenlayer
	name type = string	E	Name der Wertachse
	units type = string	E	Maßeinheit der Werteachse in UCUM-Format
	unitSymbol type = string	O	Maßeinheiten-Kürzel nach UCUM für die Anzeige in Oberflächen
	default type = string	O	Standardwert für diese Dimension
	multipleValues type = boolean	O	Bei *true* oder *1* nimmt der Server mehrere Werte oder ein Intervall in der Abfrage entgegen; Default ist 0 (*false*)
	nearestValue type = boolean	O	Bei *true oder 1* weicht der Server auf den nächstbenachbarten Wert aus, wenn ein ungültiger Wert angefragt wird
	current type = boolean	O	Nur für die Dimension Time. Bei *true oder 1* nimmt der Server Anfragen mit TIME=current entgegen und gibt die aktuelle Karte aus
	> xsd:string <	E	Der Textknoten enthält die verfügbaren Werte oder Werteintervalle für die Dimension

Element	Bestandteil und Datentyp	M	Beschreibung
Attribution <complexType>			Layerinformationen für die Verwendung durch die Client-Anwendung, z. B. für die Anzeige in der Karte
	wms:Title	0-1	Name des Daten- oder Layer-Anbieters für Benutzeroberflächen
	wms:Online-Resource	0-1	Link zum Datenprovider für diesen Layer
	wms:LogoURL	0-1	Link zu einer Logo-Grafik o. Ä. mit Format und Bildgröße
LogoURL <complexType>			Online abrufbares Logo oder anderer Präsentationsinhalt des Anbieters für die Verwendung durch die Client-Anwendung
	width type = positiveInteger	O	Ggf. Breite des Logos in Pixeln
	height type = positiveInteger	O	Ggf. Höhe des Logos in Pixeln
	wms:Format	1	Format der Datei als MIME-Type-Bezeichnung
	wms:Online-Resource	1	Link zum Logo oder anderen Präsentationsinhalt
MetadataURL <complexType>			Link zu weiteren Metadaten zu einem Layer
	type type = xsd:NMTOKEN	E	Norm, nach der de Metadaten codiert sind; z. B. „ISO 19115:2003" oder „FGDC:1998" oder andere Bezeichnung
	wms:Format	1	Ausgabeformat der Metadaten als MIME-Type-Bezeichnung
	wms:Online-Resource	1	Link zu den weiteren Metadaten
AuthorityURL <complexType>			Link zu einer Institution, die ggf. den Identifikator für einen Layer definiert
	name type = xsd:NMTOKEN	E	Name der Institution
	wms:Online-Resource	1	Link zu der genannten Institution
Identifier <complexType>			Ein Identifizierungscode für einen Layerinhalt
	authority type=string	E	Name der Institution, die den Identifikator definiert; muss dem Attributwert von „*name*" im Element *AuthorityURL* entsprechen
	> xsd:string <		Der Textknoten enthält den Code für den Layer, z. B. eine Objektklasse in ALKIS
DataURL <complexType>			Link zu Informationen über die Datenquelle für einen Layer
	wms:Format	1	Dateiformat für die Informationen als MIME-Type
	wms:Online-Resource	1	Link zu den weiteren Informationen

Element	Bestandteil und Datentyp	M	Beschreibung
FeatureListURL <complexType>			Link zu einer Liste der Feature Types für einen Layer
	wms:Format	1	Dateiformat der Feature-Type-Liste als MIME-Type
	wms:Online-Resource	1	Link zu der Feature-Type-Liste
Style <complexType>			Informationen zu einem Darstellungsstil für einen Layer
	wms:Name	1	Name des Stils für die GetMap-Abfrage
	wms:Title	1	Bezeichnung des Stils für Benutzeroberflächen
	wms:Abstract	0-1	Kurzbeschreibung des Stils für den Benutzer
	wms:LegendURL	0-n	Link zu einer Legendengrafik für diesen Layer
	wms:StyleSheetURL	0-1	Verlinkungsmöglichkeit für weitere Informationen zur Signaturierung, nicht näher definiert
	wms:StyleURL	0-1	Noch eine unspezifische Verlinkungsmöglichkeit für weitere Informationen zu diesem Stil
LegendURL <complexType>			Abrufbare Legendengrafik zu einem Stil
	width type = positiveInteger	O	Breite der Legendengrafik in Pixeln
	height type = positiveInteger	O	Höhe der Legendengrafik in Pixeln
	wms:Format	1	Format der Legendengrafik als MIME-Type
	wms:OnlineResource	1	Link zu einer vorgefertigten Legendengrafik
StyleSheetURL <complexType>			Verlinkungsmöglichkeit für weitere Informationen zu einem Stil
	wms:Format	1	Format der Informationen als MIME-Type
	wms:OnlineResource	1	Link zu den weiteren Informationen
StyleURL <complexType>			Weitere Verlinkungsmöglichkeit für Informationen zu einem Stil
	wms:Format	1	Format der Informationen als MIME-Type
	wms:OnlineResource	1	Link zu den weiteren Informationen
MinScaleDenominator type = xsd:double			Untergrenze eines Maßstabsbereichs für einen Layer
MaxScaleDenominator type = xsd:double			Obergrenze eines Maßstabsbereichs für einen Layer

14.4.2 Der OGC Service Exception Report

Das Schema für einen Fehler-Report wird in der WMS-Spezifikation definiert. Für den Download findet man das Schema deshalb auch im Ordner wms im OpenGIS-Schemaverzeichnis. Der Fehlerreport ist jedoch allgemeingültig, wird auch von anderen OpenGIS-Diensten verwendet und mit dem Namensraum-Präfix ogc referenziert.

Namensraum: xmlns:ogc="http://schemas.opengis.net/ogc"
Schema-Location: http://schemas.opengis.net/wms/1.3.0/exceptions_1_3_0.xsd

Tabelle 55: OCG ServiceExceptionReport-Schema

Element	Bestandteil und Datentyp	M	Beschreibung
ServiceExceptionReport <complexType>			Wurzelelement des Fehler-Reports. Liste aus Einzelfehlermeldungen
	<! -- Ein ServiceExceptionReport besteht aus einer Liste von ServiceExceptions -->		
	version type=string	E	Version des Excepton-Schemas: „1.3.0"
	ogc:ServiceException type = ogc:ServiceExceptionType	0-n	Fehlermeldungen im Report
ServiceExceptionType <simpleContent>			Type-Definition für eine Fehlermeldung in einem Fehler-Report
	code type = string	E	Code für die Fehlermeldung
	locator type = string	E	Bezug auf den HTTP-Parameter, durch den der Fehler verursacht wurde
	> xsd:string <	1	Der Textknoten des Elements enthält den eigentlichen Meldungstext

14.4.3 Die WMS-Metadaten-Erweiterung für SLD-WMS

Für einen SLD-WMS wird das Element *UserDefinedSymbolization* in die *Capabilities Section* der WMS-Metadaten eingebaut. Je nach Angebot wird auch ein *DescribeLayer*-Element und ein *GetLegendGraphic*-Element integriert; beide sind vom Typ *OperationType* (vgl. Tabelle 46).

Namensraum: xmlns:sld="http://schemas.opengis.net/sld"
Schema-Location: http://schemas.opengis.net/sld/1.1.0/sld_capabilities.xsd

Weitere Namensräume:
xmlns:wms = "http://schemas.opengis.net/wms"
schemaLocation = „http://schemas.opengis.net/wms/1.3.0/wms_capabilities_1_3_0.xsd"

Tabelle 56: Das UserDefinedSymbolization-Element

Element	Bestandteil und Datentyp	M	Beschreibung
UserDefinedSymbolization substitutionGroup = wms:_ExtendedCapabilities			Informationen zum SLD-Profil des WMS
	<! -- Das Element UserDefinedSymbolization wird anstelle des Platzhalters wms:_ExtendedCapabilities in das Capability-Element der Service-Metadaten eingehängt. -->		
	SupportSLD type = boolean	O	Bei *true* oder *1* unterstützt der Server das SLD-Profil; Default ist 0 (*false*)
	UserLayerType type = boolean	O	Bei *true* oder *1* nimmt der Server UserLayer-Definitionen entgegen; Default ist 0 (*false*)
	UserStyle type = boolean	O	Bei *true* oder *1* nimmt der Server UserStyle-Definitionen entgegen; Default ist 0 (*false*)
	RemoteWFS type = boolean	O	Bei *true* oder *1* stellt der Server Daten aus beliebigen Web Feature Servern dar; Default ist 0 (*false*)
	InlineFeature type = boolean	O	Bei *true* oder *1* nimmt der Server darzustellende Geodaten als GML-Objekte entgegen und stellt sie dar; Default ist 0 (*false*)
	RemoteWCS type = boolean	O	Bei *true* oder *1* stellt der Server Daten aus beliebigen Web Coverage Servern dar; Default ist 0 (*false*)
DescribeLayer type = wms:OperationType substitutionGroup = wms:_ExtendedOperation			Informationen zur DescribeLayer-Operation
GetLegendGraphic type = wms:OperationType substitutionGroup = wms:_ExtendedOperation			Informationen zur GetLegendGraphic-Operation
<! -- Die Elemente DescribeLayer und GetLegendGraphic werden jeweils anstelle des Platzhalters wms:_ExtendedOperation in das Request-Element der Service-Metadaten eingehängt, wenn der Service die Operation anbietet. -->			

14.4.4 Das Schema für GetMap-POST-Request

Diese XML-Struktur wird für GetMap-Übergaben mit der HTTP-POST-Methode benötigt. Weil das Schema für HTTP-POST-Übergaben in der SLD-Spezifikation definiert ist, werden auch die verwendeten Elemente und Types im Namensraum sld deklariert.

Namensraum: xmlns:sld="http://schemas.opengis.net/sld"
Schema-Locations: http://schemas.opengis.net/sld/1.1.0/GetMap.xsd
http://schemas.opengis.net/sld/1.1.0/StyledLayerDescriptor.xsd
Weitere Namensräume:
xmlns:wms = „http://schemas.opengis.net/wms"
xmlns:gml = „http://schemas.opengis.net/gml"
schemaLocation = „http://schemas.opengis.net/gml/3.1.1/base/feature.xsd"
xmlns:ogc = „http://schemas.opengis.net/ogc"
schemaLocation = „http://schemas.opengis.net/filter/1.1.0/filter.xsd"
xmlns:se = „http://schemas.opengis.net/se"
schemaLocation = „http://schemas.opengis.net/se/1.1.0/FeatureStyle.xsd"
xmlns:ows = „http://schemas.opengis.net/ows"
schemaLocation = „http://schemas.opengis.net/ows/1.0.0/owsCommon.xsd"

Tabelle 57: Das GetMap-Request für die HTTP-POST-Methode

Element	Bestandteil und Datentyp	M	Beschreibung
GetMap type = sld:GetMapType			GetMap-Request als HTTP-POST-Übergabe
	<!-- Das Element GetMap ist das Wurzelelement eines HTTP-POST-GetMap-Requests. -->		
GetMapType <complexType>			Type-Definition für das GetMap-Element
	version type = string	E	Version des SLD-Schemas: „1.3.0“
	sld:StyledLayerDescriptor	1	SLD-Struktur mit Layer- und Style-Wünschen
	CRS type = xsd:string	1	Koordinatensystem zur BoundingBox
	BoundingBox type = ows:BoundingBox	1	Räumlicher Ausschnitt der Karte
	Output type = sld:OutputType	1	Breite, Höhe und Format der Karte
	Exceptions type = sld:ExceptionsType	0-1	Ausgabeformat für Fehlermeldungen
	Time type=xsd:dateTime	0-1	Zeitstempel für die Layerinhalte
	Elevation type = sld:ElevationType	0-1	Höhenschicht der Layerinhalte
OutputType <complexType>			Type-Definition für ein Output-Element
	sld:Size	1	Ausgabegröße der Karte in Pixeln
	width type = xsd:positiveInteger		Breite der Karte in Pixeln
	height type = xsd:positiveInteger		Höhe der Karte in Pixeln
	wms:Format	1	Ausgabeformat als MIME-Type-Bezeichnung
	Transparent type = xsd:boolean	0-1	Bei *true* oder *1* wird die Hintergrundfarbe als transparent markiert, falls das Format das zulässt; Default ist 0 (*false*)
	BGColor type = xsd:string	0-1	Hintergrundfarbe in Hexadezimal-Schreibweise
ExceptionsType <simpleType>			Type-Definition für das Exceptions-Element
	< xsd:string >		Der Textknoten enthält das Ausgabeformat; erlaubte Werte sind „XML“, „INIMAGE“, „BLANK“
ElevationType <complexType>			Type-Definition für das Elevation-Element
	Value type = xsd:double	0-n*	Zeitstempel nach ISO 8601 (WMS-Profil)
	Interval type = sld:IntervalType	0-1*	Zeitintervall nach ISO 8601 (WMS-Profil)
	<!-- * Ein Elevation-Element enthält entweder 1-n Value-Elemente oder ein Intervall. -->		
IntervalType <complexType>			Type-Definition für ein Interval-Element
	Min type = xsd:double	1	Untergrenze des Intervalls
	Max type = xsd:double	1	Obergrenze des Intervalls

14.4.5 Die SLD DescribeLayer-Response

Namensraum: xmlns:sld="http://schemas.opengis.net/sld"
Schema-Location: http://schemas.opengis.net/sld/1.1.0/DescribeLayer.xsd

Weitere benötigte Namensräume:

xmlns:gml = „http://schemas.opengis.net/gml"
schemaLocation = „http://schemas.opengis.net/gml/3.1.1/base/feature.xsd"
xmlns:se = „http://schemas.opengis.net/se"
schemaLocation = „http://schemas.opengis.net/se/1.1.0/FeatureStyle.xsd"
xmlns:wfs = „http://schemas.opengis.net/wfs"
schemaLocation = „http://schemas.opengis.net/wfs/1.1.0/wfs.xsd"
xmlns:ows = „http://schemas.opengis.net/ows"
schemaLocation = „http://schemas.opengis.net/ows/1.0.0/owsCommon.xsd"

Tabelle 58: Die DescribeLayer-Response

Element	Bestandteil und Datentyp	M	Beschreibung
DescribeLayerResponse type = DescribeLayerResponseType			Wurzelelement der SLD-Layer-Metadaten
DescribeLayerResponseType <complexType>			Type-Definition für eine DescribeLayerResponse
	Version type = ows:VersionType	1	Version der SLD-Norm
	LayerDescription type = sld:LayerDescriptionType	1-n	Informationen zu den angefragten Layern
LayerDescriptionType <complexType>			Type-Definition für das LayerDescription-Element
	owstype type = sld:owstypeType	1	Abkürzung für den Typ des Datendienstes
	se:OnlineResource	1	Online-Adresse des Datendienstes
	TypeName type = sld:TypeNameType	1-n	Name des zugrunde liegenden Feature Types oder Coverages
TypeNameType <complexType>			Type-Definition für ein TypeName-Element
	se:FeatureTypeName	0-1*	Name eines Feature Types
	se:CoverageName	0-1*	Name eines Coverages
	<!-- * Der TypeName enthält entweder einen FeatureTypeName oder einen Coverage-Name. -->		
owstypeType <simpleType>			Type-Definition für ein owstype-Element
	< xsd:string >		Der Textknoteninhalt eines owstype-Elements lautet immer „wfs" oder „wcs"

14.5 Das Styled-Layer-Descriptor-Schema

Namensraum: xmlns:sld="http://schemas.opengis.net/sld"
Schema-Location: http://schemas.opengis.net/sld/1.1.0/StyledLayerdescriptor.xsd

Weitere Namensräume:
xmlns:gml = „http://schemas.opengis.net/gml"
schemaLocation = „http://schemas.opengis.net/gml/3.1.1/base/feature.xsd"
xmlns:ogc = „http://schemas.opengis.net/ogc"
schemaLocation = „http://schemas.opengis.net/filter/1.1.0/filter.xsd"
xmlns:se = „http://schemas.opengis.net/se"
schemaLocation = „http://schemas.opengis.net/se/1.1.0/FeatureStyle.xsd"

Tabelle 59: StyledLayerDescriptor

Element	Bestandteil und Datentyp	M	Beschreibung
StyledLayerDescriptor <complexType>			Wurzelelement für ein Styled-Layer-Descriptor-Dokument
	version type = se:VersionType	E	Version des SLD-Schemas: „1.1.0"
	se:Name	0-1	Name des StyledLayerDescriptors für die Verwendung in Referenzen
	se:Description	0-1	Kurzbeschreibung
	sld:UseSLDLibrary	0-n	Referenzen auf externe SLD-Dokumente
	sld:NamedLayer	0-n*	Liste im WMS vordefinierter Layer
	sld:UserLayer	0-n*	Liste der im SLD definierten Layer
	<!--* Es muss mindestens ein NamedLayer oder ein UserLayer im Dokument vorhanden sein -->		
UseSLDLibrary <complexType>			Referenz auf ein externes SLD-Dokument
	se:OnlineResource	1	Link zum externen SLD-Dokument
NamedLayer <complexType>			Im WMS vordefinierter Layer
	se:Name	1	Name des Layers für Referenzen darauf
	se:Description	0-1	Kurzbeschreibung zum Layerinhalt
	sld:LayerFeatureConstraints	0-1	Liste von LayerFeatureConstraints
	sld:NamedStyle	0-n*	Liste vordefinierter, namentlich bekannter Styles
	sld:UserStyle	0-n*	Liste hier definierter Styles
	<!-- * Es muss mindestens ein NamedStyle oder ein UserStyle im NamedLayer vorhanden sein. -->		
NamedStyle <complexType>			Im WMS vordefinierter Darstellungsstil
	se:Name	1	Name des Darstellungsstils

Element	Bestandteil und Datentyp	M	Beschreibung
	se:Description	0-1	Kurzbeschreibung für den Darstellungsstil
UserLayer <complexType>			In diesem SLD-Dokument definierter Layer
	se:Name	0-1	Name des UserLayers für Referenzierungen
	se:Description	0-1	Kurzbeschreibung für den UserLayer
	sld:RemoteOWS	0-1*	Referenz auf einen externen WFS oder WCS
	sld:InlineFeature	0-1*	Eingebautes GML-Fragment mit darzustellenden Features
	sld:LayerFeatureConstraints	0-1*	Liste der FeatureType-Bedingungen in einem WFS-Layer
	sld:LayerCoverage-Constraints	0-1*	Liste der Coverage-Bedingungen in einem WCS-Layer
	sld:UserStyle	1-n	Liste hier näher definierter Darstellungsstile
	<!-- * Der UserLayer bezieht sich entweder auf einen remote WFS oder einen remote WCS und hat entweder LayerFeatureConstraints oder LayerCoverageConstraints -->		
RemoteOWS <complexType>			Link zu einem Datenserver
	sld:Service	1	Typbezeichnung für den Datenserver
	se:OnlineResource	1	Link zum Datenserver
Service <simpleType>			Typbezeichnung für einen Datenserver
	> xsd:string <	E	Der Textknoten enthält den Typ des Datenservers: „WFS“ oder „WCS“
InlineFeature <complexType>			Darzustellende, hier übergebene Geoobjekte
	gml:FeatureCollection	1-n	Geodaten-Menge in GML-Struktur
LayerFeatureConstraints <complexType>			Liste der Feature-Type-Definitionen in einem Layer
	sld:FeatureTypeConstraint	1-n	Definition für einen Feature Type im Layer
FeatureTypeConstraint <complexType>			Definition für einen Feature Type in einem Layer
	se:FeatureTypeName	0-1	Name des darzustellenden Feature Types
	ogc:Filter	0-1	Einschränkung über räumliche oder attributive Selektion über eine OGC-Filter-XML-Struktur
	sld:Extent	0-n	Einschränkung über einen einfachen Attributfilter
Extent <complexType>			Einfacher Attributfilter für einen Feature Type
	se:Name	1	Name des zu filternden Feature-Attributs
	sld:Value	1	Gesuchter Wert

Element	Bestandteil und Datentyp	M	Beschreibung
LayerCoverageConstraints <complexType>			Liste der Coverage-Definitionen in einem Layer
	sld:CoverageConstraint	1-n	Definition für ein Coverage im Layer
CoverageConstraint <complexType>			Definition für ein Coverage in einem Layer
	se:CoverageName	1	Name des darzustellenden Coverages
	se:CoverageExtent	0-1	Ggf. Einschränkung des darzustellenden Coverages auf Wertebereiche
CoverageExtent <complexType>			Einschränkung eines darzustellenden Coverages auf Wertebereiche
	sld:RangeAxis	0-n*	Darzustellende Wertebereiche aus den Coverage-Dimensionen
	sld:TimePeriod	0-1*	Zeitstempel oder Zeitintervall
	<!-- *Der Extent besteht aus einer RangeAxis oder aus einer TimePeriod. Die beiden Elemente können aber auch miteinander kombiniert werden. -->		
TimePeriod type = xsd:string			Zeitspanne, z. B. in einem CoverageExtent, als Zeichenfolge
RangeAxis <complexType>			Definition eines Wertebereiches aus einer Coverage-Dimension
	se:Name	1	Name der Werteachse, d. h. der Coverage-Dimension
	sld:Value	1	Darzustellender Wertebereich
Value type = xsd:string			Ein Wertebereich als Einzelwert, Wertintervall oder Liste daraus
UserStyle <complexType>			Im SLD-Dokument definierter Darstellungstil
	se:Name	0-1	Name des Stils
	se:Description	0-1	Kurzbeschreibung für den UserStyle
	sld:IsDefault type = xsd:boolean	0-1	Ist *True* oder 1, wenn der Elementinhalt der Standardwert ist, sonst *False* oder 0
	se:FeatureTypeStyle	0-n*	Darstellungsstil für einen Feature Type
	se:CoverageStyle	0-n*	Darstellungstil für ein Coverage
	se:OnlineResource	0-n*	Referenz auf eine externe Stil-Definition
	<!-- * Der UserStyle hat mindestens einen FeatureTypeStyle oder mindestens einen CoverageStyle oder mindesten einen Verweis auf einen externen Stil. -->		

14.6 Das Symbology-Encoding-Schema

Wurzelelemente für Dokumente nach diesem Schema können die Elemente FeatureTypeStyle, CoverageStyle oder die Symbolizer-Arten sein.

Namensraum: xmlns:sld="http://schemas.opengis.net/se"
Schema-Locations: "http://schemas.opengis.net/se/1.1.0/FeatureStyle.xsd"
"http://schemas.opengis.net/se/1.1.0/CoverageStyle.xsd"
"http://schemas.opengis.net/se/1.1.0/Symbolizer.xsd"
"http://schemas.opengis.net/se/1.1.0/Common.xsd"

Tabelle 60: Elemente im Teilschema common.xsd

Element	Bestandteil und Datentyp	M	Beschreibung
<!-- Im Schemadokument common.xsd sind Elemente und Types versammelt, die an verschiedenen Stellen im SE-Schema, also in Symbolizern und in Style-Definitionen verwendet werden. -->			
VersionType <simpleType>			Type-Definition für eine Versionsangabe
	> xsd:string <		Der Textknoten enthält die Versionsnummer: „1.1.0“
Name type = xsd:string			Ein z. B. in Requests referenzierbarer Name
Description type = se:DescriptionType			Beschreibung für die Verwendung in Benutzer-oberflächen
DescriptionType <complexType>			Type-Definition für eine Beschreibung
	Title type = xsd:string	0-1	Name für die Anzeige in Benutzeroberflächen
	Abstract type = xsd:string	0-1	Kurzbeschreibung dazu
FeatureTypeName type =xsd:QName			Name eines Feature Types (ohne Leerzeichen, Kommata oder Ähnliches)
CoverageName type = xsd:string			Name eines Coverages
OnlineResource type = se:OnlineResourceType			Link zu einer online verfügbaren Ressouce
OnlineResourceType <complexType>			Type-Definition für eine OnlineResource
	xlink:simpleLink	E	Definition des Links. Die Attributgruppe xlink:simpleLink besteht aus den Attributen xlink:type="simple" und xlink:href="<MeineUrl>"
InlineContent type = se:InlineContentType			Als XML-Struktur codierter oder binär codierter, direkt eingebauter Inhalt
InlineContentType <complexType>			Type-Definition für einen Inline-Content
	encoding type = string	E	Codierung des Inhalts als „xml" oder „base64"
	<N.N.> type = xsd:any	0-1	Beliebiger XML-Inhalt in o. g. Codierung

Tabelle 61: Elemente im Teilschema FeatureStyle.xsd

Element	Bestandteil und Datentyp	M	Beschreibung
FeatureTypeStyle type = se:FeatureTypeStyleType			Stildefinition für einen Feature Type
	<!-- Ein FeatureTypeStyle-Element kann als Wurzelelement für ein Styled-Layer-Descriptor-Dokument verwendet werden. -->		
FeatureTypeStyleType <complexType>			Type-Definition für einen FeatureTypeStyle
	version type = se:VersionType	E	Version des SE-Schemas: „1.1.0"
	se:Name	0-1	Name des Feature Type-Stils
	se:Description	0-1	Kurzbeschreibung für den Feature-Type-Stil
	se:FeatureTypeName	0-1*	Name des darzustellenden Feature Types
	se:SemanticType-Identifier	0-n*	Name eines allgemein bekannten oder domänenspezifischen Feature Types
	se:Rule	0-n**	Zeichenregel für diesen Feature Type
	se:OnlineResource	0-n**	Verweis auf eine externe Zeichenregel
	<!-- * Der FeatureTypeName kann fehlen, wenn ein SemanticTypeIdentifier vorhanden ist oder der Feature Type aus dem Kontext heraus eindeutig ist. **Der FeatureTypeStyle enthält mindestens eine Regel oder einen Link. -->		
CoverageStyle type = se:CoverageStyleType			Stildefinition für ein Coverage
CoverageStyleType <complexType>			Type-Definition für einen CoverageStyle
	version type = se:VersionType	E	Version des SE-Schemas: „1.1.0"
	se:Name	0-1	Name des Coverage-Stils
	se:Description	0-1	Kurzbeschreibung für den Coverage-Stil
	se:CoverageName	0-1*	Name des darzustellenden Coverages
	se:SemanticTypeIdentifier	0-n*	Name eines allgemein bekannten oder domänenspezifischen Types
	se:Rule	0-n**	Zeichenregel für dieses Coverage
	se:OnlineResource	0-n**	Verweis auf eine extern abgelegte Zeichenregel
	<!--* Der CoverageName kann fehlen, wenn ein SemanticTypeIdentifier vorhanden ist oder der Coverage-Name aus dem Kontext heraus eindeutig ist. ** Der CoverageStyle enthält mindestens eine Regel oder einen Link. -->		
SemanticTypeIdentifier type = xsd:string			Allgemein bekannter oder domänenspezifischer Feature Type oder Coverage, z. B. „generic:raster" oder „generic:point"

Element	Bestandteil und Datentyp	M	Beschreibung
Rule type = se:RuleType			Zeichenregel für eine Objektklasse in einem Maßstab
RuleType <complexType>			Type-Definition für eine Zeichenregel
	se:Name	0-1	Name der Regel
	se:Description	0-1	Kurzbeschreibung für die Regel
	se:LegendGraphic	0-1	Legendengrafik für diese Regel
	ogc:Filter	0-1*	Einschränkung der Objektmenge durch räumliche Filterung oder Attributselektion
	se:ElseFilter	0-1*	Ohne Inhalt; markiert die Regel für alle nicht anders erfassten Objekte eines FeatureTypes
	se:MinScaleDenominator	0-1	Untere Maßstabsgrenze für diese Regel
	se:MaxScaleDenominator	0-1	Obere Maßstabsgrenze für diese Regel
	se:Symbolizer	0-n	Grafische Darstellungsanweisung
	<!-- * Eine Regel kann entweder einen Filter oder ein ElseFilter-Element enthalten. -->		
LegendGraphic type = se:LegendGraphicType			Signaturgrafik für eine Legende
LegendGraphicType <complexType>			Type-Definition für eine Legendengrafik
	se:Graphic	1	Eine vordefinierte Grafik
ElseFilter type = se:ElseFilterType			Markierung der Regel für alle nicht explizit anders klassifizierten Objekte
ElseFilterType <complexType>			Type-Definition für das Element ElseFilter. Das Element ist leer und wirkt durch seine bloße Anwesenheit
MinScaleDenominator type = xsd:double			Untere Grenze eines Maßstabsbereichs
MaxScaleDenominator type = xsd:double			Obergrenze eines Maßstabsbereichs

Tabelle 62: Elemente und Types aus Symbolizer.xsd

Element	Bestandteil und Datentyp	M	Beschreibung
<!-- Wurzelelemente für StyledLayerDescriptor-Dokumente können auch die Elemente LineSymbolizer, PolygonSymbolizer, PointSymbolizer, Textsymbolizer oder RasterSymbolizer sein. Sie alle sind Spezialisierungen der abstrakten Basisklasse Symbolizer. -->			
Symbolizer (abstract) type = se:SymbolizerType			Abstraktes Element, wird in XML-Dokumenten ersetzt durch Point-, Line-, Polygon-, Text- oder Rastersymbolizer

Element	Bestandteil und Datentyp	M	Beschreibung
SymbolizerType <complexType>			Vaterklasse für die Type-Definitionen aller Symbolizerarten; enthält allgemeine Eigenschaften aller Symbolizer-Arten
	version type = se:VersionType	O	Version des SE-Schemas: „1.1.0“
	uom type = xsd:anyURI	O	Maßeinheit des Symbolizers als URI, z. B. „http://www.opengeospatial.org/se/units/metre”; Default ist die Maßeinheit pixel
	se:Name	0-1	Optionaler Name für den Symbolizer
	se:Description	0-1	Kurzbeschreibung zum Symbolizer
	se:BaseSymbolizer	0-1	Verweis auf einen externen Symbolizer, dessen Eigenschaften eingebunden werden sollen
BaseSymbolizer type = se:BaseSymbolizerType			Verweis auf einen externen Symbolizer, dessen Eigenschaften eingebunden werden sollen
BaseSymbolizerType <complexType>			Type-Definition für einen BaseSymbolizer
	se:OnlineResource	1	Link zum externen Symbolizer-Dokument
LineSymbolizer type = se:LineSymbolizerType			Darstellungsanweisung für Liniengeometrien
LineSymbolizerType <complexType>			Type-Definition für einen LineSymbolizer
	<!-- Der LineSymbolizer erbt alle Eigenschaften des SymbolizerTypes. -->		
	se:Geometry	0-1*	Geometrie-Datenquelle
	se:Stroke	0-1	Liniensymbol
	se:PerpendicularOffset	0-1	Linienversatz in uom-Einheiten
	<!-- Das Geometry-Element kann fehlen, wenn die Geometriespalte aus dem Kontext heraus eindeutig definiert ist. -->		
Geometry type = se:GeometryType			Definition einer Geometrie-Datenquelle
GeometryType <complexType>			Type-Definition für das Geometry-Element
	ogc:PropertyName	1	Name des Featureattributs, das die darzustellende Geometrie enthält
Stroke type = se: StrokeType			Liniendarstellung als einfacher Strich
StrokeType <complexType>			Type-Definition für das Stroke-Element
	se:GraphicFill	0-1*	Füllmuster für die Liniensignatur
	se:GraphicStroke	0-1*	Signatur aus wiederholten Grafikelementen
	se:SvgParameter	0-n	SVG-Parameter für das Aussehen der Linie
	<!-- * Der Stroke besteht entweder aus GraphicStroke oder GraphicFill oder er ist ein einfacher Strich und wird nur über SVG-Parameter definiert. -->		

Element	Bestandteil und Datentyp	M	Beschreibung
SvgParameter type = se:SvgParameterType			Liste aus Keyword-Value-Paaren mit Gestaltungsinformation nach dem SVG- oder CSS-Standard
SvgParameterType <complexType>			Type-Definition für ein SvgParameter-Element
	name type = string	E	Name des SVG- oder CSS-Parameters
	> se:ParameterValueType <	E	Der Textknoten enthält den Wert des SVG- oder CSS-Parameters als ogc:expression
ParameterValueType <complexType>			Type-Definition für eine ParameterValue-Angabe
	ogc:expression	0-n	OGC-Ausdruck: Literal, Funktion, PropertyName oder Ergebnis verschiedener Operatoren
GraphicFill type = se:GraphicFillType			Liniendarstellung mithilfe eines Füllmusters
GraphicFillType <complexType>			Type-Definition für ein GraphicFill-Element
	se:Graphic	1	Grafisches Element, aus dem das Füllmuster zusammengesetzt wird
GraphicStroke type = se:GraphicStrokeType			Liniendarstellung aus wiederholten Grafikelementen
GraphicStrokeType <complexType>			Type-Definition für das GraphicStroke-Element
	se:Graphic	1	Grafisches Element, aus dem die Liniensignatur zusammengesetzt wird
	se:InitialGap	0-1	Größe der Lücke zwischen den Symbolen entlang der Linie
	se:Gap	0-1	Abstand der Symbolreihe vom Anfang der Linie
InitialGap type = se:ParameterValueType			Abstand zwischen Beginn einer Basislinie und dem ersten Symbol in einem GraphicStroke-Element oder einer Linienbeschriftung
Gap type = se:ParameterValueType			Abstand zwischen zwei Symbolen oder Labels in einem GraphicStroke oder einer Linienbeschriftung
PolygonSymbolizer type = se:PolygonSymbolizerType			Symbolizer für Flächengeometrien
PolygonSymbolizerType <complexType>			Type-Definition für einen PolygonSymbolizer
	<!-- Der PolygonSymbolizerType erbt alle Eigenschaften des SymbolizerTypes. -->		
	se:Geometry	0-1*	Geometrie-Datenquelle
	se:Graphic	1	Grafisches Element, aus dem die Liniensignatur zusammengesetzt wird
	se:Fill	0-1	Definition für die Darstellung des Innenraums
	se:Stroke	0-1	Definition für die Darstellung des Umrings
	se:Displacement	0-1	Versatz in x- und y-Richtung

Element	Bestandteil und Datentyp	M	Beschreibung
	se:Perpendicular-Offset	0-1	Versatz des Umrings nach innen oder außen
	<!-- Das Geometry-Element kann fehlen, wenn die Geometriespalte aus dem Kontext heraus eindeutig definiert ist. -->		
Fill type = se:FillType			Ausgestaltung einer Innenfläche
FillType <complexType>			Type-Definition für ein Fill-Element
	se:GraphicFill	0-1	Füllmuster
	se:SvgParameter	0-n	SVG-Parameter für die Darstellung der Flächenfüllung
PointSymbolizer type = se:PointSymbolizerType			Darstellungsanweisung für Punktgeometrien
PointSymbolizerType <complexType>			Type-Definition für einen PointSymbolizer
	<!-- Der PointSymbolizerType erbt alle Eigenschaften des SymbolizerTypes. -->		
	se:Geometry	0-1*	Geometrie-Datenquelle
	se:Graphic	0-1	Grafisches Element, aus dem die Liniensignatur zusammengesetzt wird
	<!-- Das Geometry-Element kann fehlen, wenn die Geometriespalte aus dem Kontext heraus eindeutig definiert ist. -->		
Graphic type = se:GraphicType			Symbolgrafik
GraphicType <complexType>			Type-Definition für eine Symbolgrafik
	se:ExternalGraphic	0-n*	Referenz zu einem explizit definierten Symbol
	se:Mark	0-n*	Vordefiniertes Standardsymbol
	se:Opacity	0-1	Deckungsgrad für das Symbol
	se:Size	0-1	Symbolgröße in Einheiten des Symbolizers
	se:Rotation	0-1	Drehung des Symbols in Dezimalgrad
	se:AnchorPoint	0-1	Anheftungspunkt im Symbol
	se:Displacement	0-1	Versatz des Symbols gegenüber der Quellgeometrie
	<!-- * Das Symbol besteht aus mindestens einer externen Grafik oder einem Marker-Symbol. -->		
ExternalGraphic type = se:ExternalGraphicType			Referenz zu einem explizit definierten Symbol
ExternalGraphicType <complexType>			Type-Definition für eine externe Symbolreferenz
	se:OnlineResource	0-1*	Link auf ein extern in einer Datei oder einem SLD abgelegtes Symbol

Element	Bestandteil und Datentyp	M	Beschreibung
	se:InlineContent	0-1*	Explizite Symboldefinition in diesem Symbolizer
	se:Format	1	Format der Grafik als MIME-Type-Bezeichnung
	se:ColorReplacement	0-n	Mapping-Tabelle für Farbersetzungen
	<!-- * Die ExternalGraphic besteht entweder aus einem Link oder aus einer hier eingebauten Symboldefinition -->		
Format type = xsd:string			Dateiformat als MIME-Type-Bezeichnung
ColorReplacement type = se:ColorReplacementType			Farb-Zuweisungsliste
ColorReplacementType <complexType>			Type-Definition für eine Farb-Zuweisungsliste
	se:Recode	1-n	Wert-Ersetzungspaar aus altem und neuem Wert
Mark = se:MarkType			Standard-Grafiksymbol
MarkType <complexType>			Type-Definition für ein Standard-Grafiksymbol
	se:WellKnownName	0-1*	Name eines vordefinierten Standard-Symbols
	se:OnlineResource	0-1*	Link zu einer indexbasierten Symbolbibliothek
	se:InlineContent	0-1*	In den SLD direkt eingebaute indexbasierte Symbolbibliothek
	se:Format	1*	Format der Bibliotheksdatei als MIME-Type
	se:MarkIndex	0-1	Index-Nummer des Symbols in der Bibliothek
	se:Fill	0-1	Farb- und Musterzuweisung für die Symbolfüllung
	se:Stroke	0-1	Farb- und Musterzuweisung für die Symbol-Linien
	<!-- * Der MarkType verwendet entweder einen WellKnownName und braucht dann keine weiteren Elemente. Alternativ bezieht er sich auf eine OnlineResource. -->		
WellKnownName type = xsd:string			Name eines vordefinierten Standard-Symbols
Markindex type = xsd:integer			Index-Nummer eines Symbols in einer Bibliothek
Opacity type = se:ParameterValueType			Grad für die Deckkraft einer Grafik. Wert zwischen 0 und 1; entspricht 1-Transparenzgrad in %
Size type = se:ParameterValueType			Größe eines Symbols in Symbolizer-Einheiten
Rotation type = se:ParameterValueType			Drehung eines Symbols oder eines Labels in Dezimalgrad
TextSymbolizer type = se:TextSymbolizerType			Darstellungsanweisung für Beschriftungen
TextSymbolizerType <complexType>			Type-Definition für einen TextSymbolizer
	<!-- Der TextSymbolizerType erbt alle Eigenschaften des SymbolizerTypes. -->		

Element	Bestandteil und Datentyp	M	Beschreibung
	se:Geometry	0-1*	Geometrie-Datenquelle für die Beschriftung (Anheftungspunkt oder Basislinie)
	se:Label	0-1	Textinhalt für die Beschriftung
	se:Font	0-1	Schriftart
	se:LabelPlacement	0-1	Position der Beschriftung in Relation zur Geometrie
	se:Halo	0-1	Definition eines Halos um die Beschriftung
	se:Fill	0-1	Gestaltung einer Textbox um die Beschriftung
	<!-- Das Geometry-Element kann fehlen, wenn die Geometriespalte aus dem Kontext heraus eindeutig definiert ist. -->		
Label type = se:ParameterValueType			Textinhalt für eine Beschriftung
Font type = se:FontType			Schriftfont für eine Beschriftung
FontType <complexType>			Type-Definition für eine Font-Angabe
	se:SvgParameter	0-n	SvgParameter für das Aussehen der Beschriftung
LabelPlacement type = se:LabelPlacementType			Position einer Beschriftung in Relation zur Ausgangsgeometrie
LabelPlacementType			Type-Definition für ein LabelPlacement-Element
	se:PointPlacement	0-1*	Position der Beschriftung in Relation zum Anheftungspunkt
	se:LinePlacement	0-1*	Position der Beschriftung in Relation zur Basislinie
	<!-- * Ein LabelPlacement enthält entweder ein PointPlacement-Element oder ein LinePlacement. -->		
PointPlacement type = se:PointPlacementType			Position einer Punktbeschriftung in Relation zur Ausgangsgeometrie
PointPlacementType <complexType>			Type-Definition für ein PointPlacement-Element
	se:AnchorPointType	0-1	Anheftungspunkt innerhalb der Beschriftung
	se:Displacement	0-1	Versatz der Beschriftung gegenüber der Geometrie
	se:Rotation	0-1	Drehwinkel für die Beschriftung
AnchorPoint type = se:AnchorPointType			Anheftungspunkt innerhalb einer Beschriftung oder eines Symbols
AnchorPointType <complexType>			Type-Definition für ein AnchorPoint-Element
	se:AnchorPointX	1	Relative Position des Anheftungspunkts im Symbol in X-Richtung
	se:AnchorPointY	1	Relative Position des Anheftungspunkts im Symbol in Y-Richtung

Element	Bestandteil und Datentyp	M	Beschreibung
AnchorPointX type = se:ParameterValueType			Relative Position eines Anheftungspunkts in X-Richtung; Wert zwischen 0 und 1
AnchorPointY type = se:ParameterValueType			Relative Position des Anheftungspunkts in Y-Richtung; Wert zwischen 0 und 1
Displacement type = se:DisplacementType			Versatz einer Beschriftung oder eines Symbols
DisplacementType <complexType>			Type-Definition für ein Displacement-Element
	se:DisplacementX	1	Versatz des Symbols in X-Richtung
	se:DisplacementY	1	Versatz des Symbols in Y-Richtung
DisplacementX type = se:ParameterValueType			Versatz einer Beschriftung oder eines Symbols in X-Richtung in Symbolizer-Einheiten
DisplacementY type = se:ParameterValueType			Versatz einer Beschriftung oder eines Symbols in Y-Richtung in Symbolizer-Einheiten
LinePlacement type = se:LinePlacementType			Relative Position einer Linienbeschriftung
LinePlacementType <complexType>			Type-Definition für ein LinePlacement-Element
	se: Perpendicular-Offset	0-1	Versatz der Beschriftung von der Linie
	se: IsRepeated	0-1	Wiederholung der Beschriftung entlang der Linie
	se: InitialGap	0-1	Versatz vom Startpunkt in Linienrichtung
	se: Gap	0-1	Länge der Zwischenräume zwischen Beschriftungen
	se: IsAligned	0-1	Ausrichtung an der Basislinie
	se: GeneralizeLine	0-1	Liniengeneralisierung bei Bedarf
GeneralizeLine type = xsd:boolean			Bei *true* wird der Server die Basislinie für eine Beschriftung glätten; Default ist *false*
IsRepeated type = xsd:boolean			Bei *true* wird eine Linienbeschriftung in regelmäßigen Abständen wiederholt
IsAligned type = xsd:boolean			Bei *true* wird die Beschriftung an ihrer Basislinie ausgerichtet, sonst nicht; Default ist *true*
PerpendicularOffset type = se:ParameterValueType			Versatz einer Linienbeschriftung von ihrer Basislinie
Halo type = se:HaloType			Freistellung einer Beschriftung durch einen „Heiligenschein" um die Buchstaben herum
HaloType <complexType>			Type-Definition für einen Halo
	se:Radius	0-1	Breite des „Heiligenscheins"
	se:Fill	0-1	Farbe und Muster des „Heiligenscheins"
Radius type = se:ParameterValueType			Radius eines Halos in Symbolizer-Einheiten

Element	Bestandteil und Datentyp	M	Beschreibung
RasterSymbolizer type = se:RasterSymbolizerType			Darstellungsanweisung für eine Rastergeometrie
RasterSymbolizerType <complexType>			Type-Definition für den RasterSymbolizer
	<!-- Der RasterSymbolizerType erbt alle Eigenschaften des SymbolizerTypes. -->		
	se:Geometry	0-1*	Geometrie-Datenquelle für die Beschriftung
	se:Opacity	0-1	Transparenzgrad für das Rasterbild
	se:ChannelSelection	0-1	Farbzuordnung für die Bildkanäle
	se:ColorMap	0-1	Farb-Zuweisungstabelle
	se:OverlapBehaviour	0-1	Regelung des Verhaltens bei räumlicher Überlagerung mehrerer Rasterlayer
	se:Contrast-Enhancement	0-1	Kontrastverstärkung für das Rasterbild
	se:ShadedRelief	0-1	Schummerung für das Rasterbild
	se:ImageOutline	0-1	Darstellung eines Umrings für das gesamte Bild
	<!-- * Das Geometry-Element kann fehlen, wenn die Geometriespalte aus dem Kontext heraus eindeutig definiert ist. -->		
ChannelSelection type = se:ChannelSelectionType			Zuordnung der Rasterbildkanäle zu Farbkanälen
ChannelSelectionType <complexType>			Type-Definition für ein ChannelSelection-Element
	se:RedChannel	0-1*	Bildkanal für den roten Farbkanal
	se:GreenChannel	0-1*	Bildkanalquelle für den grünen Farbkanal
	se:BlueChannel	0-1*	Bildkanal für den blauen Farbkanal
	se:GrayChannel	0-1*	Bildkanal für eine Graustufendarstellung
	<!-- * Das ChannelSelection-Element enthält entweder Anweisungen für den roten, grünen und blauen Kanal oder eine Anweisung für den Helligkeitswert (Grau-Kanal). -->		
RedChannel type = se:SelectedChannelType			Rasterbildkanal für den roten Farbkanal
GreenChannel type = se:SelectedChannelType			Rasterbildkanal für den grünen Farbkanal
BlueChannel type = se:SelectedChannelType			Rasterbildkanal für den blauen Farbkanal
GrayChannel type = se:SelectedChannelType			Rasterbildkanal für eine Graustufendarstellung
SelectedChannelType <complexType>			Type-Definition für eine Bildkanal-Auswahl
	se:SourceChannelName	1	Name des Bildkanals
	se:ContrastEnhancement	0-1	Kontrastverstärkung für diesen Kanal
SourceChannelName type = xsd:string			Name eines zugeordneten Bildkanals

Element	Bestandteil und Datentyp	M	Beschreibung
OverlapBehaviour <simpleType>			Regelung des Verhaltens bei räumlicher Überlappung mehrerer Rasterlayer
	> xsd:string <		Der Textknoten enthält einen Wert aus der Liste "LATEST_ON_TOP", "EARLIEST_ON_TOP", "AVERAGE", "RANDOM"
ColorMap type = se:ColorMapType			Farb-Zuweisungstabelle
ColorMapType <complexType>			Type-Definition für eine Farb-Zuweisungstabelle
	se:Categorize	0-1*	Funktion für das Mapping auf diskrete Werte
	se:Interpolate	0-1*	Funktion für das Mapping durch Interpolation
	<!-- * Die ColorMap verwendet entweder eine Categorize-Funktion oder eine Interpolate-Funktion. -->		
ContrastEnhancement type = se:ContrastEnhancementType			Kontrastverstärkung für ein Bild oder einen Bildkanal
ContrastEnhancementType <complexType>			Type-Definition für das ContrastEnhancement
	se:Normalize	0-1*	Kontrastverstärkung über lineare Streckung
	se:Histogram	0-1*	Kontrastverstärkung anhand der Häufigkeitsverteilung
	se:GammaValue	0-1*	Kontrastverstärkung über einen Gammawert
	<!-- * Das ContrastEnhancement verwendet entweder eine Normalisierungsfunktion oder ein Histogramm und kann optional außerdem noch einen Gammawert verwenden. -->		
Normalize type = se:NormalizeType			Kontrastverstärkung für ein Bild oder einen Bildkanal über lineare Streckung
NormalizeType <complexType>			Type-Definition für das Normalize-Element
	<!-- Das Normalize-Element hat keinen Inhalt; es wirkt durch seine Anwesenheit. -->		
Histogram type = se:HistogramType			Kontrastverstärkung für ein Bild oder einen Bildkanal anhand einer Häufigkeitsverteilung
HistogramType <complexType>			Type-Definition für das Histogram-Element
	<!-- Das Histogram-Element hat keinen Inhalt; es wirkt durch seine Anwesenheit. -->		
GammaValue type = xsd:double			Kontrastverstärkung für ein Bild oder einen Bildkanal über einen Gammawert oberhalb oder unterhalb von 1
ShadedRelief type = se:ShadedReliefType			Schummerung für einen Kartenlayer
ShadedReliefType <complexType>			Type-Definition für eine Schummerungsanweisung
	se:BrightnessOnly	0-1	Regelung für den Input für die Schummerung
	se:ReliefFactor	0-1	Faktor für die Reliefüberhöhung

Element	Bestandteil und Datentyp	M	Beschreibung
BrightnessOnly	type = xsd:boolean		Bei *true* wird die Schummerung aus den Helligkeitswerten aller Layer generiert, bei *false* nur aus dem aktuellen Layer; Default ist *false*
ReliefFactor	type = xsd:double		Faktor für die Reliefüberhöhung bei einer Schummerung
ImageOutline	type = ImageOutlineType		Umring-Generierung für einen Rasterlayer
	se:LineSymbolizer	0-1*	LineSymbolizer für den Umring
	se:PolygonSymbolizer	0-1*	PolygonSymbolizer für den Umring
	<!-- * Das ImageOutline kann alternativ über einen LineSymbolizer oder über einen PolygonSymbolizer gestaltet werden. -->		
Function	type = se:FunctionType (abstract)		Funktion für die Verarbeitung von (Input-)Werten
FunctionType	<complexType> (abstract)		Vaterklasse für die Type-Definitionen der verschiedenen Funktionen des Schemas
	<!-- Der FunctionType erbt alle Eigenschaften von ogc:expression. -->		
	fallbackValue type = string	E	Standard-Ausgabewert für den Fall, dass die Funktion nicht angewandt werden kann
FormatNumber	type = se:FormatNumberType		Funktion für die Formatierung von Zahlenwerten
FormatNumberType	<complexType>		Type-Definition für eine FormatNumber-Funktion
	<!-- Der FormatNumberType erbt alle Eigenschaften des FunctionType. -->		
	decimalPoint type = string	O	Dezimaltrennzeichen. Default ist „."
	groupingSeparator type = string	O	Gruppen-Trennzeichen. Default ist „,"
	se:NumericValue	1	Eingehender Zahlenwert
	se:Pattern	1	Formatierungsmuster
	se:NegativePattern	0-1	Formatierungsmuster für negative Zahlen
NumericValue	type = se:ParameterValueType		Zahlen-Eingabewert für eine numerische Funktion
Pattern	type = xsd:string		Formatierungsmuster
NegativePattern	type = xsd:string		Formatierungsmuster für negative Zahlen
FormatDate	type = se:FormatDateType		Funktion für die Formatierung von Datumswerten
FormatDateType	<complexType>		Type-Definition für die FormatDate-Funktion
	<!-- Der FormatDateType erbt alle Eigenschaften des FunctionType. -->		
	se:DateValue	1	Datums-Eingangswert für die Funktion
	se:Pattern	1	Formatierungsmuster

Element	Bestandteil und Datentyp	M	Beschreibung
DateValue type = se:ParameterValueType			Datums-Eingangswert für eine FormatDate-Funktion
Substring type = se:SubstringType			Funktion für das Ausschneiden einer Teil-Zeichenkette
SubstringType <complexType>			Type-Definition für die Substring-Funktion
	<!-- Der SubstringType erbt alle Eigenschaften des FunctionType. -->		
	se:StringValue	1	Eingangs-Zeichenkette
	se:Position	0-1	Anfangsposition der gesuchten Teil-Zeichenkette
	se:Length	0-1	Länge der gesuchten Teil-Zeichenkette
StringValue type = se:ParameterValueType			Ein Eingangswert in eine der textverarbeitenden Funktionen des SE-Schemas
Position type = se:ParameterValueType			Position eines Zeichens in einer Zeichenkette
Length type = se:ParameterValueType			Länge einer Zeichenkette oder Teil-Zeichenkette
Concatenate type = se:ConcatenateType			Funktion für die Verkettung zweier Zeichenfolgen
ConcatenateType <complexType>			Type-Definition für die Concatenate-Funktion
	<!-- Der ConcatenateType erbt alle Eigenschaften des FunctionType. -->		
	se:StringValue	1-n	Eingangs-Zeichenfolge für die Verkettung
ChangeCase type = se:ChangeCaseType			Funktion für die Umwandlung einer Zeichenfolge in Groß- oder Kleinbuchstaben
ChangeCaseType <complexType>			Type-Definition für die ChangeCase-Funktion
	<!-- Der ChangeCaseType erbt alle Eigenschaften des FunctionType. -->		
	direction type = se:directionType	O	Änderungsrichtung für die Umwandlung
	se:StringValue	1	Eingangs-Zeichenfolge für die Funktion
directionType <simpleType>			Änderungsrichtung für die Umwandlung in Groß- oder Kleinbuchstaben
	> xsd:token <		Der Textknoten kann die Werte „toUpper" oder „toLower" enthalten
Trim type = se:TrimType			Funktion für die Bereinigung einer Zeichenkette von störenden Zeichen am Anfang oder Ende
TrimType <complexType>			Type-Definition für die Trim-Funktion
	<!-- Der TrimType erbt alle Eigenschaften des FunctionType. -->		
	stripOffPosition type = se:stripOffPositionType	O	Seite, an der die Zeichenfolge bereinigt werden soll

Element	Bestandteil und Datentyp	M	Beschreibung
	stripOffChar type = string	O	Zu entfernendes Zeichen oder Zeichenfolge
	se:StringValue	1	Eingangs-Zeichenfolge für die Funktion
stripOffPositionType <simpleType>			Bezeichnung der Seite, an der eine Zeichenfolge bereinigt werden soll
	> xsd:token <		Der Textknoten kann die Werte „leading", „trailing" oder „both" enthalten
StringPosition type = se:StringPositionType			Funktion für die Ermittlung der Position einer Teilzeichenkette innerhalb einer Zeichenfolge
StringPositionType <complexType>			Type-Definition für die StringPosition-Funktion
	<!-- Der StringPositionType erbt alle Eigenschaften des FunctionType. -->		
	searchDirection type = se:searchDirectionType	O	Zählrichtung für die Positionsermittlung
	se:StringValue	1	Eingangs-Zeichenfolge für die Funktion
	se:LookupString	1	Zu findende Teilzeichenkette
searchDirectionType <simpleType>			Zählrichtung für die Ermittlung einer Position innerhalb einer Zeichenfolge
	> xsd:token <		Der Textknoten kann die Werte „frontToBack" und „backToFront" aufnehmen
LookupString type = se:ParameterValueType			Zeichenfolge, die gefunden werden soll
StringLength type = se:StringLengthType			Funktion für die Ermittlung der Länge einer Zeichenkette
StringLengthType <complexType>			Type-Definition für die StringLength-Funktion
	<!-- Der StringLengthType erbt alle Eigenschaften des FunctionType. -->		
	se:StringValue	1	Eingabe-Zeichenfolge für die Funktion
Categorize type = se:CategorizeType			Funktion für die Recodierung einer Wertemenge durch Kategorisierung
CategorizeType <complexType>			Type-Definition für die Categorize-Funktion
	<!-- Der CategorizeType erbt alle Eigenschaften des FunctionType. -->		
	thresholdsBelongTo type = se:ThresholdBelongsToType	O	Regel für die Zugehörigkeit der Intervallgrenze zum unteren oder oberen Wertebereich
	se:LookupValue	1	Mindestens vorhandener Eingangswert für die Recodierung
	se:Value	1*	Neuer Wert für den LookupValue-Eingangswert
	se:Threshold	0-n*	Intervallgrenze für weitere Eingangswerte
	se:Value	0-n*	Neuer Wert für alle Eingangswerte im Intervall

Element	Bestandteil und Datentyp	M	Beschreibung
	<!-- * Der CategorizeType enthält mindestens einen LookupValue und einen Value sowie eine Folge von 0-n Paarungen aus Threshold- und Value-Elementen. -->		
LookupValue type = se:ParameterValueType			Eingangswert oder Herkunft der Eingangswerte für eine Recodierungsfunktion. Erhällt bei Verwendung der Funktion in als ColorMap in einem Rastersymbolizer den Wert „Rasterdata"
Value type = se:ParameterValueType			Neuer Wert in einer Categorize-Funktion
Threshold type = se:ParameterValueType			Intervallgrenze in einer Categorize-Funktion
ThresholdBelongsToType <simpleType>			Regel für die Zugehörigkeit der Intervallgrenze zum unteren oder oberen Wertebereich
	> xsd:token <		Der Textknoten kann die Werte „succeeding" oder „preceding" enthalten
Interpolate type = se:InterpolateType			Funktion für die Recodierung mittels Interpolation
InterpolateType <complexType> extension base = ogc:ExpressionType			Type-Definition für die Interpolate-Funktion
	<!-- Der InterpolateType erbt alle Eigenschaften des FunctionType. -->		
	mode type = se:ModeType	O	Art der Interpolationsfunktion
	method type = se:MethodType	O	Bezeichnung für die Art der Zielwerte
	se:LookupValue	1	Eingangswert oder Herkunft der Eingangswerte für die Recodierung
	se:InterpolationPoint	1-n	Interpolationspunkt
InterpolationPoint type = se:InterpolationPointType			Interpolationswertepaar für eine Interpolate-Funktion
InterpolationPointType <complexType>			Type-Definition für einen InterpolationPoint
	<!-- Der InterpolationPointType erbt alle Eigenschaften von ogc:expression. -->		
	se:Data	1	Alter Wert des Interpolationspunkts
	se:Value	0-n	Neuer Wert des Interpolationspunkts
Data type = xsd:double			Ein numerischer Wert
ModeType <simpleType>			Art der Interpolation in einer Interpolate-Funktion
	> xsd:token <		Der Textknoten kann die Werte „linear", „cosine" oder „cubic" enthalten
MethodType <simpleType>			Art der Zielwerte einer Interpolate-Funktion
	> xsd:token <		Der Textknoten kann die Werte „numeric" oder „color" enthalten

Element	Bestandteil und Datentyp	M	Beschreibung
Recode type = se:RecodeType			Funktion für die Recodierung über diskrete Wertepaare
RecodeType <complexType>			Type-Definition für die Recode-Funktion
	<!-- Der RecodeType erbt alle Eigenschaften des FunctionType. -->		
	se:LookupValue	1	Eingangswert oder Herkunft der Eingangswerte für die Recodierung
	se:MapItem	1-n	Wertepaar aus altem und neuem Wert
MapItem type = se:MapItemType			Wertepaar für eine Recode-Funktion
MapItemType <complexType> substitution group = ogc:expression			Type-Definition für ein MapItem-Wertepaar
	<!-- Der MapItemType erbt alle Eigenschaften von ogc:expression. -->		
	se:Data	1	Nachschlagewert für eine Recodierung
	se:Value	0-n	Neu zugewiesener Wert in einer Recodierung

14.7 Das Map-Context-Schema

Namensraum: xmlns:context="http://schemas.opengis.net/context"
Schema-Locations: „http://schemas.opengis.net/context/1.1.0/context.xsd"
„http://schemas.opengis.net/context/1.1.0/collection.xsd"

Weitere Namensräume:
xmlns:sld = „http://schemas.opengis.net/sld"
schemaLocation = „http://schemas.opengis.net/sld/1.0.0/StyledLayerDescriptor.xsd"

Tabelle 63: Elemente und Types im Schema context.xsd

Element	Bestandteil und Datentyp	M	Beschreibung
ViewContext type = context:ViewContextType			Wurzelelement für eine Ansichts-Dokumentation
	<!-- Das Element ViewContext ist das Wurzelelement für die Speicherung einer einzelnen Ansichtsdefinition in einem Context-Dokument. -->		
ViewContextType <complexType>			Type-Definition für das ViewContext-Element
	version type = string	E	Version des WMC-Schemas für die Liste: „1.1.0"
	id type = string	E	Referenzierbarer Identifikator für diesen ViewContext
	General type = context:GeneralType	1	Sektion der Ansichtsdefinition mit allgemeinen Informationen

Element	Bestandteil und Datentyp	M	Beschreibung
	LayerList type = context:LayerList	1	Sektion der Ansichtsdefinition mit speziellen Informationen zu den einzelnen Layern
GeneralType <complexType>			Sektion eines Context-Dokuments mit allgemeinen Informationen zur Kartenansicht
	Window type = context:WindowType	0-1	Größe des Kartenfensters
	BoundingBox type = context:BoundingBoxType	1	Räumlicher Ausschnitt der Kartenansicht
	Title type = xsd:string	1	Bezeichnung der Kartenansicht z. B. für die Verwendung in Katalogen
	KeywordList type = context:KeywordListType	0-1	Liste von Schlagwörtern zur Kartenansicht, z. B. für die Verwendung in Katalogen
	Abstract type = xsd:string	0-1	Kurzbeschreibung der Kartenansicht
	LogoURL type = context:URLType	0-1	Link zu einem Logo oder einer anderen beliebigen Datei, z. B. einem Übersichtsbild
	DescriptionURL type = context:URLType	0-1	Link zu einer Resource mit weiteren Informationen zur Kartenansicht
	ContactInformation type = context:ContactInformationType	0-1	Komplexe Information zur Person oder Institution, die diese Kartenansicht zusammengestellt hat
	Extension type = context:ExtensionType	0-1	Weitere herstellerspezifische Information, nicht interoperabel
WindowType <complexType>			Definition der Größe eines Kartenfensters
	width type = integer	E	Breite des Kartenfensters in Pixeln
	height type = integer	E	Höhe des Kartenfensters in Pixeln
BoundingBoxType <complexType>			Definition eines räumlichen Ausschnitts in Form eines Rechtecks
	SRS type = string	E	Koordinatensystem der Ausschnittkoordinaten
	minx type = decimal	E	Rechtswert der linken unteren Ecke
	miny type = decimal	E	Hochwert der linken unteren Ecke
	maxx type = decimal	E	Rechtswert der rechten oberen Ecke
	maxy type = decimal	E	Hochwert der rechten oberen Ecke
KeywordListType <complexType>			Liste von Schlagwörtern
	Keyword type = string	1-n	Einzelnes Schlagwort in der Schlagwortliste
URLType <complexType>			Informationen zu einem weiterführenden Link

Element	Bestandteil und Datentyp	M	Beschreibung
	width type = integer	O	Breite des Bildes, beispielsweise eines Logos, in Pixeln
	height type = integer	O	Höhe des Bildes, beispielsweise eines Logos, in Pixeln
	format type = string	O	MIME-Type der Online-Resource
	OnlineResource type = context:OnlineResourceType	1	Link zu einer Online-Resource
OnlineResourceType <complexType>			Definition einer Online-Resource
	xlink:simpleLink	E	Definition des Links. Die Attributgruppe xlink:simpleLink besteht aus den Attributen xlink:type="simple" und xlink:href="<MeineUrl>"
ContactInformationType <complexType>			Definition einer Kontaktinformation
	ContactPersonPrimary type = context:ContactPersonPrimary-Type	0-1	Name und Organisation der Kontaktperson
	ContactPosition type = xsd:string	0-1	Rolle des Kontakt-Verantwortlichen
	ContactAddress type = context:AddressType	0-1	Adresse des Kontakt-Verantwortlichen
	ContactVoiceTelephone type = xsd:string	0-1	Telefonnummer der Kontaktstelle
	ContactFacsimileTelephone type = xsd:string	0-1	Fax-Nummer der Kontaktstelle
	ContactElectronicMailAddress type = xsd:string	0-1	E-Mail-Adresse der Kontaktstelle
ContactPersonPrimaryType <complexType>			Definition einer Kontaktperson
	ContactPerson type = xsd:string	0-1	Name der Kontaktperson
	ContactOrganisation type = xsd:string	0-1	Name der Kontakt-Organisation
AddressType <complexType>			Definition einer Adressinformation
	AddressType type = xsd:string	0-1	Art der Adresse, z. B. „postalisch"
	Address type = xsd:string	0-1	Straße, Hausnummer, ggf. Gebäude
	City type = xsd:string	0-1	Name des Postorts
	StateOrProvince type = xsd:string	0-1	Name des Bundesstaats/-lands
	PostCode type = xsd:string	0-1	Postleitzahl
	Country type = xsd:string	0-1	Name des Staates
LayerListType <complexType>			Definition der Layerliste in einer Kartenansicht

Element	Bestandteil und Datentyp	M	Beschreibung
	Layer type = context:LayerType	1-n	Layer in der Layerliste
LayerType <complexType>			Definition für einen Layer in einer Layerliste
	queryable type = boolean	E	Ist *true*, wenn für diesen Layer Abfragen über das GetFeatureInfo-Request möglich sind
	hidden type = boolean	E	Ist *true,* wenn die Kartenebene nicht dargestellt werden soll; Default ist „*false*"
	Server type = context:ServerType	1	Kartenserver, aus dem der Layer stammt
	Name type = xsd:string	1	Referenzierbarer Name für diesen Layer
	Title type = xsd:string	1	Name für den Layer für die Verwendung in Benutzeroberflächen
	Abstract type = xsd:string	0-1	Kurzbeschreibung zum Layer
	DataUrl type = context:URLType	0-1	Link zur Datenquelle des Layers
	MetadataURL type = context:URLType	0-1	Link zu Metainformationen zu diesem Layer
	sld:MinScaleDenominator	0-1	Untere Maßstabsgrenze für diesen Layer
	sld:MaxScaleDenominator	0-1	Obere Maßstabsgrenze für diesen Layer
	SRS type = xsd:string	0-1	Liste der verfügbaren Koordinatensysteme
	FormatList type = context:FormatListType	0-1	Liste der verfügbaren Übergabeformate
	StyleList type = context:StyleListType	0-1	Liste der verfügbaren Darstellungsstile für diesen Layer
	DimensionList type = context:DimensionListType	0-1	Liste der verfügbaren Wertedimensionen des Layers
	Extension type = context:ExtensionType	0-1	Vaterelement für beliebige weitere, nicht interoperable Herstellerinhalte
ServerType <complexType>			Definition eines Datenservers
	service type = context:ServiceType	E	Art des Datenservers
	version type = string	E	Versionsnummer der Service-Schnittstelle
	title type = string	O	Bezeichnung für den Service
	OnlineResource type = context:OnlineResourceType	1	Link zum Datenserver
ServiceType <simpleType>			Bezeichnung für einen Datenserver-Typ
	> xsd:string <		Der Textknoten kann die Werte „OGC:WMS" oder „OGC:WFS" enthalten

Element	Bestandteil und Datentyp	M	Beschreibung
FormatListType <complexType>			Liste der Übergabeformaten für einen Layer
	Format type = context:FormatType	1-n	Mögliches Übergabeformat
FormatType <complexType>			Definition eines Übergabeformats
	current type = boolean	O	Ist *true*, wenn dieses Format bei der Speicherung der Kartenansicht verwendet wurde
	> xsd:string <		Der Textknoten-Inhalt des Format-Elements ist eine MIME-Type-Bezeichnung
StyleListType <complexType>			Liste aus Darstellungsstilen für einen Layer
	Style type = StyleType	1-n	Style-Element in der Liste
StyleType <complexType>			Informationen über einen vordefinierten Darstellungsstil
	current type = boolean	O?	Ist *true*, wenn dieser Stil bei der Speicherung der Kartenansicht verwendet wurde
	Name type = xsd:string	1*	Name des Stils im Kartenserver
	Title type = xsd:string	1*	Bezeichnung für die Verwendung in Benutzeroberflächen
	Abstract type = xsd:string	0-1*	Kurzbeschreibung zum Darstellungsstil
	LegendURL type = context:URLType	0-1*	Link zur Legende für diesen Darstellungsstil
	SLD type = context:SLDType	0-1*	Styled Layer Descriptor für diesen Stil
	<!-- * Ein StyleType enthält entweder Name, Title, Abstract und LegendUrl zu einem vordefinierten Stil oder einen SLD mit einem benutzerdefinierten Stil für den Layer. -->		
SLDType			Benutzerdefinierter Stil zu einem Layer
	Name type = xsd:string	0-1	Name des Stils
	Title type = xsd:string	0-1	Bezeichnung für die Verwendung in Benutzeroberflächen
	LegendURL type = context:URLType	0-1	Link zu einer Legende für diesen Stil
	OnlineResource type = context:OnlineResourceType	0-1*	Link zu einem SLD-Dokument, das diesen Stil definiert
	sld:StyledLayerDescriptor	0-1*	Hier direkt eingebaute SLD-Struktur, die diesen Stil definiert
	sld:FeatureTypeStyle	0-1*	Hier direkt eingebaute SLD-Teilstruktur mit Wurzelelement FeatureTypeStyle
	<!-- * Ein SLD-Element enthält entweder ein OnlineResource-Element oder einen StyledLayerDescriptor oder einen FeatureTypeStyle. -->		

Element	Bestandteil und Datentyp	M	Beschreibung
DimensionListType <complexType>			Liste verfügbarer Wertedimensionen für den Layer
	Dimension type = context:DimensionType	1-n	Einzelnes Dimensions-Element
DimensionType <complexType>			Wertedimension für einen Layer
	name type = string	E	Name der Dimension
	units type = string	E	Maßeinheiten für die Dimension
	unitSymbol type = string	E	Maßeinheiten-Kürzel für die Dimension
	userValue type = string	E	Bei der Erstellung der Kartenansicht verwendeter Suchwert für die Dimension
	default type = string	O	Wert, auf den der Server ausweicht, wenn der angeforderte Wert nicht gültig ist
	multipleValues type = boolean	O	Ist *true*, wenn der Server mehrere Werte in einer Anfrage verarbeiten kann
	nearestValue type = boolean	O	Ist *true*, wenn anstelle eines ungültigen Wertes der nächstähnliche gültige verwendet wird
	current type = boolean	O	Ist *true*, wenn die Dimension bei der Erstellung des Kartenlayers verwendet wurde
OnlineResourceType <complexType>			Definition für einen Link
	xlink:simpleLink	1	Standard-Attributgruppe für einen einfachen Link
ExtensionType <complexType>			Definition für das Extension-Element, über das weitere Inhalte eingefügt werden können
	> xsd:any <	0-n	Beliebige weitere Elemente in herstellerspezifischem Namespace, nicht interoperabel

Tabelle 64: Elemente und Types aus Collection.xsd

Element	Bestandteil und Datentyp	M	Beschreibung
ViewContextCollection type = context:ViewContextCollectionType			Wurzelelement eines Ansichten-Katalogs
	<!-- Das Element ViewContextCollection ist das Wurzelelement für die Speicherung eines Ansichten-Katalogs und ist eine Liste von einzelnen Ansichten. -->		
ViewContextCollectionType <complexType>			Definition eines Ansichten-Katalogs
	version type = string	E	Version des WMC-Schemas für die Liste: „1.1.0"
	ViewContextReference type = context:ViewContextReference Type	1-n	Referenz auf eine einzelne Kartenansicht

Element	Bestandteil und Datentyp	M	Beschreibung
ViewContextReferenceType <complexType>			Definition für eine Kartenansicht-Referenz
	id type = string	E	Eindeutiger Identifikator für die Ansicht im Ansichtenkatalog
	version type = string	E	Version des WMC-Schemas für den Listeneintrag
	Title type = xsd:string	1	Name der Kartenansicht für die Verwendung in Benutzeroberflächen
	ContextURL type = context:ContextURLType	1	Link auf das Context-Dokument, in dem die Kartenansicht definiert ist
ContextURLType <complexType>			Definition für einen Link zu einer Kartenansicht
	OnlineResource type = context:OnlineResourceType	1	Link zur Kartenansicht

Glossar

Begriff	Erklärung
AAA	Abkürzung für die drei Verfahren AFIS, ALKIS und ATKIS der deutschen Vermessungsverwaltungen.
ALKIS	Amtliches Liegenschaftskataster-Informationssystem. Neues bundesweites Datenmodell für die Fortführung des Liegenschaftskatasters.
Application Schema	Anwendungsschema – eigenes Datenmodell oder XML-Schema zu einer Applikation.
BLOB	Datentyp für die Verwaltung von großen binären Datenmengen (Binary Large Objects) wie z. B. Photos.
Boolescher Datentyp	Engl. *Boolean*. Dualer Datentyp für die Verwaltung der logischen Ausdrücke *true* oder *false*; häufig ist auch anstelle von *true* der Wert 1 und anstelle von *false* der Wert 0 verwendet.
Bounding Box	Definition des minimalen Rechtecks, mit dem sich ein Objekt oder eine Objektmenge umschließen lässt. In Client-Requests der Ausschnitt, für den der Client ein Ergebnis anfordert.
Capabilities-Dokument	XML-Dokument, das ein Server als Antwort auf ein *GetCapabilities*-Request zurückgibt. Enthält Informationen zu Angeboten und Möglichkeiten des Servers, die über Requests aufgerufen werden können.
Client	Softwarekomponente, die die Ausführung einer Operation durch einen Server auslösen kann.
Collection	Objektmenge.
Coverage	Sammlung von Funktionen, die einem Raumbezug (*Spatial Domain*) jeweils eine Wertemenge (*Range*) zuordnet. Rasterdaten sind *Coverages*, bei denen der Raumbezug aus einem regelmäßigen Punktgitter besteht.
CPS	Abkürzung für *Coverage Portrayal Service*. Spezieller SLD-WMS für die Generierung von Karten aus Daten aus einer *Web-Coverage-Service*-Datenquelle.
CRS	*Coordinate Reference System*: Koordinatensystem; Referenzsystem für die Lokalisierung von Geometriekoordinaten auf der Erdoberfläche. Löst mit der WMS-Version 1.3.0 die alte Abkürzung SRS ab.
CSS	Abkürzung für *Cascading Style Sheet*. Norm für die Codierung von Darstellungsanweisungen für HTML-Texte.
CSW	Abkürzung für *Catalogue Service Web*. HTTP-Schnittstelle für Operationen eines *Catalog Service*.
DCP	*Distributed Computing Platform*, System aus untereinander interoperablen Softwarekomponenten, z. B. CORBA, OLE/COM, Java.

Begriff	Erklärung
Defaultwert	Voreingestellter Wert, der verwendet wird, wenn nicht explizit etwas anderes gefordert ist.
DTD	Document Type Definition. Dokument, das die Struktur einer XML-Datei beschreibt. Heute meist durch XML-Schema-Dokumente abgelöst.
ebRIM	Abkürzung für Electronic Business Registration Information Model. XML-Modell für automatische Katalogdienste (*Registry Services*).
Feature	Grundeinheit des *Open GIS Abstract Model;* Abstraktion eines Realweltobjekts mit semantischer Bedeutung; Menge von *Properties*, die geometrisch oder nicht geometrisch sein können.
Feature Collection	Menge von *Features*, verhält sich auch selbst wie ein individuelles *Feature*.
Feature Type	Schablone für eine Menge gleichartiger Feature-Objekte. Besteht aus der Definition ihrer *Property*-Namen und *Property Types.*
Filter	Einschränkung einer Selektionsmenge durch Bedingungen.
FPS	*Feature Portrayal Service*. Spezieller SLD-WMD, der *Feature*-Objekte aus einer *Web-Feature-Server*-Datenquelle als Karte visualisiert.
GDI	Geodaten-Infrastruktur. Zusammenspiel von Datenquellen und Geodiensten für die Bereitstellung von Geodaten an Benutzer.
GDI-DE	Projekt zum Aufbau einer deutschlandweiten Geodaten-Infrastruktur.
GDI NRW	Projekt zum Aufbau einer lGeodaten-Infrastruktur in Nordrhein-Westfalen.
Geographic Feature	Geoobjekt (*Feature)* mit mindestens einer Geometrie (*geometric Property).*
GML	*Geographic Markup Language*. XML-Dialekt für die Codierung von Geoobjekten.
Grid	Regelmäßiges Zellraster, bildet in *Grid Coverages* die Raumkomponente.
Grid Coverage	Funktion, die den Zellen eines Grid-Rasters je genau einen Wert zuordnet.
handle	Verzeichniseintrag; eindeutiger Name für die Adressierung einer Komponente durch eine andere Komponente.
HTML	*Hypertext Markup Language.* XML-ähnliche Sprache für die Auszeichnung von Textinhalten mit Darstellungsanweisungen für die Bereitstellung im Web.
HTTP	*Hypertext Transfer Protokoll.* Protokoll für die Kommunikation und den Datentransfer im Internet.
Image Service	Visualisierungs-Service (*Mapping Service*), der nur Bilder, nicht vektorielle Grafiken übergeben kann.

Begriff	Erklärung
Instanz	Begriff aus der objektorientierten Modellierung. Einzelnes Objekt einer Klasse.
Interface	Menge von Operationen, die in ihrer Gesamtheit das Verhalten einer Softwareeinheit beschreibt.
ISO	*International Organization for Standardization.* Internationale, von staatlicher Seite getragene Organisation für die Entwicklung von Normen.
Keyword-value-Pair	Paarung eines Parameter-Schlüsselworts mit dem dazugehörigen Wert: PARAMETER=VALUE.
KML	Keyhole Markup Language. XML-basiertes Dateiformat für die Beschreibung von Geodaten mit ihrer Darstellungsart.
Layer	Thematische Sammlung geometrischer *Features* oder thematische Kartenebene.
Literal	Teil eines Ausdrucks, der wörtlich zu verwenden ist.
Map	Visualisierung geographischer Daten, im 2-dimensionalen Raum ein digitales Kartenbild.
Matching	Hier: Überlagerung zweier Bilder mithilfe gemeinsamer Passpunkte.
MBR	Minimum Bounding Rectangle. Kleinstes Rechteck, mit dem sich ein Geoobjekt oder eine Sammlung von Geoobjekten umschreiben lässt.
Metadaten	Daten, die beschreibende Infomation zu *Features*, *Feature Collections, Services* o. a. enthalten.
MIME-Typ	Multipurpose Internet Mail Extension. Standardtypen für die Versendung von Multimedia-Dateien über das Internet.
Namespace	Sammlung von eindeutigen Benennungen. Hier: Sammlung von XML-Elementnamen, auf die in XML-Schemata Bezug genommen wird.
Offset	Räumlicher Versatz, zum Beispiel einer Linienbeschriftung von ihrer Grundlinie.
Online-Resource	OpenGIS-Begriff für alle über das Internet zugänglichen Komponenten. Im *Symboloy Encoding* wiederholt verwendetes XML-Element, bestehend aus einem Link und einer Formatbezeichnung.
Operation	Transformation oder andere Aufgabe, die eine Serverkomponente ausführen soll.
OSM	*OpenStreetMap*. Freier Geo-Datenbestand der Internet-Gemeinschaft.
PDF	*Portable Document Format.* Verbreitetes Dateiformat für Dokumente verschiedener Art; kann auch Kartensichten mit Ebenen speichern.
Property	Eine *Property* ist eine Eigenschaft oder ein Zustand eines Objekts, die einen Wert annehmen kann, und besteht deshalb aus einem *Property*-Namen, einem *Property Type* und einem Wert. Entspricht dem Inhalt eines Datenfelds in einer Datenbank.

Begriff	Erklärung
Provider	Rolle einer Komponente, die einen Dienst anbietet.
Registry	Für Softwarekomponenten zugängliches Katalogsystem für *Web Services* und andere Online-Ressourcen; enthält Metadaten zu *Services* und Datensammlungen.
Request	Aufruf einer Operation durch eine Clientkomponente.
Requestor	Rolle der Komponente, die eine *Registry* oder einen anderen Dienst aufruft.
Response	Ergebnis einer Operation, das vom Server an den Client zurückgegeben wird.
SE	Symbology Encoding. Abkürzung für das OpenGIS-Schema für die Codierung von Signaturen und Darstellungszuweisungen.
Server	Implementierung eines *Services*, d. h. physikalisch vorhandene Sortwarekomponente, die einen Dienst bereitstellt.
Service	Definierter Teil einer Funktionalität, die von einer Softwareeinheit über *Interfaces* bereitgestellt wird.
SF	Abkürzung für die OpenGIS *Simple Feature*-Normen und -schnittstellen.
SFC	*Simple-Feature*-Schnittstelle für die Plattform CORBA.
SFO	*Simple-Feature*-Schnittstelle für die Microsoft-Plattform OLE/COM bzw. ActiveX.
SFS	*Simple-Feature*-Schnittstelle für SQL-Datenbanken.
SGML	*Standard Generalized Markup Language*. Gemeinsame Basis für HTML und XML.
Simple Feature	Geoobjekt mit einer Geometrie aus dem vereinfachten Geometriemodell der *Simple Features*. Außerdem eine Normensammlung für die Anforderung und Übergabe solcher Objekte.
SLD	*Styled Layer Descriptor*. XML-Datei für die Definition von Kartenebenen und ihrer Darstellung.
Snapping	Platzierung eines geometrischen Stützpunkts auf der Grenze eines anderen geometrischen *Features*.
SOAP	*Simple Object Access Protocol*. Plattformunabhängiges Protokoll für den Austausch komplexer Datenobjekte zwischen unterschiedlichen Anwendungen im Internet bzw. Intranet auf Basis von HTTP und XML.
Spatial Domain	Raumbezug eines *Coverages*.
SRS	*Spatial Reference System*: Koordinatensystem; Referenzsystem für die Lokalisierung von Geometriekoordinaten auf der Erdoberfläche. Abkürzung mit der WMS-Version 1.3.0 durch die Abkürzung CRS ersetzt.

Begriff	Erklärung
stateful connection	Verbindung zwischen zwei Komponenten, in der eine Komponente etwas über den Status der anderen Komponente erfährt.
stateless connection	Verbindung zwischen Client und Server, in der keine Statusinformationen ausgetauscht werden.
Stationierung	Entfernung eines Objekts an einer linienförmigen Struktur vom Anfangspunkt der Gesamtlinie.
String	Alphanumerische Zeichenfolge („Text").
Style	Darstellungsvorschrift für eine Menge geometrischer *Features*.
SVG	*Scalable-Vector-Graphics*-Format: Auf XML basierendes Grafikformat; neues Standardformat für Vektorgrafiken im Internet.
TK25	Topographische Karte 1:25.000 der deutschen Landesvermessungen.
Transaktion	Logische Arbeitseinheit aus mehreren Daten-Manipulations-Operationen.
UDDI	*Universal Description*, *Discovery* and *Integration.* Projekt mit dem Ziel, für WebServices ein standardisiertes Verzeichnis zu schaffen.
UML	*Unified Modeling Language*. Standard-Notation für objektorientierte Modelle.
UpperCamel-Case	Schreibweise für zusammengesetzte Worte, bei der jeder Wortteil mit einem Großbuchstaben begonnen wird.
URI	*Uniform Resource Identifier.* Eindeutiger Identifikator für irgendeine Ressource; ist entweder ein Link (URL) oder ein irgendwo definierter Name (URN).
URL	*Uniform Resource Locator.* Adress-Zeichenfolge für den Aufruf einer Website oder eines Services (Link).
URN	*Uniform Resource Name.*: Eindeutiger Name in einem hierarchisch gegliederten Namensraum. Besteht aus der Abfolge der Namen der Hierarchieebenen.
VMML	*Vizualization and Multimedia Lab.* Dateiformat für die Speicherung von 3D-Szenen.
W3C	*World Wide Web Consortium.* Industrie-Konsortium, das sich mit der Entwicklung technischer Normen für das Web befasst. Herausgeber der XML-Standards.
W3DS	*Web 3D Service.* OpenGIS-Schnittstellenentwurf für die Übergabe von 3D-Szenen an eine Clientkomponente.
WCS	*Web Coverage Service.* OpenGIS-Dienst für die Übergabe von Coverage-Daten über eine HTTP-Schnittstelle.
WCTS	*Web Coverage Transformation Services.* OpenGIS-Dienst für die Transformation von Koordinaten und Geoobjekten über eine HTTP-Schnittstelle.

Begriff	Erklärung
Web Service	Dienst, der seine Operationen über das HTTP-Protokoll anbietet. Verwendet XML für den Austausch von Informationen mit anfragenden Komponenten.
WFS	*Web Feature Server.* OpenGIS-Dienst für die Übergabe von Geoobjekten über eine HTTP-Schnittstelle.
WMC	*Web Map Context.* OpenGIS-Spezifikation für die Speicherung von Kartenansichten, die auf Web-Map-Server-Abfragen beruhen.
WMS	*Web Map Service.* OpenGIS-Spezifikation für die Bereitstellung von Kartenansichten über eine HTTP-Schnittstelle.
WPVS	*Web View Presentation Service.* Veralteter Normenentwurf für die Bereitstellung von 3D-Ansichten und 3D-Szenen über eine HTTP-Schnittstelle.
WSDL	*Web Services Description Language.* XML-basierte Sprache zur Beschreibung von *Web Services.*
WSFL	*Web Services Flow Language.* Sprache für die Definition von Diensteketten, die spezifische Aufgaben übernehmen.
WTS	*Web Terrain Service.* Veralteter Normenentwurf für einen OpenGIS-Dienst, der über eine HTTP-Schnittstelle dreidimensionale Ansichten als Bild ausgibt.
WVS	*Web View Service.* Aktueller Normenentwurf für einen OpenGIS-Dienst, der über eine HTTP-Schnittstelle dreidimensionale Ansichten als Bild ausgibt.
XHTML	*Extensible Hypertext Markup Language.* XML-Dialekt für die Codierung von Texten, Bildern und anderen Ressourcen für die Bereitstellung im Web. Weiterentwicklung von HTML auf der Basis von XML.
XLANG	Sprache für die Kommunikation zwischen *WebServices* in *Service*ketten, an denen mehrere Dienste beteiligt sind.
XML	*Extensible Markup Language.* Textbasierte Standardsprache für den Austausch strukturierter Information über das Internet, bei der der Inhalt von der Darstellung getrennt wird.
XPlanung	Datenmodell für die strukturierte Speicherung von Planinhalten der Bauleitplanung.
XSD	XML-Schema. Dokument, das die Struktur von XML-Dateien definiert.
XSL	XML-Dialekt für die Codierung von Layout-Information.
X3D	XML-Dialekt für die Codierung von 3D-Szenen.
Zentroid	Punktgeometrie, die meist etwa den Mittelpunkt einer Flächengeometrie repräsentiert; wird beispielsweise für die Beschriftung von Flächen benötigt.

Quellen

Literaturverzeichnis

[3D_Standards] Schilling, A.; Over, M.; Zipf, A. (2010): Offene Standards für 3D-Anwendungen. GIS-Business 3/2010: S. 44-47.

[ALAMEH 03] Alameh, N. (2003): Chaining Geographic Information Web Services. IEEE Internet Computing 7,5: S. 22-29.

[3D-SE] Open Geospatial Consortium (Hrsg) 2009: 3D-Symbology Encoding. Discussion Draft. Version 0.0.1. OGC-Doc-No. 09-042.

[BALZ_04] Balzert, H. (2004): Lehrbuch der Objektmodellierung: Analyse und Entwurf mit der UML 2 . Spektrum Akademischer Verlag, 600 S.

[BALZ_08] Balzert, H. (2008): UML 2 in 5 Tagen: Der schnelle Einstieg in die Objektorientierung. W3l Gmbh, 146 S.

[BARTELME 05] Bartelme, N. (2005): Geoinformatik. Modelle – Strukturen – Funktionen. 4. Auflage, Berlin u. a. (Springer-Verlag), 454 S.

[BE_FI_WA 05] Bernard, L.; Fitzke, J.; Wagner, R. (2005): Geodateninfrastruktur. Heidelberg (Wichmann Verlag). 311 S.

[BE_KR_MU 05] Benner, J.; Krause, K.; Müller, M. (2005): Elektronische Planzeichenverordnung – Modellierung, Datenaustausch und Visualisierung von Bauleitplänen mit OGC Standards. In: Proceedings of CORP 2005. Online unter *http://www.corp.at*

[BE_KR 07] Benner, J.; Krause, K. (2007): Ein GIS-Standard zum Austausch digitaler Bauleitpläne. Flächenmanagement und Bodenordnung (fub) 6/2007: 274-280.

[BIMUL 09] Bimüller, E. (2009): XPlanung und WebGIS mit deegree im Landkreis Elbe-Elster. Vortrag auf dem deegree-Day 2009. Online unter *http://deegreeday.deegree.org/deegreeday2009/downloads.*

[CPS 0.0.2] Open Geospatial Consortium (Hrsg) (2002): OWS1 Coverage Portrayal Service Version 0.0.2.OGC-Doc-No. 02-019r1.

[CSS 2] W3C (Hrsg.) 2009: Cascading Style Sheets Level 2 Revision 1 (CSS 2.1) Specification. Online verfügbar unter *http://www.w3.org/TR/CSS2/*

[CSW 2.0] Open Geospatial Consortium (Hrsg) 2007: Catalogue Services Specification. Version 2.0.2. OGC-Doc-No. 07-006r1.

[DEEGREE 3D] Lat/Lon GmbH. Deegree3D Suite. Online unter *https://wiki.deegree.org/deegreeWiki/deegree3/deegree3D.*

[DIE_ZI 07] Dietze, L.; Zipf, A. (2007): Extending OGC Styled Layer Descriptor (SLD) for Thematic Cartography – Towards the ubiquitous use of advanced mapping functions through standardized visualization rules. 4th Int. Symp. on LBS and Telecartography 2007. Online unter *http://www.geog.uni-heidelberg.de* >> Forschung >> Geoinformatik >> Publikationen.

[FILTER 11] Open Geospatial Consortium (Hrsg.) (2005): OpenGIS Filter Encoding Implementation Specification. Version 1.1.0. OGC-Doc-No. 4-095.

[FPS 0.0.3] Open Geospatial Consortium (Hrsg.) (2005): Feature Portrayal Service Version 0.0.3. OGC-Doc-No. 05-110.

[FS-IPR] Open Geospatial Consortium (Hrsg.) 2007: Feature Styling IPR. Version 0.4.1. OGC-Doc-No. 06-140.

[GEOINFODOK] Arbeitsgemeinschaft der Vermessungsverwaltungen der Länder der Bundesrepublik Deutschland (AdV) (2008): Dokumentation zur Modellierung der Geoinformationen des amtlichen Vermessungswesens (GeoInfo-Dok): Hauptdokument, Version 6.0. Online unter *http://www.adv-online.de* >> AAA®-Projekt.

[GEOVideo] Open Geospatial Consortium (Hrsg.) 2006: Geo Video Web Service. Version 0.0.9. OGC-Doc-No. 05-115.

[GR_KI 06] Greve, K.; Kiehle, C. (2006): Standards und Normen für die GIS-Welt. Teil 1: Was wird standardisiert? GIS Business 2006, 6: 28-31.

[GR_KI 06 B] Greve, K.; Kiehle, C. (2006): Standards und Normen für die GIS-Welt. Teil 2: Vom abstrakten Modell zur Spezifikation für die Implementierung. GIS Business 2006, 8: 28-31.

[HAR_MEA 05] Harole, E. R.; Means, W. S. (2005): XML in a Nutshell. O'Reilly-Verlag, 3. Aufl., 768 S.

[HAROLD 02] Harold, E. R (2002): Die XML Bibel, MITP-Verlag.

[HEIDM 08] Heidmann, M. (2008): Eine Softwarearchitektur zur Integration von GIS-basierten Benutzungsschnittstellen in eine Beteiligungsplattform. Diplomarbeit an der TU Hamburg. Online verfügbar unter *http://www.sts.tu-harburg.de/pw-and-m-theses/papers.html#2008*

[INESC 10] Rita, E.; Borbinha, J.; Martins, B. (2010): Extending SLD and SE for cartograms. Vortrag auf der 12. GSDI-Conference in Singapur, 2010. Online verfügbar unter *http://www.gsdi.org* >> Past GSDI Conferences >> GSDI 12 Singapore / Proceedings >> Session 8.4.

[IOSI 08] Iosifescu-Enescu, I.; Hugentobler, M. (2008): Publishing Web Maps with QGIS Mapserver. Vortrag auf der FOSS4G 2008. Abstract online unter *http://foss4g.org/index.php/foss4g/2008/paper/view/157*

[ISO 8601] ISO 8601:2000: Data elements and interchange formats – Information interchange – Representation of dates and times.

[ISO 19103] ISO/TS 19103:2003 Geographic Information – Conceptual schema language.

[ISO 19107] ISO 19107:2003 Geographic Information – Spatial schema. Zugleich OpenGIS Abstract Specification Topic 1: Feature Geometry, Version 5. OGC-Doc-No. 01-101.

[ISO 19109] ISO 19109:2005 Geographic Information – Rules for application schema.

[ISO 19117] ISO 19117:2005: Geographic Information – Portrayal.

[ISO 19119] ISO 19119:2005: Geographic Information – Services.

[ISO 19128] ISO 19128:2005: Geographic Information – Web Map Server. Identisch mit OpenGIS Web Map Server Implementation Specification Version 1.3.0. OGC-Doc No. 06-042 ([WMS 1.3]).

[ISO 19143] ISO 19143:2010: Geographic Information - Filter encoding. Entspricht der OpenGIS Filter Encoding Implementation Specification, Version 1.1.0. OGC-Doc-No. 4-095. ([FILTER 11]).

[ISO GUIDE] ISO/TC211 Geographic Information/Geomatics 2009: Standards Guide 2009 - 06 - 01. Online verfügbar unter *http://www.isotc211.org* >> ISO/TC211 Standards Guide.

[JE_RU_05] Jeckle, M.; Rupp, C.; Hahn, J.; Zengler, B.; Queins, S. (2005): UML 2 glasklar, Hanser Verlag.

[KECH 06] Kecher, C. (2006): UML 2.0 - Das umfassende Handbuch. 2. Auflage. Galileo Press, Bonn.

[KLOPF 05] Klopfer, M. (Hrsg.): Interoperability & Open Architectures: An Analysis of Existing Standardisation Processes and Procedures Version 1.0. OGC White Paper. OGC-Doc-No. 05-049r1
Online unter *http://www.opengeospatial.org/pressroom/papers*

[KO_ZE 07] Korduan, P. Und M. L. Zehner (2007): Geoinformation im Internet - Technologien zur Nutzung raumbezogener Informationen im WWW. Heidelberg.

[KR_BEN 06] Krause, K.-U., Benner, J. (2006): Objektorientierte Datenmodelle für Bauleitpläne - das E-Goverment Projekt XPlanung. In: Strobl., J:, Blaschke, T. , Griesebner, ? (Hrsg.) (2006): Angewandte Geoinformatik 2006. Beiträge zum 18. AGIT-Symposium, Salzburg. Heidelberg. S. 336-345.

[KR_FAD 04] Kresse, W.; Fadaie, K. (2004): ISO Standards for Geographic Information. Berlin u. a. (Springer-Verlag).

[MCKEE 01] McKee, L. (2001): OGC's Role in the Spatial Standards World. OGC White Paper. Online unter: *http://www.opengeospatial.org/pressroom/papers*

[MCKEE 03] McKee, L. (2003): The Importance of Going „Open". OGC White Paper. Online unter *http://www.opengeospatial.org/pressroom/papers*

[MELZ 08] Melzer, I. et. al (2008): Service-orientierte Architekturen mit Web-Services. Konzepte - Standards - Praxis. Heidelberg.

[MITCH 08] Mitchell, T; Christl, A.; Emde, A.; Lang, J. (2008): Web Mapping mit OpenSource GIS Tools. O'Reilly-Verlag, 454 S.

[MÜHL 09] Mühl, N. (2009): XPlanung - Der Weg zum Ziel. Untersuchung der Integration in offene Infrastrukturen. Master's Thesis an der Univ. Salzburg. Online verfügbar unter:
http://www.unigis.ac.at/club/bibliothek/index.asp

[MÜLL_06] Müller, M. (2006): Visuelle Umsetzung der Planzeichenverordnung mit SLD im Rahmen des XPlanung-Projektes. In: Strobl., J.; Blaschke, T.; Griesebner, G. (Hrsg.) (2006): Angewandte Geoinformatik 2006. Beiträge zum 18. AGIT-Symposium, Salzburg. Heidelberg. S. 484-493.

[NEU_Zi 08] Neubauer, S.; Zipf, A. (2008 in work, invited): Standardized Visualization Rules in 3D - towards a 3D Symbol Encoding Specification. In: Computers, Environment and Urban Systems (CEUS). (Special Issue on 3D Geoinformation).

[OESTER 04] Oestereich, B. (2004): Die UML 2.0 Kurzreferenz für die Praxis (kurz, bündig, ballastfrei), Oldenbourg.

[OMG_UML] Object Management Group (OMG): UML 2.0 Diagram Interchange Specification. Online unter *http://www.omg.org/docs/formal/06-04-04.pdf*

[ORM 2003] Open Geospatial Consortium (Hrsg.) (2003): OGC Reference Model. Version 0.1.3. OGC-Doc-No. 03-040.

[ORM 2.0] Open Geospatial Consortium (Hrsg.) (2008): OGC Reference Model Version 2.0. OGC-Doc-No. 08-062r4. Online verfügbar unter *http://www.opengeospatial.org/standards/orm*

[OWS 1.1] Open Geospatial Consortium (Hrsg.) (2007): OGC Web Services Common Specification Version 1.1.0 with Corrigendum 1. OGC-Doc-No. 06-121r3.

[PI_KL 05] Pichler, G.; Klopfer, M. (2005): Spezifikation und Standardisierung – OGC, OGC Europe und ISO. In: Bernard, L.; Fitzke, J.; Wagner, R. (Hrsg.) (2005): Geodateninfrastruktur. Grundlagen und Anwendungen, S. 8-17.

[PLANZ_LP] Von Andrian-Werburg, F.; Jordan, R.; Küttner, A.; Niemann, N. B.; Schiller, J.; Tobials, K.; Winkelbrand, A. (2000): Planzeichen für die örtliche Landschaftsplanung. Landwirtschaftsverlag, Münster-Hiltrup, 26 S.

[PLANZV 90] 5. Verordnung über die Ausarbeitung der Bauleitpläne und die Darstellung des Planinhalts (Planzeichenverordnung 1990 – PlanzV 90) vom 18. Dezember 1990. BGBl. 1991 I S. 58.

[RAY 04] Ray, E. T. (2004): Einführung in XML. O'Reilly-Verlag.

[SAE_ERTZ 07] Sae-Tang, A.; Ertz, O. (2007): Towards Web services Dedicated to Thematic mapping. Proceedings of FOSS4G 2007; online verfügbar unter *http://www.osgeo.org/journal* >> Volume 3 FOSS4G 2007 Proceedings.

[SCHULZE 06] Schulze, Stefan (2006): Anwendungen der SLD-Spezifikation des OGC. Diplomarbeit am Labor Geoinformatik der HTW Dresden. Ein Abstract ist online: *http://geoinformatik.htw-dresden.de* >> Abschlussarbeiten.

[SCHW 01] Schwichtenberg, H. (2001): Systemprogrammierung und Scripting mit COM-Komponenten, München.

[SEBEST 10] Sebestyen, T. (2010): XML: Einstieg für Anspruchsvolle. Addison-Wesley, München, 410 S.

[SLD 1.1] Open Geospatial Consortium (Hrsg.) (2007): Styled Layer Descriptor profile of the Web Map Service Implementation Specification Version 1.1.0. OGC-Doc-No. 05-078r4.

[SE 1.1] Open Geospatial Consortium (Hrsg.) (2006): Symbology Encoding Implementation Specification Version 1.1.0. OGC-Doc-No. 05-077r4.

[SPSCHEMA] Andrae, C. (2008): Spatial Schema. ISO 19107 und 19137 vorgestellt und erklärt. Wichmann-Verlag, Heidelberg, 232 S.

[SVG 1.1] W3C (Hrsg.) (2003): Scalable Vector Graphics (SVG) 1.1 Specification. Online verfügbar unter *http://www.w3.org/TR/SVG11/*

[TOPIC 0] Open Geospatial Consortium (Hrsg.) (2005): The OpenGIS Abstract Specification Topic 0: Abstract Specification Overview, Version 5. OGC-Doc-No. 04-084.doc.

[TOPIC 5] Open Geospatial Consortium (Hrsg.) (1999): The OpenGIS Abstract Specification Topic 5: Features, Version 4. OGC-Doc-No. 99-105r2.

[TOPIC 8] Open Geospatial Consortium (Hrsg.) (1999): The OpenGIS Abstract Specification Topic 8: Relationships Between Features, Version 4. OGC-Doc-No. 99-108r2.doc.

[TOPIC 12] Open Geospatial Consortium (Hrsg.) (2002): The OpenGIS Abstract Specification Topic 12: OpenGIS Service Architecture, Version 4.3. OGC-Doc-No. 02-112.doc.

[T-WMS] Open Geospatial Consortium (Hrsg.) (2007): OpenGIS Tiled WMS Discussion Paper, Version 0.3.0. OGC-Doc-No. 07-057r2.

[TY_EM_CH] Tyler, M. Emde, A.; Christl, A. (2008): Web-Mapping mit Open Source-GIS-Tools. O'Reilly, Köln, 480 S.

[UCUM 1.8] Regenstrief Institute and UCUM Organisation (Hrsg.) (1999 - 2009): The Unified Code For Units Of Measure. Version 1.8. Online unter *http://aurora.regenstrief.org/~ucum/ucum.html*

[URN 1.3] Open Geospatial Consortium (Hrsg.) (2009): Definition Identifier URNs in OGC namespace. Version 1.3. OGC Best Practices Paper. OGC-Doc-No. 07-092r3.

[URN 08] Open Geospatial Consortium (Hrsg.) (2008): A Uniform Resource Name (URN) namespace for the Open Geospatial Consortium (OGC). OGC-Doc-Nr. 07-107r3.

[VONH 09] Vonhoegen, H. (2009): Einstieg in XML. Aktuelle Standards: XML Schema, XSL, XLink. Galileo Computing, 5. Aufl., 582 S.

[W3C DOM] World Wide Web Consortium. Document Object Model (Core) Level 1. Online unter: *http://www.w3.org/TR/REC-DOM-Level-1/level-one-core.html*

[W3C XML] World Wide Web Consortium. Extensible Markup Language (XML). Online unter: *http://www.w3.org/XML/*

[W3DS 0.4] Open Geospatial Consortium (Hrsg.) (2009): Draft for Candidate OpenGIS® Web 3D Service Interface Standard. Version 0.4.0. OGC-Doc-No. 09-104r1.

[WMCD 1.1] Open Geospatial Consortium (Hrsg.) (2005): Web Map Context Documents. Version 1.1.0. OGC-Doc-No. 05-005.

[WMCD 1.1C] Open Geospatial Consortium (Hrsg.) (2008): Corrigendum for OpenGIS Implementation Standard Web Map Context Documents - Corrigendum 1. Version 1.1.0. OGC-Doc-No. 08-050.

[WMS 1.1.1] Open Geospatial Consortium (Hrsg.) (2002): OpenGIS Web Map Server Implementation Specification Version 1.1.1. OGC-Doc-No. 01-068r3.

[WMS 1.3] Open Geospatial Consortium (Hrsg.) (2006): OpenGIS Web Map Server Implementation Specification Version 1.3.0. OGC-Doc-No. 06-042. Identisch mit ISO 19128:2005: Geographic information – Web Map Server ([ISO 19128]).

[WMS ANNI] Open Geospatial Consortium (Hrsg.) (2005): OGC Web Map Service – Proposed Animation Service Extension. Version 0.9. OGC-Doc-No. 06-045rl.

[WMS EO] Open Geospatial Consortium (Hrsg.) (2009): OGC Web Map Service – Profile for EO Products. Version 0.3.3. OGC-Document-No. 07-06r1.

[WMS_Post] Open Geospatial Consortium (Hrsg.) (2002): Web Map Service Implementation Specification – Part 2: XML for Requests using HTTP POST. Version 0.0.3. OGC-Doc-No. 02-017r1.

[WMS SW] Open Geospatial Consortium (Hrsg.) (2005): WMS Change Request: Support for WSDL & SOAP. Version 0.1.0. OGC-Doc-No. 04-050r1.

[WMTS 1.0] Open Geospatial Consortium (Hrsg.) (2010): Web Map Tile Service Implementation Standard. Version 1.0.0. OGC-Doc-No. 07-057r7

[WPVS 1.0] Open Geospatial Consortium (Hrsg.) (2005). OGC internes Diskussionspapier: Open GIS Web Perspective View Service (WPVS) Implementation Specification. Draft proposed version 1.0.

[WTS 0.3] Open Geospatial Consortium (Hrsg.) (2001): OGC Web Terrain Server (WTS). Version 0.3.2. OGC-Doc-No. 01-061.

[WVS 0.3] Open Geospatial Consortium (Hrsg.) (2009): Web View Service Discussion Paper. Version 0.3.0. OGC-Doc-No. 09-166r2.

[XPLAN 07A] GDI-Arbeitskreis „XPlanung“ (Hrsg.) (2007): Modellprojekt „XPlanung“ – Abschlussbericht. Ein Beitrag zum Aufbau der Geodateninfrastruktur in Deutschland. Online unter *http://www.xplanung.de.*

[XPLAN 07M] Geschäfts- und Koordinierungsstelle Geodateninfrastruktur Deutschland (GKSt. GDI-DE) (Hrsg.) (2007): Managementfassung XPlanung zum Abschluss des GDI-DE Modelprojekts XPlanung. Online unter *http://www.xplanung.de*

[ZIPF_BA 97] Zipf, A.; Basanow, J.; Neis, P.; Neubauer, S.; Schilling, A. (2007): Towards 3D Spatial Data Infrastructures (3D-SDI) based on Open Standards – experiences, results and future issues. In: "3D GeoInfo07". ISPRS WG IV/8 International Workshop on 3D Geo-Information: Requirements, Acquisition, Modelling, Analysis, Visualisation. Delft.

[ZLAT 2000] Zlatanova, S. (2000): 3D GIS for Urban Development. Dissertation Univ. Delft, ITC Dissertation Series 69: 222 S.
Online unter *http://www.gdmc.nl/zlatanova/PhDthesis/*

Verzeichnisse

Link- und Literaturlisten im Text

Verzeichnis der XML-Baumdiagramme

Verzeichnis der XML-Beispiele

Verzeichnis der UML-Klassendiagramme

Verzeichnis der HTTP-Requests

Verzeichnis der XSD-Elemente nach Schemata

Stichwortverzeichnis